何明修　　孫春在　　呂青湖　　陳盈棻　　陳薇安

吳叡人　　黎恩灝　　黃克先　　張詠然　　陳健民

林鶴玲　　許菁芳　　黃舒楣　　洪與成　————作者

何明修————主編

未竟的革命

香港人的民主運動與日常抵抗

目　錄

本書用表……………………………………………4

本書用圖……………………………………………4

[1] 導論：香港民主運動的台灣觀點………………………5
何明修

[2] 朝向相互主體之路：
近現代帝國史脈絡中的台港關係…………………31
吳叡人

[3] 當香港反送中運動遇見遊戲行動主義……………89
林鶴玲、孫春在

[4] 香港司法政治化與法律人的回應…………………135
黎恩灝、許菁芳

[5] 國安教育與留港家長的反抗………………………177
呂青湖

2

[6] 香港政治抗爭、教會權威與信者主體性…………217
黃克先

[7] 撤離的日常化：移動性、情感政治、共同體……255
黃舒楣、陳盈棻、張詠然、洪與成

[8] 海外香港人的國際戰線…………………………303
何明修

[9] 台灣留港學生在反送中運動後的政治認同轉變…345
陳薇安

[10] 結語：香港民主的未來……………………………391
陳健民

本書用表　3.1　運動與遊戲語言的對照示例

4.1　國安法生效後七個月被捕人數與被控人數

4.2　雨傘運動中最常見之起訴罪名、數量與比例

4.3　反修例運動中最常見之起訴罪名、數量與比例

4.4　雨傘運動案件之判刑結果種類、數量與比例

4.5　反修例運動案件之判刑結果種類、數量與比例

5.1　〈國安教育與留港家長的反抗〉受訪者資料

6.1　香港基督徒中革新派與傳統派在各面向的比較

7.1　海外港人市集

8.1　七個城市的抗爭性集會（2019.02–2020.01）

8.2　海外六城與香港的抗爭性集會之相關（2019.06–2020.01）

8.3　海外六城的抗爭性集會之類型（2019.06–2020.01）

8.4　海外六城的抗爭性集會與其參與者（2019.06–2020.01）

10.1　香港人的自我身份認同

10.2　被迫解散或撤離的公民社會組織（2021.01–2022.01）

本書用圖　3.1　連登與Telegram搜尋熱度趨勢變化

3.2　反送中運動期間標題含關鍵詞「香城Online」的連登討論區貼文數量

3.3　香城Online Wiki首頁

3.4　「香城Online【懶人包】」的免責聲明

3.5　準備在元朗區發動抗爭時「開放」的牛屎村地圖

5.1　守護孩子未來　親子集會／遊行

5.2　親子遊行

5.3　SocREC有關家長帶小孩參與遊行的報導

5.4　導致教師被除牌的學習單

7.1　撤離－情感地理

10.1　香港人和中國人身份認同的轉變，1998–2014（%）

10.2　青年身份認同的轉變：香港人認同，1998–2014（%）

10.3　青年身份認同的轉變：中國人認同，1998–2014（%）

[1] 導論：香港民主運動的台灣觀點

何明修

一、香港人的覺醒

2022年2月25日，記錄香港反送中運動的電影《時代革命》在光點華山電影館放映。該場活動是由港人團體（香港邊城青年）、台灣聲援組織（民間支援香港協會）與學生青年團體（台灣青年民主協會）主辦，也邀請了陸委會正副主委參與。這部紀錄片無法在國安法統治下的香港公開播放，全球首映就選擇了台北。在活動之前，八十三歲的香港評論家李怡登台致詞，他曾向導演周冠威表示，許多時候他不贊同年輕運動者的行動，但是他能理解他們，因為「在所有的和平手段都用盡而未能遏止惡法暴政之後，年輕人只有在奮不顧身的抗爭過程中才享有自由，才體會到手足之情，感受到真正的溫暖。」同時，李怡也向台灣的觀眾喊話，香港過去曾享有比台灣更自由的空氣，但是在頃刻之間，自由就滅絕了。要維持自由，「需要每一代人、每一時刻的警覺，去捍衛它」（李怡 2022）。

九個多月後，李怡病逝於台北，這場演講成為他生前最後公開活動之一。彷彿已經預知自己的來日不多，他開頭就引用英國

哲學家羅素臨終前的訪談，期望香港政治變局的真相能夠永遠被記著，不會被掩蓋埋沒。他呼籲香港人包容接納採取勇武抗爭的年輕人，也寄語台灣人從中學到教訓，好好守護得來不易的民主。

　　戰後香港開創了耀眼的經濟奇蹟，在九七主權移交之際，這座以商業文明著稱的城市之人均國民所得甚至比殖民宗主英國更高。除了創造巨大的財富，香港也因為其言論與出版自由，孕育許多凌雲健筆的文壇才子。李怡創辦《七十年代》、《九十年代》雜誌，也是香港著名的作家與評論家，但是他卻沒有唸過大學。在 1954 年，左派中學畢業的李怡心向祖國，但是卻在內地的高考落榜；隔年，中共安排他到屬於外圍機構的上海書局工作，負責編輯校對，從此展開文壇人生。

　　李怡在 1936 年出生於廣州，幼年成長於上海與北京，戰後才隨家庭來到香港。李怡的一生反映了一個世代香港知識份子的心靈旅程，他的立場從左傾愛國移轉為民主抗共，到生涯晚期，他高呼「香港人有宣傳港獨的言論自由」，積極為本土派年輕人辯護。移居台灣之後，他開始在網路媒體撰寫他的《失敗者回憶錄》，詳細說明他一生的思路轉折。[1]

　　李怡的父親活躍於親中共的電影產業，家庭背景使得他就讀左派的培正中學與香島中學，他發現老師願意忍受低薪，卻展現出高度的教學熱忱，因此加深了他的祖國意識。香港六七暴動期

---

[1] 李怡的回憶錄在台灣的風傳媒連載，https://reurl.cc/xlLlZz，取用日期：2023 年 2 月 28 日。其後，印刻文學於 2023 年 5 月集結出版了《失敗者回憶錄》全二卷。

間，李怡參與了出版界的「反英抗暴」，但是他事後意外發現，香港民意穩固地支持英國殖民政府，反對盲目而躁進的暴力抗爭。1970年，李怡參與創辦了《七十年代》，這份政論雜誌初期曾接受中共的資注，因為既有的左派刊物已經在六七暴動後元氣大傷，被港人普遍排斥。《七十年代》與後續的《九十年代》（1984年更名）堅持新聞自由，甚至刊登不利於中共的報導，後來正式脫離左派陣營。

在回憶錄中，李怡提到幾次被共產黨幹部暗示邀請入黨，不過他後來都拒絕了。李怡離開愛國左派的陣營，後來轉向支持民主抗共，這是與主流香港民意同步發展。七〇年代港英政府力圖改善教育、住宅、醫療、社福等措施，打擊官員貪腐，拓展新市鎮，獲得了香港人的認同。1984年中英談判落幕，確定移交的變局，香港興起了一波中產階級移民潮。八九六四的天安門事件更讓香港人傷心失望，一廂情願的「民主回歸」已經成為不可能實現的幻想，因為共產黨不可能放棄一黨專政。

香港人的整體看法固然影響了李怡，但他的態度轉變也是出於個人因緣。李怡的妻子梁麗儀是他的中學同學，大學畢業後在深圳從事教職，他們長期分隔兩地。文革期間，李怡發現要定期「返鄉」探親變得愈來愈困難，梁麗儀也因為與香港有所關連而受到迫害，受到審訊。一直到1974年，梁麗儀才獲准以調職名義前往香港工作。李怡的本名是「李秉堯」，因為妻子緣故才採用了這個筆名，當時身在內地的梁麗儀提供了中國的第一手現況報導，揭露了被封鎖的文革時期真相。

　　九七移交之際，李怡撰寫了〈以感激心情，告別殖民主義〉的社論，這樣的想法無疑反映了大多港人的心態。超過一百五十年的英國統治締造了香港的一切，包括法治基礎、廉能治理、自由市場，但是在大中華民族主義的框架下，香港回歸中國統治似乎是名正言順的道理，也是不容否認的大義名分。

　　在李怡看來，第一任特區特首董建華（1997-2005）曾經真誠相信「香港好，中國好；中國好，香港好」，致力確保政權平穩移交，以便維持香港的繁榮。然而，他沒有能力，也沒有信念，無法積極捍衛香港的高度自治；在低迷的支持度下，他草率找了一個腳痛理由，匆促下台。接任的曾蔭權（2005-2012）出身於港英時期培養的行政官員，李怡認為「是歷任特首中最為香港人著想的」。只不過，曾蔭權沒有獲得北京的充份授權，其執政方針無法開展，但是在任內還是為了香港政制改革跨出重要的一步。李怡對於第三任特首梁振英（2012-2017）完全沒有好話可說。在他看來，梁振英就是中共長期培養的人員，「工於心計、缺乏誠信、言辭閃爍」，「狼英」的渾號恰如其分。梁振英在天安門運動期間參與連署登報譴責中共，那只是因為他投機地認為共產黨即將倒台；事情並未如此發展，他後來努力與中共修補關係。在梁振英任內，爆發了2014年的雨傘運動，爭取真正符合國際規範的特首選舉。雨傘運動失敗之後，新一波政治運動開始提出自決與獨立的訴求。

　　在回憶錄中，李怡對於林鄭月娥（2017-2022）的施政風格沒有太多評論，一部分是因為《失敗者回憶錄》最後一篇只寫到

反送中運動擴大蔓延的2019年6月，可能有不少內心想法來不及寫出來。至於最關鍵的問題——為何林鄭月娥要以一樁發生在台北的兇殺案為名，提出全港反對的逃犯條例修訂草案——李怡相信這是北京的命令。他的回憶錄來不及處理，為何林鄭月娥選擇以強硬姿態回應反對者，以催淚彈、橡膠子彈、布袋彈、鎮暴水車壓制廣泛的民間反抗，最後導致港版國安法頒佈，一國兩制提前瓦解。

在七〇年代，香港是唯一享有新聞自由的華人社會，這也讓李怡有機會發揮其評論專長。1977年，台灣警備總部宣佈破獲一起叛亂案，其中一位參與成員宣稱曾與「李匪怡」接觸，並且交付其行動任務。因此，一直到解嚴後的1988年，李怡才有機會獲准訪問台灣，他創辦的《九十年代》也在1990年始能夠在台灣發行。不過在此之前，他對於台灣政治局勢的發展也有深刻的見解。《七十年代》刊登了台灣黨外運動的新聞與評論，獨樹一幟，獲得海外讀者好評；這是因為香港右派報刊親國民黨，不敢得罪其背後老闆，左派媒體則懷疑台灣反對運動者是台獨人士，不想理會反對運動。

《七十年代》密集報導保釣運動，李怡因此被稱為「老保釣」，但是他敏銳地注意到，外省籍台灣保釣運動者將兩岸中國統一視為理所當然，但是本省籍參與者則更關心台灣人的前途問題。天安門屠城事件爆發之後，李怡提到本省台灣人不再相信中共政權，從此「你走你的陽關道，我過我的獨木橋。大陸怎麼變化不再關心。」相對於此，有些外省統派人士還相信某種陰謀論解釋，

認為中國民主運動「有外國勢力在組織策畫」。鄉土文學作家黃春明是李怡多次訪台的帶路人，也因為他的提醒，李怡深知不要將台北當成台灣的縮影，要多去中南部農村走訪。

從民國時期的中國、英治香港，到民主化後的台灣，李怡的生命之旅環繞了廣大的弧線。李怡求真求實的堅持沒有改變，但是他的主張已經從大中華民族主義移轉成為同情港人的民主自決訴求與台灣獨立的民主體制。這樣的轉變固然反映了李怡追求的自我認同，但同時也呈現了香港與台灣兩地劇烈變動的歷史軌跡，從反送中運動猛然爆發到國安法的全面鎮壓，香港的高度自治已經不復存，而台灣也出現了唇亡齒寒的迫切感。

二、從反送中到白色恐怖

以一樁發生在台北的港人凶殺案為藉口，香港特區政府在2019年2月提出《逃犯及刑事事宜相互法律協助法例（修訂）條例草案》（以下簡稱逃犯條例），聲稱唯有這項立法才可以讓殺人嫌犯引渡到台灣受審，因為香港與中國大陸、台灣都沒有正式的司法互助條約。香港人批評該草案是「送中條例」，讓他們有可能被拘捕、引渡，接受中國大陸法庭的審判。香港自以為豪的司法獨立與普通法體制將會出現破口，直接面臨黨國的政法體制之威脅。送中條例適用的對象不只是香港人，還包括了在港居留的外國人與在香港機場轉機過境的外國旅客，也因此，引發了西方各國的外交照會，表達關切。律師、學生、人權團體都上街反對，

企業界與大陸移民深知中國司法制度黑暗，因此表態不贊成。但香港政府只是局部微調草案，仍堅持推動修法。

在逃犯條例二讀前夕，反送中運動在六月爆發，兩場百萬人遊行迫使政府暫緩草案。面對和平示威的群眾，香港警察動用催淚彈、橡膠子彈等高殺傷力的武器，以「暴動罪」起訴被捕人士。反對運動在 2019 年夏天迅速激進化，採取佔領立法會、罷工、罷課、圍堵機場等衝擊性高的手段。在街頭上，黑衣蒙面的勇武抗爭者用現場組裝的街障、磚頭、汽油彈阻止警察前進，成為常見的現象。運動的訴求原本單純是反對逃犯條例，後來進一步演化成要求議會與特首直選。「五大訴求、缺一不可」成為反送中運動的目標，呼應了未竟的 2014 年雨傘運動。警察施行一系列強力鎮壓，甚至縱容黑道施暴等，各種離譜現象引發眾怒，因此，儘管香港政府在九月正式撤回修正案，抗爭風潮仍無法止息。政府以緊急情況為由頒佈禁蒙面令、警方以實彈近距離射擊抗議者、幾起疑似警暴的死亡事件，使得抗爭者要全面「攬炒」的意圖更為堅定。十一月中爆發的中大之戰與理大圍城之戰，造成全城交通與學校停擺，然而抗爭者也付出極大代價，光是理大事件就有近一千四百人被捕，其後再也沒有出現大規模的警民對峙。在這場「如水革命」中，香港人高呼「時代革命、光復香港」的口號，新創作出來的〈願榮光歸香港〉儼然成為抵抗北京政權的「國歌」。共同的受苦與受難經驗，以及「和理非」與「勇武派」之間的合作，打造出香港人的「抗爭共同體」（馬嶽 2020）。

反送中運動的規模遠超過五年前的雨傘運動，就逮捕人數與

延續時間而言，也超過港英時期的六七暴動，有研究指出，約四成香港市民參與了這場前所未有的抗爭運動（Cheng et al. 2022: 2）。運動參與者的性質多元化，包括學生（Ho and Wan 2021; Tong and Yuen 2021）、專業人士（Ma and Cheng 2021）、基督教徒（本書第六章; Lee 2021）、記者（Yeung 2020）、醫護人員（Li and Ng 2021）、律師（本書第四章）、線上遊戲參與者（本書第三章）、家長（本書第五章）等。由於運動參與者眾多而且高度異質化，各種新穎而且有創意的運動策略也紛紛登場，例如曾一度遍佈全城的連儂牆（Li and Whitworth 2023）、將消費者力量政治化的「黃色經濟圈」（Chan 2022）、援助海外流亡人士的「手足代購」（Ho and Chen 2021）等。然而，密集的動員很難持續，尤其是當統治菁英並未分裂，而且還保有完整的鎮壓能力，運動陣營容易陷入長期的消耗戰。

　　2020年1月武漢肺炎爆發，民眾擔心染疫，參與街頭行動意願降低。許多獨裁政權利用疫情擴權與打壓，香港亦如此。中聯辦宣稱有權干預特區事務，不受基本法限制，香港政府以限聚令名義禁止公共集會，並且推延立法會選舉。六月底，中國政府頒佈港版國家安全法，繞過香港立法機構，直接以附件名義寫入基本法，等於提前取消「一國兩制」。國安法架構下，中國維安機構直接駐港，北京的手直接伸到香港。其訂定的「顛覆國家政權」「分裂國家」「恐怖活動」「勾結外國或境外勢力」四項罪名定義模糊，用意在於威嚇反對人士（陳玉潔 2020）。香港經歷了如同天安門式的全面鎮壓，言論、新聞、出版、教學等各種自由急速萎縮（Hui 2020）。根據媒體報導，在國安法頒佈之際（2020年6月

30日），反送中運動已經導致9,216人被捕，1,972人被起訴，141人判刑確定（端傳媒 2010）。國安法更加速了香港政府的「法律作戰」，以司法程序整肅反對者。根據香港民主委員會的研究，截至2024年2月初，香港已經出現了1,788位政治犯，其中214位被判一年以上的重刑，還有110位是未成年人（Hong Kong Democracy Council 2024）。

歷史上的白色恐怖首度出現於法國大革命後的復辟時期，流亡海外的波旁王朝重新取得權力，對於參與革命者展開清算，而白色即是波旁王室的代表色。就這個意義而言，台灣五〇年代的政治肅殺符合這個定義，因為統治政權先前面臨了二二八事件起義與地下黨運動的衝擊，等到韓戰爆發後，美國執行台灣海峽中立化，國民政府才站穩腳步。同樣地，香港國安法體制也是對於過往民主運動參與者與組織的清算，用來將這個全球城市納入內地的維穩控制。

國安法施行近三年來，港版的白色恐怖主要打擊對象包括政治反對派、公民團體與學生、民主派的媒體等。立法機關的選舉制度大幅修改，直選席次下降，第七屆立法會已經沒有民主派的成員。國安法要求的效忠宣誓，使得超過二百位民主派的區議員主動辭職。港府指責民主派針對立法會選舉所辦的的初選觸犯顛覆國家政權罪，因此拘捕了四十七位參與者，等於將反對派領袖一網打盡。此外，港府以調查外國資金為由，強迫公民團體交出帳冊，每年舉辦七一遊行的民間人權陣線、舉行六四晚會的支聯會、獨立工會運動的龍頭職工盟等團體，紛紛宣佈解散。大學行

13

政主管也不再承認學生自治組織，強制收回辦公室，大學學生會只得解散。黎智英兩度遭到逮捕，香港《蘋果日報》被迫停刊，其他獨立媒體也停止營運。

政治人類學家 James Scott（1998: 89）研究國家主導的社會工程為何在二十世紀導致諸多災難，其中一個關鍵即是所謂「俯伏在地的社會」（prostrate society），一旦反抗勢力被徹底剪除，統治者就可以遂行其意志。很顯然，這也是北京統治者所企圖營造的圖像。

不過，高壓統治是否必然帶來臣服與無力感？Scott（1990）另一項關於「日常抵抗」（everyday resistance）的研究啟示我們，被壓迫者儘管沒有空間能公開表達異議，他們仍是善用各種統治者看不見的死角，爭取其被剝奪的權益。即使有國安法的白色恐怖，香港市民還是排隊光顧支持運動的「黃店」、集資在《蘋果日報》登廣告、抑或是買進壹傳媒的股票。2022 年，英國女王伊莉莎白二世駕崩，香港的英國領事館前排滿前來致敬獻花的民眾，還有人特意戴黃色口罩，身穿有抗爭標語的黑 T 恤（Wang and Yoon 2022）。同一年，在香港選手獲勝的國際賽事中，屢次發生主辦單位「誤播」了〈願榮光歸香港〉一曲作香港國歌，而不是〈義勇軍進行曲〉。特意彰顯的「戀殖」與國歌誤播並不會鬆動國安法體制的根基，但是這些行動與訊息卻傳遞出被壓迫者未明言的心聲，有助於維持士氣。除了這些公然挑戰的行動以外，許多民主派香港人也投入發行社區報，經營獨立書店，參與法庭旁聽，提供獄中手足各種援助。這些行動看似不帶有政治意圖，

卻有助於維持運動陣營的凝聚力，減緩政權打壓所帶來的傷害。海外的香港人就更無顧忌，他們組織專業倡議團體、成立不同城市的同鄉會、設立新的媒體與出版社，與香港本土的各種地下化、未明言的抵抗互通聲息，共同推動未竟的民主志業。

三、「今日香港、明日台灣」之浮現與瓦解？

香港與台灣儘管在八〇年代都被稱為「四小龍」，經濟成長後都出現了中產階級所帶領的民主運動，但兩地殖民歷史相異，反對運動也有明顯的差異。最重要的關鍵在於，台灣的民主運動是由台灣認同所驅動，民主化與本土化同時並行；而香港的民主運動則擁抱大中華認同，「民主回歸論」基本預設即是一個城市不可能單獨享有民主，需要整個中國大陸的政治改革。台灣在2000年的歷史性總統大選中，民進黨首度執政，政權和平移轉；香港立法會卻無異議通過了一個決議案，公開反對台灣獨立，只有一席反對黨代表選擇棄權。

看待中國的方式讓兩地反對運動在歷史上產生分流，然而，中國的崛起以及其所帶來的威脅，讓兩地的民主運動重新產生交集。在這個脈絡下，「本土」、「自決」、「公投」、「獨立」等台灣民主運動常見語彙開始在香港出現。香港人始終沒有忘記六四天安門事件，因為北京民主運動的失敗即是香港人冀望的「民主回歸」之失敗。而台灣人對於天安門的記憶很快就淡化了，因為中國民主化的失敗沒有阻礙台灣持續向民主邁進。等到台北自

由廣場的六四晚會在 2011 年重新登場，「血脈相連」的愛國民族主義早就消失，取而代之的是對抗威權擴張的民主普世價值（Ho 2022）。中國以經濟實力所搭建的政商聯盟侵蝕台港的法治基礎，加深了既有的經濟不平等（吳介民 2015）。北京企圖在文化上同化崇尚自由、法治、專業倫理的香港人，消除其殖民地記憶，這些「再中國化」的動作激發出台港兩地強調本土文化的民族主義運動，對抗共同的威脅（徐承恩 2017；鄭祖邦 2019, 2022; Carrico 2022; Wu 2016）。2012 年，香港爆發了反國教運動，台灣則同時出現反媒體壟斷運動，都是對抗中國因素在教育與媒體的影響力擴張。之後，兩地的青年運動者建立跨境行動者網路，抗議行動也出現了緊密互動與協調（Ho 2019: 91–93）。也因此，在 2014 年台灣太陽花運動期間，「今日香港、明日台灣」開始成為流傳的口號。

順著先前搭建的跨境行動者網路，香港學生從太陽花運動佔領立法院得到啟發，他們採取更激進的行動，讓倡議許久的「讓愛與和平佔領中環」演變為長達 79 天的雨傘運動。在兩場學生主導的佔領運動落幕後，台港的跨境行動者網路仍持續。兩地都出現了以運動為號召的新興青年政黨，當時稱為「第三勢力」（台灣）與「傘兵」（香港），有相互學習與模仿（何明修 2017）。其中，香港眾志與台灣的時代力量密切交流，香港的本土派政黨則是與基進黨／台灣基進過從甚密。

陳同佳殺人案發生之後，台灣政府曾向港方提出三次引渡要求，但是都沒有獲得回應。逃犯條例號稱是為了解決這樁命案，但是修正草案並沒有提到台灣，只是提到「香港與中華人民共和

國的任何其他部分」之引渡。台灣被直接當成中國之一部分，也因此，台灣政府立即表明不會在「一中」框架下要求引渡。隨著反送中運動爆發，總統府接見了請願的香港學生代表。六月中，朝野立法委員發表共同聲明，譴責港府以武力處理群眾抗議，要求撤回逃犯條例草案。

從2019年6月到2020年1月，台灣出現了95件「撐香港、反送中」的集會活動，其中絕大多數由台灣人所主辦，純粹香港人主辦的活動只有19件（何明修 2021）。這顯示台灣人民感受到「今日香港、明日台灣」的危機，同情並且支持香港人的抗爭行動。台灣人的急迫感也來自於習近平在2019年1月的聲明，他將「九二共識」等同於一國兩制，準備推動所謂的台灣方案。因此，香港人背水反抗的行動等於是展示了一國兩制的真實情況，這使得向來主張「九二共識」的國民黨立場尷尬，民進黨也乘機宣傳「台灣離香港不遠，一張選票的距離。」林文正與林宗弘（2022）指出，「香港因素」影響了2020年的台灣總統選舉，有利於民進黨取得勝選連任。選舉前夕，有59%的台灣受訪者支持香港反送中運動，而且無論是泛藍或是泛綠的支持者，愈是支持香港人抗爭，就愈不可能投票支持國民黨候選人韓國瑜。

在2020年總統選舉之前，香港人普遍期待「守住台灣就是最好的撐香港」，在此的「守住台灣」就是讓本土路線的民進黨勝選。因此，大選前一天，蔡英文的選舉晚會上，香港人高喊「時代革命」的口號、高唱〈願榮光歸香港〉、揮舞著「光復香港」的黑旗，這種景象並沒有在韓國瑜的會場上出現。但是勝選後民進

黨的作為有符合香港人的期待嗎？

從反送中運動在 2019 年夏天升溫以來，陸續有香港抗爭者為逃難來台，他們多半以觀光簽證入境，最多只能停留三個月。台灣沒有難民庇護機制，至於港澳條例第 18 條所規定的「對於因政治因素而致安全及自由受有緊急危害之香港或澳門居民，得提供必要之援助」，民進黨政府並不願意進一步陳明其內容，特意保留主管機關相當大的裁量空間。2020 年選舉前夕就有些香港人公開指責「民進黨只想用香港人的鮮血換取台灣人的選票。」選舉結束後，局勢更為複雜：一方面因為香港政府加緊拘捕與司法審訊，有逃難需求的抗爭者增加；另一方面，隨著武漢肺炎爆發，台灣在 2020 年 2 月全面禁止香港人以觀光簽證入境。中國宣告港版國安法之後，台灣立即宣佈人道援助關懷行動專案，在陸委會下設立台港服務交流辦公室。交流辦公室成立之前，台灣的公民團體曾倡議制定難民法與港澳條例第 18 條施行細則草案，以充實庇護機制，保護逃難港人的權益。然而，民進黨政府卻拒絕了這些提議，其原因可能是要避免得罪中國政府。因此，既有的「民團擔保、專案審酌」（江旻諺 2020）處理方式延續下來。台灣的人權、司改、教會組織扮演了重要的角色，他們也獲得官方的信任，協助處理有入台需求的香港人。

這種專案處理的權宜之計帶來了許多問題。首先，香港反送中是「無大台」的運動，許多手足沒有組織身份，也不認識台灣的公民團體，他們很難獲得民團擔保。其次，協助港人逃難的並不只是少數政府信任的民團，更有眾多台灣人與組織，而有些

人士被體制排除在外，他們感受到政府冷漠，甚至偽善。一個明顯的事例是，2020 年 9 月，一位台灣的獨立記者爆料，他曾協助五位香港手足偷渡到東沙島，但是後來他們被長期拘留，無法對外聯繫。在 2021 年 8 月，《紐約時報雜誌》長篇報導了一位積極接濟香港抗爭者的台灣人，她也面臨了官方不理不睬，只能憑著自己的薄弱力量（Topol 2021）。專案處理帶來身份上的不明，對於來台港人造成極大不便。觀光簽證最多只延長至六個月，因此政府鼓勵香港人就讀台灣的學校，以留學簽證取得較長的居留資格。但是不少香港人並不想要唸書，而且取得學籍之後，他們的工作時長會受限制。根據以往規定，香港人若要取得身份證，必須先讀滿四年大學，再工作五年，且最後一年的薪水要達到基本工資的兩倍。對於有能力獨立謀生的香港人，台灣政府也是拖到 2022 年 3 月才依就業服務法第 51 條，以「獲准居留之難民」名義容許港人自由找工作。

為了解決專案處理的不足，台灣的公民團體提出了「HF177 庇護居留」，讓在台灣居留兩年的香港人士可以獲得身份證；但是此案沒有獲得政府支持，官員認為兩年太短，而且他們試圖避免使用「庇護」的名義。陸委會在 2022 年中提出「就業定居」方案，名義上維持五年的觀察期，但是可以折抵研究所就讀時間。沒有想到，「就業定居」的提案引發民進黨與時代力量的立委反彈，他們批評這樣的修法使得中共滲透更為容易。同時，公共政策網路參與平台也有民眾提案廢除港澳條例，要直接比照兩岸人民關係條例來對待身在台灣的香港人，其理由是「香港人就是中國人」。

在 2020 年之後，政府也提高了香港人移民的資格門檻。投資移民的金額仍是維持六百萬台幣，但是要求要有實體店面，並且經營三年。中國大陸出身、曾在中資機構或政府部門工作的申請者，因為安全理由，要由國家安全局進行聯合審查。許多香港人的申請被拒絕，抑或是案件的處理延宕；也有人獲得居留，但是卻沒有獲得定居資格（取得身份證）。隨著英國、加拿大等國放寬香港人移民的規定，在台港人出現了二次移民風潮（李澄欣 2023）。在台的港人通常不想公開批評台灣政府，一方面他們不想要附和香港親中媒體與政治人物的言論，另一方面他們不想要加深台灣民意的負面印象，使得仍在等待移民申請的香港人面臨更大的阻力。但是在私底下，已經有不少香港人對於民進黨感到失望。

為何在短短幾年內「今日香港、明日台灣」的團結感消失，取而代之是充滿保守退縮的「疑港論」？面對日益增強的中國威脅，心向民主的香港人不是台灣應該爭取的同路人嗎？台灣在 2020 年開始已經出現人口負成長，有工作意願與經濟資產的香港人難道不是我們應該歡迎的移民群體？

可能有幾點理由能解釋這個情況。民進黨政府決策風格謹小慎微，不願意以難民或庇護名義協助面臨司法迫害的香港抗爭者。香港手足無法在台灣取得完整公民權，是為了避免讓北京找到挑釁的理由。政府用國安審查來處理香港人的移民申請，結果粗暴的一刀切式認定、跨機構協調與溝通不足，導致審查結果延宕、不一致，甚至背離常理。此外，民眾的關注也可能是短暫的。

從近年來台灣聲援泰國民主運動、反對緬甸軍事政變、支持烏克蘭等國際事件來看，長期的同情並不容易維繫。最後，也可能是最重要的，「今日香港、明日台灣」也許從來不是建立於強烈的情感連結，缺乏紮實的社會基礎。2019年反送中運動的激烈街頭抗爭場景激發了台灣人的同情；但是等到抗議行動落幕，國安法的白色恐怖體制持續剪除香港的政治領袖與公民社會，台灣人的反應就淡薄許多，改採取工具性的態度對待香港議題。

一項在2021年的調查顯示，台灣人的支持是有條件的，而不是毫無保留的。有近六成台灣受訪者支持香港民主運動，且其身份跨越不同的黨派。但是對於實際的政策介入，民眾反應卻是模糊、缺乏明顯的共識。有29%的民眾認同台灣有義務協助香港人，但是有33%不認為如此；有29%的民眾認為政府做的不夠，28%則是認為已經足夠。有36%民眾樂見香港人移民到台灣，但是也有23%持反對意見（Nachman et al. 2021）。

無論是有心或無意，「疑港論」的浮現已經造成了傷害，台灣有可能錯失了一個善用民主軟實力的契機。對於處於威權擴張前線的台灣，這樣保守的心態並不利於爭取國際民主陣營的支持與認同。執政者應該揚棄狹義的兩岸關係框架，以全球地緣政治的制高點視野，處理未竟的援港人道專案以及移民審查議題。某些台灣民眾或許是因為就學與工作機會之競爭，或是炒房疑慮，對於港人來台持保留態度，但這些都可以用適當方式澄清，化解無謂的誤解。畢竟，如果鄰近的日本都意識到「台灣有事就是日本有事」之急迫性，台灣也應該以更積極與主動的方式因應香港

變局所帶來的種種挑戰。「香港有事就是台灣有事」,如果北京在文化、經濟、政治上能夠順利同化香港,這套馴服邊疆之統治工程一樣可以適用於台灣。

四、本書起源與內容

放在全球抗爭政治的尺度來看,逃犯條例所引發的政治爭議與反抗運動都是舉世罕見的,無論是就持續的時間、參與者的廣度與深度或是區域與全球性的後果而言。反送中運動規模龐大,影響深遠,也跨越了前線/後勤、線上/街頭、香港/海外等不同的空間場所。此外,國安法的鎮壓力道也是出乎意料的,而且來自內地的維穩體制持續重構香港這座城市的紋理。

這本論文集的意圖在於記錄與分析香港鉅變下的不同人士之實際感受,包括了前線抗爭者、律師、家長、基督教徒、海外移民與留港台灣學生。他們的公開行動有可能是街頭抗議、法律協助、海外遊說,在其日常生活領域,他們也經歷了遷移與否的內心掙扎、宗教信仰的內省叩問、政治認同的移轉等。隨著運動的興起與衰退,本書所關切的主角們也經歷了不同的情感狀態,從激昂的憤慨、無能為力的愧疚感、面臨司法程序的恐懼等。這些同時發生在公共領域與私生活的變動,都值得不同學門領域研究者共同關注。

本書的起源與 2019 年反送中運動密切相關。隨著十一月中大與理大圍城抗爭爆發,香港所有的大學被迫停課。台灣許多大

學紛紛宣佈，願意不分國籍，接濟在港就讀的學生，台大便收容了超過四百多位來自香港的學生。當時無法想像後續的發展，香港局勢有可能持續惡化，這些學生或許會延長其寄讀的時間。有鑑於此，台大社會系的教師決定在2020年春季學期開授一門「香港政治與社會」課程，讓這些來台的香港學生有一個空間認識彼此、共同討論。在台大社科院的經費支持下，這門課邀請了校內外的大學教師以及校外的專業人員進行分享。除了課堂講授以外，課程也安排參訪台北的人權教育場址，邀請學生思考香港反送中運動所出現的國家暴力與其造成的傷害該如何紀念與論述。課程也鼓勵學生採取行動型作業，以實際行動介入，促進台灣與香港的相互理解，或是協助香港人爭取民主自由，並且反省其行動成果。

等到2020年春季正式開學，局勢變化又是超乎我們的規畫。隨著香港校園恢復平靜，緊急寄讀的香港學生幾乎全部離開了。參與「香港政治與社會」的107位同學都是在台大的學位生或交換生。其次，肺炎疫情突然爆發，原先安排的參訪場所封閉，校園開始管制進出，外校人士不容易進入。實體上課的人數限制不斷變化，最後課程只能採取現場與線上的混成模式進行，造成師生許多困擾與不便。儘管如此，這門課還是提供了寶貴的學習經驗，讓參與師生有機會更深入了解香港變局的脈絡，參與了正在發展中的歷史。舉例而言，我們邀請了香港銅鑼灣書店創辦人林榮基來演講，那時正好是銅鑼灣書店在台北復店之前，他受到暴力份子的攻擊。在課堂上，林榮基的頭髮仍殘留紅色的油漆，這

位經歷中國黑牢的民主鬥士看起來彷彿染髮趕流行。

課程結束後，授課團體決定在既有的基礎上進一步深化合作。我們有幸獲得三年期的「台大核心研究群」（2021–2023）之經費，能夠開展相關研究。在教育部標竿計畫的支持下，台大社會學系在2022年6月11日舉行了「劇變中的香港：抗爭、移民與全球網絡」的研討會，本書的章節先前都曾在此發表過。

吳叡人的第二章從長時段的觀點考察台灣與香港在帝國支配下逐漸形成主體的過程，從邊陲與邊陲的關係到主體與再殖民化邊陲的關係。處於帝國的邊緣，台灣與香港都經歷了移民社會的形成、土著化、民族主義動員和奪取國家權力等歷史。在眼前的當下，兩地均成為中國帝國主義的目標，但香港人民透過抵抗找到自己的政治主體，挑戰中英聯合聲明設下的底線；台灣公民社會強力反抗中國的複合作戰，與香港人共同追求自己的主體地位，並走向自主。

反送中運動波瀾壯闊，規模巨大，涉及了不同群體的參與，這將是接下來各章的探討重點。在第三章，林鶴玲、孫春在分析反送中運動線上平台論述中普遍出現的電玩文化元素，以此解釋反送中運動的三項特徵：參與者多為年輕世代、無可見大台卻能持續進行抗爭、戰術行動能及時應對不斷變化的抗爭形式。抗爭者透過遊戲術語、遊戲構框及修辭敘事，在抗爭中動員、傳遞資訊、賦予運動意義、進行協商、強化團隊意識；遊戲素養擴大了行動者的抗爭工具，提供另類行動資本，協助無大台而又需與眾多陌生手足協力的社會運動運作起來更如水。

　　黎恩灝與許菁芳的第四章關切香港司法制度與其從業人員在抗爭運動升級下所扮演的角色。隨著許多街頭衝突演變成刑事案件，加上港版《國家安全法》，香港司法體系的政治角色已然改變：港府透過法院有意識地處理街頭運動，其司法過程壓制效果強大；雖法院的專業和獨立性並未改變，但公民與政府高度對立，劇變的政治脈絡已經重創法院聲譽。香港法律人在此面臨兩難，但儘管受到限制，法律人仍有空間在司法制度內外爭取公義，實踐信念律師（cause lawyering）的角色。

　　第五章著眼於反修例運動後港府推行國家安全教育作為政治鎮壓手段，香港親民主的家長如何作政治育兒。呂青湖發現，面對與理想中的教育截然不同、以中國為中心的民族主義新課程，家長雖表現服從，但仍在抵抗中國化，他們培養子女成為表面順從卻具有批判性思考的人，期許孩子擁抱普世價值並以移民為目標。此外，父母會透過匿名渠道發出主流但非政治的論述，來包裝他們對國家安全教育的抵抗。如此，既可避免刺激當局，同時還能繼續反抗。

　　第六章關切香港基督教會的角色。黃克先指出，自雨傘革命後直到反送中運動時期，香港孕生了一批革新派基督徒，基督徒的政治參與也不再限於菁英，一般信徒之中有些人深受劇烈政治變革的影響，對傳統教會的「離地」感到不滿。他們最初走入教會是因為有愛的氛圍，但政治激化的此時已無法再用同樣眼光看待自己身處的教會。革新派基督徒對於神學、教會組織、宗教實踐都有嶄新的看法，並決意付諸行動。

　　香港不只是一座有地理邊界的城市，準備移民的香港人、海外的離散社群、外籍留學生都是香港的一部分，也參與了浩大的反抗行動。第七章關切自反送中運動以來，香港人隨時做好移動／撤離的準備，可以說撤離一事已經日常化。黃舒楣的研究團隊指出，撤離不是短暫的動作，而是一系列嶄新情感社會實踐的關鍵過程，持續在日常中發酵，是跨境延展的生存策略。團隊觀察到物質性和情感性兩種移動政治，前者體現在撤離中的港人需考量資源、安置相關地租及照護安排調整等，後者則使撤離的日常化催生了新的共同體。這些新移動範型不同以往，彰顯出移動／撤離乃是一種物質交織情感的實踐，有必要對此重新認識、重新建構此一概念。

　　在第八章，何明修分析全球香港移民及留學生的動員。近年海外港人運動超過了八九六四與雨傘運動的聲援風潮，其組織形態轉為去中心化與鬆散聯繫，呈現出所謂的「無大台」情況。海外行動者緊盯本土運動的節奏，從提供物資、接濟抗爭者，到後來更形成抵抗中國威權輸出之全球戰線。中國支持者亦反制動員，威脅到海外港人的人身安全，但也意外使港人訴求獲得更多媒體關注。然而除了台灣，香港運動並不易在接納國獲得共鳴，且因西方民主體制日趨兩極化，使其行動面臨更多困難。

　　國際學生增加在過往普遍被視為學生追求世界主義文化資本之結果，但經歷原生國與留學地有政治差異或衝突的留學經驗可能改變他們的政治認同。陳薇安的第九章研究反送中運動中身處香港的台灣留學生之政治認同變化，發現支持反送中運動的留

港台生，之後會更加認同民主自由價值，政治認同則全然轉向台灣。不認同反送中運動的留港台生則淡化台灣的政治認同，並以世界主義為理由來解釋其冷感。

在結語，陳健民以比較民主化的研究架構來探討香港的政治未來。無論是主權移交之前或之後，香港總是面對「無主權便無民主」的魔咒，這意味著香港人所要爭取的民主很大程度上取決於外部因素，亦即是中國的政治變遷。儘管國安法壓制了有組織的抗爭行動，但是香港人仍在其私領域或某些公領域堅持初衷，有些人甚至願意挺身而出，公然忤逆強權。此外，海外的香港人仍從事「國際線」的組織與倡議活動，將抗議聲音帶到更多角落。一個追求共同信念的「受苦的共同體」意識已經形成，這樣強大的認同能夠維繫民眾的希望和抗爭意志，蟄伏待變。

參考書目

江旻諺，2020，〈是不能說，還是不知從何說起？談台灣援助香港的庇護工作與法制化的挫敗〉。《台灣人權學刊》5(4): 159–170。

何明修，2017，〈第三勢力與傘兵：比較台港佔領運動後的選舉參與〉。《中國大陸研究》60(1): 59–86。

——，2021，〈反送中運動在台灣：抗爭性集會的分析〉。《中國大陸研究》64(2): 1–39。

吳介民，2015，〈港台的抵抗運動為何呈現趨同性？〉。《文化研究》18: 162–167。

李怡，2022，〈在一部影片首映前的致辭〉。Facebook，https://reurl.cc/M4bmDp，取用日期：2024年1月4日。

李澄欣，2023，〈香港移民潮：港人在台灣陷法律、國安困局「二次移民潮」是否陸續有來〉。《BBC中文》，https://bbc.in/3T3jKmz，取用日期：2023年3月9日。

林文正、林宗弘，2022，〈民粹主義的衰退：香港因素對台灣總統選舉的影響〉。頁77–119，收入蕭新煌、陳志柔、鄭宏泰編，《2020中國效應：台港民眾的態度變遷》。香港：香港中文大學香港亞太研究所。

徐承恩，2017，《香港，鬱躁的家邦：本土觀點的香港源流史》。新北：左岸。

馬嶽，2020，《反抗的共同體：2019香港反送中運動》。新北：左岸。

陳玉潔，2020，〈《港版國安法》：香港法治的破洞、人權的缺口〉。《台灣人權學刊》5(4): 131–158。

端傳媒，2020，〈大檢控〉。《端傳媒》，https://bit.ly/3ZGl00T，取用日期：2023年3月6日。

鄭祖邦，2019，〈在中國因素下香港本土意識的分歧與整合：2003至2016年〉。《台灣社會學》3: 115–161。

——，2022，〈香港民主運動的困境：一種「國家性」觀點的解釋〉。《台灣民主季刊》19(4): 43–82。

Carrico, Kevin. 2022. *Two Systems, Two Countries: A Nationalist Guide to Hong Kong.* Berkeley, CA: University of California Press.

Chan, Debby Sze Wan. 2022. "The Consumption Power of the Politically Powerless: The Yellow Economy in Hong Kong." *Journal of Civil Society* 18(1): 69–86.

Cheng, Edmund W. Cheng, Francis L. F. Lee, Samson Yuen, and Gary Tang. 2022. "Total Mobilization from Below: Hong Kong's Freedom Summer." *China Quarterly* 251: 1–13.

Ho, Ming-sho. 2019. *Challenging Beijing's Mandate of Heaven: Taiwan's Sunflower Movement and Hong Kong's Umbrella Movement.* Philadelphia: Temple University Press.

———. 2022. "The Changing Memory of Tiananmen Incident in Taiwan: From Patriotism to Universal Values (1989–2019)." *China Information* 36(1): 90–111.

Ho, Ming-sho and Wei An Chen. 2021. "Peddling the Revolution? How Hong Kong's Protesters became Online Vendors in Taiwan." *Made in China Journal* 6(3): 94–99.

Ho, Ming-sho and Wai Ki Wan. 2021. "Universities as an Arena of Contentious Politics: Mobilization and Control in Hong Kong's Anti-Extradition Movement of 2019." *International Studies in Sociology of Education* 32(2): 313–336.

Hong Kong Democracy Council. 2024. "Hong Kong Reaches a Grim Milestone: 1,000 Political Prisoners." https://bit.ly/3JgB83W, date visited: 2024/2/16.

Hui, Victoria Tin-bor. 2020. "Crackdown: Hong Kong Faces Tiananmen 2.0." *Journal of Democracy* 31(4): 122–137.

Lee, Joseph Tse-Hei. 2021. "Christian Witness and Resistance in Hong Kong: Faith-based Activism from the Umbrella Movement to the Anti-Extradition Struggle." *Tamkang Journal of International Affairs* 24 (3): 95–139.

Li, Yao-Tai and Katherine Whitworth. 2023. "Reclaiming Hong Kong through Neighbourhood-making: A Study of the 2019 Anti-ELAB Movement." *Urban Studies* 53(1): 124-145.

Li, Yao-Tai and Jenna Ng. 2021. "Moral Dilemma of Striking: A Medical Worker's Response to Job Duty, Public Health Protection and the Politicization of Strikes." *Work, Employment and Society* 36(5): 967–976.

Ma, Ngok and Edward W. Cheng. 2021. "Professionals in Revolt: Specialized Networks and Sectoral Mobilization in Hong Kong." *Social Movement Studies* 22(5): 648–669.

Nachman, Lev, Shelley Rigger, Chit Wai John Mok and Nathan Kar Ming Chan. 2021. "Taiwanese Are Sympathetic but Uncertain About Hong Kong Refugees." *Foreign Policy*, https://bit.ly/3J669GF, date visited: 2023/3/9.

Scott, James C. 1990. *Domination and the Arts of Resistance: Hidden Transcripts*. Connecticut: Yale University Press.

———. 1998. *Seeing Like a State: How Certain Schemes to Improve the Human Condition Have Failed*. Connecticut: Yale University Press.

Tong, Kin-long and Samson Yuen. 2021. "Disciplining Student Activism: Secondary Schools as Sites of Resistance and Control in Hong Kong." *Sociological Forum* 36(4): 984–1004.

Topol, Sarah A. 2021. "Is Taiwan Next?" *New York Time Magazine*, https://nyti.ms/3ZzTLp5, date visited: 2023/3/9.

Wang, Zixu and John Yoon. 2022. "In Mourning the Queen, Some in Hong Kong Mourn the Past." *New York Times*, https://nyti.ms/3mwnTTD, date visited: 2023/3/6.

Wu, Rwei-Ren. 2016. "The Lilliputian Dreams: Preliminary Observations of Nationalism in Okinawa, Taiwan and Hong Kong." *Nations and Nationalism* 22(4): 686–705.

Yeung, Chris. 2020. "Free Press under Threat in Hong Kong Protest Fallout." *Contemporary Chinese Political Economy and Strategic Relations* 6 (3): 1041–1064.

$\boxed{2}$ 朝向相互主體之路：近現代帝國史脈絡中的台港關係*

吳叡人

在那場讓我們集體滅頂的
洪水之後降生的你

請深思：
當你在談論我們的種種弱點
還有談論那個你逃過一劫的
黑暗時代
因為我們一路走來，比換鞋子更常換國家

---

* 作者在撰寫本文過程中，承蒙中央研究院台灣史研究所鍾淑敏所長提供日本南進時期珍貴史料，特別是Robert Cosidine編輯之二戰期盟軍菲律賓軍區總司令Wainwright將軍被俘手記 *General Wainwright's Story: The Account of Four Years of Humiliating Defeat, Surrender, and Captivity* (1946)，以及近年歸化台灣之著名香港史學家徐承恩先生見贈曾銳生教授香港政治史名著 *Democracy Shelved: Great Britain, China and Attempts at Constitutional Reform in Hong Kong, 1945–1952* (1988) 與香港民主獨立黨相關影印史料，在此深致謝意。

我們在階級戰爭中感到絕望氣餒

因為不義沒有激起怒火

然而我們知道

即使是厭惡骯髒也會使臉孔扭曲

即使是對不義的憤怒也會讓聲音嘶啞

我們這些想為來日的溫柔打下根基的人

自己已經無法溫柔

但是你，當那個時刻終於來臨

當人們終於能夠相互扶助

請帶著悲憫之心懷想我們

—— Bertold Brecht（1939）〈致後來者〉[1]

一、前言

本文探討台灣與香港這兩個地緣政治上的邊陲，在跨帝國領域內形成主體過程中的相互關係。具體而言，本文觀察台灣跟香港在歷史上各自被吸收到帝國領域之內，受帝國支配、統治、形塑，並在這段期間逐漸形成主體的過程當中，兩者關係的演變：如何從兩個不同帝國邊陲間的關係——亦即在從屬於各自帝國的

1　本文作者自譯。

前提下，產生了邊陲與邊陲的關係——發展成兩個主體，或形成中的主體的關係，再發展到今日的主體與再殖民化邊陲的關係。必須注意的是，台灣與香港雖然在歷史上各自受到特定帝國支配，但兩者均處於帝國交錯、夾縫之間，受到多重外部力量的影響。用當代日本殖民地研究史的語彙來說，本文將從「跨帝國史」（trans-imperial history）的視角，來觀察台灣與香港的關係（水谷智 2018: 218-227）。基本上這是一種關係史的研究，但也同時融入了比較史的視野。在以下討論中，台灣與香港將會併列觀察，但也會在不同時期進行初步的共時性比較，目的是彰顯兩者歷史形成的差異。

　　在進入正式討論之前，必須先對本文使用的若干概念稍作說明。作者在本文中所說的「主體形成」意味著政治主體的形成，這樣的政治主體擁有自我決定權、自我統治權，或者主張自己應該具有自我統治權。如以英文表達，就是想要追求自治或獨立的人民（people aspiring for autonomy or independence）的形成。他們覺得統治權力的來源不在或不應該在宗主國，而應掌握在自己的手中。此種主體的型態可以是已經享有獨立、自治的政治群體，或者為追求獨立或自治而高度動員的政治群體。更直接地說，此處所謂之政治主體可以被理解為「民族／國族」（nation）或「自我統治的人民」（sovereign people），[2] 但作者無意在本文中處理 nation 或

2　此處 sovereign 一詞取其英文原意，亦即「掌握最高權力的，完全獨立的」，不涉及國際法主權概念。所謂 sovereign people 意指不受外力控制，完全自我統治的人民。

people這類本質上具有爭議性的概念（essentially contested concept）所引發的語意爭論，因此選擇使用較為概括之「主體」一詞。至於與台灣與香港的民族形成（nation-formation）相關的問題，則必須另外為文討論。[3]

　　本文討論兩個移民社會的政治主體形成，實質上就是要討論以下政治史跟社會史過程的階段：（1）移民社會的形成；（2）移民社會的土著化與本地認同的產生，亦即本土社會的形成；（3）在本土社會基礎上出現追求政治主體性的動員，也就是民族主義動員；（4）奪取國家權力（state power），獲得獨立或自治的過程。[4]上述過程都是在帝國夾縫的地緣政治條件——多重帝國勢力重疊與連續外來支配——下展開，最終目的是要從帝國支配下獲得獨立自主。本文將觀察上述過程中兩個個案的關係，尤其著眼於具有政治主體性質的接觸與互動。

　　「帝國」（empire）一詞的定義很多，本文選擇使用美國政治學者Michael Doyle所下的一個比較寬鬆的定義：

> 帝國……指涉兩個政治實體之間的互動體系，在此體系中一個具支配性的核心（dominant metropole）對於另一個從屬的邊陲（subordinate periphery）的內政與外交——對其有效主權——施加政治控制。（Doyle 1986: 12）

3　關於台灣民族國家歷史形成之詮釋架構，請參照 Wu（2020）；關於台灣與香港民族主義興起的比較分析，請參照 Wu（2016）。

4　事實上，這四個階段合在一起就是由移民社會轉型為民族國家的過程。

這個定義包括了正式的領土支配與非正式的控制，有助於我們理解不同類型的帝國。

最後必須說明的是，本文目的在於提出一個跨帝國史或比較史的取徑，以協助吾人理解台港關係，因此作者以下所描繪的並非濃密的歷史敘事，而是一個理解歷史的詮釋架構，所欲呈現的不是台港關係大歷史的完整圖像，而是在既有實證歷史研究成果之上，透過問題意識與理論稜鏡之檢視、取捨，對台港關係軌跡所做的一個歷史社會學重建。

二、早期帝國與台灣的形成

（一）荷蘭重商帝國與移墾社會的誕生（1624–1662）

台灣在十七世紀前葉至中葉首先受到重商主義帝國荷蘭的控制，三十八年的荷蘭統治為台灣歷史發展帶來幾個重要的後果。第一，就帝國史脈絡而言，台灣是經由現代初期的全球化過程（early modern globalization）——亦即 1600–1800 年間歐洲重商主義帝國主導的全球貿易網絡形成過程——而進入世界史舞台的。英國歷史學家 A.G. Hopkins 稱這個近代初期全球化為「原型全球化」，以與十九世紀以後的「現代全球化」區隔。[5] 第二，荷蘭人引進漢人開墾者，從事歐陽泰（Tonio Andrade）所說的「共構殖民」（co-colonization），漢人開始移住台灣，台灣開始形成移墾社會（歐陽泰 2019）。第三，荷蘭東印度公司代表荷蘭共和國對台灣主張主權，並進行統治行為，開啟了台灣國家化（被納入主權國家轄

下）的過程（Clulow 2020: 13-14）。這是作者所謂台灣政治史上「不連續但累積性的國家形成」過程的開始。[6]總結而言，十七世紀大航海時代的歐洲重商帝國主義從外部啟動了台灣的國家與社會形成過程，比現代香港的形成早了兩百多年。此外，台灣的原住民族在尚未形成全島性政治與社會形構之前，就被捲入這個外部國家化與社會化的過程。從一開始，現代台灣的形成就是一個外部刺激內部形成的過程。

（二）明鄭海權國家與漢人社會的形成（1661/2–1683）

明鄭集團來台之後，在台灣進行初期的海外漢人移民之國家建構（creole state-building），自稱東寧王國，同時試圖進入滿洲帝國朝貢體系以維持國家地位。東寧王國是一個海權國家，曾與日本、英國通商。1670年，英國東印度公司代表聯合王國國王查爾斯二世，與他們稱為台灣王（The King of Formosa）的鄭經政權簽訂通商協議。1671年，東印度公司總裁致台灣王公函，要求簽定貿易協議，並在1672年正式簽約，1676年簽訂補充條款，在台灣的安平設立台灣商館（Tywan Factory），做為英國與清國、日

5　Hopkins糾正當代社會科學家以二十世紀後期為全球化起點之錯誤，指出全球化早在十七世紀以前即已展開，並歸納出四個階段：古老全球化（archaic globalization, before 1600）、原型全球化（proto-globalization, 1600–1800）、現代全球化（modern globalization，十九世紀至二十世紀中葉），以及後殖民全球化（postcolonial globalization, 1950s–）。參見Hopkins（2002）。

6　意指連續外來統治雖造成政治史的斷裂，但每個政權留下來的國家制度卻有長期積累效果。參見Wu（2013: 49）。

本和呂宋之間的貿易中繼站（賴永祥 1965: 1–50）。值得注意的是，
英國與「台灣王」鄭經簽訂通商條約，是在西發里亞條約（1648）
確立現代主權概念之後 24 年，此一事實說明台灣東寧王國在進
入全球貿易網絡的同時，已經享有某種主權地位。就此而言，東
寧王國存續時間雖短，但是國家性質（stateness）非常明顯。

（三）滿洲大陸帝國的海洋邊陲殖民地 與移民社會的本土化（1683–1895）

就本文關心的主題而言，台灣被併入滿洲人創建的大陸帝國
212 年，產生了幾個重要後果。第一、通商被導向鎖國的大陸帝
國，因而脫離了全球貿易體系。第二，一個海外漢人移民社會以
移居型殖民地（settler colony）的型態形成。在這個殖民地，不同
族裔移民團體長期衝突，[7] 但 1860 年代開始，其社會、文化與經濟
方面出現整合與土著化之徵兆，本土社會逐漸形成。第三，宗主
國國家力量在這兩百多年始終非常薄弱，於是本地社會產生非常
鮮明的政治離心力，表現在頻繁的民變現象上。所謂「三年一小
反、五年一大反」，反映的就是當時台灣社會對宗主國的離心狀
態（Wu 2013: 52–53）。

1860 年代台灣本土社會形成，以及這個本土社會與宗主國
之離心特質，說明某種類似 Benedict Anderson 在《想像的共同
體》第四章所說的「海外移民後裔的民族主義」（creole nationalism）

7　亦即台灣史研究所稱之「分類械鬥」。

的原型正在出現（Anderson 2010: 93–113）。同樣也是在1860年，因
宗主國滿洲帝國受到英國自由貿易帝國主義的衝擊，導致台灣開
港（天津條約），再度進入全球貿易體系。這正是十九世紀受帝
國主義驅動的現代全球化逐漸進入高峰的時期。[8] 台灣從開始崩
潰的大陸帝國枷鎖逐漸獲得解放，回到海洋，就在此時首度與
香港交會。

三、十九世紀英國自由貿易帝國主義與香港

　　大英帝國在十九世紀兩次鴉片戰爭（1840–42, 1856–60）中
擊敗滿洲帝國，取得香港，同時迫使台灣開港。換言之，十九世
紀中葉把香港和台灣硬拉進世界史舞台的是同一股力量，也就是
英國的自由貿易帝國主義。台灣與香港從一開始就因帝國而相遇。
　　大英帝國在早期階段[9]奉行重商主義原則，主張國家與商業
活動相互迎合彼此需求，國際貿易必須獨佔以排除外國勢力，保
留利益給本國。實際的執行是由政府特許的私人公司為貿易而打
開通路與取得領土、建立基礎性制度與維繫和平、安全（亦即扮
演殖民政府功能），政府則容許該公司在貿易活動中賺取獨佔利

8　此處依照前述A.G. Hopkins的全球化分期。因此Benedict Anderson在晚年著作
　　*Under Three Flags*所討論的十九世紀末期展演著帝國主義與反殖民抗爭劇碼的
　　「早期全球化」（early globalization），其實已經是世界史上第三波的「現代全球
　　化」了。參見Anderson（2005: 2–3）。
9　16–18世紀，尤其17–18世紀。

潤。這種特許公司最著名的例子是英國的東印度公司和以加拿大為據點的哈德遜灣公司。1776 年，亞當斯密在《國富論》中強烈批判重商主義，主張自由貿易競爭。此時英國因工業革命而成為工業大國，製造業與中產階級興起，對東印度公司壟斷貿易利益非常不滿。1820–30 年英國政治思想逐漸轉換為自由貿易，開始推動與他國自由貿易協定，廢除東印度公司壟斷權利，重商主義落幕。自由貿易在歐洲內部仰賴各國權力平衡進行，但在歐洲以外地區則必須採取武力強制他國開放市場。這種結合武力與自由貿易的政策，殖民史學者 Robinson 與 Gallagher 稱為「自由貿易帝國主義」（free-trade imperialism）。[10] 在 1990–2010 年之間的新自由主義全球化過程中，大國從事自由貿易帝國主義的實踐依然清晰可見。台灣在 2000–2010 年代經驗的「中國因素」[11] 就是自由貿易帝國主義的一個當代個案。[12]

　　十九世紀大英帝國的自由貿易帝國主義試圖取代重商主義的荷蘭在東南亞的勢力，但它在遠東的主要目標是擁有巨大市場的中國，而香港則是通往中國的門戶。這是鴉片戰爭後英國取得香港的主要理由。香港是繼新加坡（1819）之後，大英帝國轉向自

---

10 本段關於十九世紀英國政治思想由重商主義轉向自由貿易，以及自由貿易與英國帝國主義結合驅動了十九世紀全球化的討論，主要參照 Rodrik（2011）。從全球史角度對此轉向的觀察，請參照 Cain 與 Hopkins（2016: 709–712）。關於自由貿易帝國主義概念的古典陳述，參照 Gallagher 與 Robinson（1953）。

11 亦即中國以武力威脅與經濟侵略結合內部買辦勢力，要求台灣對中國資本開放。

12 關於當代中國自由貿易帝國主義實踐與台灣公民社會之抵抗的扼要討論，參見吳叡人（2016b: 323–343）。

由貿易帝國主義初期最重要的實踐成果，也是英國自由貿易帝國在東亞最重要的港口基地。[13]

透過自由貿易帝國主義，大英帝國勢力在1870年代達到頂峰，同時開啟了下一階段的西方帝國主義時期，也就是從1874年到1914的所謂新帝國主義期，在這段期間各西方民族國家競相擴張海外殖民，以領有殖民地為國力之表現。1884–85年德國首相俾斯麥主導的柏林會議確立了西方帝國主義瓜分非洲（Scramble for Africa），相互尊重勢力範圍的規範，從此進入新帝國主義的全盛期。日本就是在這個階段完成民族國家的基礎建構，再以後進帝國之姿加入這場全球殖民競爭。[14]

四、十九世紀後半東亞新舊帝國勢力之遞嬗

（一）英國自由貿易帝國主義與台灣（1860-）

1850年代中期美國冒險家／商人曾短暫支配了對台灣的非正式貿易，甚至遊說美國政府兼併台灣以阻止英國商業勢力競爭，但美國此時擴張重心放在阿帕拉契山西側，無意向遠東擴張，因此這個提案並未實現。1856年之後美國在華貿易開始衰落，大規模英商崛起，最終有競爭力的英商（怡和和甸特）擊敗

---

13 關於英國自由貿易帝國主義與領有香港之關係，參見 Hunt（2017）。

14 關於大英帝國在1870年代達到其霸權頂峰之觀察，參見 Go（2011）。關於十九世紀末期新帝國主義時代的各家理論性分析，參見 Wright（1976）；關於此時期歷史的扼要描述，參見 Stanard（2018）。

美商，支配了台灣貿易（Cox 1973: 163-184）。

1858-1860年之間的英法聯軍之役（第二次鴉片戰爭）後，英、法兩國先與清廷簽訂天津條約（1858），導致台灣開港（安平、淡水、打狗、基隆），1860年再簽北京條約，割讓九龍半島南部給英國。這是自由貿易帝國主義浪潮的第二波，而發動第二次鴉片戰爭的就是當時任香港總督的寶靈（Sir John Bowring）（高馬可 2014: 34-37）。1860年怡和洋行（Jardine Matheson & Co.）——英國自由貿易帝國主義的尖兵以及香港開埠的最重要勢力——與競爭對手甸德洋行（Dent & Co.，即日後之寶順洋行）同在打狗開設支店。1861年英國在淡水設立領事館。

1865年蘇格蘭長老教會宣教師馬雅各（James Maxwell）被派遣來台，在台南設立第一所佈道所。1871年，加拿大長老教會派馬偕（George Leslie Mackay）來台傳教，成為北台灣長老教會傳教之始。1885年，創立白話字的《台灣府城教會報》，同年九月開創台南長老教中學。京都大學教授駒込武指出，長老教中學的設立正面挑戰了清帝國透過科舉制在台灣建立的文化霸權，同時也開啟了以言文一致（台語書寫系統）為媒介之「向『西方新教』文明之改宗」（文明への改宗）。換言之，隨著大英帝國擴張腳步而進入台灣的長老教會，為台灣本土現代性打下了最初的基礎（駒込武 2015: 76-83）。

1860年開港之後，台灣樟腦貿易為英商壟斷，1863年清廷欲收回官辦，英方認為違反天津條約，數度發生英商收購樟腦之衝突。同一時間亦發生數起英國傳教士被攻擊取締事件，1868

年11月英國出動香港駐軍侵台，安平陷落，翌年（1869）清廷被迫與英國簽定樟腦條約，取消鴉片專賣，並承認傳教自由。以上一系列衝突，史稱「樟腦戰爭」。[15]

由上可知，大英帝國取得香港之後，兩度以香港為基地，出兵改變了台灣的命運：第二次鴉片戰爭，以及樟腦戰爭。1860年開港以後的台灣，實質上處於滿洲帝國與大英帝國的重疊支配之下。

（二）英國霸權影響下後進帝國日本的興起 （台灣領有之遠因）

英國是日本明治維新建構現代國家的學習範本之一，也是日本帝國化的學習對象，乃至競爭對象。明治日本的首任總理大臣伊藤博文曾受怡和洋行協助赴英留學，曾被當時英國媒體稱為 "one of the Matheson boys"，對英國文明極為傾倒（駒込武 2015: 86, 88-91；瀧井一博 2010: 7-15）。

十九世紀後期從遠東經東南亞、南亞赴歐的航道因途經大英帝國殖民地（上海—香港—新加坡—錫蘭），而有「帝國航路」（empire route）之稱，幕府末期和明治期許多日本知識份子都經由此一航路赴歐學習。專研大英帝國史的日本學者木畑洋一指出，

---

15 本段記述參照駒込武（2015: 72-75）。專研此事件的學者李佩臻主張樟腦戰爭之起因並非自由貿易與壟斷政策之爭，而是地方官員與中下層貿易商的利益考量。本文基於「跨帝國史」之研究取徑與問題意識而凸顯新舊帝國衝突，但亦認知到此事件的多層次性格。參見李佩臻（2019）。

「帝國航路」同時展現了大英帝國國威與殖民地人民慘狀，使日本知識份子深感絕不能成為殖民地，因此決意效法英國成為東方之大帝國（木畑洋一 2018: 49-105）。福澤諭吉就是參加1861年文久使節團赴歐時行經帝國航路，在香港目擊英國人視華人如犬貓的情景，深受刺激，日後提出「脫亞入歐」論，主張應使日本成為東洋之英國，甚至與英國競爭（木畑洋一 2018: 64-68）。

十九世紀後半在英國統治下逐漸繁盛、發展的香港，卻成為日本知識份子的反面教材。如上所述，香港經驗使他們立志效法英國之帝國崛起，因為華人處境之慘印證了當時流行的社會達爾文主義揭櫫的優勝劣敗之理，使他們深悟日本絕不能被殖民，而且必須成為殖民者（木畑洋一 2018: 89-95）。既然立志成為帝國主義者和殖民者，他們於是飢渴地學習先進帝國英國之殖民治理技藝，但凡英國在香港等殖民地的治理機構如警察、監獄、軍事、醫院均為日本知識份子考察對象。日後，這些明治國家的締造者們將會把這些從英國習得的殖民統治技術——尤其是警政、獄政和土著治理政策（native policy）——實踐在台灣和日本本土。[16]

必須說明的是，幕末日本知識份子經由帝國航路來到香港之時，正好是羅便臣（Hercules Robinson, 1859-1865，第五任）、麥當奴（Richard Graves MacDonnell, 1866-1872，第六任）這兩位箝制香港華人最苛刻的早期港督任期內，因此目擊到華人之慘狀。這個情況到

---

16 關於明治期日本菁英如何引進英國在香港建立之殖民警察與獄政體系，參照　Umemori（2002）。

第八任總督軒尼詩（John Hope Hennessy, 1877-1882）上任時終於獲得明顯改善。這位最沒有民族歧視的港督不僅在 1880 年任命了首位華人立法局議員，並在同年促成殖民部廢除了對華人的鞭刑（高馬可 2014: 67-70）。如果日本知識份子是在軒尼詩任期內來到香港，或許會對現代殖民統治獲得較為不同的印象。

最後，討論日本統治下的台灣之前，必須再提及一個重要事件：日本在 1894-95 年的甲午戰爭擊敗清帝國取得台灣之事，誘發了 1897-99 年之間一波列強瓜分中國的熱潮，英國也趁機在 1898 年與清廷簽訂《拓展香港界址專條》，取得新界九十九年的租借權。換言之，1860-70 年代大英帝國的鼎盛威勢刺激了後進國日本急起直追，而三十年後日本帝國主義的興起又反過來刺激了英國帝國主義的進一步擴張（高馬可 2014: 84-85）。日本基於國防因素取得台灣，刺激了英國基於防衛理由取得新界，從而擴大了香港邊界——十九世紀末新帝國主義時代的帝國競爭動力學，再次促成了台灣與香港歷史的交會，只是這次是反向的交會。

五、海洋帝國日本與
台灣共同體的誕生（1895-1945）

日本統治五十一年是台灣近代史上極為關鍵的時期，但此處無法完整深入探討日本治台過程，只能提出與本文主題相關的幾個重要後果。首先，日本統治台灣引進了殖民現代性（colonial modernity），並且促成了殖民地的社會整合。在日本統治下，隨

著度量衡統一、土地改革、林野調查、台灣銀行成立與全島交通網漸次擴張成型，台灣經歷了急速資本主義化的過程，也首度形成了一個全島的經濟共同體。此外，比較殖民史上罕見的急進語言同化政策使日語快速擴張，從1930年代起即逐漸成為全島主要共通語言。大約同時，在教養階層之間也出現了一個全島範圍的日語閱讀圈。在上述資本主義化與社會、文化整合的基礎上，台灣住民開始追求政治主體性。

　　日本是台灣住民首度接觸的現代國家，[17]台灣住民一方面被納入社會學家Charles Tilly所謂「現代國家的公共政治網路」，從封建農業帝國臣民轉化為現代國家的公民，但又承受制度性歧視與隔離，成為二等公民，因而造成台灣人認同政治化。日本此種「差序式吸收」（differential incorporation）的統治模式在1920–30年代中期之間，促成了第一波台灣民族主義的興起。這是台灣住民追求政治主體性最初的政治動員，在思想上深受美國威爾遜主義（Wilsonism）之民族自決召喚影響，因此可視為一次大戰後出現的全球殖民地民族主義浪潮之一個案。[18]除了留下高度發達的殖民國家體制外，日本統治台灣最重要的一個（非預期的）政治遺產是促成台灣政治主體的形成，而這個政治主體的出現將成為戰後初期台灣與新宗主國衝突，以及二二八事件爆發之結構性因素

---

17 modern state，亦即實施直接統治的國家。

18 關於戰前日本帝國的「差序式吸收」統治與擴張模式如何誘發邊陲殖民地之民族主義的討論，參見Wu（2003）。關於日本統治對台灣認同之總體形塑效果的分析，參見Wu（2013: 53–58）。

（吳叡人 2016a）。

六、大英帝國統治下的香港（1842–1945）

（一）英國殖民統治與在地協力者

帝國取得殖民地的動機非常多元，而英國取得香港的目的是要與中國通商，與日本人殖民擴張出於國防考量和生存圈意識形態非常不同（ピーティー 1996: 26–27）。這個務實的動機，深刻影響了英國在香港殖民統治的型態和性格。

如香港大學教授高馬可所說，英國在香港的殖民統治並非「壓迫vs. 抵抗」的二元對立圖式，而是殖民者和被殖民者之間共謀、協力完成的事業（Carroll 2011）。事實上，英國統治下的香港可以說是殖民學者Ronald Robinson所提出之著名的「殖民協力論」[19]的一個鮮明案例（Robinson 1972: 117–142）。英國在香港統治的前一百年，對於由中國本土移居而來、佔香港最大多數人口的華人，基本上採取不干涉的態度，除了以嚴苛法律防範華人犯罪之外，其餘事務由華人社會自理。華人的角色就是在英國主權保護下的自由港架構中進行經濟活動，協助英國達成對中國通商的總體目標。除極少數菁英被收編之外，華人完全被排除在殖民統治決策之外。在此過程中，香港華人逐漸發展出社團自治的機制，自行處理華人社區的事務，華人領袖則扮演與香港政府聯繫

---

19 指歐洲在非西方世界殖民統治之所以可能，是因為有在地協力者。

的中介角色（高馬可 2014: 51–56, 61–70）。儘管香港屬於英國之直轄
殖民地（crown colony），形式上設有包含行政、立法與司法部門的
直轄殖民地政府，但此種排除華人的統治形態確實具有若干「間
接統治」（indirect rule）的味道。[20] 事實上，港英政府對於1898年取
得的新界租借地就是施行間接統治，和港島的治理模式非常不同
（高馬可 2014: 87–88）。

（二）本土社會的形成與協力者認同

　　接著讓我們來看看初期香港本土社會是如何形成的。1950年
以前，香港與中國並無邊境管制，香港華人多數為來自廣東等地
的移工，並不以香港為故鄉。港英政府稱這些佔華人人口絕大多
數的下層勞動者為「寄居者」（sojourners）。在此條件下，很難發展
本地認同。但有例外：少數華人資產階級，經由與英國統治者的
合作，取得巨大財富，在香港定住下來。香港的穩定與中國的動
盪形成強烈對比，促使他們逐漸形成本地認同。他們仍受種族歧

---

20 所謂「間接統治」是英國殖民官僚Lord Frederick Lugard（港譯盧吉或盧押）在
　　1900–1906年擔任北奈及利亞高級專員期間所發明的土著治理模式，主張利用
　　殖民地本地菁英作為統治代理人，不另設直轄殖民地政府。盧吉在1907年轉
　　任香港第十四任總督，在任期間創立了香港大學，1912年港督卸任後，再赴非
　　洲擔任奈及利亞總督。必須注意的是，大英帝國統治殖民地的方式一般遵循最
　　小代價之務實原則，盡量不介入殖民地土著社會生活，因此各殖民地統治多少
　　都具有間接統治色彩，盧吉則是第一位將此原則概念化並確立其理想型（ideal
　　type），並將此模式實踐、擴散到英屬非洲的殖民官僚。關於間接統治，參見
　　Darwin（2015: 265–270）。

視，但十九世紀末開始逐漸有極少數成員被收編到港府決策機制之中——亦即所謂立法局和行政局的華人「非官守議員」（unofficial members），如伍敘（伍廷芳〔1880〕）、黃勝（1883），以及周壽臣（1926）等。這是香港最初出現的本土認同，其主要階級基礎是少數華商或華人資產階級，而這個階級社會流動的政治基礎是殖民協力（高馬可 2014: 69, 90–93, 118）。換言之，香港人認同最初是寄生在殖民體制之上而誕生的，可稱為一種協力者認同（collaborator identity）。這個依附殖民體制的認同型態此後對香港命運產生很深遠影響，至今香港本地資產階級的認同仍有此種兩面性。

　　1925–26年的省港大罷工是一項重要指標，顯示出初期香港認同的狀態。1925年廣東五卅慘案和沙基慘案後，廣東工會團體號召香港人聯合罷工，兩個月內有二十五萬以上工人離港返粵，香港被捲入1920年代中國反帝民族主義運動之中，經濟陷入危機，1926年初才結束。省港大罷工是香港在地緣上深受中國政治影響的著名例證之一，因為國共合作的廣東國民黨政府所代表的激進民族主義勢力介入整個罷工過程，從此港府對中國激進政治的影響深具戒心。如前所述，當時多數香港勞動階級屬於移工，並無香港本土認同，反而支持中國革命運動。然而香港本土資產階級挺身而出，動員其他階層與行業民眾支持英國殖民政府渡過罷工危機。他們視香港為自己與港英政府合作建設而成之家園，因此要保護自己的家園免受中國動亂之影響。換句話說，他們完全不認為扮演殖民協力者有任何問題；相反地，他們的香港本土認同就是建立在作為英國協力者的角色之上（高馬可 2014:

128-135)。總之，1925-26年這場罷工不只清晰地展現了某種初期的香港人身份認同，而且還經由社會動員強化了這個認同。

我們可以與同時期的台灣稍作比較。就社會基礎而言，台灣在1860年代就開始移民土著化和族群整合的過程，形成本土社會，在日本統治下進一步社會整合，並在社會整合基礎上出現最初的本土民族主義，而其階級基礎為若林正丈教授所說的「土著地主資產階級」，也就是台灣本地資產階級的母體。[21] 用馬克思主義的概念來說，台灣在1920年代即已出現民族資產階級（national bourgeoisie），而香港的本土資產階級則是殖民協力者。從社會運動的角度而言，香港與同時期台灣民族運動有兩個顯著的差異：（1）非自主的鬥爭場域，因為這場罷工並非香港居民自己選擇的鬥爭──香港是因為處在帝國夾縫中而被動地成為中英衝突的戰場；（2）非自主的主體性，因為香港本土資產階級必須依附於英國殖民體制來維護自身有限的主體性，使之不被中國激進政治所吞噬。

七、二十世紀前半日英帝國同盟下的台港關係

（一）日本領台初期與英國關係

如前所述，日本幕末期知識份子行經帝國航路，深受刺激而立志追隨大英帝國成為東洋之歐洲，三十年後日本領有台灣，

---

21 關於日治時期台灣社會之整合與民族主義之興起，請參照本文第四節討論。關於土著地主資產階級，參照若林正丈（2001: 24-45）。

一圓殖民帝國之夢，此時繼續行經帝國航路的明治後期知識份子依然以英國為師，但如今他們思考的是如何將大英帝國的殖民統治方法——尤其是華人佔人口絕對多數之香港的統治模式——有效運用到自己剛取得的殖民地之上（木畑洋一 2018: 135–139）。事實上，1899年擔任民政長官的後藤新平就是採納了法務省英籍顧問William Kirkwood建議，結合直轄殖民地體制與英國殖民主義的間接統治精神，形成其自稱為「生物學的政治」的台灣統治方針，被後世史家稱為「特別統治主義」。當時英屬香港的治理模式顯然就是日本統治台灣前期的範本之一。這個方針主導了日本治台前期，直到1919年文官總督田健治郎上任後，才轉而採取首相原敬主張的法國式內地延長主義（同化主義）（春山明哲 1993: 31–50）。

　　日本領台之後，本來要全面收回樟腦和鴉片的開發權利，但外務省考慮到必須和西方各國進行不平等條約的改正，因此妥協而承認西方國家（主要是英國）在台灣的樟腦權利。但對於鴉片，則堅持由總督府收回專賣。由上可知，日本統治台灣初期和英國之間仍存在不平等關係：一方面日本以英國為文明國的學習典範，另一方面則是國際政治上日本人受制於不平等條約，因此必須對大英帝國妥協。[22] 一言以蔽之，英國帝國主義是日本帝國主義的領路人、指導者、協力者與競爭者。這說明了日本帝國主義崛起與領有台灣前期，台灣實質上處於英國帝國主義與日本帝國

---

22 不只樟腦問題，在怡和洋行的要求下，《馬關條約》中規定之工廠經營權也經由最惠國條款而及於英國，因此駒込武稱之為「帝國之間的共存共榮」，不過這是不對等帝國之間的共存共榮。參見駒込武（2015: 116–117, 122）。

主義的重疊支配之下。從清領末期到日治初期，台灣先後處於滿清與英國，以及日本與英國的重疊支配，說明了十九世紀後半到二十世紀初，東亞地區正在經歷多重帝國勢力的急速遞嬗與激烈競爭。日治時期台灣與香港的關係就是在此重疊支配下展開。

（二）日英同盟期的台港關係（1902–1937）

日本為防止俄國南下滿洲（中國東北）和朝鮮半島，在1902年與英國建立軍事同盟關係。這個軍事同盟關係兩度延長，在1923年廢止，不過在大正期與昭和初期政黨政府協調外交方針下，日英兩國直到1936年為止均在一次大戰後的華盛頓公約體制內維持一定的友好關係（信夫清三郎 1984a: 211–215; 1984b: 403–404）。1910年代日本在台灣統治步入穩定期，而在日英友好關係的架構下，台灣也與香港建立了密切的貿易往來關係，[23] 兩地之間有大量以貿易為目的的人口往來，但常住香港者不多。[24]

貿易之外，英屬香港也是當時台人就近追求西方文明的管道。根據1941年統計，日治時期台灣赴英國留學者共十九人，

---

23 一次大戰以來香港一直為台灣主要對外貿易夥伴之一，根據台灣總督府1935年統計，台灣當時與香港貿易額為第四位，僅次於滿洲國、中國、美國，比歐洲各國貿易總額更高。參見井出季和太（1988: 1148–1158）。

24 常住香港者即所謂「台灣籍民」，1935年的時點僅120人（近藤正己 1996: 65）。根據中央研究院台灣史研究所檔案館對館藏日治時期旅卷資料（關於香港者共26,253筆）所進行之分析，整個日治時期台人共有19,335人前往香港，其中16,992人為商業目的前往，僅次於廈門（15萬，以探親為主）、福州，與赴上海人數相近。

其中包含七名赴港求學者（吳文星 2022: 112-113）。目前所知有數名台灣學生曾就讀英國聖公會設立之名校拔萃男書院（Diocesan Boy's School, DBS）以及香港大學，列舉如下：

(1) 張鴻圖（1892-?），日治時期安平區庄長張金聲長男，台灣首位拔萃畢業生（1911 年商科），長老教會信徒，返台先後任職怡記洋行、標準石油台灣支店，為台灣支店首任台籍支配人（經理）。其子張文成亦就讀拔萃，後考入港大工學院，畢業後留港任職（台灣新民報社 1937）。

(2) 張秀哲（張月澄，1905-1982）：台北州立一中，英屬香港拔萃男書院，廣州嶺南、中山大學。

(3) 徐坤泉（1907-1954），大眾小說家，拔萃書院（1927-），上海聖約翰大學。[25]

戰前著名民族運動者張秀哲是台灣留學生中的一位指標性人物，其父張聰明受鄰居張鴻圖影響，將張秀哲送到香港拔萃就讀，但他在 1925 年畢業後未升學港大，反而轉赴廣州就讀嶺南、中山大學，並與張深切等人合組廣東台灣革命青年團，主張「台灣是台灣人的台灣」與「台灣民族革命」。1930 年，他承蔣渭水之命為台灣民眾黨請求國聯來台調查鴉片問題的電報起草英文電文，可說是戰前民族運動國際化的媒介，而他的英文養成教育就

---

25 查閱自吳瑩真（2023）。

是在香港完成的。[26]這是日治時期台灣民族運動與香港目前唯一能夠找到的關聯，但此時香港並無相應的本土自治運動能台灣建立連結。如前一節所述，香港本土資產階級支持英國統治，因此不可能支持反對盟國日本的台灣民族運動。

　　另外一位戰前曾在香港留下足跡的台籍人士是出生於台南的作家許地山，他在1935年因胡適之推薦出任香港大學中文學院院長，任內著力於港大中文教育之改革，同時也引進五四新文化，對戰前香港的中文教育有深刻影響，1941年8月病逝於香港寓所。如僅以出生地而言，許地山是第一位任教於香港大學的台灣人，早於戰後的廖文奎（見下文）。不過他在三歲即隨家人避乙未之難而移居中國大陸，此後終生以中國人身份在中國生活、受教育、創作與工作，與台灣關係並不密切，到港大時也是以某種「中國文化使節」的身份在殖民地推動中國語文教育，甚至鼓吹抗日愛國文藝，完全看不出台灣背景的影響，因此或許應該視為一個「歸化」中國的台籍人士與香港交會的特殊個案。[27]

（三）南進政策下的台灣與香港（1937–1945）

　　中日戰爭期間，台灣成為日本南進政策的重要基地，台灣總督府奉中央政府之命，在日本帝國向「南支（華南）南洋（東南

---

26 除了最初的英文電報，張秀哲在國聯代表團來台調查鴉片問題之時，也將蔣渭水起草的陳情書翻成英文，交給國聯代表。參見張秀哲（2013: 48, 146–157），以及陳柔縉（2020: 59）。張秀哲起草的英文電報原件影像參見蔣智揚（2016）。
27 關於許地山在港大時期的教學與文化活動，參見胡從經（2018）。

亞）」擴張過程中扮演協力角色，英屬香港就在「南支」範圍之內。1941年12月8日（即日軍襲擊珍珠港同日），日本對美、英宣戰，同步攻擊英屬香港、新加坡和馬來亞，12月25日聖誕節當天擊敗英軍佔領香港，實施為時三年八個月的軍政統治。負責攻擊香港的是由酒井隆中將統率的23軍（華南方面軍改編），與台灣無關（小林英夫、柴田善雅 2016: 7），不過日本佔領香港後軍政府各行政部門事務官多由台灣總督府轉入，而為使恢復香港各公共事業的運作，如鐵路、瓦斯、電器、電車、自來水、製冰、汽車，台灣總督府從鐵道部、台灣瓦斯、台灣電力、台灣拓殖、日本水產、福大公司（台拓子公司）等單位派遣技術人員赴港支援。台灣總督府也積極展開宣撫與宣傳工作，如派遣醫療班、防疫團、設置醫院，以及創設各種媒體進行宣傳等。另外，台灣銀行奉命與橫濱正金銀行一同接管軍政下香港的金融（台灣總督府 1944: 177–178；近藤正己 1996: 124–133；小林英夫、柴田善雅 2016: 141–157）。總之，儘管台籍日本兵並未參與香港之役，但當時應有一定數量之台籍文職、技術、醫護人員和勞動者隨日籍事務官被徵用、派遣到香港，他們和原本就居住在香港的一百多名台灣籍民，在佔領期間扮演了基層協力者的角色。[28]除此之外，當時的香港二十一任總督楊慕琦（Sir Mark Aitchison Young）向日軍投降後曾一度

---

28 太平洋戰爭期間居留香港之台灣籍民在總督府外事部指導下成立「蓬萊會」之同鄉會組織，在當地進行活動。參見台灣總督府（1944: 166）。此外，台灣歷史學者蔡榮芳紀錄了若干台灣籍民與被徵用的台灣人在佔領下香港的劣跡，參見蔡榮芳（2001: 255–258）。

被押解至台灣花蓮港的戰俘營（Wainwright and Considine 1946: 181, 202）。二十世紀前半，在大國合縱連橫的棋局中，台灣與香港各自扮演帝國的棋子，接觸、交流，最終被推到帝國衝突的第一線，而在日本人「羞辱了大英帝國」，摧毀了英國不敗神話之後（Tsang 2019: 124），台灣成為了日本帝國統治香港的協力者。

八、二次戰後初期的混亂（1945–50）

二次大戰後出現了一波持續了二十餘年的帝國重組過程，殖民地漸次獨立，日本與西方殖民帝國先後逐步解體，史稱「去殖民」（Jansen and Osterhammel 2013）。歷史社會學家Charles Tilly指出，這波所謂「去殖民」不過只是完成了「既有國家聯手創造新國家」（existing states leagued to create new ones）的過程而已（Tilly 1985: 185）。日本的敗戰同時將台灣與香港從日本帝國的統治下解放出來，但是這兩個殖民地並未因此獲得國家的資格（statehood）。在強大的「既有國家」聯手規畫的戰後領土地圖中，他們將持續扮演帝國邊陲的角色——台灣被交給新宗主國，面對不可知的未來，而香港則在一番強權折衝後回歸舊帝國。[29]

---

29 關於二戰末期蔣介石政權與英國競逐戰後香港支配權的過程，參見Tsang（2019: 134–138）。

（一）中華民國內部殖民下的台灣：
二二八事件與台灣民族主義

　　從1945年到1950年之間，被強制領土轉移的台灣經歷了一段新舊宗主國交替所創造的權力空窗期。就在這段國家權力脆弱而民眾認同不穩定的期間，台灣爆發了反抗新宗主國統治的二二八事件，進而發展為一波分離主義運動。從民族主義理論角度觀之，二二八事件是一次典型的核心與邊陲的衝突[30]——來自核心的中國官方民族主義入侵邊陲，誘發了邊陲的台灣民族主義抵抗。日本統治時期所塑造的台灣認同則成為衝突的遠因與事件期間的本土動員基礎。[31] 不過，雖然二二八事件確實誘發了新一波本土社會的認同動員，從而催生了戰後最初的台灣獨立運動，但情況其實更為複雜。事件同年（1947）中國爆發國共內戰，宗主國分裂使得台灣再度陷入複數地緣中心夾縫的處境，導致了後二二八時期台灣主體建構運動在路線上出現了一種筆者稱之為「三個祖國」的分裂與競爭狀態：除了既有的「白色中國」（國府）力量與新的台灣獨立運動之外，台灣社會也出現了支持「紅色中國」（中共）的認同動員。台灣島內「三個祖國」的認同競爭，要到1950年韓戰爆發，美國轉而支持國府政權，確立了「中華民國」

---

30 二二八事件的核心—邊陲衝突結構與香港2014年的雨傘運動和2019年的反送中運動非常類似。關於香港個案的分析，參見Wu（2016）。

31 關於日本統治對於台灣認同塑造效果，以及戰後初期陳儀的內部殖民體制與官方民族主義與本地菁英衝突之分析，參照吳叡人（2016: 37–39, 53–56）。

在台灣的霸權之後才告終結（吳叡人 2016a: 56–74）。

　　香港在二二八事件之後成為台灣人的避風港。國民黨軍隊在三月登陸開始進行「清鄉」之後，包含了左右統獨各派的眾多台籍政治活躍份子逃抵香港，1947年6月由廖文毅主導、整合這股力量在半島酒店成立了台灣再解放聯盟，總部就設立在香港。後二二八時期陸續逃到香港的台灣人士之中，獨派（或者親美派）有廖文奎和廖文毅兄弟、邱永漢、王育德等人，統派（或者親中共派）有謝雪紅、蘇新等（陳慶立 2014: 58–60）。廖文奎（Joshua Wen-Kwei Liao）是廖文毅的二哥，芝加哥大學哲學博士，曾受教於美國實用主義哲學家與社會學家米德，是台灣第一位專業哲學博士，也是戰後台灣民族主義理論的先驅。[32]廖文奎在1951–52年間流亡香港之時，曾任教於香港大學政治經濟學系（Faculty of Economics and Political Science），擔任講師（lecturer），負責講授社會學理論。[33]後二二八時期的香港不只是台灣人逃避國民黨追捕的避風港，也是中國內戰期間中共滲透台灣的前哨站。1948年中共華東局召集中共在台地下黨（中國共產黨台灣省工作委員會）的主要幹部赴港，傳達台灣革命方針指示，史稱「香港會議」。省工委會幹部返台後，從1949年起在台灣島內積極發動攻勢（亦即前述「紅色祖國」勢力之動員），中國內戰於是直接滲透、延

---

32 關於廖文奎生平與思想，參照吳叡人（1999）。

33 廖文奎在港大任教紀錄，參見 "The University of Hong Kong Report for the Years 1950–1952," pp.12–13, 43.

伸到台灣內部,而其起點就是華東局所召開的香港會議。[34]

　　最後值得一提的是,二二八的風暴也將兩位與政治無涉的台灣青年[35]意外地帶到了香港,而日後他們將在香港歷史上大放異彩。二二八期間,雲林各鄉鎮民眾組織民兵攻擊虎尾機場,奪取軍械武器以保衛鄉土。戰後首任官派西螺鎮長,著名漢詩人廖學昆的長子廖本仁為民兵主要領導人,事後被國民黨列為「暴徒」追捕,後來經時任台南縣參議員之西螺仕紳李應鏜與鎮長廖萬來等人出面交涉,獲准自新。經此變故,廖學昆遂於當年(1947)將已受日本中學教育的次子廖本農與幼子廖本懷送至香港就學,兩人從此遠離台灣,生根香港。廖本農日後赴英學習芭蕾舞,返港後創立芭蕾舞學校,為香港芭蕾舞的拓荒者。廖本懷(Donald Liao Poon-huai)赴港後先後就讀聖若瑟書院與香港大學建築系,後赴英國Durham University留學,返港後擔任港大講師。1960年廖本懷加入香港政府,參與設計早期公共屋邨,1973年在麥理浩總督任內擔任房屋署署長,推行「居者有其屋」政策,日後被譽為香港「公屋居屋之父」,1980年升任房屋司司長,後兼任立法局與行政局議員,1985年出任政務司,中英談判時更被選為中英聯合聯絡小組成員。廖本懷是1980年代第一批獲港英政府拔擢到高位的華人行政官之一,90年代退休後又受中國政府委任為港事顧問,先後見知於兩個敵對宗主國而毫無窒礙,可謂

---

34 關於香港會議之討論,參照吳叡人(2008)。

35 另一對廖氏兄弟,同樣也出身雲林西螺。

體現了典型香港最高層殖民地菁英的軌跡，但他成為戰後「第一代香港人」的契機，不是1949年的中國革命，而是台灣的二二八事件。最初只識台語和日語的台灣少年廖本農、廖本懷最終「成為香港人」的故事，為英屬香港作為「避風港」的意義，做了鮮明的另類註解——並非只有中國本土的「南來」族群，台灣人也因政治避難而加入了戰後香港人的歷史形成過程。[36]

（二）英國戰後初期在香港的政治改革：
幻影般的楊慕琦計畫

英國從領有香港一直到二次大戰後期為止，始終不願意像在其他大英帝國殖民地一樣，賦予香港自治權，最主要的原因是歷任總督和殖民部部長都認為香港緊鄰另一個國家的邊界，賦予住民自治權將會被滲透，帶來不穩定（Tsang 1988: 3）。另外，1925–26年省港大罷工的慘痛經驗，讓英國統治者體會到中國民族主義和領土收復主義的威脅。不只如此，這場具有高度反帝色彩的罷工讓不少殖民官員和歐裔居民覺得，多數香港華人仍保有中國認同，根本不可能成為認同大英帝國的公民（Tsang 1988: 188–189）。[37]

---

36 本段廖氏兄弟相關內容參照李雅容（2020: 215–224）、程大學（2000: 3–92）、維基百科（2023）、李海燕、林喜兒（2019: 66–78）。

37 1947年接任楊慕琦擔任港督的葛量洪就是抱持此種觀點。他在省港大罷工時擔任港府低階官員，親睹了整個事件過程，對華人在事件中展現的中國認同與反英情緒印象深刻。

　　英國政府的態度在戰爭末期曾一度有所轉變。1943年，英國殖民部為了動員殖民地民眾支持全面對德、日開戰，開始規畫賦予英國各殖民地在帝國架構內的自治，其中也包括香港。就東亞的脈絡而言，日本帝國高舉從西洋帝國主義手中解放亞細亞諸民族口號進攻英國東南亞殖民地，香港、新加坡之陷落，以及戰爭末期國民黨試圖爭取戰後返還香港的行動，都進一步強化了英國的決心，要賦予香港自治以強化領有香港的正當性，如此有利於持續保有香港（Tsang 1988: 12-13）。1946年5月港督楊慕琦復職，受工黨政府之命規畫香港自治，並且在當年十月向殖民部提出設置民選香港市議會之規畫案報告，此即著名的「楊慕琦計畫」（Young Plan）（Tsang 1988: 35-38）。面對中國民族主義（主要是國民黨政權）要求返還香港，楊慕琦相信賦予香港居民參政權，實施自治，將使他們從寄居者轉變為認同香港的公民，這樣他們就會想留在大英帝國之內，不願復歸中國（Tsang 1988: 37）。1947年7月24日，也就是楊慕琦離任後兩個月，英國政府正式批准了楊慕琦計畫。然而繼任總督葛量洪（Alexander Grantham）並不支持這個計畫，轉而推動較為保守的方案，與此同時英國政府態度也產生微妙變化。1949年中共取得政權，殖民部把此事視為香港的危機和緊急狀態，對於賦予香港人參政權轉趨消極（Tsang 1988: 193）。1952年英國政府雖然批准了葛量洪的新版本，但部分本地特權人士（主要是行政局和立法局非官守議員）出面強烈反對任何改革方案，香港自治計畫遂遭擱置，六個月後英國國會全盤撤銷香港政制改革方案，從此香港長期處在所謂「仁慈專制」

（benevolent autocracy）的統治下，直到1980年代。

英國亞非學院的香港史家曾銳生教授在評估這段「被束之高閣的民主改革」（democracy shelved）時指出，當年若實施楊慕琦計畫，三十年的自治經驗應該已足以創造出一個楊慕琦構想的「英屬香港公民共同體」（British Hong Kong Citizenry）——以華裔住民為主，效忠英帝國，但也懷抱香港本地認同的一個自治共同體——香港的政治主體性也會就此形成。若是如此，那麼1980年代香港前途談判的面貌將大不相同：除了新舊宗主國中華人民共和國和英國之外，已經習於自我統治的香港人極有可能參與討論，並對日後命運軌跡產生一定的影響（Tsang 1988: 190）。歷史無法重來，但筆者同意這個推斷，並且認為此後歷史發展的路徑依賴將大為不同。1945年成立的聯合國在1946年即已將香港列入「聯合國非自治領土名單」（United Nations List of Non-self-governing Territories），承認香港人民擁有自決權，此時楊慕琦剛回任港督，正在開始規畫香港自治。如果楊慕琦計畫在1940年代末如期實施，香港可能早就跟隨其他大英帝國殖民地的腳步，經由行使自決權而獨立了，那麼日後就不會出現1972年聯合國大會接受前一年才剛入會的中華人民共和國要求，將香港自名單剔除，剝奪香港人自決權。[38] 楊慕琦計畫雖通過而未能施行，導致香港人政治主體整整延後了三十幾年才形成，而且在日後將面臨更巨大的障礙。

---

38 關於聯合國賦予香港自決權，最終又應中共之請剝奪其自決權的過程與法律分析，參照Dagati（1992）。

九、冷戰期帝國勢力的重組

（一）冷戰期香港和台灣所處的帝國史脈絡

二次大戰後美國繼承英國成為全球最有力量的新帝國，與逐漸擴張的蘇聯帝國對峙，形成冷戰期的二元帝國競爭結構。[39] 不過，二戰後的美利堅帝國是一種非正式帝國（informal empire）的型態：美國先資助、重振受戰爭影響而衰弱的西方帝國，再利用這些西方帝國既有的全球殖民地網絡，遂行其帝國擴張之目的（就地緣政治而言最主要的擴張目的就是圍堵共產主義陣營）。美國非正式帝國最明顯的例子是美軍基地——1950到1960年之間，美國在全球各地的軍事基地有將近七成設置在已弱化的各西方帝國之殖民地。專攻英美帝國比較的歷史社會學家Julian Go 稱此為「外包帝國」（outsourcing the empire）的策略（Go 2011: 136-145）。1960年代以後第三世界反殖民運動興起，掀起全球去殖民化浪潮，導致歐洲帝國紛紛瓦解，於是美國放棄已經喪失正當性之領土支配型殖民主義，改採經援、顧問團和政變等手段，以達成非正式控制之目的（Go 2011: 150-158）。

在這個美國主導的非正式帝國勢力圈當中，大英帝國成為美國最重要的盟邦，但過去的日不落帝國如今已退居次要地位，成為美利堅帝國的助手（麥志坤 2018: 35）。從這個架構來看，冷戰期

---

39 關於蘇聯作為一種帝國的概念與歷史分析，參見 Eisenstadt（1992）以及 Suny（1993）。

的香港毫無疑問就是在美國主導、英國協力的非正式帝國支配下的殖民地。雖然英國為了想保住香港而對中國採取懷柔態度，和採取圍堵政策的美國立場並不一致，因而時有摩擦，但英國還是將美國視為最重要盟邦，以及維繫英國國際地位最重要的支持者（麥志坤 2018: 26–36, 96–97）。

　　難道香港沒有獨立的選項嗎？聯合國大會不是已經在1946年承認香港自決權了嗎？而大英帝國不也已經在1948年簽署聯合國憲章，同意使其治下殖民地自決獨立嗎？理論上確實如此，但現實情況卻更複雜。首先，美國不樂見香港獨立，因為維持英國殖民統治有利於美國運用香港監控中國。在美、英眼中，香港華人大多從中國避難而來，對香港並沒有認同，因此根本沒有追求殖民地獨立的意願（麥志坤 2018: 35–36）。在冷戰初期這個時間點，全球反殖民運動如野火燎原，而聯合國主導的全球去殖民化過程已經啟動，台灣人也在海外推動聯合國託管，唯獨香港住民並未發出殖民地自決的呼聲。既然當事人無所謂，這個選項自然就被排除。換言之，帝國固然主導了香港的方向，但香港主體遲遲無法現身為自己發聲，也反過來影響了帝國對香港前途的構想。用社會學語言來說，沒有行動，就不會有結構的變遷。自此香港前途處在某種「延遲給付」（moratorium）的狀態，所有人都在等待啟示錄的展開，或者某個果陀的出現。[40]

40《等待果陀》（*Waiting for Godot*）是愛爾蘭劇作家Samuel Beckett於1953年首演的荒謬劇，劇中兩位主人公徒勞無功地等待果陀出現。

另一方面，冷戰期的台灣——正確地說，應該是「在台灣的中華民國」——則是前述美國主導的非正式帝國結構的東亞區塊，或者歷史學者 Bruce Cummings（1984）所謂美國在二戰後繼承日本帝國勢力圈所重建的東北亞霸權領域中，運用扶植親美政權的模式所創造出來的保護國（林孝庭 2017）。對於戰後美國非正式帝國的政治經濟性格，Cummings 從世界體系理論的角度提出了一項重要的補充：這個在冷戰中形成邊界的霸權領域，信奉威爾遜式的自由主義、國際主義與開放性（亦即自由貿易），因此它的結構雖然是核心—邊陲層級式的，但也容許少數邊陲國家向上流動，日本、台灣與南韓在六、七〇年代的快速發展即是例證（Cummings 1984）。事實上，戰後被納入英美國共管範圍內的香港，也部分地受惠於這個開放霸權體系而在冷戰前期獲得快速的經濟成長。

（二）冷戰前期的台灣

和香港不同，台灣在 1947 年二二八事件之後確實出現了獨立運動，而且美國甚至一度與其接觸，試探扶植該運動的可能性。後來美國雖判斷台獨運動不成氣候，但至少台灣人曾發出託管、獨立的訴求，而且一度成為美國國務院思考台灣前途的選項（吳叡人 2016a: 67–72）。台灣與香港最大的差異在於，台灣住民早就形成了穩定的本土認同，因此能在二二八動員中迅速政治化。殖民地是否發展出一個本土社會，具有本土認同，並且其強度足以產生民族主義運動，是宗主國（尤其是務實而具分權傾向的盎

格魯‧薩克遜帝國如英、美）決定如何處理殖民地未來的一個重
要的考量。

　　戰後台灣獨立運動自始即有意識地與全球去殖民化過程連
結。廖文毅兄弟的台灣再解放聯盟從1948年開始即主張運用
聯合國憲章之殖民地自決條款，經由聯合國託管公投以獲得獨
立。[41]廖文毅從香港轉赴日本成立台灣共和國臨時政府（1956）前
後這段時間，更積極與戰後亞非獨立運動結盟，曾派代表參與
1955年的萬隆會議，後更獲邀以臨時政府大統領身份參加1958
年馬來西亞獨立大典。[42]1959年美國參議院外交委員會發表《康
隆報告》（Colon Report）主張兩個中國之後，美國對台政策出現微
妙轉變，1961年因推動該報告之參議員傅爾布萊特之助，廖氏
一度獲得美國甘迺迪政權簽證預備赴美國國會演講，可惜最後一
刻被撤回（陳慶立 2014: 173-181）。

　　另一方面，中國內戰加劇與1949年中共政權的建立，導致
總數約120萬人的中國軍人、公務員與一般民眾隨國民黨政權移
入台灣。這批突然湧至、數量龐大的政治難民大多被國民黨在台
灣的遷佔國家體制[43]所收編，形成共生關係，使得原來在日治時

---

41 總部設於香港的台灣再解放聯盟早在1948年即向聯合國提出首份請願書，要求
　在台灣舉行公民投票決定台灣前途，1950年再度提出第二份請願書，期間並曾
　數度向美國與日本政府提出陳情書，要求支持台灣人向聯合國之請願。參照葉
　亭葶（2023）。

42 關於廖文毅在1950年代試圖將台獨運動連結到不結盟運動的地緣政治戰略與實
　踐，參見吳叡人（2023a）。

43 settler state，一種外來移入者建立的少數統治模式。

期已經完成高度整合的台灣社會，面臨新一波的族群緊張與社會整合問題（Wu 2020: 62–63）。儘管如此，島內的民主運動在五〇年代白色恐怖整肅告一段落後，迅速以台灣省議會為中心重新展開，並且在1960年出現了台灣本地民選政治菁英與大陸籍自由主義者合作組黨的民主運動，也就是《自由中國》發行人雷震領導的中國民主黨運動。此事說明戰後倉皇來台的大陸籍人士中，很早就有人考慮與本地人共同建構台灣政治主體性以抵抗中共侵略。令人遺憾的是，這個早期的跨族群民主運動被國民黨政府迅速鎮壓，使戰後台灣社會的再整合與再本土化延遲了一整個世代（吳乃德 2013）。

（三）冷戰前期的香港（1950–1971）

與同時期台灣的處境類似，中共在內戰的勝利，導致了約一百萬人的中國籍難民在1950年代前期移入香港，使香港人口倍增，造成了香港社會結構的激烈變化，也導致了戰前已經初步形成的香港本土認同面臨挑戰。和台灣不同的是，這波南下香港的百萬難民並非依附在母國移入政權之下、無須認同移居地的一個特殊群體，而是來到大英帝國統治下香港的個別移民，因此他們面對的就是典型的第一代移民的問題：如何融入香港社會，成為英屬香港的一份子。

由於缺乏實證調查資料，我們難以準確斷言戰後移民潮衝擊下的香港如何吸收、整合這批移民，最終重新形成認同，因此必須仰賴政治史、社會史與文化史研究提供的間接指標來加以判

斷。許多香港評論者，如歷史學家高馬可、社會學家周永新、社會史家冼玉儀、文化研究學者周亮，以及文學家小思等都從不同角度指出，戰後香港住民要到1960年代才開始覺得自己是「香港人」。換言之，具有較廣闊社會基礎的香港本土認同形成於1960年代。在此容筆者綜合各家說法，嘗試簡單重建戰後香港人認同形成的過程如下：

首先，1951年港英政府關閉中港邊界，設置邊境禁區，並發放身份證給香港居民，以辨識居民與非居民，中共政府也大約於同時封鎖邊界，中港邊界正式形成，香港居民由過客變成在地人（冼玉儀 2017: 211）。第二，1950年代初期，港英政府面對大量大陸移民無家可住的狀況，不得不展開大規模的公屋建設計畫，以容納這批無家可歸的難民。這個計畫產生了一個意料之外的社會效應：讓自覺只是暫時寄居香港的難民和移民從此有了安身之處，於是寄居變成了永住（冼玉儀 2017: 218）。第三，從1950年到1970年之間，在香港本地出生的人口日益增加，1971年已達到51%，這是一個重要人口學指標，代表香港人口結構本土化，或者社會型態由移民社會轉變為社會（冼玉儀 2017: 218）。第四，1966年的天星小輪加價暴動與1967年左派暴動促使香港政府開始關心香港本土社會，並且積極從事本土認同建構工程。[44] 另一方面，暴動也促使香港住民開始關注香港自身的問題，開展了一波社會面的本

---

44 周永新指出這兩次暴動使港英政府體會到港人有下情無法上達之苦，同時對香港「沒有歸屬感」，如持續任香港自生自滅，勢必會再爆發動亂。

土化（小思 2002: 116–122）。最後，冷戰期港英政府為切斷來自國共兩黨的中國民族主義影響，施行的教育混合了保守中國文化與英式價值，創造了一批「小英國人」和中國文化的混血兒。這個中英混血的文化認同成為所謂「第一代香港人」身份認同的主要內容（周亮 2020: 339–354）。上述的社會學過程與政策效應，為七八〇年代香港本土認同的快速成長奠立了重要基礎。[45]

另一方面，二次戰後倫敦開始賦予香港政府更大自主權，使香港成為一個行政與經濟實體，以獨立身份參與各類國際組織，並在各國主要城市設立經貿辦公室（高馬可 2014: 218）。從外部而言，香港逐漸接近過去英國自治領如澳洲、紐西蘭和加拿大，具有「準國家」的外貌，唯一差別是內部沒有賦予殖民地居民參政權。不過這個準國家的制度與實踐，對七八〇年代香港人認同的進一步發展產生深遠影響。[46]

香港本土社會的形成，確實催生了政治本土化的動向。1964年馬文輝成立香港民主自治黨（Hong Kong Self-Government Party），是第一個香港政黨，也是第一個要求由香港三百五十萬人行使英國向聯合國承諾之民族自決權的運動。馬文輝是先施百貨少東，出身自前述最早本土化的香港資產階級，強烈支持楊慕琦改革，

---

45 關於香港本土意識在1960–70年代的興起，香港學者羅永生和梁啟智均提出了有說服力的詮釋性敘事，值得參考，不過本文本節重點不在提出另類的詮釋敘事，而是要觀察一些促成本土意識興起的結構性條件。參見羅永生（2020: 187–222）、梁啟智（2020: 59–69）。
46 關於香港「準國家」體制對港人認同塑造的影響，參見Wu（2016）。

1953年成立聯合國香港協會，試圖推動聯合國憲章在香港實現。
1963–64年代初期受到直布羅陀、馬爾他等英屬殖民地相繼獨
立，以及李光耀推動星馬獨立運動之刺激，組織香港民主自治
黨，追求英聯邦內部之香港自決自治。馬文輝曾參與1966年天
星碼頭加價示威，非常同情戰後一代香港青年無國、失根之苦，
認為只有在香港建立自治政府，才能使青年生根。民主自治黨後
因分裂導致運動難以擴張，不過馬文輝的香港自決運動失敗的最
主要原因，恐怕是英國工黨政府因害怕觸怒北京而堅持不願給予
港人自治。馬文輝的運動雖是遲發的運動，但仍然是香港人自主
追求政治主體性的一次珍貴的努力。這個運動的失敗，使香港喪
失了中國進入聯合國之前最後一次——也是唯一一次——依據國
際法實踐民族自決的機會（香港民主自治黨1969；貝加爾2014: 4–13）。

如同省港大罷工與二〇年代台灣民族運動沒有交會一般，
五、六〇年代，大陸籍自由主義者雷震和台籍政治菁英在台灣推
動的民主運動和香港本地社會也沒有太多關聯。[47]馬文輝的自治
運動則自始即想要在中國的國、共與第三勢力之外，在純然的英
聯邦架構內走一條完全屬於香港自己的道路，其脈絡與台灣民主
運動差距太大，更無交集。

---

47 大陸籍反共自由主義者在四九年之後分別避難至台灣和香港（亦即台灣的《自
由中國》集團和香港的「第三勢力」），兩者雖有交集，但來台灣的雷震成功地
使他的中國自由主義本土化／台灣化，第三勢力卻始終無法在香港生根，複製
雷震的本土化路線。關於《自由中國》的本土化，參見吳叡人（2007）；關於大
陸反共自由主義在冷戰期的香港，參照Motoya（2021）。

十、冷戰後期（1971-1989）

1970 年代以後，全球帝國勢力再次戲劇性重組，美、中由對抗轉為和解，共同對抗蘇聯，港台冷戰前哨功能不再，雙雙面臨新的地緣政治局勢的挑戰。

1971 年中華民國喪失聯合國席次，1979 年美國與中華民國斷交，但又以國內法（台灣關係法）保護於帝國秩序之內，維持實質獨立地位（唐耐心 1995: 251-253）。在外交危機壓力和美國保護下，1970 年代台灣本土社會的民主自決運動再起，最後逼出了1987 年之後的解嚴和民主化。

中共在 1971 年進入聯合國，次年即策動通過聯合國決議剝奪香港、澳門自決權，美國對此並未提出抗議（唐耐心 1995: 392）。根據英國殖民部檔案顯示，此時英國已有準備要離開香港，但試圖透過一系列改革快速提升香港人生活，使香港各方面發展遠遠拋離中國內地，並以此做為日後與北京談判的籌碼，此即七〇年代透過港督麥理浩（Crawford Murray MacLehose, 1971-1982）手中進行的一系列改革（李彭廣 2012: 60-63）。麥理浩改革的效果是，在 1970-80 年代，香港社會在各方面快速發展，政府效率提升，經濟起飛，公共設施與社會福祉大幅擴張，香港本土認同也進一步擴張、鞏固。某個意義上，麥理浩改革創造了 97 前香港最後的黃金年代（高馬可 2014: 197-224）。麥理浩在 1979 年赴北京會見鄧小平，確認中國將如期收回香港，返港之後開始推動區議會層次代議政治，並大幅放寬選民登記，選民從三萬人增加到七十萬

人。他在任期內也推動了行政局的本土化，並依照當年楊慕琦計畫精神，開始規畫立法局議員直選（鄭赤琰 2017: 152）。麥理浩政制改革幅度之大已是戰後僅見，但從當年楊慕琦設想以參政形塑「英屬香港公民共同體」的角度而言，可謂來得太少也太晚。

在上述改革基礎上，新一波香港民主運動在 1980 年代初期興起，但同時進行的中英談判從一開始就為這個民主運動設下難以跨越的障礙──香港民主化的程度、範圍與時程，必須有新宗主國的同意。這個障礙也迫使香港民主運動必須接受所謂「民主回歸論」作為其主要論述。民主的本意是自我決定，但香港的民主回歸論卻主張香港的民主化依附於宗主國的民主化，不過宗主國的民主化卻又不是港人可以決定的。換言之，這個命題不僅邏輯上矛盾，而且還建立在對新宗主國一廂情願的期待之上。或許這是當時的香港民主運動者在中英談判大局已定下順勢而為的策略選擇，希望把一切賭在八〇年代自由化浪潮中的中國。此種邊緣式的操作，和在主權國家架構內進行、沒有宗主國干預的台灣民主運動成為強烈對比。[48]

最後，讓我們稍微補充說明香港在冷戰期經濟發展的政治意義。香港原為進出中國最大的轉口貿易都市，在韓戰期間因美國主導對中禁運，而被迫放棄中國的轉口貿易，轉向製造業，但卻因禍得福地啟動了香港此後二十年驚人的工業化、出口貿易與經濟發展。換言之，美國非正式帝國基於冷戰地緣政治因素迫使香

---

[48] 關於八〇年代香港民主運動的民主回歸論述，參見徐承恩（2023）。

港經濟轉型，使香港被納入了Cummings所謂美國霸權圈資本主義體系，與台灣、南韓一樣獲得了體系內向上流動的機會。[49] 1960年代以後，香港作為冷戰馬前卒的角色日益減少，但經濟日益發展，六〇年代中期，美國已經成為香港最重要的貿易夥伴。美國公司在香港大量投資，並興建製造業工廠。眾多美國遊客來到香港觀光與消費（唐耐心 1995: 390–391）。經過不到二十年發展，香港已經在美國霸權體系內向上流動，並且和日本、台灣與南韓一樣開始與核心競爭。香港冷戰前期在美國非正式帝國內的經濟地位向上流動，對日後香港命運具有重要意義：1970年初期美中和解雖動搖了冷戰期香港戰略地位的基礎，但同一時間美國與香港的經濟關係卻大幅前進，這個密切的經濟關係，將成為下一階段香港獲得美國非正式帝國秩序下自由與安全保障的物質基礎。

十一、後冷戰期

1991年蘇聯帝國瓦解，國際秩序再次重組，美國成為世界唯一超級強權。美國不只主導華盛頓共識（1989），推動新自由主義全球化，並在此架構下與中國積極交往，試圖將中國拉入資本主義體系並改造為資本主義民主國家（Tucker 1998: 243–249）。用老派帝國主義語言來說，這是一個試圖用資本主義來「文明化」中國的自由帝國主義方略，但如用當代地緣政治語言來說，這是

---

49 關於香港戰後經濟發展軌跡，參照Tsang（2019）。

試圖將中國整合到全球經濟，使其從屬於美國主導的國際政治經濟秩序。但這個如意算盤創造了一個意料之外的結果——中國的急速強大、不均衡發展造成內部危機，內部危機又使其走上帝國主義（中野剛志 2016: 543–546, 547–551）。[50]

1990年代台灣在美國保護下完成民主化、本土化與初步的台灣民族國家建構。但同一時期，台灣本地資本也被中國市場磁吸，未及形成民族資本之前就逐漸變質為買辦資本，而台灣對中貿易也逐漸形成依賴結構。政治獨立，經濟依賴的結構，成為下一階段中國自由貿易帝國主義入侵台灣的基礎（吳叡人 2016b: 331–334）。

與此相對，香港經濟在1970–80年代隨著經濟起飛與製造業、金融與服務部門的成長，明顯出現了國民經濟（national economy）的雛形，但在1984年中英聯合聲明公佈，九七年主權移轉大勢底定之後，逐漸壯大的香港本地資本家立即轉向北上，積極展開香港與中國經濟之整合，初期以香港為中國發展驅力，中國為香港腹地的模式，雖然創造了某種互利關係（Tsang 2019: 170–179），但隨著中國本土資本積累的進展，香港與中國經濟的整合最終造成了對中國在政治與經濟雙重依賴。

1989年天安門事件後，美國開始注意香港自由的問題，1992年通過《香港政策法》，以類似《台灣關係法》的模式，將

---

50 傑出的日籍經濟民族主義理論家中野剛志主張當代中國民族主義與擴張主義的抬頭（如「一帶一路」政策以及對台灣、南海的進逼等），主要源於中國不均衡發展導致的產能過剩與債務危機等內部因素。

香港納入後冷戰美國非正式帝國秩序之中，繼續維持美國和中國主權下的香港的法律與經濟關係，同時試圖制約未來中國對香港的統治（唐耐心 1995: 399–400）。

香港政治學者馬嶽指出，香港民主派在 1989–2005 之間對新宗主國已不抱期望，反而致力於創造九七之後能夠保全香港自由的條件。一方面，部分民主派人士積極參與彭定康遲來的民主改革，試圖擴大民主派的社會基礎。另一方面，民主派領袖李柱銘參與美國國會聽證，深深介入香港政策法立法過程（馬嶽 2018: 7–8）。[51] 我們可以把這個階段的「國際線」努力，視為部分不再幻想新宗主國善意的香港民主派嘗試引進國際勢力來保護香港自主性，而這說明他們對香港主體性的思考已較八〇年代有大幅進展。

最後必須一提的是，1990 年代，美國在香港的存在已經遠大於英國。美國商會在香港是美國境外最大的私人企業機構，美國駐香港領事館是全世界領事館規模第二位。相反地，香港資金大量流入美國，1991 年直接投資超過十二億美元。從美國角度看，如果香港在中國主權下經濟崩潰，美國遭受的損失將大於其他國家（唐耐心 1995: 401–402），這是《香港政策法》立法的物質基礎之一。從香港的角度而言，美國繼續維持在香港的經濟存在，也是香港自由的保障。整體而言，從 1992–2021 年，香港在美中

---

51 李柱銘在美國國會制定香港政策法過程中數度出席聽證會，成為最著名的代言人，曾對眾議院人權委員會說「英國把五百五十萬香港人交給中國可以等同第二次世界大戰期間把五十五萬猶太人交給納粹德國相比。」香港「民主之父」對中國之不信任，可見一斑。參見唐耐心（1995: 400）。

重疊支配之下，在兩個帝國的權力均勢之間，努力維持宗主國轉換前後的自主。

十二、結論

（一）新冷戰下的帝國競爭

社會學家Julian Go主張，當舊霸權開始衰頹，新競爭者試圖崛起，全球場域從一極獨大變成多極並立的競爭性秩序時，舊霸權會加強帝國主義力道，而潛在新霸權競爭者也會奮力擴張，一段帝國主義期於焉出現。這是當代全球新帝國競爭的外部誘因。此外，古典帝國主義理論家如Hobson和Lenin早就指出，帝國主義興起具有內部驅力：國內生產過剩時，資本家將促使國家向外擴張尋找新市場。但國家菁英願意為過剩資本找出路而進行帝國主義擴張，不單只為經濟因素，同時也因為擴張有利於地緣政治的競爭（Go 2011; Doyle 1986: 22-24）。

中國2000年代「走出去」和全球併購的焦躁動作，是中國資本乘著國家翅膀進行急速擴張，同時為國家遂行地緣政治目的的典型後進帝國主義行為，與十九世紀末期日本的崛起在結構上有類似之處。[52] 2013年以後的「一帶一路」戰略則是產能過剩加上地緣政治目標所驅動的古典模式帝國主義擴張。[53] 同一時期俄羅

---

52 關於日本帝國主義之早熟後進性格之古典分析，參見矢內原忠雄（1994: 7-11）。

53 關於當代中國帝國主義的非洲觀點，參見 Rapanyane（2021）；關於正統左翼觀點的分析，參見 Budd（2021）。

斯的擴張則是出於純粹地緣政治因素——也就是對北約東擴「侵犯」其主觀認定之「勢力圈」的反擊：2008年入侵喬治亞，2014年入侵克里米亞，以及2022年入侵烏克蘭，完全遵循同一邏輯（小泉悠2019）。

整體而言，2008年全球金融危機之後，美國因前一階段過度擴張而開始衰落，全球場域轉為多極秩序——國際關係學者Ian Bremmer稱當代為G-Zero的時代，也就是國際秩序無領導的時代（Bremmer 2012）。中、俄的帝國主義擴張就是在這個全球場域結構變化的時刻發生，他們和試圖維持霸權的美國競爭，而自2018年以來美國也強力地回應了這個挑戰，並逐步重建對中、俄的圍堵態勢，於是創造了當代「新冷戰」型態的帝國競爭態勢（Brands and Gaddis 2021）。

（二）中國主權下的香港

史學家高馬可一針見血地指出，「雖然香港已經回歸中國，但沒有去殖民化，而是再殖民化，只不過宗主國由倫敦變為北京」（Carroll 2011: 192）。但中國對香港的再殖民採取了和英國很不同的模式。隨著中國開始帝國化，它的領土收復主義（irredentism）也開始變強。事實上，領土收復主義就是防衛性民族主義轉為擴張性民族主義或帝國主義階段的一種型態（Ben-Israel 1991）。已收回主權，但尚未取得完全控制的香港，成為中國領土收復主義的第一個對象——此即中國御用學者所謂「二度回歸」。具體的做法，就是收緊一國，壓抑兩制，加強中央對邊陲的控制與整合。此種

作法或可稱之為香港版的「內地延長主義」。[54]這就是中國再殖民香港的模式。除了領土收復主義的意識形態因素之外，一國兩制在制度設計上的內在缺陷，以及中港之間實力差距太大，都是促使北京進行吸收整合的誘因。[55]

　　新宗主國對香港的逐步收緊控制，甚至入侵，引發了政治學者 Paul Brass 所說的邊陲為抵抗核心入侵而發生的政治動員，而隨著核心與邊陲衝突的螺旋式上升，邊陲的抵抗也逐步升高為民族主義式動員，最終形成了 Michael Hechter 所說的邊陲民族主義（Wu 2016）。這是從2003年七一反國安法大遊行到2019反送中運動這段時間的故事。[56]

---

54 關於日本治台後期採行的「內地延長主義」之分析，參照 Wu（2003）。

55 關於一國兩制之制度與實踐的分析，參見吳叡人（2020a; 2020b）。關於中國式內地延長主義的分析，參見吳叡人（2020c: 20–23）。

56 根據香港社會學家孔誥鋒的分析，九七之後中國的對港主要政策目標是，在經濟上利用香港進行國際金融連結，在政治上則逐步緊縮對香港的控制。不過，這兩個目標有所矛盾，因為前者遵循資本的邏輯，必須維持香港的自治與獨特性，後者則遵循帝國的邏輯，追求控制、同化，最終抹除香港的獨特性，將之完全吸收在中國政體之內。資本的邏輯吸引了大量中國資本流入香港，並逐步控制了香港金融部門，並弔詭地成為某種香港自治的捍衛者，但最終國家—帝國的邏輯壓倒了資本的邏輯，控制成為至上目標。本文作者認為這是目前為止關於中國治港戰略最深刻的政治經濟分析，不過孔氏的分析似乎過於重視宗主國單面的主導能力，對於棋局中另一個關鍵變數／行動者——香港本地社會——在整個棋局中的對等角色與其能動性著墨不多。他長篇討論香港人的抵抗，但多屬描述性質，較無著墨香港本地社會自主發展與變化的戰略動態過程（strategic dynamics），尤其是香港政治主體意識如何成為北京「政經分離」如意算盤中完全無解的不確定因素，乃至最終將北京捲入「攬炒」博弈，推翻了整個帝國政經棋局。參見孔誥烽（2022），特別是 Part 1, 2。

（三）中國帝國主義陰影下的台灣

中國領土收復主義是中國帝國主義的一種型態，它的另一個對象是台灣。對於處在中國主權控制外，實質獨立的台灣，中國入侵的第一個形式是自由貿易帝國主義。具體的做法是，以全球化之名，利用九〇年代被中國磁吸、轉化的台灣買辦資本和親中政治勢力為尖兵，試圖經由台灣的民主體制，兵不血刃地兼併台灣。在這個「以商圍政，以經促統」的策略背後，則是沿海陳列之重兵武力。這是 2000 年代初期到 2016 年的故事。自由貿易帝國主義的入侵因遭遇台灣公民社會之強力反抗而失敗，買辦勢力瓦解之後，中國將收買對象向下延伸到中產階級、中小企業、中南部與青年層（三中一青），並結合本地新興經濟民粹主義勢力（韓流），再度對台灣展開攻擊。

中國對台灣的複合作戰──武力威嚇與地緣經濟學入侵──從 2008 年陳雲林「黑船來航」，要求台灣「開國」之始，同樣在台灣同樣引發一波又一波邊陲反抗動員，並迅速升高成社會主導的公民民族主義動員，最終不僅瓦解了中國攻勢，同時也使內部親中勢力邊緣化，並且進一步鞏固台灣的國家認同與民主體制。換言之，中國帝國主義入侵所激發的本地社會抵抗，最終鞏固了台灣國家。[57]

---

[57] 本節關於 2000 年代後期以來台灣公民社會對「中國因素」──即中國以地緣經濟攻勢為主的複合攻擊──之回應及其後果，參見吳叡人（2016: 266–322, 323–343）。

（四）兩個邊陲政治主體的連結

2003年以來香港公民社會對北京的抵抗，逐漸擺脫了香港民主運動在八〇年代一廂情願的「民主回歸」論述，並且超越了九〇年代（天安門事件後）緊抓舊宗主國求生的絕望抵抗，開始從真正香港主體的位置挑戰中英聯合聲明所設下的宗主國底線。在這個意義上，2003年的七一遊行可以視為香港人民主自決運動的開端。在一波又一波的抵抗性動員中，香港的政治主體逐漸清晰，從2014年雨傘運動的「命運自主」或「香港民族，命運自決」，到2019年的「光復香港，時代革命」和「香港獨立，唯一出路」，在邊陲與核心衝突的動員過程中，作為政治主體的「香港人」終於擺脫帝國羈絆，在百萬群眾的身影，在十八區國土巡禮，以及海內外香港人同聲齊唱〈願榮光歸香港〉歌聲之中現身。這些場景，不就是社會學家 Rogers Brubaker 在當年波羅地海三小國獨立運動中所目睹的 "nationness that happens" 的瞬間嗎？[58]

只有當香港人終於開始明確追求香港主體，他們才終於發現了台灣，因為香港人發現自己正在走一條台灣人已經走了一個世紀的道路，一條成為自我決定的主體的道路。[59]突然之間，驕傲

---

58 Brubaker 主張將 nation 視為一種被制度化的實踐範疇，只有在特殊的政治情境中才會「發生」（happen），也就是被短暫地實體化（reification）。基於這個邏輯，他將 nation 視為一個事件（event）。參見 Brubaker（1996: 15–19）。關於2019年反送中運動動員過程中香港民眾以多重形式展現香港共同體意識，使「香港民族」現身／發生的分析，參見吳叡人（2019）。

的大英帝國之子發現了榮耀的香港文明不過是沙灘上的城堡，他們懷抱的進步價值只不過是「虛擬自由主義」（羅永生語），[60] 而樸素的台灣人卻在歷史的背陽面，在被世人遺忘的時刻，以血肉生命在大地上築起一座堅實的自由之城。

同樣地，在香港人以肉身對抗帝國的尊貴身影中，台灣人看見了自己的過去、現在與未來。我們走過了一段艱辛的荊棘之路，在我們被給予的歷史條件制約下，奮力建構了自己作為人的政治條件。[61] 香港人的抗爭讓我們回憶起孤立無援的過去，讓我們看見危機四伏的現在，也提醒我們前險重重的未來。

在過去的十年間，兩個帝國夾縫中的邊陲，終於暫時擺脫百年帝國的羈絆，真正看見了彼此，也開始追求彼此的連結。這種感情，這種連帶的欲求，我們願意相信是真實的，因為那是弱小者之間的的共感之情。

（五）未來？

時間來到 2020 年，先是武漢肺炎和限聚令來了，接著是國安法和大逮捕、整個香港公民社會遭摧毀，還有大逃亡、移民潮，my little airport 歌中描繪的「美麗新香港」已經來到，這裡再也

---

59 香港民意對台灣獨立從 2008 年以後逐漸轉為支持，這個時間點剛好也是香港本土認同崛起的關鍵時刻。參見李雪莉（2020: 282–288）。

60 「虛擬自由主義」是香港學者羅永生提出的概念，指涉香港民主派從 1980 年代以來將有限的自由與局部民主當成充份自由，完整民主的替代品。參見羅永生（2014: 126–134）。

61 關於台灣人對主體性的百年追求的思想史詮釋，參照吳叡人（2023b）。

不是香港人的地頭了。香港作家韓麗珠在散文集《黑日》中描寫了一個夢，夢中我們居住的城市只是海裡的倒映，然而岸上的人連這點倒映都要不斷用填土填掉了（韓麗珠 2020: 382）。一個文學隱喻道盡了一切。然而我們該如何理解這一切？理解之後又能怎麼辦？What is to be done？筆者在《如水》創刊號的序言中，已經大致說明了自己的觀點：流水無盡，革命不止，但運動已經轉換型態，分化為本土伏流（本土社會與文化抵抗）和海外洋流（海外香港運動）——台灣則是海外洋流之中的那股黑潮，這兩股力量正在持續激盪發展中（吳叡人 2021: 16–21）。歷史瞬間的爆裂啟動了新冷戰的帝國衝突，衝突中隱藏著台灣和香港的危機與轉機，接下來我們要沉澱心情，要有耐性，要長期耕耘。

最後，讓我們以歷史的教訓作結。歷史沒有必然性，沒有理性，沒有最終目的，但歷史會顯示人類曾經行走過的路徑，讓我們能據此思考下一步的走向。在社會學，這叫做「路徑依賴」。台灣和香港因帝國而誕生，受帝國的統治、形塑和擺佈，但也在帝國的統治、形塑和擺佈下產生了主體自覺。在帝國史脈絡中，台灣與香港長期以帝國之客體和工具身份接觸、交流，我們之間始終只存在工具理性，沒有真正產生相互主體之認識與尊重。最近二十年，情況有了明顯的變化，遭受連續殖民的悲情島民和「國際資本主義的僱傭兵」[62]終於因追求自由而相會。只有真正

---

62 香港作家陳冠中將他這個世代的香港人比喻為「國際資本主義在香港的僱傭兵」。參見陳冠中（2013: 175）。

的主體才能彼此辨識，彼此承認。這其中沒有歷史必然性，但確實存在著人類意志追求主體性的掙扎軌跡。我們這篇文章中回顧了這些軌跡，得到了一個暫時的結論：歷史是一個巨大的隱藏文本，我們必須以相互主體的溝通理性去加以解讀，然後從中揭露被遮蔽在交錯變遷的巨大結構之下的，弱者的主體。我們需要更多知識，關於台灣、關於香港、關於彼此的知識。知識就是力量，知識就是弱者的武器，反送中三週年的今日，請讓我們重新確認以知識介入歷史的意志，for the history is yet to come。

參考書目

Anderson, Benedict（班納迪克‧安德森）著、吳叡人譯，2010，《想像的共同體：民族主義的起源與散布 新版》。台北：時報出版。

Clulow, Adam（亞當‧克拉洛）著、陳信宏譯，2020，《公司與幕府：荷蘭東印度公司如何融入東亞秩序，台灣如何織入全球的網》。新北：左岸文化。

Darwin, John（約翰‧達爾文）著、黃中憲譯，2015，《未竟的帝國：英國的全球擴張》。台北：麥田。

Hunt, Tristram（崔斯坦‧杭特）著、馮奕達譯，2017，《帝國城市：成就大英帝國的十座殖民城市》。台北：蔚藍文化。

Mark Peattie（マーク‧ピーティー）著、浅野豊美訳，1996，《20世紀の日本4　植民地—帝国五十年の興亡》。東京：読売新聞社。

小林英夫、柴田善雅著、田泉、李璽、魏育芳譯，2016，《日本軍政下的香港》。台北：商務印刷。

小思，2002，《香港故事》。香港：牛津大學出版社。

小泉悠，2019，《「帝国」ロシアの地政学：「勢力圏」で読むユーラシア戦略》。東京：東京堂出版。

中野剛志，2016，《富国と強兵：地政経済学序説》。東京：東洋経済新報社。

井出季和太，1988，《南方資料叢書9 台灣治績志》。東京：青史社。

孔誥烽著、程向剛譯，2022，《邊際危城：資本、帝國與抵抗視野下的香港》。新北：左岸文化。

木畑洋一，2018，《帝国航路を往く──イギリス植民地と近代日本》。東京：岩波書店。

水谷智，2018，〈間－帝國史 trans-imperial history論〉。收於日本植民地研究会編，《日本植民地研究の論点》。東京：岩波書店。

台灣新民報社，1937，《台灣人士鑑》(1937): 228。

台灣總督府編，1944，《台灣事情 昭和十九年版》。台北：台灣時報。

矢内原忠雄，1994，《帝国主義下の台湾》。東京：岩波書店。

吳乃德，2013，《百年追求：台灣民主運動的故事 卷二 自由的挫敗》。台北：衛城出版。

吳文星，2022，《日治時期台灣的社會領導階層 修訂版》。台北：五南圖書。

吳瑩真，2023，〈徐坤泉〉。《台灣文學線上資料庫》，https://reurl.cc/p6gEMl，取用日期：2023年5月12日。

吳叡人，1999，〈祖國的辯證：廖文奎（1905–1952）台灣民族主義思想初探〉。《思

與言》37(3): 47–100。

——，2007，〈自由的兩個概念：戰前台灣民族運動與戰後「自由中國」集團政治論述中關於「自由」之概念的初步比較〉。頁55–105，收入殷海光基金會、顧忠華主編《自由主義與新世紀台灣》。台北：允晨文化。

——，2008，〈「台灣高山族殺人事件」——高一生、湯守仁、林瑞昌事件之政治史的初步重建〉。頁325–363，收入《二二八事件60週年紀念論文集》。台北：台北市政府文化局、台北二二八紀念館。

——，2016a，〈三個祖國：戰後初期台灣國家認同的競爭，1945–1950〉。頁23–82，收入蕭阿勤、汪宏倫編，《族群、民族與現代國家：經驗與理論的反思》。台北：中央研究院社會學研究所。

——，2016b，《受困的思想：台灣重返世界》。新北：衛城出版。

——，2019，〈當流水匯聚成洪：論香港當前局勢〉。《Pouquoi 報呱》，https://reurl.cc/51r9R6，取用日期：2019年11月10日。

——，2020a，〈焦土之春‧2：「一國兩制」失敗的三個原因〉。《立場新聞》（作者下載收藏，該網站已被關閉）。

——，2020b，〈焦土之春‧3：一國兩制—設計是一套，實踐又是另一回事〉。《立場新聞》（作者下載收藏，該網站已被關閉）。

——，2020c，〈致一場未完的革命〉。頁14–39，收入李雪莉主編，《烈火黑潮：城市戰地裡的香港人》。新北：左岸文化。

——，2021，〈流水無盡，革命不止〉。《如水》1: 16–21。

——，2023a，〈愛國者之書：《台灣民本主義》中譯本序言〉。頁37–56，收入陳儀深、葉亭葶主編，廖文毅原著，龔昭勳、業亭葶翻譯，《台灣民本主義》。

——，2023b，〈成為一個人：從連溫卿和史明的本土左翼傳統看文協百年遺澤〉。頁7–35，收入吳叡人，《世界‧啟蒙‧在地：台灣文化協會百年紀念》。台北：中央研究院台灣史研究所。

李佩臻，2019，〈制度變遷與商業利益—以中英商人在台灣樟腦貿易的行動為中心（1850–1868）〉。《新史學》30(1): 1–53。

李海燕、林喜兒，2019，《拾舞話—香港舞蹈口述歷史（五十至七十年代）》。香港：城市當代舞蹈團、國際演藝評論家協會香港分會。

李雪莉，2020，《烈火黑潮：城市戰地裡的香港人》。新北：左岸文化。

李雅容，2020，《西螺大橋：我的父親李應鏜》。台北：印刻文學。

李彭廣，2012，《管治香港：英國解密檔案的啟示》。香港：牛津大學出版社。

貝加爾，2014，〈馬文輝與香港自治運動〉。《思想香港》3:4–13。

冼玉儀，2017，〈第五章 社會組織與社會轉變〉。收入王賡武主編，《香港史新編（增

訂版）上》。香港：三聯書店。

周亮，2020，〈一九六〇年代殖民地教育與「第一代香港人」〉。頁339–354，收入黃淑嫻主編，《香港‧1960年代》。台北：文訊雜誌。

林孝庭著、黃中憲譯，2017，《意外的國度：蔣介石、美國與近代台灣的形塑》。新北：遠足文化。

近藤正己，1996，《総力戦と台湾》。東京：刀水書房，

信夫清三郎編，1984a，《日本外交史—1853–1972 II》。東京：毎日新聞社。

——，1984b，《日本外交史—1853–1972 I》。東京：毎日新聞社。

春山明哲，1993，〈明治憲法体制と台湾統治〉。《岩波講座　近代日本と植民地 4：統合と支配の論理》。東京：岩波書店。

胡從經，2018，《拓荒者‧墾殖者‧刈獲者：許地山與香港新文化的萌蘗和勃興》。香港：中華書局。

若林正丈，2001，《台灣抗日運動史研究 增補版》。東京：研文出版。

香港民主自治黨，1969，《香港民主自治黨 民治運動報告書 一九六三——一九六八》

唐耐心著、新新聞編譯小組譯，1995，《不確定的友情：台灣、香港與美國，1945–1992》。台北：新新聞文化。

徐承恩，2023，《未竟的快樂時代：香港民主回歸世代精神史》。新北：左岸文化。

馬嶽，2018，〈民主運動三十年：自由專制下的防衛戰〉。頁3–17，收入鄭煒、袁瑋熙編，《社運年代：香港抗爭政治的軌跡》。香港：中文大學出版社。

高馬可（John M. Carroll）著、林立偉譯，2014，《香港簡史：從殖民地到特別行政區》。香港：中華書局。

張秀哲，2013，《「勿忘台灣」落花夢》。新北：衛城出版。

梁啟智，2020，《香港第一課》。台北：春山出版。

程大學主編，2000，《西螺鎮志》。雲林：西螺鎮公所。

陳冠中，2013，《香港三部曲 增訂版》。香港：牛津大學出版社。

陳柔縉、張超英口述，2020，《宮前町九十番地》。台北：時報出版。

陳慶立，2014，《廖文毅的理想國》。台北：玉山社。

麥志坤著，林立偉譯，2018，《冷戰與香港：英美關係 1949–1957》。香港：中華書局。

葉亭葶，2023，〈廖文毅《台灣民本主義》之誕生 [1948–1957]〉。頁5–63，收入陳儀深、葉亭葶主編，廖文毅原著，龔昭勳、業亭葶翻譯，《台灣民本主義》。台北：政大出版社、國史館。

歐陽泰（Tonio Andrade）著、鄭維中譯，2019，《福爾摩沙如何變成台灣府？》。台北：遠流出版。

維基百科，2023，〈廖本懷〉。《維基百科》，https://w.wiki/8apE，取用日期：2023年

11月14日。

蔡榮芳，2001，《香港人之香港史──1841–1945》。香港：牛津大學出版社。

蔣智揚，2016，〈台灣鴉片戰爭終極證據出土！國聯電文還原歷史真相〉。《Yahoo!新聞》轉載《民報》，https://reurl.cc/dDGZ7D，取用日期：2023年5月1日。

鄭赤琰，2017，〈戰後政制發展〉，收入王賡武主編，《香港史新編 上冊》。香港：三聯書店。

駒込武，2015，《世界史の中の台湾植民地支配》。東京：岩波書店。

賴永祥，1965，〈台灣鄭氏與英國的通商關係史〉。《台灣文獻》16(2): 1–50。

韓麗珠，2020，《黑日》。新北：衛城出版。

瀧井一博，2010，《伊藤博文─知の政治家》。東京：中央公論新社。

羅永生，2014，〈虛擬自由主義的終結〉。頁126–134，收入羅永生編，《殖民家國外》。香港：牛津大學出版社。

──，2020，《思想香港》。香港：牛津大學出版社。

Anderson, Benedict.2005. *Under Three Flags: Anarchism and the Anti-colonial Imagination*. New York: Verso.

Ben-Israel, Hedva. 1991. "Irredentism: Nationalism Reexamined." Pp.23–36 in *Irredentism and International Politics*, edited by Naomi Chazan. Boulder: LYNNE Rienner Publishers.

Brands, Hal and John Lewis Gaddis. 2021. "The New Cold War: America, China, and the Echoes of History." *Foreign Affairs* 100(2021): 10.

Bremmer, Ian. 2012. *Every Nation for Itself: Winners and Losers in a G-Zero World*. New York: Portfolio.

Brubaker, Roger. 1996. *Nationalism Reframed: Nationhood and the National Question in the New Europe*. Cambridge: Cambridge University Press.

Budd, Adrian. 2021. "China and imperialism in the 21st century." *International Socialism Journalism* (170): 123–150.

Cain, P.J. and A.G. Hopkins. 2016. *British Imperialism, 1688–2015*. New York: Routledge.

Carroll, John M. 2011. *Edge of Empires: Chinese Elites and British Colonials in Hong Kong*. Hong Kong: Hong Kong University Press.

Cox, Thomas R. 1973. "Harbingers of Change: American Merchants and the Formosa Annexation Scheme." *Pacific Historical Review* 42(2): 163–184.

Cummings, Bruce. 1984. "The Origins and Development of the Northeast Asian Political Economy: Industrial Sectors, Product Cycles, and Political Consequences." *Inter-*

national Organization 38(1): 1–40.

Dagati, Patricia A.1992. "Hong Kong's Lost Right to Self-Determination: A Denial of Due Process in the United Nations." *Journal of International and Comparative Law* 13(1): 153–179.

Doyle, Michael W. 1986. *Empires*. London: Cornell University Press.

Eisenstadt, S.N. 1992. "Center-Periphery Relations in the Soviet Empire: Some Interpretive Observations." Pp.205–223 in *Thinking Theoretically about Soviet Nationalities: History and Comparison in the Study of USSR*, edited by Alexander J. Motyl. New York: Columbia University Press.

Gallagher, John and Ronald Robinson. 1953. "The Imperialism of Free Trade." *The Economic History Review* 6(1): 1–15.

Go, Julian. 2011. *Patterns of Empire: The British and American Empires, 1688 to the Present*. New York: Cambridge University Press.

Hopkins, A.G. 2002. "Globalization—An Agenda for Historians." Pp. 4–11 in *Globalization in World History*, edited by A.G. Hopkins. New York & London: W.W. Norton & Company.

Jansen, Jan C. and Jürgen Osterhammel. 2013. *Decolonization: A Short History*. Oxford: Princeton University Press.

Motoya, Nakamura. 2021. "Liberalism in Hong Kong and Taiwan during the Cold War." *Modern Asian Studies Review* 12: 1–17.

Rapanyane, Makhura B. 2021. "Neocolonialism and New Imperialism." *Journal of African Foreign Affairs* 8(3): 89–112.

Robinson, R. 1972. "Non-European Foundations of European Imperialism: Sketch for a Theory of Collaboration," Pp. 117–142 in *Studies in a Theory of Imperialism*, edited by R. Owen and B. Sutcliffe. London: Longman.

Rodrik, Dan.2011. *The Globalization Paradox: Democracy and the Future of the World Economy*. New York: Norton.

Stanard, Matthew C. 2018. *European Overseas Empire, 1879–1999: A Short History*. West Sussex: Wiley.

Suny, Ronald Grigor. 1993. *The Revenge of the Past: Nationalism, Revolution and the Collapse of Soviet Union*. Stanford: Stanford University Press.

Tilly, Charles.1985. "War Making and State Making as Organized Crime." Pp.169–191 in *Bringing the State Back In,* edited by Peter B. Evans, Dietrich Rueschemeyer, and Theda Skocpol. Cambridge: Cambridge University Press.

Tsang, Steve Yui-Sang. 1988. *Democracy Shelved: Great Britain, China and Attempts at Constitutional Reform in Hong Kong, 1945–1952*. Hong Kong, Oxford, New York: Oxford University Press.

———. 2019. *A Modern History of Hong Kong*. London: Bloomsbury.

Tucker, Nancy Bernkopf. 1998. "A Precarious Balance: Clinton and China" *Current History* 97(620): 243–249.

Umemori, Naoyuki. 2002. "Modernization through Colonial Mediations: the Establishment of the Police and Prison System in Meiji Japan." PhD dissertation submitted to the Dept. of Political Science, the University of Chicago.

Wainwright, General Jonathan M. and Robert Considine. 1946. *General Wainwright's Story: The Account of Four Years of Humiliating Defeat, Surrender, and Captivity*. New York: Doubleday & Company.

Wright, Harrison M. ed. 1976. *The New Imperialism: Analysis of Late Nineteen-Century Expansion*. Toronto: D.C. Heath and Company.

Wu, Rwei-Ren. 2003. "The Formosan Ideology: Oriental Colonialism and the Rise of Taiwanese Nationalism, 1895–1945," PhD dissertation submitted to the Dept. of Political Science, the University of Chicago.

———. 2013. "Nation-state Formation at the Interface: The Case of Taiwan." In *International Conference on Taiwan in Dynamic Transition*. Edmonton: University of Alberta.

———. 2016. "The Lilliputian Dreams: Preliminary Observations of Nationalism in Okinawa, Taiwan and Hong Kong." *Nations and Nationalism* 22(4): 686–705.

———. 2020. "Nation-state Formation at the Interface: The Case of Taiwan." in *Taiwan in Dynamic Change: Nation-building and Democratization*, edited by Ryan Dunch and Ashley Esarey. Seattle: University of Washington Press.

⎡3⎤ 當香港反送中運動遇見遊戲行動主義*

林鶴玲、孫春在

一、背景

2019年下半年的香港反送中運動（反對修訂《逃犯條例》運動），全球各大媒體持續以重要版面與大量篇幅報導相關新聞。在這個持續多月、引起全球關注的抗爭運動中，除了參與抗爭人數創下香港歷史記錄、示威行動衝突持續升高、運動延續多月人氣不散、各種抗爭手段與文宣不斷翻新等現象受到各界矚目之外，抗爭運動中與電玩文化相關的元素大量浮現，成為某些運動參與者的共同文化，這現象也開始受到主流社會注意。

在一部紐約時報對香港抗爭前線學生的專訪報導影片中，正在穿著防護裝備準備上街抗爭的年輕學生對隨行探訪的記者說：

---

* 本章部分內容曾發表於 *Games and Culture* 期刊，見 Lin, Holin and Chuen-Tsai Sun. 2022. "Game-Assisted Social Activism: Game Literacy in Hong Kong's Anti-Extradition Movement." *Games and Culture* 17(7–8): 954–976. 本文為後續研究，在背景、理論、訪談資料與發現分析、結論等方面均做了大幅修改與補充。

　　「你知道什麼是GTA[1]嗎？我們都熱愛GTA。現在在香港，我們玩的是一場真實的GTA遊戲；只不過我們只有一條命。」另一個女學生接著說：「這些武器和衝突離我們的日常生活如此遙遠，感覺就像是一場電玩遊戲一樣：你有個虛構的身份，然後你上街做一些你該做的事。事後你回家，把所有裝備藏起來，回去工作。」（Engelbrecht et al. 2019）[2]

　　抗爭行動者在對媒體解釋急救物資的配置佈署方式時，直接以「現在就像打食雞遊戲[3]一樣，每個地方都可以進行補給。警察要蒐證都要時間，也要逐包打開檢查」來解釋（李智智、李穎霖 2019）。十一月中香港中文大學與理工大學校園爆發激烈衝突，示威學生在校園內建築防禦工事、組織守城部隊，更在香港熱門網路討論區中被稱為「港版《世紀帝國》[4]」。不僅整個抗爭行動或個別攻防任務被類比為不同類型的知名電玩遊戲經驗，香港熱門論壇連登（LIHKG）的相關討論區，或是熱門加密社群通訊軟體Telegram上都出現大量的各式貼文，以遊戲術語與遊戲框架進行譬喻類比或修辭敘事，來詮釋抗爭意義、傳遞行動資訊、招募組織參與者等。

1　GTA（*Grand Theft Auto*，《俠盜獵車手》）是英國Rockstar Games發行的熱門動作冒險遊戲系列，遊戲場景均為模仿美國重要城市所設計的虛構城市。

2　原訪問為英文，本文作者中譯。

3　所謂「食雞」遊戲，即台灣俗稱為「吃雞」遊戲的熱門電玩《絕地求生》。

4　*Age of Empires*，微軟工作室發行的熱門歷史即時戰略電子遊戲系列。

　　值得注意的是，這並非年輕的示威者所獨具的看法；做為抗爭對象的港府與中共官方媒體也以另一種負面形式呼應了電玩在反送中社運中的重要角色。立場親中的香港文匯報在10月26日一篇以〈黑衣魔「地下化」密謀長期亂港〉為題的報導中反駁外界對反送中運動本質為Be Water、「無大台」（無主要領導者）特性的說法，指稱真正「大台」的黑手就是躲藏在「SUCK Channel」的Telegram群組，以模仿手機遊戲的方式，將旗下十餘個公會分工、統一受「大台」指揮協調進行打、砸、燒等破壞行動（蕭景源 2019）。[5]稍後，中共中央政法委「長安劍」也發表文章，提出所謂「七點真相」質疑「無大台」的說法並非事實（港人講地 2019）。文章開宗明義第一點就指出抗爭行動「將暴力遊戲化」，文中並點名一款「在香港年輕人圈子裡十分風靡的角色扮演遊戲《香城Online》」是幕後黑手主謀。雖然這些官方、半官方媒體的報導與評論者可能對電玩文化不熟悉、缺少理解，因此描述中出現諸多錯誤（例如「香城Online」並非一款真實存在的遊戲，而是香港網民創造出來的一個虛構的遊戲名稱，用遊戲敘事來討論抗爭行動），然而，這些代表港府與中共官方看法的文章裡，卻清楚證明了電玩在反送中運動中不可忽視的角色。

　　反送中運動中，電玩文化呼應聲援的例子隨處可見；從電競選手的公開響應運動訴求與電玩社群集體抗議、為運動目的創作

5　文匯報的這個說法並不準確；SUCK Channel的形式其實並非模仿手機遊戲，正確的說法應該是更接近於各種多人電玩類型中常見的玩家自主性分工型態的綜合。

遊戲或改編二次創作，到遊戲世界內的政治對抗等不一而足。

（一）暴雪聰哥事件

　　伴隨著香港反送中運動的擴散與升溫，電玩界在十月間發生全球電玩社群矚目的「暴雪聰哥事件」。香港電競選手「聰哥」（Blitzchung）在動視暴雪（Activision Blizzard，以下簡稱「暴雪」）旗下卡牌遊戲《爐石戰記》亞太區大師職業賽獲勝後受訪時，戴上防毒面具高喊「光復香港，時代革命」。「暴雪」隨即宣佈重懲聰哥及兩位台灣主播賽評。事件引發全球電玩玩家強烈不滿、抗議遊戲公司為了中國市場而對玩家言論行動做政治審查。美國Reddit的暴雪討論版（r/Blizzard）因大量抗議文湧入而鎖版1.5小時；Reddit的爐石版（r/hearthstone）充滿號召抵制暴雪、退款教學、刪除帳號教學等文章；造成大量暴雪遊戲玩家刪除帳號的風潮。[6]稍後，暴雪為平息玩家社群憤怒，將懲處減輕，[7]更在「暴雪嘉年華」年度發表會上公開道歉（Blizzard Entertainment 2019），但玩家怒火並未平息；企業停止贊助、知名玩家與直播主杯葛抵制行動持續發生。十月中的《爐石戰記》美國大學盃競賽中，美

---

[6] 事件發展過程中，暴雪一度用技術方法禁止玩家註銷帳號，此舉引發更大的爭議。其經典遊戲《魔獸世界》創始首席設計師 Mark Kern 更在個人 Twitter 上宣佈刪去暴雪遊戲啟動器與遊戲檔案，加入抵制行動。Mark Kern 加入抵制暴雪行列的 Twitter 貼文，詳見 https://reurl.cc/alj27X，取用日期：2023年1月15日。

[7] 原懲罰為將聰哥自大師職業賽除名，取消他在第二賽季所獲得的獎金，並禁賽一年；同時解約兩名台灣主播賽評「易先生」與「偷米」。稍後懲處減輕為：發回聰哥獎金、禁賽縮短為半年，主播與賽評從永久終止合作改為六個月。

國大學隊（AU）在比賽直播時拿出Free Hong Kong的看板，稍後暴雪判AU隊禁賽半年。[8]美國國會五名跨黨派參眾議員更正式致函譴責暴雪，敦促其收回懲處決定，並警告暴雪應該要劃清賺中國錢與捍衛美國民主價值的底線。[9]

　　暴雪事件的延燒下，中資對國際各大遊戲商的持股比例與中國市場因素對電玩內容審查的影響等議題紛紛浮上檯面，成為遊戲社群討論區的重要話題。暴雪事件在遊戲圈引起的巨大爭議與公關傷害也使其他遊戲公司對相關爭議益發戒慎恐懼。10月19日香港選手李詩天在《魔法風雲會》的傳奇錦標賽（Mythic Championship）中全場蒙面出賽，並在出場時手遮右眼、五指張開，象徵他支持香港反修訂《逃犯條例》運動，並在獲勝後受訪時大談反送中。相關影片受到遊戲社群高度關注，然而官方頻道上的影片也沒有遭到刪除。部分遊戲公司則重申其規範界線，要求玩家與參賽者配合。

（二）開發遊戲、改編電玩

　　開發具有嚴肅意義的遊戲以喚起社會覺醒原本就是當代電玩發展的一個重要新趨勢，加上暴雪聰哥事件所帶來的巨大國際宣傳效應更進一步讓港人看見自製抗爭遊戲的可能效應——

8　美國大學隊的比賽直播影片，請見https://reurl.cc/GkRWLp，取用日期：2023年1月15日。

9　美國國會五名眾議員簽署文件的全文，請見https://i.imgur.com/HBxvE7x.jpg，取用日期：2023年1月15日。

不僅可以記錄、再現抗爭歷程、讓遊戲者體驗抗爭衝突前線的處境、作為國際文宣素材，萬一在推出時被 Steam、Google Play 等遊戲平台封鎖下架，還可以登上新聞、炒熱國際媒體對香港抗爭的注意。[10] 港人分別於十、十一月推出的兩款遊戲：《Revolution of Our Times I》與《光復香港》（*Liberate Hong Kong*）即是佳例。[11] 雖然兩款遊戲推出倉促，並未如該年初台灣赤燭遊戲的《還願》（*Devotion*）下架風波或暴雪事件般引起廣泛討論，然而中國也隨即出現相抗衡的一款網路遊戲《全民打漢奸》，[12] 遊戲中將多名反送中運動領袖如黃之鋒、黎智英等人設計成通緝犯供玩家打擊。可以說，以電玩作為價值與訊息傳達媒介的效果是抗爭者與當權者雙方都共見的。

在抗爭遊戲的創作開發之外，運動支持者也改編各種熱門電玩內容作為反送中運動的文宣；這類文宣的訴求對象與流傳範圍不只是在地的，更是國際性的。在聰哥事件中成為眾矢之的的暴

---

10 相關討論區中也指出這些免費遊戲開發的多重功能。詳見 Tong（2019）。

11 《Revolution of Our Times I》是一款文字型 RPG 手機遊戲，遊戲情節為在雨傘運動中受到挫折的主角參與反送中抗爭的歷程。遊戲中玩家可以選擇上前線、和平示威或者回家視若無睹。如果決定上前線的話，就可以解鎖遊戲成就、以課金或觀看廣告的方式來賺取遊戲代幣，購買遊戲中的武器和防具。詳見 Chan（2019）。《光復香港》是一款第三人稱模擬遊戲，這款虛擬實境（VR）遊戲讓戴上頭戴式顯示器的玩家身歷其境地體驗在香港旺角警察與示威者的衝突中，躲避催淚瓦斯和橡皮子彈的場景。詳見中央社（2019）。兩款遊戲均未能在 Steam 與 Google Play 上架，但《光復香港》仍可在遊戲設計者自行上傳的平台供人免費下載。

12 https://reurl.cc/8lZd9d，取用日期：2023 年 1 月 15 日。

雪旗下熱門遊戲更是改編者的最愛；例如《鬥陣特攻》（Overwatch）的預告片被網友二次創作改編為香港反送中抗爭影片；[13] 遊戲中的英雄小美（Mei）更被以各種蒙面、遮眼、戴防毒面具等造型改作為運動文宣；[14] 各種模仿《爐石戰記》（Hearthstone）卡牌設計的政治人物卡牌，[15] 以及加入遊戲元素的反送中文宣，大量在 Twitter、Reddit 及 Telegram 上流傳。[16]

（三）遊戲內的政治認同展演

　　除了電競選手在比賽時的公開表態，玩家也在遊戲內透過角色 ID 設定、角色頭銜選擇、公共頻道喊話等手段進行個人的政治表態與認同展演。我們在 2019 年十月間以暴雪旗下的《魔獸世界》台港澳繁體中文伺服器為觀察平台，發現許多角色 ID 與反送中運動直接相關，包括：黑警、光復香港、時代革命、五大訴求、何妖、[17] 元朗何君堯、香港加油、和你飛、水砲車、和理

---

13 https://reurl.cc/b6j0gl，取用日期：2023 年 1 月 15 日。

14 https://t.me/twitter4HK，取用日期：2023 年 1 月 15 日。

15 https://reurl.cc/jdjL21，取用日期：2023 年 1 月 15 日。

16 抗爭運動跨媒介結合流行文化出現的現象以電玩為主軸，但並不止於電玩媒介形式，動漫二次元文化中也可見。著名日本動漫作品《我的英雄學院》第四季動畫片尾曲〈航海的唄〉MV 出現大量疑似香港抗爭元素，如戴防毒面具的學生、雨衣人、被封鎖的校園、堆疊的桌椅以及民間記者會等。影片於 11 月 27 日上架後引起大量討論，隨即遭中國影片網站「bilibili」火速禁播、撤除。詳見 https://tw.appledaily.com/new/realtime/20191129/1670273/，取用日期：2023 年 1 月 15 日。

17 指元朗事件中被認為與施暴白衣人勾結的區議員何君堯。

非、勇武、毅進仔、[18] 反對逃犯條例、遍地開花、林鄭月娥等。這些具有明確運動指涉的角色名稱經常也搭配了具有政治意涵的角色頭銜，例如遊戲角色「林鄭月娥」的頭銜刻意地選擇了借喻香港情勢的「南海鎮殺手」頭銜，[19]「嗜血者」、「死亡領主」等也是常用來搭配這類ID的頭銜。這類政治認同身份展演也不止於個人層次，一個以香港玩家為主的遊戲公會也以「成立獨立調查委員會」為名，立場與政治訴求十分鮮明。「五大訴求，缺一不可」更是許多公共頻道、多人聚集的遊戲地圖中常見的喊話內容。在我們初步的觀察中，類似多人電子遊戲內的政治互動絕不止發生於《魔獸世界》或暴雪旗下遊戲內，而是普遍的電玩圈現象。

這些現象都是電玩文化與現實政治、社會抗爭交織纏繞多面風貌的一部分。然而這些現象所涉及的議題性質不一；有的涉及電玩產業的全球購併，有的屬於新媒介參與文化現象，對於社運本身的發展而言，相對邊緣。本文將聚焦於電玩文化對當代社會運動的影響及其意義，以香港反送中運動為主要觀察場域，從運動參與者如何援引電玩框架與遊戲修辭進行意義建構、抗爭動員、行動組織等層面出發，探討社會運動參與者如何運用、為何

---

18 「毅進仔」是示威者用以嘲笑香港警察、貶低其學歷不高的港警代名詞。毅進文憑是香港正規大學之外，政府承認可作為基層公務員學歷要求的另類升學途徑，也是許多警員取得學歷的管道。

19 《魔獸世界》的角色可自行命名，但不得超過六個中文字元。遊戲角色的頭銜則不能自行命名，而必須從遊戲角色所完成的成就頭銜中擇一，角色頭銜會連同ID展示於遊戲角色頭上。「南海鎮」雖為遊戲中地名，但也同時暗喻位於南海海域的香港。

運用電玩修辭與電玩框架作為運動傳播的重要形式,以及這些電玩文化的套用與挪用,對於抗爭行動所具有的象徵意義與實際功能。

二、相關研究與文獻探討

2019年的香港反送中運動是發生於數位時代的新社會運動,數位媒體、數位科技、數位文化在運動的動員與行動面向都發揮了關鍵的作用。運動特徵包括缺乏明確的組織與中央領導、抗爭行動的日常程序化、高強度及持續性。在本節我們將回顧有關參與者識別和動員、共同集體策略和即興前線實踐的相關研究,尤其強調文化層面,並在其中凸顯電玩的行動潛力與意義。

(一)傳統社會運動理論及其在數位科技
與社群媒體時代的發展

傳統社運理論之一的資源動員論(McCarthy and Zald 1977)著眼於以供需理性來解釋社運中的資源流動,凸顯社運組織在資源匯集、動員行動中的關鍵角色,也指出資源動員過程中各社運組織之間會產生資源分割問題。進入大眾媒體時代之後,近用媒體的管道也被視為社會運動的一種文化資源(Freeman 1979; Barker-Plummer 2002),同時在動員過程中暴露出弱勢抗爭者在爭取媒體大眾注意力時通常居於弱勢地位的處境。

在資源動員論之後,構框(framing)理論是社會運動研究者

轉向文化分析的一個重要理論發展。Benford 與 Snow（2000）指出，社會運動的構框過程強調運動中的修辭、溝通等文化面向，在運動進程中提供一個理解世界、指認問題的詮釋架構，用一個參與者已知的框架將接收到的訊息加上脈絡，使之能夠理解當前事件並做出反應，進而提供意義、賦予價值，發展出一套可以依循的抗爭劇碼。構框也可作為策略性的運用，藉由建構集體記憶（collective memories）來促成參與群眾之間的信任與合作、釐清行動與權力運作，以解消大型社會運動中的社會困局（social dilemma）問題（Rothstein 2000）。

Castells（2015）認為資訊傳播科技的出現造成社會運動的轉型，進而影響到新的文化政治。新傳播科技本質上具有快速搜尋、蒐集整理、幾乎無需傳播成本就可以在「完全保留原樣」的情況下，快速做多層次的大量轉寄，帶來驚人的傳播效應。這種分散式、去中心、雙向參與討論的傳播特性，隨著社群媒體的普及，進一步帶來以個人社會網絡為核心節點的傳播模式。此外，透過跨國性、多對多的通訊設施，社會運動可以規避政治組織與傳統媒體的官方訊息，而直接向世界公民發聲。

社運組織與社會網絡對社運的重要意義，在網際網路與社群媒體興起後有了本質性的轉變。電郵、網頁、電子討論區等線上工具提供分散各地的參與者協調行動、形塑集體認同，形成 Van de Donk 等人（2004）所稱的「線上抗爭」（cyberprotest）政治與 Milan（2015）所提出的「雲端抗爭」（cloud protesting）理論路徑。Ortiz 與 Ostertag（2014）發現始於線上的「虛擬」動員結構可順利

發展為線下的集體公民行動，發揮了形塑集體認同與集體效能方面的社運功能，無需依賴正式的社會組織。

　　對於新科技帶來的媒介環境變化及其對社會運動的影響，最重要而具有代表性的研究，應屬 Bennett 與 Segerberg（2013）所提出的「連結行動邏輯」（connective action logic）。他們指出過去的社會運動與集體行動與當代從阿拉伯之春到佔領華爾街這類新興的社會運動，本質上有重大差異：新的大規模社運廣泛而多元地使用數位媒介，以容許個人化公共參與的方式來使用科技、參與社運。影響之下，作為傳統社運重要核心的社運組織角色弱化，不再是組織、中介新社會運動的基柱。他們指出，要理解大規模社運行動網絡的差異，需要區分至少兩種邏輯：（1）傳統社運熟悉的「集體行動邏輯」（collective action logic），涉及高度組織資源與集體認同的形成；以及（2）傳統社運所不熟悉的「連結行動邏輯」，涉及跨越不同媒體網絡的個人化傳播行為與行動框架。相對於前者的組織整合網絡，後者則是由參與者自發組織（self-organizing）的行動網絡。

（二）戰術行動的分析框架與玩家遊戲歷程的意義形塑

　　「構框」與「集體記憶」均屬於社會運動的鉅觀分析層次，展現於形塑參與共識、利用政治輿論、維持參與士氣、減少反對阻力等方面（何明修 2005）。至於具體的，甚至是每日的運動策略擬定、戰術協調與行動實踐，則需要中層與微觀層面的理論與分析觀點來補足。反送中運動中抗爭者的策略（strategy）和戰術

（tactic）複雜多變，但又沒有一個組織化的中央指揮系統，運動參與者如何在每日變化的不確定局勢中就策略形成共識，進而實現具體的抗爭行動？本小節探討幾個中層（meso-level）觀點來分析反送中運動的街頭戰術行動框架。

策略行動場域（strategic action fields, SAF）是從社會運動研究與組織理論交會處所發展出來的一種理論（Fligstein and McAdam 2011）。個人或團體行動者（actors）基於對於某一場域（field）中的目的（purposes）、關係（relationships）與規則（rules）的共同了解來進行互動，而人們的社會生活則由多個策略行動領域交織而成的複雜網路所主導，形成中層社會秩序。策略行動框架提供了一個解釋框架供策略行動者們了解彼此正在做的事情，因而能在社運場景中臨機應變，或做角色轉換互相配合。

在街頭動態形成的抗爭小組的行動模式，可以援引源於組織心理學的共享心智模式（shared mental models）做更細緻的分析。Denzau 與 North（1994）指出共享心智模式涵蓋「意識型態」（ideologies）和「機構制度」（institutions）這兩個層面，前者包括對環境的詮釋與賦予意義，而後者則是對當下情勢中「社會遊戲規則」（the rules of the game of a society）的共同認識，讓自發動員而來的參與者能夠在一個共同的認知與溝通框架下判斷當前局勢與地形、進行策略溝通、並在共同的知識與經驗基礎上自主完成行動分工。

玩家在遊戲經驗中演練的分工協調技巧與建立信任的機制（Korsgaard et al. 2010）就是一種共享心智模式。遊戲玩家在遊戲地下城（dungeons）裡對抗系統控制的大魔王和小怪，或在戰場

（battlefields）裡和其他玩家做集體對抗時，都在反覆演練共享心智模式的機構制度層面，熟悉不同場景下的規則及所衍生的優質策略。這些情境雖然看似發生於虛擬世界之中，但是和實體世界的抗爭情境卻有著很強的連結對應關係，可以在與情境相應的遊戲構框中順利地挪用到街頭運動場景。

除了分工演練，遊戲經驗更是玩家意義建構的過程。Williams 等人（2008）指出，多人線上遊戲對參與者而言是高度投入而具心理意義的。可以說，遊戲經驗除豐富了社運抗爭中的策略與戰術行動框架之外，也充實了共享心智模式中的意識型態層面，讓參與者感受到每一次的局部抗爭行動都是有意義（meaningful）且可行的（plausible），有效維持了持續動員的意志與信心。在遊戲早已深入日常生活的當代，多人遊戲更成為具有日常性的「演練社群」（community of practice）（Carr et al. 2006），多人線上遊戲經驗提供了具體的、日常化的行動框架，為實體世界的大型公民行動打下了基礎。

遊戲不僅可以做社會運動中的動員媒介，更是微觀層次「行動—組織」交互運作的重要場域。當實體世界社會運動召喚時，遊戲中的隊友可能相招一起去參與，且在社運行動中組成小隊，更有效的完成分散式任務所需的即時分工合作。此外，共享心智模式是和實際溝通行動共同演化的（Denzau and North 1994），遊戲行動模式一旦被借用到街頭，就開啟了它在社運脈絡中的版本，並在運動中擴散出去，並持續自我調適。

近年來的遊戲研究也發現，玩家的遊戲動機有逐漸從娛樂

目的朝向「有意義的玩」（meaningful play）發展的趨勢（Salen and Zimmerman 2005），新問世的電玩內容也日趨多元，既有宣揚政策、理念及施行方略的各種「說服遊戲」（persuasive games）（Bogost 2007），也有各種以揭露集權暴政、全球資本主義如何在政治與經濟生活上壓迫人民、進行社會監控的遊戲；這些都被泛稱為「爭取改變的遊戲」（games for change）。這樣的遊戲經驗更豐富了遊戲構框與集體記憶對改變社會現實、促進社會運動的可能貢獻。

（三）大眾文化對社會運動的影響

許多關於流行文化和青年行動主義的研究聚焦於「行動文化」（action culture）。Jenkins 等人（2016）分析了年輕政治行動者如何在社會行動中挪用流行文化中的圖像和敘事方式，例如《行屍走肉》（*The Walking Dead*）中的喪屍，《暮光之城》（*Twilight*）和《噬血真愛》（*True Blood*）中的吸血鬼。另一個著名的符號是2021年緬甸的示威者使用《飢餓遊戲》（*The Hunger Games*）系列青年反烏托邦小說中的三指禮，前此在泰國示威（2014與2020年）、香港的雨傘運動（2014年）以及本文主題所在的反送中運動中，青年抗爭者也都使用了這個源自流行文化的禮敬符號。

Duncombe（2007）認為僅著眼於真相與現實的理性對話不足以實現進步目標，因而使用「夢想政治」（dream politics）的概念來強調具有視覺效果的「奇觀」（spectacle）在當代政治行動中的重要性。他的論點是成功的政治理念必須以夢想為動力，而能在公眾之前展現的奇觀則顯示夢想是可以觸及的。他以拉斯維加斯、

好萊塢和《俠盜獵車手》為例來闡釋當代運動如何使用行動藝術形象來吸引公眾關注。「舊的抗議模式是簡單而呆板的：遊行、喊口號和傾聽（領導者敘述真相如何）。新的抗議活動看起來則全然不同」（2007: 24）。從穿著海龜服的西雅圖環保主義者、倫敦和紐約的「秘密叛亂造反小丑軍」（Clandestine Insurgent Rebel Clown Army, CIRCA），到布拉格和熱那亞 "¡Ya Basta!" 運動者所穿的白色連身服，這些抗議活動都創造了一種精神昂揚、充滿生機、顛覆既有世界的形象。而這些圖像都是抗爭的基本要素而非只是運動的裝飾品；換言之，訴求的手段和目的是一樣重要的，甚至有時可能更重要（2007: 24）。

作為 ACGN（Animation, Comic, Game, Novel）文化的一部分，電玩文化也同時應該被從青少年流行文化與粉絲參與文化的角度檢視。Jenkins（2014）描述「粉絲行動主義」（fan activism）——一種源自粉絲圈和粉絲文化的公民政治投入形式——與資訊科技的結合如何影響政治參與的民主化，在其中流行文化隱喻被用於構建社會運動的認知框架。例如粉絲們發起組成的「哈利波特聯盟」（Harry Potter Alliance）[20]致力於將文本世界對應到現實世界、實踐哈利波特及其同伴們如果處於今日世界，可能從事的各種社會改革行動。在另一篇關於粉絲行動主義的論文中，Kligler-Vilenchik 等人（2012）則分析了 Invisible Children 組織（其目標是在非洲某些地區結束暴力衝突，使童兵得以與其家人團聚）如何

---

20 後改名為 Fandom Forward。

招募、動員，並基於他們的共享媒體經驗為其成員創建專屬身份。

在探討科技民主化的諸多取徑中也包括了以Facebook和Twitter為主要行動平台的「標籤行動主義」(hashtag activism)，指的是運用社會或政治運動相關的標籤、片語或句子在社群媒體上彼此串連出現的大量貼文。#MeToo和#BlackLivesMatter是其中兩個最著名的例子(Yang 2016)。在東南亞，2020年四月由泰國、香港、台灣Twitter用戶發起的「奶茶聯盟」，集結於#MilkTeaAlliance標籤下，共同對抗中國網民，反對這些科技民族主義者所支持的中國地緣政治框架(Dedman and Lai 2021)。標籤行動主義被認為是同時需要實名登入與社群媒體散播管道的社會行動，其特點是由敘述者、發佈者和轉發者共同展演的政治認同。和只做線上聲援和請願而少了努力與承諾的「懶人行動主義」(slacktivism)不同，「標籤行動主義」形式的示威經常同時發生在街頭和社群媒體上，因此不適用於需要高度隱藏個人身份和依賴匿名公共平台的運動，例如香港的反送中運動。

（四）「集會編舞」與遊戲文化

網路科技與社群媒體的興起經常被視為促成以阿拉伯之春為代表的當代社運的關鍵因素。然而，當代都市社會運動與標籤行動主義之間至少涉及一個明顯的區別：前者的主要抗爭手段通常涉及大量個體參與者的迅速聚集與部署，而這意味著行動不僅發生在線上，還包含了集結大量群眾「奪回」(reclaim)公共空間。Paolo Gerbaudo (2012)在 *Tweets and the Streets* 一書中分析

了 2011 年阿拉伯之春、西班牙憤怒者（indignados）運動和美國的佔領華爾街三個大規模抗爭行動，質疑那些以為這些社會和政治運動大多是無領導者的觀察。他承認社群媒體在運動中的重要貢獻，但是「集體行動從來不是全然自發的……。在一個沒有正式組織與結構的情況下，集體行動始終是由決定行動展演的『場景設定』（setting the scene）的溝通型態所架構的」（2012: 21）。要讓大量群眾移動到具體地點，比大多數觀察者所聲稱的要複雜和模糊得多。他使用兩個概念「集會編舞」（choreography of assembly）和「軟性領導」（soft leadership）來描述組織大量抗爭者「流動」聚集、移動、重新部署、撤退的幕後指揮運作。Gerbaudo 主張，空間安排和個人的移動似乎是自然發生的，但執行實體聚會的細節則需要舞台幕後的「編舞者」，這些可見度低卻有影響力的行動者通過 Facebook、Twitter 或其他平台向潛在支持者發送有關公共空間使用的訊息或建議。透過這種「編舞性的領導」，社群媒體得以在線上平台和實體聚會間進行媒合編排。「編舞」是分散的個人從媒體向公共空間轉移的關鍵；雖然只是個比喻，但「編舞」說明了這些抗爭行動不是自發的、無領袖的、混亂的。

　　集會編舞的概念掌握了社會運動的「空間行動操演」核心特徵，但尚未能完全闡釋它在反送中運動中的重要性。與其他相對靜態的大規模靜坐示威相比，香港的抗爭活動更為機動多變，包括快閃集會、街頭游擊戰、街頭對峙和至少兩次大學圍城與突圍，這些活動中的大量流動人員特別需要複雜的空間規畫。基於此，我們試圖進一步指出電玩文化與素養如何補強了集會編舞概

念的相對靜態分析，提供行動參與者端的共享文化框架作為自主行動與相互溝通基礎。這些香港的「編舞者」並不侷限於在社群媒體上發文的少數有影響力的行動者，也包括大量具有遊戲素養的參與者，他們在討論各種抗爭場景的方略與戰術時有著共同的語言。遊戲文化在一個可識別的社運框架內提供了一套現成的行動模式，抗爭者可以將它和其他元素組織起來，完成大規模的集體運動。

（五）多人線上遊戲文化與太陽花學運

　　到目前為止，與社會運動有關的電玩研究仍十分少見，我們針對2014年台灣太陽花學運期間出現的電玩文化初探（Lin and Sun 2017）應是這個方向的前驅研究之一。我們認為，在所有遊戲類型中，大型線上多人角色扮演遊戲（Massively Multiplayer Online Role-Playing Game, MMORPG）最能展現陌生人之間自發的團隊合作與即興組織的潛力。MMORPG玩家習慣於進出遊戲中的共同場景並參與按職業劃分組織起來的團隊活動，他們持續討論策略、熟悉玩家之間的通用語言，並根據群體屬性的動態做出調整。除了在新而不斷變化的情境中與眾多「熟悉的陌生人」（familiar strangers）進行有效的溝通，他們還可以根據可觀察到的反應和執行情況來建立對隊友的信心，從而為去中心化的社運動員與組織提供社會資本。

　　我們在文中指出，太陽花學運的成功絕非只是表層傳播科技演進所帶來的必然結果，在這些科技運用之下，支撐著運動的

是迥異於傳統社運組織動員文化的新文化——線上多人遊戲文化。這種遊戲文化具體展現在集體行動中彼此不相統御的指揮系統、自主認領角色的分工型態、協力、接力式的合作模式，以及參與者的無償志願勞動等面向上。然而，在太陽花學運期間使用遊戲相關元素的例子仍是零星的，遠少於反送中抗議期間我們能夠觀察到的案例。最後可留意的是，2014年見證了兩次社會運動：台灣的太陽花學運和香港的雨傘運動（兩者的比較參見Hsiao and Wan 2018）。被認為是雨傘運動2.0版的反送中運動採用了許多與2014年台北相同的策略，但更清楚地體現了遊戲文化、素養與運作。

三、資料與方法

本研究針對反送中運動參與者相關論述中出現的電玩修辭敘事分析電玩文化在運動中扮演的角色。研究分析所使用的資料主要來自於兩個管道：香港線上論壇連登（LIHKG）和手機通訊程式Telegram（特別是其中的SUCK Channel）。選擇這兩個平台的原因是它們在反送中運動中所扮演的「中心平台」角色。根據香港中文大學新聞與傳播學院院長李立峯等人（2019）在六月至八月中發生的17次運動遊行集會現場進行的調查顯示，網路媒體與Facebook一直是受訪者最重要的運動資訊來源，然而連登與Telegram作為抗爭參與者資訊取得管道的重要性隨著運動的持續而快速增加。到八月時，已分別有近六成和近八成的受訪者經

圖 3.1 連登與 Telegram 搜尋熱度趨勢變化

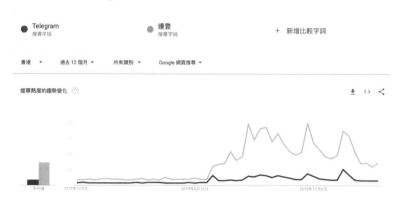

註：時間至 2019 年 12 月 26 日。

常從 Telegram 與連登取得運動資訊。此外，我們透過 Google 搜尋引擎的次數記錄也可以看到 Telegram 和連登作為關鍵字在六月初運動開始後就出現快速上升的趨勢（見圖 3.1），更可以佐證李立峯之調查結果、印證運動參與者依賴這兩個平台的程度與運動的發生、進展有密切關係。

李立峯也認為反送中運動的「無大台」特性，與連登和 Telegram 承擔了「中心平台」的角色有關，一方面使得抗爭與運動相關訊息傳播不至於分散各處；另一方面，隨著運動升溫、行動模式變得更多樣化，抗爭行動所面臨不確定性也增加了，連登和 Telegram 兩個平台提供了運動參與者集中而快速地取得最新訊息的管道。

連登和 Telegram 除了是高效率而即時的資訊傳播管道之外，

也是眾人發聲、參與討論的平台。Telegram 容許人們開設高達數十萬人共同參與的群組，並且可以根據不同需求而創設新的群組；例如反送中已核實頻道（209,892 人訂閱）、SUCK 頻道（114,485 人訂閱）。[21]Telegram 群組中的通訊還有各種加密選擇，如 private chat（私訊）、secret chat（加密）和 time-destruction（限時自焚）；大大提高了資訊傳遞的隱密性，一旦抗爭者被捕，牽連他人的顧慮也可降低。連登的性質則更接近 PTT 與 Reddit 等線上論壇。它容許使用者通過給予他人貼文正負評以及推文的方式，把社群中認為重要的貼文推到熱門榜上，相當於論壇集體民意的展現。

在資料蒐集階段，我們使用最能反映電玩文化影響的關鍵詞在連登上搜尋貼文，時間從 2019 年 6 月到 2020 年 1 月 25 日（香港宣佈實行防疫政策，街頭抗爭告一段落）。我們選擇了三組主要的關鍵詞：「香城 Online」（詳見下節）；抗爭中常見的遊戲術語或同音詞如「獅鳥」和「神獸」；以及常見於遊戲職業的關鍵詞如「法師」等。我們相信這三個類別涵蓋了分析所需的絕大多數情況。然而，由於連登只支援文章標題而非內容的關鍵詞搜尋功能，我們的資料並不包括只在內文中使用到這些關鍵詞的文章。但由於這些貼文用於交換有用的實時抗爭訊息，因此可以合理地假設貼文標題中多會使用可識別的關鍵詞。接著我們手動移除了關鍵字搜尋所得資料中重複及非討論反送中運動的貼文，得到了

---

21 訂閱數字均為 2019 年 12 月 27 日查核之數字。

1,221篇可用的文章：其中627篇提及「香城Online」，367篇提及「獅鳥」和「神獸」，227篇提及如「火魔師」的各種遊戲職業。平均每篇貼文有59.1個留言（範圍在1至5,066之間），平均每篇有101.7個「推」（like）或「不推」（dislike）（範圍在–705至17,894之間，負值代表不推）。這些數字顯示，遊戲敘事的挪用和重設目標在與運動相關的對話中廣泛傳播。

Telegram的SUCK Channel則被用作補充連登的資訊。我們因應該頻道的成員資格限制及部分頻道內容的敏感性，以較無結構性的觀察方式來收集資料。我們在SUCK Channel上關注了十多個「冒險家公會」，這是許多抗爭者最喜歡的聚集地。某些專業公會開放且易於觀察，另一些則設置各種仿解謎遊戲的防範外人滲透的措施，如計時魔法「登入測驗」，需要結合遊戲文化和抗爭知識才能進入。[22]因此，我們在SUCK Channel上的觀察僅限於能夠正確回答測驗題目、而成功加入的群組。

原本在第一階段資料蒐集之後，我們預計根據初步分析結果再進行方向調整，做下一階段的資料補充與再蒐集。然而2020年8月27日傍晚7點許，Telegram的《The Watcher 狩望者哨兵頻道》及連登網民均貼出「SUCK Channel Admin全數昨晚凌晨被捕」的消息。香港蘋果日報報導，該頻道至少一名管理員於26日夜間被香港警方逮捕，而被捕管理員曾被要求解鎖手機。後

---

22 考題例如「請在60秒內回答問題：以下何者不是預定開發及現有的結界種類？
　　答案選項：攻擊型、泥沿型、防禦型、陷阱型、飛行型、綑綁型、封鎖型」。

來，網民發現有一個自稱香港警方的ID帳號成為SUCK Channel的管理員，並運用管理員權限在27日晨開始刪除SUCK Channel上的所有訊息。

我們在27日下午5時許得到這突發事件訊息後，馬上用Telegram內建的匯出功能下載剩下尚未被刪除的訊息。下載的內容格式是四個分開的檔案，包含文字、圖像、影片、音檔及附件。因為刪除過程是由新至舊的，根據文字及圖像的存檔時間，我們搶救到的內容是從2019年8月20日至2020年6月21日。下載的內容也出現部分資訊遺失的問題，例如只有文字及圖像保存了發出日期及時間，而其他檔型則只有檔案編號或檔案名，因此無法掌握完整的訊息時序。此外，下載後的訊息因格式變換及被分開檔案儲存，導致在搜尋關鍵字時或回溯過程中會有時間、文字及多媒體檔（圖像、影片、音檔及附件等）分散的問題，日後需要人工或設計程式來把資訊合併歸原。因此本研究主要分析均以第一階段所蒐集到的線上論壇與群組貼文內容為主。

在論壇資料的收集分析之外，本研究仍持續針對運動參與者做深度訪談，以深入了解電玩文化被使用的脈絡、釐清其具體作用的機制與效應中。深度訪談的受訪者以參與多種形式抗爭行動的年輕世代為主、而以代表中壯世代行動參與的團體成員為輔。前者由於身份曝光極為敏感、可能對受訪者造成重大危險，也不容易取得受訪者信任，因此透過請香港在台學生轉介推薦可信賴的運動參與者作為訪談對象、或在Telegram上專門整合訪談邀請的頻道中徵求匿名／化名受訪者的方式尋找合適受訪者。由於

這部分的資料仍在持續蒐集與整理中,僅少數訪談內容先以初稿形式加入補充。

四、研究發現

我們將從命名與構框、修辭與敘事、遊戲術語的使用、運動的任務化與職業分工、共享的遊戲行動文化、等面向來分析研究發現。

(一)命名與構框

如果有一個符號能代表反送中運動的遊戲文化,那非「香城Online」莫屬。這是連登討論區上的一個類似遊戲攻略的主題,它用一款名為「香城Online」的虛構遊戲來影射反送中運動,供運動參與者交換抗爭資訊和討論運動策略。圖3.2為反送中運動期間標題中含關鍵詞「香城Online」的連登討論區逐日貼文數量,其中部分熱門貼文甚至有數千則的回文與按讚。

由於這個主題的貼文串中使用了MMORPG的概念與框架,整理出以遊戲攻略形式出現、具有高度參考價值的各種抗爭行動與裝備資訊(例如以〈【遊戲更新:終極裝備攻略】我在香城Online 2.0等你～～〉為題的貼文串),因此成為被大量轉貼分享的運動資訊來源。受訪者Hin說:「香城online能提供一個整合的資訊,告訴他們整場運動的人有甚麼不同職位、不同功能,也會建議你帶甚麼物資,令不太清楚自己能做甚麼的人,可以有基

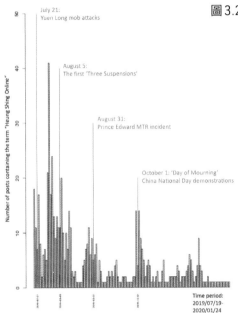

圖3.2 反送中運動期間標題含
關鍵詞「香城Online」的
連登討論區貼文數量

註：四條淺灰線為2019年間四個反送中運動重要事件的日期。從左到右為：（1）元朗白衣
人事件：7月21日晚，大批白衣人無差別在元朗街頭及元朗西鐵站襲擊路人；（2）反送中
首次三罷：8月5日反送中運動首次發動「大三罷」不合作運動；（3）太子站襲擊事件：8
月31日防暴警察與速龍小組衝入月台、車廂中，手持警棍無差別毆打乘客；（4）沒有國慶
只有國殤示威：10月1日港警首度對人擊發實彈，命中了一名參與示威的中五學生胸口。

本的了解，從而決定他的行動。然後，對於本身已參與及了解的
人，也能對其他位置有多點了解，而可嘗試去接觸他未做過的
事。」後來「香城Online」一詞也被外延使用到運動相關的其他
網路社群媒體，例如Facebook上的粉絲專頁「香城Online黃色
經濟圈」[23]、網友稱之為「最大真人RPG」（島民你覺得呢2019）、或
香港親中媒體《橙新聞》則稱之為「血腥的暴徒培訓手冊」（吳知

山 2019)。

　　任何有遊戲經驗的人只要造訪過「香城Online」討論區都立刻會明白：這不是一個真正的遊戲；這只是以遊戲為名、以遊戲框架類比討論抗爭行動的貼文區。然而，沒有遊戲內容、不是一款「真正的遊戲」這一點，在支持港府的親中媒體眼中，正坐實了這款「遊戲」只是一些居心險惡的暴徒刻意用來掩人耳目的幌子的事實。可是，細究「香城Online」一詞的歷史發展、討論者的組成與討論氛圍便會了解：這個討論串之所以成為熱門資訊集中點，並不是只因為它為公眾的不滿聲音提供了一個新的公共領域，而是它成功地偽裝成一款線上遊戲、它的命名與遊戲敘事框架互文（intertext），成功地與抗爭者的經驗認知產生共鳴之故。

　　「香城Online」這個名稱，乍看之下予人這是個有關某個城市的線上遊戲，甚至是類似《SimCity》的模擬遊戲的印象。「香城」（Heung Shing）一詞原本是香港考試及評核局在其主辦的各項會考中，為了考題設計而創造出的一個以香港為藍圖的虛構城市。正因如此，對香港年輕人來說，香城一詞既真實又虛構，而且人人皆知。這種既現實又遊戲的屬性成功地使「香城Online」一詞成為反修例運動線上討論的經典標題。

　　從遊戲構框的層面來看，這些運動相關貼文中充滿大量遊戲元素、類比、譬喻的現象可以從以下幾個角度來了解。首先，電

---

23 根據訪問對在台灣的過去賣家，香港和台灣的行動者經常使用「香城Online」作為導購。

玩敘事提供了一個幫助香港年輕人在面對劇烈變動中的香港社會時，調適緩衝的媒介；當街頭對抗與武力衝突成為日常，原本熟悉的日常生活不再能提供理解與面對新環境的任何協助，反而是年輕世代普遍共有的電玩經驗給了他們一種既識感（déjà vu）；日常生活與街頭現實中的暴力場景、衝突對抗、任務行動「比遊戲還像遊戲」。電玩框架與遊戲修辭自然地成為身處其中的年輕抗爭者彼此溝通的語言符碼。當討論到類似街頭巷戰的情境時，《GTA》這樣的都市游擊戰遊戲便成了大家共同的溝通框架；當面臨香港中文大學與理工大學的圍堵事件時，《世紀帝國》這類的築城攻防遊戲就成為參考模式；[24] 抗爭現場的資源配置則處處可見類似《絕地求生》這類就地取材生存遊戲的痕跡。電玩敘事框架讓抗爭者可以用最少的溝通成本將許多人原本不熟悉的社運行動連結到她們／他們所熟悉的遊戲經驗。

其次，將抗爭行動類比為電玩的修辭框架也提供了抗爭者一種新的認知、理解整個反送中運動的性質與個人在其中角色的方式，並賦予個人的行動新的意義。原本代表法治與正義的港府與警察，在電玩的框架下可以被翻轉為應該被挑戰、打倒的首領與小怪；運動的定位也得以挪用電玩傳統的英雄抗暴敘事框架。當然，同樣的修辭策略也被港府與建制派使用，以「喪屍、蟑螂」的對抗修辭來指稱抗爭者。

---

24 根據一位親身參與香港理工大學圍堵（後來逃出）的港生私下表示，現場配置有救護室、武器室、火魔法室等，就如同許多遊戲的新手村一般。

　　挪用電玩框架在抗爭行動上還具有賦予行動正當性的功能
意義，特別是隨著街頭對峙加溫與暴力衝突升高，愈來愈多抗爭
者面臨從「和理非」要邁入「勇武」陣營時的自我掙扎與自我質
疑。[25] 雖然許多人相信電玩經驗會帶來暴力行為效應，因此玩暴
力電玩的年輕人受內容影響而對暴力無感、更容易對他人採取暴
力行為是很自然的事。然而，在我們的觀察中並非如此。對參
與這場運動的許多年輕成員來說，這可能是他／她們人生中第一
次使用暴力；要跨過這條虛幻與真實的暴力紅線絕非易事。因此
在線上抗爭論述中，不少抗爭者透過描述他們在生活中使用暴
力的第一次經歷以及他們對缺乏替代方案的感覺來表達他們的
焦慮，一位受訪者（人生如夢）說：「聽到汽油彈的確會有一點
猶豫，因為好自然地會link up到暴力，如果要暴力抗爭就不太
想。如果轉做火魔法就會隔了一層，我會先link up到好像打遊
戲的。」我們也不時可以看到用「這遊戲太不平衡」、「王／怪超
級loaded」等為抗爭使用暴力提供正當性的說法，或是用汽油彈
阻擋警員推進的一位「火魔法師」，再三強調：「我唔係鬼，[26] 只想
為前線手足撤退爭取時間。」[27]

　　香港有長期的社會運動歷史，但2014年雨傘運動以大型遊
行、靜坐為主的社運框架已經不足以應對2019年的外部形勢與
運動目標，促成了遊戲構框的浮現。在立場新聞（2019/6/18）一

---

25 關於這一點，大量國際媒體在多月來的採訪報導中都有提及。
26 此處「我唔係鬼」，意思是「我並非來臥底製造抗爭者暴力形象的內奸」。
27 https://reurl.cc/M7xqE4，取用日期：2023年1月15日。

篇標題為〈【6.12再定性·2】一場事先張揚的升級行動 衝擊者們：我們目標是進佔立法會〉的文章中提到：

> 許多走在前線的示威者均直言，經歷過五年前的雨傘運動之後，他們根本不滿足於「傘運2.0」式長期佔領。因此，當日他們之間不再是當年準備長期留守的氛圍，而是一種隨時戒備、隨時升級、隨時作戰的狀態。（立場新聞2019）

「進佔立法會」取法台灣和傘運約略同時的太陽花運動中「進佔立法院」的行動，此時以露宿佔據街頭為主要形式的傘運框架被類比「露營」，如前述立場新聞分析中一位受訪者所說的：「我們不要再camping。」當既有框架不足以詮釋新的情勢和發展新的策略，就需要重新構框（re-framing），也就是文章標題所謂的「再定性」。我們觀察到，此時在連登討論區上出現的「香城online」遊戲構框及時呼應轉守為攻的心態轉換，因而能夠超越「傘運2.0」，用遊戲的框架重新詮釋運動中重大事件「進佔立法會」的意義與目標，是運動重新構框的一個顯著案例。

（二）修辭與敘事

運用遊戲譬喻、修辭、敘事來討論社運抗爭行動的例子，在香港熱門討論區中隨處可見。表3.1列出運動參與者討論抗爭相關話題時使用的一些遊戲術語（argot）。舉例來說，在「香城online」推出時，貼文即以「香城online 21/7公測」為題，套用線上

表3.1 運動與遊戲語言的對照示例

運動情境	遊戲術語
參與抗爭	打Online／入副本／購物／野餐／發夢
警察	怪（怪物）／popo／狗
路障／鎖	Rb／結界
抗爭現場的記者或社區居民	NPC（Non-Player Character，非玩家角色）
學習新的抗爭知識和技術	解鎖新技能
防毒面具、頭盔、護目鏡等	防具／文具／裝
自己判斷錯誤	送頭
勇武	輸出
利用工具	魔法／鍊金術
投擲汽油彈	火魔法
提升抗爭強度	升級
肉體攻擊他人	獅鳥（私下了結）／獅／召喚師／召喚神獸
把防具掉走或收好	棄裝
一人出動	單機

註：表格為作者自製。

遊戲正式開放供玩家註冊開通帳號的「公測」概念。此外，2019年十月間因反修例示威持續多月，外國供應的催淚彈存貨不足，10月11日就有消息指出港警擬以中國生產的催淚彈替補。相關訊息在時事台討論區中貼出後，被回應的網友以 "patch v.10.11"（遊戲補丁10.11版）稱之，將局勢變化比喻成線上遊戲的小改版。後續討論中不同網友也以「遊戲單位技能改動／黑警技能：催淚手榴彈／改動：＋氣體毒性增強／–技能持續時間減少／–

爆炸後分裂彈頭數量減少／隱藏特性：間中會變成真手榴彈」[28]
等遊戲敘事，以技能改動和傷害效果來描述警方這項決策對前線
抗爭者具體影響的變化。值得注意的是，這些貼文並非僅是少數
網友的零星看法，它們在討論串中得到數量相當多的網友按讚。

　　使用遊戲敘事語言來正當化抗議行動的一個經典範例出現
在「香城Online【懶人包】」標題下的一系列抗議裝備和供應指南
（圖3.3）的免責聲明（圖3.4）：

　　　　請各位網民保持理智，分清虛擬與現實，切勿沉迷。網頁
　　只供遊戲用途，並不誘使或鼓吹任何行動，更不建議任何人
　　士於現實在使用暴力或犯罪。若使用本業資訊導致任何（法
　　律）問題，本頁及相關人士恕不負責。

　　這個免責聲明（disclaimer）諷刺地利用了主流社會對電玩是
虛幻不真實的汙名修辭（「你們不是一向都說遊戲是虛構的、打
再好也沒用嗎？」），反轉卸除了抗爭行動的社會究責力道。

　　抗爭行動中的遊戲修辭敘事同時還多少傳達、存留了遊戲
「樂」的特質，讓面對自己與同志可能受傷、被捕、死亡威脅的
肅殺壓力與恐懼稍能紓緩。如同受訪者「皇天擊殺」所說的：

　　　　遊戲文化對於整場運動，有稍微讓人覺得這件事變得兒戲

28　來自 https://reurl.cc/6L6Yy6，取用日期：2020年9月2日。

圖3.3 香城Online Wiki首頁

註：圖片來源為發表於2019年7月21日連登文章中的香城Online Wiki主頁，外形和許多MMOPRG的玩家論壇相似。在藍色的選項中為「安全手冊」、「新手指南」、「基本裝備」、「物資手冊」、「實時地圖」、「職業與裝備」、「主要戰役分析」等，取用日期：2019年9月6日。

圖3.4 「香城Online【懶人包】」的免責聲明

註：圖片來源為發表於2019年7月21日連登文章中進入香城Online Wiki主頁前的畫面，取用日期：2019年9月6日。

了，但是其實是大家太認真才會衍生出這些東西。空閒就講點笑話，不代表我們不 respect 這件事，而是我們需要使用一個方法、使用一個 dark humor 去看淡這件事。整個遊戲是一個 dark humor，是讓大家更容易的 emotionally、physically 去處理這件事。至少不會 traumatize 到你。

（三）遊戲術語

電玩語言本身具有既溝通、又隔離的效果。電玩語言的使用讓具有同樣電玩經驗、類似世代文化的社運同情者／參與者彼此更能同理共鳴、快速溝通。首先，這在實地行動中有一種偽裝掩護的效果，例如在《Pokémon Go》遊戲中玩家需要利用實境地圖去尋找寶可夢，因而抗爭者兼玩家可以在街頭聚集而被警察截留時，拿出《Pokémon Go》畫面說明自己會出現在該位置的原因（Vincent 2019）。又如受訪者 Hin 所說的：「因為大家都需要一些（暗語），就是不能太明顯地說帶汽油，不然就變成煽動，要有話柄被人抓住，要用些間接一點的方法去表達整件事。」

其次，專業術語（jargon）或流行行話（slang）的研究還告訴我們，行話可以被用來區隔具有同樣想法與態度的一群人與外人，作為一個標記群體身份的工具。這些術語的使用不但可以幫助創造、維持「內部成員」彼此間的聯繫，也同時可以達到排除「外人」的效果；一個典型的例證是醫學語域的高度術語化（Yule 2016: 210–212）。這種既可凝聚內部、進行有效溝通，又能區隔外人、排除異心者的功能，對一個以年輕（電玩）世代為行動主體、

面臨強權當局（成年世代）強力偵防鎮壓的抗爭運動而言，是深具價值的。許多電玩術語（例如「結界師」）對不熟悉電玩文化的世代或人群而言，要充份理解上有相當高的門檻。這可能也是為什麼「香城Online」與SUCK Channel等早在2019年7月間即已出現，但文匯報、中共官媒對此的報導遲至十月底、十一月初才出現的緣故。

（四）行動任務化及職業分工

將抗爭行動依照性質與時間性做遊戲任務分類也是抗爭遊戲化中常見的形式。遊戲中通用的任務型態，如主線任務、支線任務、每日任務、每月任務、自選任務等，都方便地被挪用成為抗爭溝通文化的一部分。貼文中最常見的就是以「主線任務」來指涉重要、緊急或有時間性的主要活動，例如示威遊行、靜坐、救援義士、追究黑警濫權、立法會選舉等；而「支線任務」則是無關先後、需要較少人力、可以分頭進行、比較次要的活動，例如「裝修」藍絲店鋪。[29]「香城Online」的任務欄中則會不定期更新每日任務與每月任務，每日任務之例有「撕一貼億連儂牆文宣」[30]（建議每日貼三張文宣）、「9點10點鳩叫口號」（每晚9點10點在家開窗大叫口號）、「國際文宣Twitter／Reddit、Airdrop文宣癡漢」（用iPhone的Airdrop功能把文宣傳出）、「全民運動操FIT體

---

29 支持香港政府、警察及親北京的個人會被稱為「藍絲」。
30 指親政府者在示威訊息牆上撕掉反政府的資訊。

能」（全民鍛鍊體能）等；「每月長置任務」則如「全民撳身家」（全民去ATM提款）、[31]「換美金保平安」、「杯葛黨鐵（跨欄）杯葛站內商店、黨鐵商場及黨鐵廣告戶」[32]等。

此外，抵制親中媒體CCTVB的【晒你幾秒】系列活動也是以每日任務的形式出現。貼文者每日在討論區上列出針對某個在TVB下廣告商家的抵制任務，任務內容包括「派嬲」（在廣告主的官方臉書貼文上按憤怒的表情貼圖）、洗版（把商家歷史上曾經發生的不良事件拿出來討論）、罷買，此外還提供針對廣告主施壓的留言樣板。這個系列活動持續甚久，也頗見成效。

網路時代去中心化的社運抗爭行動即使不再有從上而下的指揮系統，也仍然需要能與有志參與者溝通運作的分工體系。反送中運動中的一個重要特色是抗爭分工中大量以電玩職業結構來做為彼此溝通的代號，取材自各種電玩角色職業的抗爭專業分工隨著情勢變化與運動需要而不斷出現。例如在時事台上一篇以《太空戰士戰略版／Final Fantasy Tactics》為本的〈【突破革命樽頸】和理勇職業一覽〉貼文，就將示威抗爭職業分為「基本前線兵」（上街遊行、中後位置，gear不用多、幫忙傳物資）、「Blackbloc騎士」（需Full gear，有時帶裝甲，守防線）、「Cup蛋忍者」（Full gear、不上裝甲，見到催淚彈就cup，武器有蒸魚碟及網球拍）等十餘種身份。[33]

---

31 此舉目的是對金融體系施加壓力，並阻止資金流向中資方。

32 香港地鐵被示威方廣泛認為在幫助中共去掩飾在地鐵站中港警的暴力行為。

33 來自 https://reurl.cc/91KnO8，取用日期：2020年9月2日。

　　各種遊戲化的抗爭分工中，最知名而具規模的則是被文匯報指為「黑衣魔軍」幕後黑手的SUCK Channel。截至2019年12月29日為止，這個Telegram群組的登記會員已達114,485人。其下分設多個「職業分公會」，如結界師公會（路障設置技術研究）、哨兵公會（哨兵配合、情報改良、準確性與上傳方法檢討）、醫療公會（受傷個案處理作法研究）、裝備公會、火魔法公會（研究汽油彈投擲）、水魔法公會（潑顏料酸液、配方研究）、光魔法公會、陷阱師公會、空投師公會、滅煙隊公會、蟲師公會[34]（養蟑螂或蛆蟲等在抗爭現場放出攻擊，目標通常是室內機構如黑社會[35]支持的零食店和港鐵）、偽術公會（文宣技術教學）、偵探公會（研究懷疑被自殺者的死亡真相）、機械技術工程混合公會、鍵盤狂戰士公會、拯救隊公會等。不僅抗爭行動日趨遊戲任務化，也由於香港和中國政府逐漸意識到SUCK Channel等類遊戲討論群組在運動動員策畫上的重要角色，這些群組被滲透臥底的威脅也愈來愈真實。這也是部分職業公會必須設置各種登入門檻以排除滲透者的緣故。

（五）共享的電玩行動文化

　　電玩經驗培養出的許多素養能力非常符合集體抗爭行動的需求，帶來令人印象深刻的效果。從遊戲（抗爭）攻略的創作、

34「蟲師」是一個著名關於昆蟲的日本漫畫系列。蟲師是少數能夠與與昆蟲互動的角色之一。

35 香港警察被指與黑幫合作，對他們攻擊市民的行為視而不見。

分享與使用，到遊戲戰略與行動模式啟發的抗爭策略，都具有豐富的運動工具箱效果。其中最值得一提的是在電玩遊戲中習得的與隨機組成的眾多陌生人之間的即時合作分工能力，以及在團隊集體行動中自動根據腦中既存的群體分工表自我分派、協力執行任務的習慣。這對於沒有街頭抗爭經驗的年輕人來說是尤其重要的，因為低門檻的遊戲文化可以作為抗爭者在投入佈陣行動時的重要參考，如受訪者 Ken 所說：「總沒有可能叫所有人看《戰爭論》嘛，所以就是你用一些門檻比較低的形式去表現那些就是現場的一些可能佈陣之類的東西。」

所謂「與隨機組成的眾多陌生人之間的即時合作分工」並不意味著大型遊戲團隊或集體行動中的成員之間不會進一步發展出更有默契和信任基礎的合作關係。我們觀察到，參與者上街抗爭之後仍然維持彼此互動，有些人會在參與過程中選擇篩濾彼此覺得適合的隊友，進一步組成固定小隊，在後續抗爭中以小隊為單位行動。這種情境脈絡下的互動也接近大型遊戲團隊中的小隊分工互動，然而反送中運動中抗爭者隱匿真實身份以自保的需求使這些較為緊密的互動幾乎都是在不知彼此真實身份下，以類似遊戲 ID 的化名身份進行的。受訪者 Seven 說：「當抗爭運動融入了遊戲元素後，會令人更願意與其他人合作的，例如打遊戲時也有很多時間要與不認識的人合作。而將這樣的東西融入街頭運動時，你就會覺得身邊的人也是隊友，大家需要互相掩護、合作的。」

如同一場精心籌畫的遊戲團隊副本行動，參與集體抗爭行動

所涉及的不只是行動資訊的發佈或任務的指派認領，還有大量行前準備工作、現場佈陣走位的訓練、行動因應原則與注意事項的傳授等，我們舉兩項為例：

1. 行動前夕準備

抗爭需要準備裝備、戰術和地圖。前述香城Online上的「終極裝備技巧」頁面為新手提供了選擇的基本防禦設備和工具，其中防毒面具的規格和型號更廣泛流傳，成為香港抗爭者和台灣支持者的熱購商品。圖3.5為一項準備在「牛屎村」（香港元朗區的別名）發動抗爭的行動地圖和說明。在戰術研究和開發方面，SUCK Channel的專業公會在研究抗爭技術和策略後，會寫成類

圖3.5 準備在元朗區發動抗爭時「開放」的牛屎村地圖

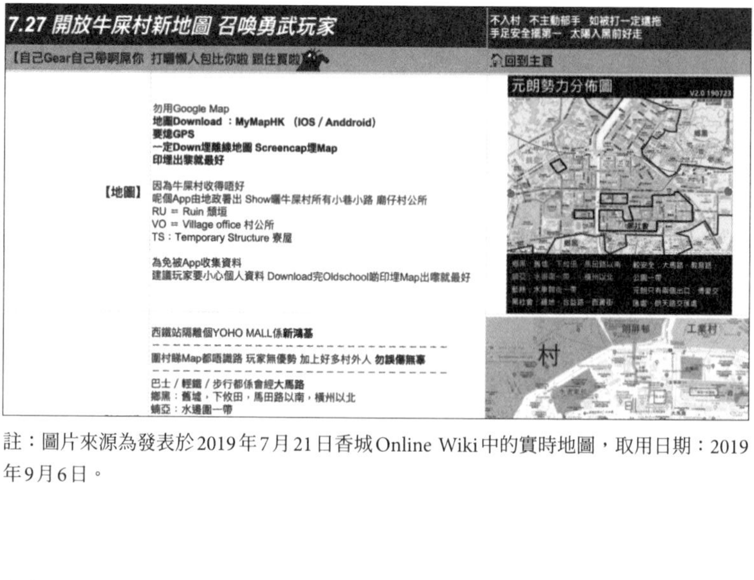

註：圖片來源為發表於2019年7月21日香城Online Wiki中的實時地圖，取用日期：2019年9月6日。

似電玩的攻略發佈，其中許多又會被轉發到其他論壇。在個別參與者行動之前，大多數都會先上香城Online，研究顯示香港警察可能部署的地點、撤退路線和急救站位置的類遊戲地圖，同時查看裝備資訊和行動原則。在分工方面，抗爭者也可以通過各專業公會接觸到其他「高端玩家」，他們會分享經驗，並為接下來抗爭地點可能發生的情況提供行動建議。

2. 現場佈陣走位

在遊戲中，眾多玩家的陣型佈署和變陣走位是在戰鬥場景中影響成敗的關鍵因素。我們發現，和警察多次在街頭對峙交鋒之後，抗爭者也發展出類似的攻防模式，在貼文中劃定「和理非」、「勇武」、「旗手」、「遠攻」和「消防員」的角色站位。這些概念化的街道地圖適用於特定的現場，最有經驗的抗爭者會與其他「手足」協商並提出建議。有些抗爭者會與遊戲社群裡的朋友相約在抗爭地點聚集、組成小隊行動，他們對隊友專長和屬性的了解使他們能夠根據共享的行動模式快速反應，用和大型遊戲團隊中小組協作相同的方式來提高辨識和執行效率。與熟悉的遊戲夥伴共同行動還有另一個目的，就是抗爭者在與這些「熟悉的陌生人」互動時，能夠以類似遊戲的ID來保護他們的真實身份。

五、結論

本文分析了香港反送中運動中普遍出現的電玩文化元素，確

認它們在街頭抗爭中扮演了清晰而重要的角色。抗爭者透過遊戲框架和修辭敘事創造運動意義、詮釋社會真實、進行自我協商、並賦予行動正當性。電玩經驗與素養協助形塑了反送中運動，有效解釋了運動的三項特徵：大多數參與者的年齡較小、缺乏可見的指揮系統卻又能持續進行高密度的抗爭、以及具體的策略與戰術行動能及時應對不斷變化的抗爭形式。基於遊戲修辭和敘事的眾多實證資料指出遊戲文化和線上遊戲集體行動模式的結合確實增強了行動者的抗爭工具，發揮遊戲經驗中養成的任務自我分配、提示準備和分享、團隊行動匯報，以及與一群陌生人快速協調行動的素養，即時貢獻於社會運動的宣傳動員、組織運作、行動分工與成員訓練等面向，協助無大台而又需與眾多陌生人手足協力的社會運動運作起來更「如水」。

「集會編舞」的概念指出了看似無組織的集體行動仍須有「軟性領袖」提供的行動規畫，反送中運動中的電玩文化則進一步在參與文化的脈絡下，指出看似「被動員」的年輕參與者如何透過彼此共享的電玩默識知識與素養，更機動而有效地在高壓環境中合作行動。經常被用來解釋去中心化新型態社運的網路科技、社群媒體與手機（移動裝置）的角色，固然具有不可忽視的重要性，但是許多跡象顯示，傳播科技並非唯一具有解釋力的因素；在一些抗爭現場中，為了避免被捕後牽連手足，在前線衝抗的示威者經常不用手機，傳統擴音器反而被當普通物資放在街上隨便拿。電玩文化不只是作為年輕世代熟悉的流行文化，自然而然地流露在他們所參與的行動中而已；電玩素養也成為另類行動資本，以

各種形式貢獻於運動的存續開展。

　　電玩文化在什麼條件、何種脈絡下才能對社會運動產生正面效應？在反送中運動中我們觀察到，這種影響是有世代性的；電玩文化與經驗素養確實在鼓勵電玩世代進入社運、同時阻挫中老年非電玩世代成為運動核心方面發揮了作用。至於個別年輕人的電玩類型經驗則並不重要，在反送中運動的各個階段、不同場景中，不同類型的電玩元素很容易外溢到絕大多數的運動框架和策略之中，在論壇的問答裡也未有隔閡。從另一方面來看，社運的形態差異是一個電玩文化能發揮多大影響的關鍵因素。反送中運動長期的多點實體對抗，包括游擊戰到守城戰的各種場景，讓遊戲特色所在的行動性得以發揮。若社運形式侷限於傳統的理念傳播與動員和一兩次的大型遊行示威，則電玩文化的社運影響就應與數位傳播科技和 ACGN 等流行文化具有更多的共通性，而可進一步檢視它們之間的交互強化作用如何在具體的社運脈絡下運作。舉例來說，SUCK Channel 所在的 Telegram 具有「加密通訊、閱後即焚」的特性，這項特性不但與遊戲科技中私密頻道的溝通隱密性具有同樣功能，也將原本只存在於遊戲中的隱密溝通管道擴及到現實中，補強了遊戲的抗爭效能。在流行文化的影響面上，我們也看到當代二次元流行文化在反送中運動中的大量文宣召喚效果；全球熱賣的科幻反烏托邦小說／電影《飢餓遊戲》系列抗暴女英雄 Katniss Everdeen 的拉弓海報被拿來與反送中運動街頭持弓女抗爭者並列就是一個典型例證。Jenkins 所說的跨媒介、串媒介流動的參與文化，在反送中運動中表現得淋漓盡致。

最後，在精神層面上，面對著強勢壓迫者與幾乎不知道未來在哪裡的壓力情境，遊戲化的敘事論述除了帶有一種素樸的正邪對抗感，賦予行動意義之外，也隱含著一個遊戲社群的默識：「沒有魔王是不可被打敗的，獲勝只需要更多的練習和努力。」儘管街頭手足俱皆蒙面匿名，但遊戲化的敘事也提供一種有同志隊友並肩作戰的類遊戲團隊感。對於在日常生活中經歷顛覆性變化的年輕抗爭者來說，遊戲類比和敘述提供了一個熟悉的世界，稍稍緩解了持續對抗和暴力威脅下的恐懼與壓力。

參考書目

Chan, Mickey，2019，〈以抗爭歷程為背景《The revolution of our times I》遭Google Play Store下架〉。*PCM*，2019/10/11，https://reurl.cc/24kKbr，取用日期：2023年1月15日。

中央社，2019，〈港人開發電玩遊戲，結合VR體驗抗爭衝突最前線〉。《TechNews科技新報》，2019/11/14，https://reurl.cc/zrdq8V，取用日期：2023年1月15日。

立場新聞，2019，〈【6.12再定性‧2】一場事先張揚的升級行動　衝擊者們：我們目標是進佔立法會〉。《立場新聞》，2019/6/18，https://www.thestandnews.com/politics/6-12-再定性-2-一場事先張揚的升級行動-衝擊者們-我們目標是進佔立法會/。

何明修，2005，《社會運動概論》。台北：三民。

吳知山，2019，〈【來論】「香城Online」：血腥的暴徒培訓手冊〉。《橙新聞》，2019/10/31，https://reurl.cc/332p5L，取用日期：2019年12月12日。

李立峯、鄧鍵一、袁瑋熙、鄭煒，2019，《「反逃犯條例修訂示威」現場調查報告》。香港中文大學傳播與民意調查中心，https://reurl.cc/QWvYb2，取用日期：2023年1月15日。

李智智、李穎霖，2019，〈【逃犯條例】隨處放物資　示威者如「食雞」可隨手執急救包〉。《香港01》，2019/6/21，https://reurl.cc/nVjq8v，取用日期：2023年1月15日。

島民你覺得呢，2019，〈示威衝突升級！港人列上街頭必備「香城Online裝備」：最大真人RPG上線了〉。《鍵盤大檸檬》，2019/8/12，https://reurl.cc/NG7Yy6，取用日期：2023年1月15日。

港人講地，2019，〈【透過現象看本質】黑暴無「大台」？中共中央政法委列七真相揭暴徒指揮組織體系〉。《港人講地》，2019/11/3，https://reurl.cc/Qpk5Mb，取用日期：2023年1月15日。

蕭景源，2019，〈黑衣魔「地下化」密謀長期亂港〉。《文匯報》，2019/10/26，https://reurl.cc/Wq2MXk，取用日期：2019年12月20日。

Barker-Plummer, Bernadette. 2002. "Producing Public Voice: Resource Mobilization and Media access in the National Organization for Women." *Journalism & Mass Communication Quarterly* 79(1): 188–205.

Benford, Robert D. and David A. Snow. 2000. "Framing Processes and Social Movements: An Overview and Assessment." *Annual Review of Sociology* 26: 611–639.

Bennett, Lance and Alexandra Segerberg. 2013. *The Logic of Connective Action: Digital Media and the Personalization of Contentious Politics*. New York, NY: Cambridge University Press.

Blizzard Entertainment. 2019. "Regarding Last Weekend's Hearthstone Grandmasters Tournament." *Blizzard News*, https://reurl.cc/6g3r9k, date visited: 2023/1/15.

Bogost, Ian. 2007. *Persuasive Games: The Expressive Power of Video Games*. Cambridge, MA: The MIT Press.

Carr, Diane, David Buckingham, Andrew Burn and Gareth Schott. 2006. *Computer Games: Text, Narrative, and Play*. Cambridge, UK: Polity Press.

Castells, Manuel. 2015. *Networks of Outrage and Hope: Social Movements in the Internet Age (2nd ed.)*. Hoboken, NJ: John Wiley & Sons.

Dedman, Adam K. and Autumn Lai. 2021. "Digitally Dismantling Asian Authoritarianism: Activist Reflections from the #MilkTeaAlliance." *Contention: The Multidisciplinary Journal of Social Protest* 9(1): 1–36.

Denzau, Arthur T. and Douglass C. North. 1994. "Shared Mental Models: Ideologies and Institutions." *KYKLOS* 47: 3–31.

Duncombe, Stephen. 2007. *Dream: Re-imagining Progressive Politics in an Age of Fantasy*. New York, NY: The New Press.

Engelbrecht, Cora, Barbara Marcolini, Ainara Tiefenthäler, Yousur Al-Hlou, and Yuling Chow. 2019. "Meet the Students Fueling Hong Kong's Protests: 'We May Die'". *The New York Times*, the Dispatch (video). Retrieved from https://reurl.cc/ym34mE.

Fligstein, Neil and Doug McAdam. 2011. "Toward a General Theory of Strategic Action Fields." *Sociological Theory* 29: 1–26.

Freeman, Jo. 1979. "Resource Mobilization and Strategy: A Model for Analyzing Social Movement Organization Actions." Pp.167–189 in *The Dynamics of Social Movements: Resource Mobilization, Social Control and Tactics*, edited by Mayer N. Zald and John D. McCarthy. Cambridge, MA: Winthrop.

Gerbaudo, Paolo. 2012. *Tweets and the Streets: Social Media and Contemporary Activism*. New York, NY: Pluto Press.

Hsiao, Hsin-Huang Michael and Po-San Wan. 2018. "The Student-led Movements of 2014 and Public Opinion: A Comparison of Taiwan and Hong Kong." *Asian Journal of Comparative Politics* 3(1): 61–80.

Jenkins, Henry. 2014. "Fan Activism as Participatory Politics: The Case of the Harry Potter Alliance." Pp.65–73 in *DIY Citizenship: Critical Making and Social Media*, edited by Matt Ratto and Megan Boler. Cambridge, MA: MIT Press.

Jenkins, Henry, Sangita Shresthova, Liana Gamber-Thompson, and Neta Kligler-Vilenchik. 2016. "17 Superpowers to the People! How Young Activists Are Tapping the

Civic Imagination." Pp. 295–320 in *Civic Media: Technology, Design, Practice*, edited by Eric Gordon and Paul Mihailidis. Cambridge, MA: MIT Press.

Kligler-Vilenchik, Neta, Joshua McVeigh-Schultz, Christine Weitbrecht, and Chris Tokuhama. 2012. "Experiencing Fan Activism: Understanding the Power of Fan Activist Organizations through Members' Narratives." *Transformative Works and Cultures* 10.

Korsgaard, M. Audrey, Arnold Picot, Rolf T. Wigand, Isabelle M. Welpe, and Jakob J. Assmann. 2010. "Cooperation, Coordination and Trust in Virtual Teams: Insights from Virtual Games." Pp.251–262 in *Online Worlds: Convergence of the Real and the Virtual*, edited by William Sims Bainbridge. London, UK: Springer.

Lin, Holin and Chuen-Tsai Sun. 2017. "Resist the Dictatorship of Malygos on Coldarra Island!" Pp.172–184 in *New Perspectives on the Social Aspects of Digital Gaming: Multiplayer 2*, edited by Rachel Kowert and Thorsten Quandt. New York, NY: Routledge.

McCarthy, John D. and Mayer N. Zald. 1977. "Resource Mobilization and Social Movements: A Partial Theory. *American Journal of Sociology* 82(6): 1212–1241.

Milan, Stefania. 2015. "When Algorithms Shape Collective Action: Social Media and the Dynamics of Cloud Protesting." *Social Media + Society* 1(2): 1–10.

Ortiz, David G. and Stephen F. Ostertag. 2014. "Katrina Bloggers and the Development of Collective Civic Action: The Web as a Virtual Mobilizing structure." *Sociological Perspectives* 57(1): 52–78.

Rothstein, Bo. 2000. "Trust, Social Dilemmas and Collective Memories." *Journal of Theoretical Politics* 12: 477–501.

Salen, Katie and E. Zimmerman. 2005. "Game Design and Meaningful Play." Pp.59–79 in *Handbook of Computer Game Studies*, edited by Joost Raessens and Jeffrey Goldstein. MA: MIT Press.

Tong, Elson. 2019. "'Revolution of Our Times': Hong Kong Protester Role-playing Game Suspended from Google Play Store." *Hong Kong Free Press*, https://reurl.cc/NamYjQ, date visited: 2023/1/15.

Van de Donk, Wim, Brian. D. Loader, Paul G. Nixon, and Dieter Rucht. 2004. "Introduction: Social Movements and ICTs." Pp.1–22 in *Cyberprotest: New Media, Citizens and Social Movement*, edited by Wim van de Donk, Brian D. Loader, Paul G. Nixon and Dieter Rucht. New York, NY: Routledge.

Vincent, Danny. 2019. "Hong Kong Protesters Turn to Uber and Pokemon." *BBC News*, Hong Kong. Retrieved from https://www.bbc.com/news/technology-49280726.

Williams, Dmitri, Nick Yee, and Scott E. Caplan. 2008. "Who Plays, How Much, and Why? Debunking the Stereotypical Gamer Profile." *Journal of Computer-Mediated Communication* 13: 993–1018.

Yang, Guobin. 2016. "Narrative Agency in Hashtag Activism: The Case of #BlackLives-Matter." *Media and Communication* 4(4): 13-17.

Yule, George. 2016. *The Study of Language (6th ed.).* Cambridge, UK: Cambridge University Press.

［4］香港司法政治化與法律人的回應

黎恩灝、許菁芳

一、前言

獨立而專業的司法制度是香港引以為傲的傳統。對香港政府而言，法治與經濟繁榮是治理正當性的核心基礎，包括依循英國普通法的法律體系，以及具聲譽的專業人員。對一般港人而言，法治是香港最重要的核心價值（香港中文大學 2015）；[1] 對法治的評分雖有跌宕，在香港主權轉移以來的二十六年間始終很高（端傳媒 2020a）。而對公民社會而言，香港法院則是在不完全民主的政治制度之外提供了一條道路，保障基本自由，爭取、實踐重要權利（Tam 2013）。根據香港基本法，香港在 1997 年主權轉移後，依舊保有原來的法律體制與實踐——尤其是香港基本法保障的普通法制度和公民及政治權利——是一國兩制的關鍵。因此，也可以說香港自主（autonomy）的本質就是法律的自主。

1　2014 年，香港中文大學的香港亞太研究所進行民意調查：最多受訪者表示法治（92.9%）是香港的核心價值，其次為公正廉潔（91.5%），第三位是自由（88.1%）。

但是，這十年來，香港的社會運動愈演愈烈。從雨傘運動、魚蛋革命，直到舉世皆知的反修例運動，激烈程度愈來愈高的街頭運動顯示，原有香港基本法的制度保障已經很難解決公民與政府之間、乃至於香港人民與中國政府之間的政治歧異。事實上，2020年，在國家安全法通過之後，香港透過基本法所掌握的自主權已經被打開了一道如黑洞般的後門（Tai 2020; Chan 2022; Zhu 2023）。

伴隨著上述發展，香港司法所扮演的政治角色也產生了絕大的變化。現在香港法院之所以受矚目是因為審理一系列政治案件：政權針對傳媒、社運人士、公民團體領導人、反對派領袖在過去行使公民及政治權利的行動，一一作出刑事起訴。這些案件包括支聯會的「煽動顛覆國家政權」案、民主派初選47人案、《立場新聞》發佈煽動刊物案、《蘋果日報》創辦人黎智英勾結外國勢力案等等。除此之外，還有超過二千件訴訟案件，以刑事犯罪起訴並審判社會運動參與者。無論是從案件量，或者是從案件性質的重要性來評斷，向來被視為專業而獨立的香港法院都大幅度地涉入了香港的核心政治爭議。換言之，從世紀之交以來，短短二十餘年之間，香港法院從眾所信任的價值守護神，降落人間，在眾多政治爭議之中扮演關鍵角色。甚至，在重大政治案件當中，法院決斷香港公民的政治理想與人身自由，變身通往牢獄的判官——這個反差極大的政治發展，正是本文企圖描述與分析的現象。

本文從兩大面向來描述香港司法政治化的過程：第一個面向

專注在法院本身，第二個面向則討論香港法律人的經驗與行動。本文提出法院政治化的三個重要觀察點：（1）香港政府有意識地運用法院成為處理街頭運動的「後台」，且涉入司法過程，對運動者產生很強的壓制效果。（2）香港法院本身的專業與獨立其實沒有改變，但香港的政治脈絡和政治體制已經劇變——尤其是2020年中國家安全法通過以後。在公民與政府高度對立的情境下，司法部門處理社會運動案件時，陷入左右為難的制度位置，法院過去的優點反而成為缺點。因此，（3）港人對法院的信任度快速下墜，（被）涉入政治對法院本身並無好處。換句話說，近年香港政治紛擾，付出高昂代價的，也包括曾經擁有良好信譽的香港法院。

司法政治化首當其衝的影響，法律專業必定為其一。本文作者們訪談香港律師，發現在反修例運動前，面對法院涉入政治漸深，律師普遍陷入左右為難。本文記錄了三種當時常見的政治回應：抽離、私下批評、有限度的支持。在反修例運動之後，這個史無前例的重大抗爭也衝擊了香港律師社群。這段期間律師出現了明確但去中心化的組織網絡，與公民團體合作，提供免費的法律支援，支持社會運動參與者面對警方與法律追訴。

本文的最後，我們討論《國家安全法》將如何影響香港法治。我們主張，這一項根本的制度變革，將使香港的司法系統與法律職業更進一步政治化。接下來，香港司法政治將有三個關鍵的觀察重點：香港政府是否會繼續行使國安法和中共賦予香港特區維護國家安全委員會的各項超然權力，干預涉及國安罪行的案件？

國安案件的被告與其律師，關係將如何變化？國際層次的角力：其他普通法系的法官與法律社群將會如何支持或排拒香港司法？香港法院的獨立與專業或許會產生質變。

二、政治來叩法院門

　　街頭運動浪潮風起雲湧，香港政府有意識地運用法院成為解決政治紛爭的一個管道。這是一項正在變化中的重大發展，可從三個角度觀察。

　　首先，以其政治效果看來，政府透過司法程序壓制抗爭者是有效的手段，不只是最終的監禁結果，司法過程帶來的成本就已經造成極大壓力。包括等待起訴、接受調查的懸置感，在起訴過程中耗費的時間、精力、金錢，乃至愈來愈嚴厲的監禁結果，這全部都是法院涉入重大公民運動所帶來的政治效果。其次，在政治案件中，法官即使依法審判，按照專業論理，法院的判決結果卻不可能避免政治意義。訴諸專業與獨立性沒有辦法庇護法院，避免政治上的爭議；事實上，法院的專業決斷力與被動的獨立性，反而讓它在政治紛爭當中尤其吃虧。最後，整體的效果就是法院的信任度下降——雖然抗爭者的眼睛，能夠區分主動控訴人民的政府以及被動接受案件的法院，後者的信任度仍然較高。但可以確定的是：香港法院政治化的結果對法院本身並無好處。曾經備受港人信任的香港法院在政治紛爭當中也付出了高昂代價。

（一）抗爭案件大量進入司法系統，產生壓制抗爭的效果

1. 數據：從「抗爭事件」成為「司法案件」

從反修例運動開始（2019年6月9日）至本文寫作之時（2023年末），香港各抗爭事件所衍生的司法案件數量相當可觀。愈來愈顯而易見的發展，是司法部門成為政府與公民衝突的後端處理系統。針對這些司法案件，香港政府會使用政治性高的罪名來控訴（例如暴亂），也不再避免直接定性公民的集體行動為「非法」。這一點與雨傘革命時已大不相同，顯示港府與運動參與者有很強的對立性，甚至是敵意。同時，法院在這類案件判處定罪者的刑期也愈來愈重。

香港街頭的無數場抗議轉化成大量刑事案件。反修例運動的本質是公民與政府之間的政治衝突，卻無法循政治途徑解決；成為刑事案件後，這些衝突轉為在法律架構之下評價，以刑事懲罰的方式獲得結果。換句話說，香港司法系統是在政治衝突的下游承接這股政治能量——而從案件數量看來，司法系統所受到的衝擊不可小覷。根據香港獨立媒體《法庭線》引述警方報告，從反修例運動至2022年末（統計自2019年6月9日至2022年10月31日），逮捕人數高達10,279人，當中已經起訴2,899人（法庭線2022a）。[2] 另一個香港媒體《端傳媒》的數據則是以國安法生效為分界點，分為國安法之前反修例運動者的拘捕，以及國安法生效

2　本文主要面對台灣讀者，故以「起訴」代替「檢控」。

表 4.1 國安法生效後七個月被捕人數與被控人數

	2020年 7月	2020年 8月	2020年 9月	2020年 10月	2020年 11月	2020年 12月	2021年 1月 (截至26日)
當月被逮 捕人數	431	78	357	110	39	44	77
當月被逮 捕人士之 起訴比例	4.18%	42.31%	13.45%	4.55%	51.28%	43.18%	1.3%

統計時間：2020年7月1日至2020年1月26日。
資料來源：端傳媒（2021），根據公開報導與警方數字統計。

之後持續發生的各種拘捕。在國安法之前的階段（2019年6月9日至2020年6月30日，《端傳媒》報導統計至2020年6月30日止）被捕人數9,216人，其中已起訴人數1,972人；在國安法生效之後的階段（《端傳媒》報導共統計七個月，統計從2020年6月30日至2021年1月26日），被捕人數1,136人，其中檢方已起訴人數144人（端傳媒 2020a、2021）。

　　比對兩份數據，可以看出拘捕高峰發生於運動期間，而司法系統處理抗爭案件則有時間差，不是照單全收警方的調查。端傳媒的數據指出：國安法前階段一年內平均起訴率為21.4%，國安法後階段七個月內平均起訴率為12.68%，檢方需要一定時間才能消化數量龐大的社會抗爭案件。更具體地從每個月的起訴率觀察，只有2020年八月、十一月與十二月的當月被捕人士起訴率較高（分別為四成、五成、四成），其他月份的起訴率大都只有個位數（端傳媒 2021）。低起訴率顯示的是，尚有一定比例的案件

留置於司法程序的管線中（pipeline），尚待解決。換句話說：政治衝突的場域轉移進入法院，在接下來幾年之間，司法部門要消化運動帶來的眾多問題。抗議雖然從街頭上消失，但並沒有不見，只是轉入司法部門。

從反修例運動參與者被起訴的罪名，可以看出政府對於運動參與者的評價；對照過去雨傘運動的起訴罪名，則可以看出政府的轉變，變得更有敵意。根據喬治城大學亞洲法律中心研究報告，[3]在雨傘運動期間最常見的五項起訴罪名依序是藐視法庭罪（佔比28.5%）、襲警（佔比16.9%），煽惑他人犯公眾妨擾罪（佔比6.9%）、妨礙公務員（佔比11.5%）、刑事毀壞（佔比6.9%）（Chan et al. 2023: 53）。這些罪名沒有直接評價參與者的集體行動，侵害的法益大多是關於公務體系與財產；即使是煽惑他人犯公眾妨擾罪，法律評價的焦點也是被告對參與者的影響，而不涉及評斷社會運動本身。但是，到了反修例運動時，政府會直接否定運動參與者的集體行動——政府使用帶有政治評價的罪名來定性運動參與者，也就是透過法律系統來否定參與者集體行動的正當性。最常見的罪名變成了非法集結（佔比12.2%）、藏有攻擊性武器（佔比11.4%）、刑事毀壞（佔比8.9%）、襲警（佔比8.4%）、管有任何物品意圖摧毀或損壞財產（佔比8.1%）；通常被告會同時被兩種罪名起訴（Chan et al. 2023: 54）。

3　該研究報告紀錄反修例運動至2021年中（統計自2019年6月9日至2021年7月31日）的1,592個控罪。

表4.2 雨傘運動中最常見之起訴罪名、數量與比例

罪名	數量（比例）
藐視法庭罪（criminal contempt of court）	37（28.5%）
襲警（assault police officer）	22（16.9%）
煽惑他人犯公眾妨擾罪（incitement to commit public nuisance）	9（6.9%）
妨礙公務員（obstruct public officer）	15（11.5%）
刑事毀壞（criminal damage）	9（6.9%）

資料來源：Chan等人（2023: 53–54）

表4.3 反修例運動中最常見之起訴罪名、數量與比例

罪名	數量（比例）
非法集結（unlawful assembly）	195（12.2%）
藏有攻擊性武器（possession of offensive weapons）	181（11.4%）
刑事毀壞（criminal damage）	141（8.9%）
襲警（assault police officer）	134（8.4%）
管有任何物品意圖摧毀或損壞財產（possession anything with the intention to destroy or damage property）	129（8.1%）

統計時間：2019年6月9日至2021年7月31日
資料來源：Chan等人（2023: 53–54）

　　進一步計算目前反修例運動參與者實際的刑度，則可以清楚看到香港法院愈加傾向囚禁被告（Chan et al. 2023: 54）。有三組數據顯示上述發展（Chan et al. 2023: 54–63）。其一，在雨傘運動時，有高達四成（43.2%）的被告得到緩刑，但到了反修例運動，只剩下不到3%的被告能獲得緩刑（2.67%）。其二，反修例運動的

表4.4 雨傘運動案件之判刑結果種類、數量與比例

判刑結果	數量（比例）
緩刑（suspended sentence）	41（43.2%）
監禁（imprisonment）	30（31.6%）
社區服務（community service）	14（14.7%）
感化令（probation order）	6（6.32%）
罰金*（fines）	4（4.21%）

資料來源：Chan等人（2023: 55）

＊ 在香港，正式翻譯應為罰款。在台灣，刑事犯罪的罰款稱為「罰金」。為符合台灣讀者的習慣，此處翻譯為罰金。

表4.5 反修例運動案件之判刑結果種類、數量與比例

判刑結果	數量（比例）
監禁（imprisonment）	514（55%）
社區服務（community service）	109（11.7%）
感化令（probation）	68（7.7%）
更生中心（rehabilitation center）	115（12.3%）
罰金（fines）	44（4.71%）
緩刑（suspended sentence）	25（2.67%）
勞教中心（detention center）	39（4.17%）
兒童保護令（care and protection order）	4（0.428%）

資料來源：Chan等人（2023: 55）

參與者也面臨更常與更長的人身拘束。雨傘運動中，大約只有三成的被告是以監禁的刑罰定罪，還有不少比例的被告獲得非監禁處置的判決，包括社區服務（14.7%）、感化令（6.32%）以及罰

金（4.21%）等。但到了反修例運動，有超過一半的被告是以監禁定罪（55%），另有其他類型的人身拘束，例如送往更生中心（12.3%）以及勞教中心（4.17%）。[4] 其三，加總起來，在反修例運動中被定罪的參與者，有超過七成（71.47%）受到人身拘束；這個數字已經超過雨傘運動的兩倍。由於目前還有為數眾多的案件繫屬中，所以整體趨勢尚難以評估；但就現存之反修例運動案例看來，法院判決愈見嚴苛，是正在發展中的現象。

2. 以司法處理運動的政治效果

前幾段描述了社會運動司法化的發展。不過，伴隨著司法化現象，還有一系列的政治效果。從抗爭者的經驗出發，進入司法系統帶來起碼兩項重大影響：

（1）人身自由受限，包括漫長司法過程中不同程序與不同類型的限制：從調查階段開始，運動參與者就面臨時間可能很長的未審羈押，在審判期間可能不得離港，以及在宣判之後面對正式的監禁、或進入不同的管制機構（例如上述的更生中心）。甚至，還有另一種形式的人身自由受限：流亡。選擇離港的運動參與者所受之人身限制並非被限定於特定區域，而是反向地「不能」待在特定區域，即不能待在自己的家鄉。

（2）生活停擺：司法過程的特性是漫長，以及失去主控權。

4　更生中心和勞教中心的分別，可參考法庭線（2022b）。

被逮捕過的運動參與者從此多了一個身份，成為犯罪嫌疑人乃至於被告，面對漫長而不可控的司法過程。許多人難以求學求職，人生進程延宕，經驗到心理壓力與社會隔絕。這恐怕是比有期徒刑本身更加深遠、痛苦的影響。於此觀之，政府使用司法來壓制運動是有效的；甚至不需要到最終的強制效果——也就是監禁——僅是司法程序的過程本身，就已經給抗爭者帶來了可觀的成本，造成了很強的管治效果。本段將特別專注這項影響，即司法對運動參與者帶來的不確定性。

運動參與者面對司法程序的共同經驗是充滿不確定性。刑事程序的所有階段都會帶來很大的壓力。在參與運動時，參與者不確定自己是不是會被逮捕，即使沒有當場被逮捕，也無法確定事後會不會被辨識出來。抗爭事件結束之後，參與者也無從確定警方是否開啟針對自己的調查、該調查進行到什麼程度、何時會正式開始訴訟。前述段落之低起訴率正顯示有許多參與者的案件尚未被司法系統處理，除了等待之外，不可能採取其他行動。

另一項不確定性的來源是漫長的訴訟過程。平均來說，從逮捕到判刑，反修例運動的案件需要343天才會結束；而有超過四成的案例（41.8%）需要超過一年的時間（Chan et al. 2023: 63）。根據香港政府保安局自己的評估，案件平均等待時間落在300至400天之間，「比其他刑事案件長約30%」（香港特別行政區政府新聞公報 2022）。事實上，實際的案件等待時間一定會高於這兩份數

據，因為喬治城亞洲法中心與香港政府都只有計算已結束的案件，所有繫屬中的案件都會持續拉高這個平均時間。有非常多案子才剛排定於2023年、甚至是2024年開始審理，這些案件的被告都必然需要等待三年以上才能獲得結果。即使是已經審結的案件，無論抗爭者被判無罪釋放抑或是判處緩刑，還是要做好心理準備，律政司可能不服法庭裁決或判刑「從輕發落」而作裁決上訴或刑期覆核。另外，媒體整理數據顯示，2019年至2022年末，律政司就25宗與「反送中」運動引發的相關案件提出刑期覆核，法庭已經就當中的22宗作出裁決，當中20件判決律政司覆核勝訴，僅2件失敗，另外3個案件則未有結果。其中，律政司在2020年就「反送中」案件申請最多覆核刑罰，共14件案件，而且上訴庭全部受理，改判抗爭者包括即時監禁的刑罰（自由亞洲電台 2022c）。檢方是否提出覆核完全由律政司決定，對曾經成為被告的抗爭者而言，刑期覆核猶如一個不定時炸彈，無法掌握什麼時候才能完全脫離司法過程，甚至要重新面對入獄的可能。

有許多媒體報導提供質性資料描繪參與者受到的影響。不確定性構成了正式刑罰之外的第二層懲罰。涉入刑事案件影響到運動參與者生活的各個面向：工作上，無論是自願或者是被迫，可能會失去工作，或者進入取代性高、無升遷職涯的工作。就學也可能中斷（甚至被退學，明報新聞網 2022b）、無法入學、或者品質嚴重下降。在社交上，參與者的家庭與親密關係都面臨極大的壓力，帶來長遠的負面影響。多位處理抗爭案件的律師都曾經對媒體表示，漫長的等待為被告帶來精神壓力，他們與親友的人生都

進入一種「環繞著案件打轉」的不確定狀態。其中一位處理抗爭相關案件的律師進一步向媒體說明這種狀態：

> 你被人拉，但不知道什麼時候被告；你被告，但不知道什麼時候上庭；你上庭，但不知道什麼時候審訊、什麼時候判刑，你不知道會判多久，又沒有辦法離開香港，那你中間找不找工作、讀不讀書、考不考牌呢？你找到一份心儀的工作，也未必敢接。你其實只是一個嫌疑人，但沒有辦法發展任何事情。（梁浩霖 2022）

司法程序帶來的負面影響，對於年輕的運動參與者來說更加嚴峻。反修例運動的參與者多是年輕人（Lee et al. 2019: 13），這也反映在運動衍生之案件被告特徵上。截至2021年7月的官方數據顯示，被起訴者中41%為學生，其中超過18%是未成年人（香港特別行政區政府新聞公報 2021b）。喬治城大學亞洲法中心的報告也呈現類似的比例，有13.28%的被告，即該報告所得數據中的138人，皆不滿十八歲（Chan et al. 2023: 92）。然而實際的比例應該會更高，因為大部分牽涉未滿十六歲被告的案件是交由少年法庭審訊，而這些審訊的內容是受到報導限制（Chan et al. 2023: 70）。

值得注意的是，未成年人並沒有因為其未成年的身份獲得程序性優待。有一半（54.2%）的未成年被告被定罪，只有23.1%的未成年被告獲得簽保守行為令（bind-over order）（Chan et al. 2023: 70）。透過不同的司法程序來處置涉入反修例運動的未成年人，

是一項香港政府的政策，由香港特首林鄭月娥於2020年提出。她主張，涉入反修例運動的青少年應該以警司警誡[5]或簽保守行為處理，即透過警方監督直至其成年，以避免青少年被起訴受審而留有犯案記錄。但是實際上，這項政策沒有落實：2016到2018年，有三到四成的未成年被告進入這個裁量計畫（32%至38.8%），但到了2020年，這個數字落到17%，甚至，在2021年，這個數字直落至1.2%（立場新聞 2021）。針對少年抗爭者的量刑，儘管香港一向依從國際間兒少權利規範，如《少年犯條例》規定，盡可能避免監禁未成年人，但司法機構在反修例運動後舉辦「量刑工作坊」，指出法庭在判決時必須考慮到保護公眾、懲罰、社會譴責和阻嚇這幾個判刑目的，故亦不應排除禁閉式刑罰（星島日報 2021）。司法系統並未另眼相待運動者的未成年身份。

千禧世代的香港年輕人若是參與街頭運動，有相當大的比例會經驗到一般刑事程序。香港司法並未提供未成年人較寬容的程序待遇——如何處置未成年人的刑事犯行，固然是政府的刑事政策選擇，但可以確定的是，香港政府並未提供一致、系統性的程序待遇。對於青少年而言，這是在所有司法帶來的不確定性影響之外，又再加上的壓力。

5　警司警誡是指「警方裁量計畫」（Police Superintendent's Discretion Scheme）：一名警司或以上職級人員可行使酌情權，對青少年罪犯作出警誡而不提出起訴，而涉案青少年須接受警方監管，為期兩年或直至該名青少年年滿18歲為止。參見 https://reurl.cc/qk7r3D，取用日期：2023年5月7日。

（二）法院雖以法律專業出發，卻無法避免政治爭議

大量抗爭案件進入法院後，法官必然要做出決斷。香港法官涉入的是前所有未有的政治動員與社會分裂，即使法院跟以前一樣專業、正式，它面對的觀眾已經變得多元而且分裂，它的司法決定也承載了不同的意義。換言之，法院判決多了不可避免的政治面向。在法律專業的維度上，香港法院可能未必有太大變化；但是在新出現的政治維度上，香港法院必然面對密集檢視、激烈批判。

在眾多個案中，有能夠同理抗爭者立場的法官，也有定位運動者行為為「暴行」的法官。無論法官的論理為何，判決最終會有一個結果，而這個結果也必然有相對應的一方感到不滿。於是，香港法院涉入政治紛爭，不再是眾人尊敬的公親、抽象專業的第三方，而是政治人物或一般公民都可能批評的對象。

例如，2020年4月，香港法院審理於新界將軍澳連儂隧道發生的傷人事件。該案被告與兩位受襲者談論反逃犯條例運動，立場不合，持刀砍傷兩人。審理此案的法官郭偉健判處被告入獄四十五個月，但是，在判決中稱反逃犯條例運動是「恐怖活動」，認為被告的行為回應社運，實屬合理，也稱許被告洪震願意接受懲罰，擁有高尚情操。法官的言論引發輿論爭議，後來，這名法官被暫時停止審理涉及政治運動的案件（香港特別行政區政府新聞公報2020）。又例如，2020年8月開始，數位香港建制派政治人物以及報章媒體明確點名五位法官偏頗，多次輕判錯判運動參與

者，要求司法機構採取措施。其中一位法官何俊堯審理區議員仇
栩欣的襲警案，開庭時批評警方證人說謊，如警方稱扶起被告，
其實是勒住對方的脖子而推向牆邊。最後判襲警罪不成立。何俊
堯法官的言論也招輿論批評，後有民眾發起一人一信投訴何法官。

　　上述兩個案件正好顯示：司法的獨立與隨機性是為了保證個
案審判的空間，但是正因為如此，政治光譜的任一方都可能對司
法的決斷感到不滿。

　　在審查爭議法律是否違憲時，法院更是涉入深水區，不可能
以法律專業避免政治攻擊。以禁蒙面法為例：2019年10月，香
港政府根據《緊急情況規例條例》制定了《禁止蒙面規例》，禁
止民眾在集會遊行時遮蔽臉孔，但允許警方遮掩面部隱藏身份。
這項法規的目的非常明確，是要嚇阻運動參與者，給予警方法律
依據揭露抗爭者身份。多位香港民主派議員以及社運人士前後向
高等法院提出申請，要求法院審酌該法是否違背基本法與香港人
權法案條例。

　　2019年11月，香港高等法院裁定禁蒙面法違憲，政府、警
方必須暫停執行該法。法院的論證是：在危害公安的情形下使用
《緊急情況規例條例》違反基本法，而香港行政長官透過此緊急
條例，繞過立法會自行立下禁蒙面法，對於基本權利的限制不合
比例原則，因此《禁止蒙面規例》違憲。高等法院的裁定招致多
方批評，尤其是引發北京公開反對；6香港政府上訴，交由上訴
法庭審查其合憲性。

　　2020年4月，上訴法庭做出了雙方都不滿意的決定。一方面，

法院認為政府透過緊急條例立法的部分沒有違憲，但另一方面，法院也認為禁止蒙面的權力必須限縮，只能針對非法集結、未經批准的集結。換言之，合法集會遊行時可以蒙面，警察也不能要求公共場合的一般人拿下蒙面物。政府跟泛民主派都不滿意此判決，分別上訴終審法院。2020年12月，終審法院作出支持香港政府的裁決：[7] 不管是未經批准的集結、公眾集會、或者是公眾遊行，限制參與者不得蒙面，都符合比例原則。法院認為，雖然禁蒙面法限制了集會言論自由，也限制了人們隱私，但是這是為了正當的目的，即防止和平的公眾集結演化成暴力行動。

由於新冠肺炎的疫情在2020年初蔓延到香港，戴口罩的公衛需求很快勝出，禁蒙面法後續執行並不全面。不論是政府官員或者是一般人，在公共場合戴口罩已是基本，大規模集會也多了染疫的風險。2020年6月，國安法施行，政府擁有更多可使用的法律工具，多次發生大抓捕。可能也因為這多方面的變化，蒙面法的重要性下降，上訴法庭與終審法院的決定似乎並未引發像是高等法院那樣劇烈的政治反應。不過，依舊明確的是：當法院涉入政治紛爭，它必然招致批評，而且必然是來自各方的批評。專業與獨立性沒有辦法避免政治上的爭議；事實上，法院的專業決斷力與被動的獨立性，反而讓它在政治紛爭當中尤其為難。

---

6 中國全國人大常委會法制工作委員會的發言人認為：香港法律是否符合基本法，只有全國人大常委會有權力判斷，其他任何機關都無權決定。

7 不過，因為政府沒有就「警方是否有權要求身處公眾地方人士除去蒙面物品」的條文上訴，因此這個條文維持失效。

（三）法院信任度下降，法治成為被消耗的政治資本

承接上述分析，港人對香港法院信任度下降，也不能說令人意外。根據媒體報導香港大學民意研究所的調查，香港人對法治的評分在反逃犯條例運動之後急速下跌，於短短一年（2020年）之內，港人對法治的評分已跌至1997年時的一半（端傳媒2020a）。不過值得注意的是，港人也分得清「主動起訴的檢方」（即香港政府）以及「被動接受案件的法院」。另一項針對運動參與者的調查指出，雖然抗爭參與者並不很信任法院，但法院的信任度還是高於律政司，也高於香港政府（端傳媒2020b）。

總結上述分析，雖然法院是被動地涉入公民與政府之間的政治紛爭，但涉入政治爭議，對香港法院來說並無好處。香港政府來到法院前叩門，法庭成為解決政治紛爭的一個管道時，付出高昂代價的不只是抗爭者——也包括曾經備受信任的香港法院。

三、法律職業的回應

香港法院左支右絀，反映在律師這一端，也相當為難：作為律師，支持法院是「應該」的。此應然立場不只出自於職業社群之共同利益與認同，也是出於維護憲政運作的規範性立場，支持獨立的法院，其實是等同於支持法院在政治敏感案件當中的裁量空間。換言之，即使有時候法院與律師的政治觀點相左——法院傾向保守建制，而律師傾向基進人權——維護法院擁有相左觀點

的空間，依舊是律師們維護憲政運作的起點。畢竟，法院若有保守的空間，也就有基進的空間。這正是司法獨立的要義。

香港法律職業的為難於此開展。一方面，律師若是抨擊法院，風險是加強破壞已經相當脆弱的法院名聲，進一步削弱香港原本的憲政核心。來自律師的批評尤其具有影響力，因法院「既無寶劍、也無錢包」，其賴以維繫地位的是正當性。如果連法律人自己都挑戰法院的正當性，法院更難有立足之地。但另一方面，律師若是捍衛法院，風險是悖離（部分）民意，當法院顯然難以回應烽火連天的政治局勢，風險尤其難以承受。律師的市場與政治基礎與法院不同，源於公民與客戶，也就是社會上的一般人；律師持續悖離民意，長期來說，也會使自身的基礎流失。

本段落根據時序發展，即反修例運動之前與之後，分別敘述香港律師的回應運動方式。值得特別說明的是，本文所關注的是以**一般公民與法律專業身份去經驗社會運動的律師，而非直接投入政治事務的律師**。香港自二十世紀末以來，一直有律師參政的傳統（許菁芳 2019）：在民主派這一方，起碼有兩波律師從政的趨勢，包括民主黨內知名的李銘柱與何俊仁，以及 2003 年因關心基本法二十三條立法而組成公民黨的一群大律師。在支持港府與北京的一方，從 2008 年以降，也陸續有建制派律師成功進入立法會，著名者如梁美芬與謝偉俊大律師（於 2008 年當選），而於 2012 年與 2016 年各有四位與六位明確建制立場的律師進入立法會，人數於 2016 年已超過民主派律師。具有政治基礎的民主派參政律師雖然支持街頭運動，但也重視將動員的能量轉化回到

制度內的戰場（許菁芳 2019）。這樣的觀點，是源於他們具備政治人物的身份；但是，對於一般只具公民身份的律師而言，他們的位置與上述參政律師並不相同。換言之，一般法律專業工作者如何應對當權者不斷擴張權力，甚至是運用法律系統來協助權力擴張？這就是本文專注探討的對象。

（一）反修例運動前：香港律師的左右為難

在 2019 年反修例運動前，一般香港律師面對上述的左右為難，出現三種常見的回應樣態：抽離、私下批評、分割支持。

律師抽離政治的表現是「馬照跑、舞照跳」，在香港政治運動如火如荼之時，仍然認為司法獨立無疑亦無虞。一位在頂級大律師事務所擔任資深大律師的受訪者認為，法院的角色絕對沒有變化，並進一步從司法審查[8]與政治敏感案件等兩個方向，論證他的看法：

> 是的，司法覆核的數量正在增加，但事實上，在亞洲，香港政府是唯一一個持續輸掉官司的政府。這顯示了司法的獨立性。另一方面，我從未見過任何法官根據他自己的政治看法進行判決；法官總是根據法律決斷。但每個案子都只有一個贏家。在政治敏感案件當中，如果民主派一方獲勝，他們

---

8 Judicial review，指法院審查法律、命令或行政機關行為之合法性或合憲性。台灣翻譯為司法審查，香港稱之為司法覆核。為對應台灣讀者，本文內文使用「司法審查」，但引文時，若受訪者或原資料使用「司法覆核」，則按照原文。

批評法院，反之亦然。法院贏不了。但不同的結果正證明了司法獨立。（HK201849）

另一位同樣也在頂級大律師事務所擔任資深大律師的受訪者（HK201854），同樣以司法審查的數量來主張香港司法獨立，絕無受政治影響。他舉出另一項依據是警察也會被控，曾經擔任代理法官的他曾調查過警察濫權事件。

這兩位受訪者的說法都有數據可以支持。從2016年到2019年，向香港高等法院提出司法審查的申請數量逐年增加（香港特別行政區政府新聞公報 2021a）；而從2015到2019年，每年也都有一定數量的警務人員被逮捕、起訴（鄭秋玲、孔繁栩 2021）。不過，他們的主張也恰恰顯現法院的角色落差：古典的司法獨立是中立、盲目且被動的法院，但身處重大政治轉型中的法院，無法置身政治之外，有新的紛爭需要解決，必須在不斷變動的政治任務當中接合不同層次的價值觀（張文貞 2003）。[9] 換言之，以不變應萬變，可能正是香港法院膠著於政治泥淖當中的原因。

律師之間私下批評法院，是非常常見的第二種回應策略。一

---

9 借鏡司法違憲審查的文獻，轉型脈絡下的法院面對的是問題是：短期間必須接合不同世代價值觀。法律只能反映立法者在立法時的價值選擇，但在政治轉型時，法院面對的是新時代的政治爭議，當下的民意不僅在變動中，甚至可能已經與過去立者的價值判斷相左。如果一味謹守法律建制價值，而未考慮判決所帶來的政治影響力，即未能跟上快速變化的政治局勢，那麼法院做出的判斷很快就會落後在社會之後，招致批評。而其決定可能難以執行，乃至於失去效力，甚至失去正當性。

位年輕的見習大律師（HK201844）對比她身邊法律與非法律的親友，指出律師立場之為難：

> 梁天琦的案件之後，我有很多同學覺得法院是垃圾──不是唸法律的，比方說唸社會科學的──對法院沒有信心。但我的父母會覺得那還是在（法院）裁量裡面，是法院的權力。所以大體上而言還是對法院有信心。但律師比較奇怪。我也有一兩個律師朋友對法院很失望，但是他們不會公開說，因為，如果你對法院失望，「你留在香港做律師做甚麼」？

這位受訪者進一步指出律師跟法院的位置不同：「律師捍衛法院的時候很辛苦。他們會說，法官受到政治的壓力不對，受到人民的壓力也不對。他們相信司法獨立，但是捍衛法院很辛苦。」換言之，律師的政治處境是夾在法院與人民之間，隨著法院逐漸涉入政治爭議，律師的忠誠也逐漸分裂。一邊是專業上的自己人，另一邊是公民共同體的自己人，兩個自我認同的矛盾如何和解？律師選擇壓抑自己的失望，不公開批評。

不少律師切分「政治」與「法律」，將法院表現切分為不得不受政治影響的部分（如香港基本法賦予北京人大釋法的權利），以及維持獨立與法律專業的部分（如根據法律或案例所發展的論述）。如此一來，律師可以就法律的部分，提出有限度的支持。例如，媒體曾經報導香港大律師劉偉聰的看法，他表示，香港法治確有一定程度崩壞，無法限制當權者權力，但這問題並非來自

法庭（端傳媒 2019）。田野中，也曾經有一位受訪的事務律師主張，問題終究來自缺乏政治正當性的人大釋法與基本法：

> 我覺得整個系統沒有太大問題，法官個人有幾個保守的，但多數沒問題。最大的問題是人大釋法，中國對香港的影響。基本法在香港沒有正當性，因為在立法的時候根本沒有幾個香港代表。（HK201843）

另外一位年輕的大律師也主張，香港法院仍然是普通法的一份子，在訴訟上仍然可以援引其他管轄權的案例，法院仍有希望（HK201801）。簡言之，切分政治與法律並提供有限度的支持，是一項律師常見的回應策略。他們在概念上將法律系統的正當性與獨立性切割出來，持續支持法院，並將難以預期的個案爭議歸因於政治涉入法律。

（二）反修例運動後：直接或間接參與公民抗爭

反修例運動是香港史無前例的重大抗爭，對於香港律師而言，也帶來了前所未見的轉變。不少法律專業人士——無論是大律師、事務律師甚至法律學生——此時一改過去與抗爭者抽離的做法，透過公民社會組織網絡，發揮其法律專業知識和身份，直接或間接參與抗爭。

律師直接參與抗爭的方式，是加入支援抗爭者的民間法律支援網絡，為被捕和被控的抗爭者提供法律支援，即俗稱之「被捕

支援」。2019年以前，當香港爆發大規模社會抗爭時，有若干支持民主、人權和自由的大律師和事務律師曾組織同行、聯繫人權及社運組織，在運動期間隨時候命，和運動組織者協調。2005年韓國農民主導的反世貿會議示威，以及2014年的雨傘運動，都曾經有過這樣的集體行動。當有抗爭者被捕時，律師們設法查明抗爭者所在的警署，繼而安排大律師及事務律師到該處代表抗爭者見證警察向抗爭者錄取口供（HK201931; HK202001）。這套支援被捕抗爭者的網絡，無論從運動角度抑或是司法公義的角度來說都相當重要，因為面對警察扣留（至多48小時），香港警署並未設有當值律師保護犯罪嫌疑人的權利。[10]

2019年反修例運動帶來的影響是：上述這種法律專業支援和捍衛抗爭者法律權利的行動，變成了更大規模的民間法律支援網絡，也更加組織化和去中心化。2019年6月12日，抗爭者和警方在立法會門外爆發衝突，警方向人群發射催淚瓦斯、海綿彈、布袋彈，造成不少示威者受傷送院和被捕。三天後，香港的前立法會議員吳靄儀、何秀蘭、大學教授許寶強、社運歌手何韻詩和已退休的天主教樞機陳日君成立「612人道支援基金」（原稱「反送中受傷被捕者人道支援基金」，下稱「612基金」）並擔任基金信託人。[11]他們透過民間眾籌，「為所有在反送中運動中被捕（不論罪名）、受傷或有關人士提供人道支援，包括醫療費

---

10 如陪同偵詢，香港稱為錄取口供。

11 在這之前，吳靄儀、何秀蘭和陳日君亦先後參與成立不同的民間基金，支援2019年前的抗爭者面對的司法訴訟，如「守護公義基金」。

用、心理／精神輔導費用，刑事／民事法律費用，緊急經濟援助等支援」（612人道支援基金 2019）。同時間，反修例運動的主要組織者之一「民間人權陣線」（民陣）和2014成立的人權組織「民權觀察」等等，亦聯繫若干大律師和事務律師，專為反修例運動服務的義務法律團隊便應運而生。民陣和民權觀察亦設立義務法律支援熱線，供抗爭者的家屬或友人提供被捕者的資料，讓上述熱線與義務律師團隊協調，安排律師到警署支援被捕人士（康育萍 2019）。除上述三個組織，亦有個別律師事務所和大學學生會成立義務法律支援熱線，為抗爭者提供更多選擇。

截至2021年5月，612基金直接服務了近23,000人次，當中八成的支出屬於法律支援。根據612基金的網頁，該支援資助七個服務範疇：（1）被捕支援，包括在警署見律師、律師陪同偵訊等；（2）保釋後（或拒絕擔保後）的法律諮詢，包括暫借代繳警方行政保釋金；（3）裁判法庭提堂及答辯；（4）保釋上訴申請；（5）監獄拘留所探訪；（6）正審律師費、法律援助分擔費和法律援助上訴費用及（7）其他特殊需要，如律師陪同市民向警察投訴科投訴警員的費用（612人道支援基金 2019）。截至基金結束營運前，它補助了超過2,200名被起訴的抗爭者所需要的刑事辯護（612人道支援基金 2019）。

律師的服務網絡與公民社會團體、乃至於社會運動組織緊密相連，建立了抗爭者－律師－公民社會／社運組織－基金的安全網（612人道支援基金 2019）。[12]這個網絡的功能如下：（1）人力協調：律師願意接受調度，親身支援抗爭者；（2）信任：律師和公民團

體合作，可以增加抗爭者對律師的信任；（3）成本：民間眾籌基金支援律師費用，讓律師更能參與法律支援網絡，減輕抗爭者的法律和經濟成本，更能夠保障自己的法律權利、面對刑事辯護。

對香港律師來說，這是政治上的一大步。畢竟，一位律師願意參與一個支持反修例運動的組織網絡，提供法律支援，已經是一個政治選擇，可能要在未來付出代價：

> 當大律師被標籤成專門負責這一類型案件時，可能會對自己的生意有影響。因為有一些律師樓可能不太喜歡這一方面的律師，可能會改為指示其他一些大律師。所以挑戰是源於自己內心：究竟是我繼續保持低調，不做社運相關的案件時，客源可能會較多；還是為了這個社會，不理其他影響繼續去做。（HK201960）

而為何在反修例運動當中，香港律師展現不同於以往的集體行動，改變了政治參與的型態？綜合受訪者和公開報導，原因有三。

第一，有些律師過去已長期支持民主、人權和自由。不少

---

12 根據612基金的網站，基金介紹法律費用援助時，指明「被捕者可以透過民陣、民權觀察或星火的熱線得到被捕支援義務律師團隊的服務。基金知悉經上述熱線接觸的義務律師，便不會就這項服務收取任何費用。不經上述熱線而自行聘任律師，基金會向每位被捕人士提供上限為5,000元（作者按：港幣）的資助」，反映612基金對民陣、民權觀察及星火同盟的義務法律團隊的認可。

參與民間法律支援網絡的律師本來就長期支持香港的民主運動和民主陣營。他們或曾參與過往支援抗爭者法律需求（如2005年和2014年）的工作，或曾參與由民主派律師發起的「法律界黑衣遊行」（Barrow 2023）。「法政匯思」是2015年由法律人組成的民間組織（香港電台 2015），一位主事者接受本研究訪談，他表示大部分成員均參與了不同的義務律師團隊。法政匯思雖然沒有法定的專業地位，但它在公民社會發揮了重要影響力，藉法律人的身份和法律專業知識，在公共領域解讀和批判政權違反法治和破壞司法獨立的行為；甚至在反修例運動期間，透過網路發佈若干「懶人包」，向公眾尤其是抗爭者解說被捕人士的法律權利（HK202011）。換句話說，在反修例運動之前，香港社會本來就存在著民間法律組織、香港法律界本來就存在為數不少的民主運動支持者。這構成了法律支援網絡的人才庫。

其次，反修例運動中，國家強制力與擬國家暴力事件頻傳，尤其觸發律師身為法律專業工作者的正義感。一方面，香港警察執法時，其武力具爭議；另一方面，又有擬國家暴力事件，如元朗「721事件」，這是由國家體制和親政府人士鼓動的集體暴力事件，出現組織化的「白衣人」襲擊示威者和街坊。有受訪者表示，他們受到這些事件觸發，決定加入義務律師團隊。換句話說，律師的集體行動是以法律專業回應（非）國家暴力（HK201960; HK202004）。

最後，相對於親身參與抗爭，有不少律師是受罪疚感驅動，選擇以其專業加入「支援」網絡。罪疚感是另一個在反修例運動

期間反覆出現的集體經驗（Tang and Cheng 2021）。在田野觀察與訪談過程中發現，若干律師是以「補償」的概念擔任支援的角色。對某些律師而言，反修例運動中，抗爭者奮不顧身，阻擋了香港政府修訂引渡條例，避免法治進一步受到破壞。但是，抗爭者卻面臨政權打壓，涉入刑事案件、在法庭受審。律師參與義務法律支援，是作為法律人的一種補償方式。有律師坦言：參與相關案件[13]會導致收入大減，但他仍然願意參與，是因為要「贖罪」和感到「虧欠他們（抗爭者）」（HK202007）。

上述分析顯示了香港律師的政治能動性：面對重大政治變革，既有獨善其身的法律人，亦有親身以專業地位和技能支持參與政治運動的公民。民間法律支援網絡的出現，大大提高了社會運動的團結和彈性，尤其激發律師在社運的能動性，也促進了律師和當事人之間的信任度。

四、國安法下的香港司法體制之變遷

接下來，香港司法政治的觀察重點是國家安全法。2020年6月30日，中共全國人大常委通過《中華人民共和國香港特別行政區維護國家安全法》（下稱國安法），帶來了更根本的制度與結構變革。延續本文的分析，我們認為香港的司法系統和法律職業將會進一步政治化。

---

13 到警署代表被捕者、參與刑事辯護等等。

　　國安法涵蓋四項危害國家安全罪行——分裂國家、顛覆政權、恐怖活動和勾結外國勢力——同時在香港成立維護國家安全委員會（國安委），以及由中央人民政府直接管轄的駐港國安公署，在香港建立一套嶄新的國安體制。

　　國安法一方面表現出對香港現有司法系統的不信任，但另一方面，在其實踐上，卻依賴刑審制度來打壓被視為「危害國安」的異見份子。國安法禁止本地法院挑戰國安委的決定，本地法院亦無權力管轄駐港國安公署的行動。在審訊國安案件時，審理的法官由行政長官指定；如國安案件在香港高等法院審訊，律政司亦可隨時撤銷陪審團，改由三名指定法官以合議庭的方式來審訊；本地法院在審理案件時，對於有關行為是否涉及國家安全、有關證據材料是否涉及國家秘密等認定問題，要先取得行政長官發出的證明書，而證明書對法院具有約束力。當局在搜證、凍結財產方面，亦無需法院命令而可直接由保安局及國安警察執行。

　　2022年12月，前蘋果日報老闆黎智英申請准許一名英國御用大律師Tim Owen來港，為他辯護「勾結外國勢力」的罪名。在香港終審法院給予終極許可之後，特區政府隨即向中共提交國安委報告並建議人大釋法，阻止Tim Owen來港參與黎智英案的審訊；香港入境處同時無視終審法院裁決，扣起Tim Owen的工作簽證，令他即使有權代表黎抗辯，也會因為沒有工作簽證無功而還（獨立媒體 2022）。隨後，中共全國人大常委在同年歲晚頒佈國安法釋法條文，指法院若未向特首取得證明書就決定讓海外律師來港抗辯國安案件，則香港國安委有權作出相應判斷和決定。

換句話說，國安委有權力改變法院的決定（BBC News中文 2022）。最終，黎案延期至 2023 年 12 月開審，香港政府亦隨後開展修訂《法律執業者條例》的立法程序，提出由特首取代法院，擁有最終決定權，對於未有全面在香港執業資格的海外律師，有權不批准其申請。此前，司法機構能按海外律師的資歷裁決是否酌情批准他們來港參與案件審訊；如今這按專才而論的做法，即將轉變為修例帶來的特首及國安委政治審查（Lai 2023c）。

這些新制度設計和政治決定，實質上就是取消了司法機構制衡、防止行政機關濫權的能力；理論上，行政機關可以用「國家安全」的名義，凌駕司法審查甚至司法裁決而行事（Lai 2023b）。至本文寫作之時，國安法已實施超過三年，已經有超過 260 名社運人士、反對派領袖和傳媒工作者被國安警察拘捕，當中有 148 人被起訴，大部分正在羈押候審（China File 2023）。[14] 總而言之，國安法積極削弱香港司法系統的自主性，令政權更容易以法庭為政治工具進行維穩及打擊反對運動。

國安法實施後，香港和中國政府也積極打壓法律人的專業性和獨立性，對長期支持民主人權的律師進行直接或間接的威嚇，亦進一步向法律專業團體——香港大律師公會和香港律師會——施壓，確保它們和政府同一陣線（Pomfret et al. 2022）。前述的 612 基金、民陣、民權觀察及法政匯思等有關法律支援的民間組織，在國安法的寒蟬效應下，於 2021 年先後停止運作或解散。612 基

---

14 香港用語為「還柙」，為使台灣讀者容易理解，改用羈押一詞。

金的五名信託人被國安警察以涉嫌勾結外國勢力而被拘捕，至今仍然在保釋候查。至於曾經參與義務律師團隊的部分大律師和事務律師，在2022年被香港國安署向大律師公會及律師會投訴「涉嫌專業失當」，兩會至今仍在進行內部調查（明報新聞網 2022a）。雖然投訴詳情尚不明朗，但這顯示了政府有所忌憚，以直接或間接的手段壓制民間法律支援抗爭活動，抑制律師參與相關網絡。

至今，香港國安案件接踵而來，可以從什麼角度繼續關注和分析香港法治和司法政治化的現象？我們認為有三個值得研究的角度。

第一個角度是國安體制的擴張。一來，香港政府是否會繼續行使國安法和中共賦予的權力，例如上述國安法釋法確立的國安委權力，干預涉及國安罪行的案件審訊，並如何對香港的司法機關和審訊構成制度性的影響；二來，港府會否及如何在未來訂立更多本地法例，延伸國安體制，例如前述的《法律執業者條例》修訂，以國安為名，進一步規管法律專業的訟辯空間，還有旨在規管民間團體網絡眾籌的法規，或者以假新聞法來打擊和刑事化所謂「虛假資訊」；以至重新提出《基本法》二十三條立法，監控本地組織和外國組織的聯繫等等，以更多樣的法律工具來控制公民社會及司法界，及延續國安法的做法，進一步排除法院違憲審查及行政審查的權力，值得關注（王莉雅等人 2021；同文報道 2022）。

第二個角度，是國安案件的被告和辯護律師的關係：香港政府在2021年改革香港的法律援助制度，取消法援當局可以酌情安排被告指定的代表律師自動獲得法援的待遇，令申請法援的被

告無法確保能獲指定律師抗辯（張瑛瑜 2023）。在這新制度下，律師和客戶之間的互信和關係會如何影響審訊的過程和抗辯方向？受新制度影響而選擇自辯的被告，又會如何應對審訊？此外，在近年有關社會運動和國安問題的案件，有部分被告會主動選擇自辯，或者在審訊期間解僱代表律師而選擇自行陳詞或陳情，藉此發表演說，引起公眾關注。[15] 在未來的政治審訊，這些發生在法庭內的角力或演說，會帶來什麼政治效果（黎恩灝 2021）？國安法容許當局進行秘密審訊，甚至可以將被告送往大陸受審。政權會否活用這些制度權力，反制對政治犯在法庭內進行的司法抗爭、或香港本地律師為政治犯的抗辯？

　　第三個角度，是香港司法政治化的國際因素。香港制度容許在其他普通法法域服務或已退休的法官來港，成為終審法院的非常任法官。2022 年初，有兩位英國現任最高法院法官，韋彥德與賀知義，宣佈辭去香港終審法院的海外非常任法官。他們表示，在香港國安法通過後，若繼續任職將難以避免被認為「是幫一個背棄政治及言論自由的政權背書」（自由亞洲電台 2022a），所以辭去職務。自《港區國安法》通過以來，除了這兩位辭任的英籍法官，另外兩名海外法官也於過去兩年先後請辭，兩人均稱離任

---

15 例子包括 2019 年的雨傘運動案，「佔領中環」發起人戴耀廷和朱耀明分別自行發表結案陳詞及裁決後的陳情書；2021 年就反修例運動中「8‧18 流水式集會案」，參與者吳靄儀在裁決後自行以英語陳情；2022 年的「羊村繪本案」，被控發表煽動刊物的被告——言語治療師工會理事，亦自行陳情。這些證言，在社交網絡和媒體廣泛流傳。

與《港區國安法》有關。原先的14名海外非常任法官現只餘下10人，並全數為已退休的外籍法官。此時，也有海外組織積極發起行動，呼籲這批外籍法官杯葛香港的終審法院，以抗議國安法及港府進行司法打壓（自由亞洲電台 2022a; 2022b）。相對於此，香港政府以至大律師公會及律師會仍然積極向外宣傳香港司法機構的優勢，以及海外法官在香港法院的重要性。這些國際層次的角力，會如何影響香港法官的組成，乃至於國安案件的司法過程？也將是研究香港司法政治的重要面向。

五、代結論

　　本章旨在疏理和分析港中關係下法院與法律人社群的嬗變，尤其是香港本地法律人面對香港近年司法政治化如何作出回應。總結本章的討論，當前的香港法院已成為國家權力解決政治紛爭的一個管道。一方面，香港政府在面對重大政策、法案爭議時，會尋求法院為其解套；另一方面，香港政府也將大量社會抗爭案件帶入法院，透過人身限制與司法過程的強大壓力來壓制公民社會的動能。這些政治任務對法院而言，吃力又不討好。司法要消化大量抗爭案是很大的挑戰，而涉入這類案件，又必然會引發各方政治行動者的批評。法院的判決一出，即是四面楚歌，從北京到港府，從建制派到民主派，從律師到當事人，藍黃左右，人人皆可能批評。這個「政治司法化、司法政治化」的代價是法院的信任度——曾經備受肯定的香港法院走下了神壇，在政治變革

當中付出高昂代價。以隔絕政治、政治中立為基礎的法律專業，似乎反而成為弱點，使得法院與法律職業膠著於政治泥淖之中。香港的法律人，在2019年反修例運動前，往往對司法政治化的發展感到左右為難；但在反修例運動爆發後，不少法律人決意投入支援抗爭者的網絡，透過提供法律支援去維護抗爭者的法律權利以至公平審訊。然而，2020年北京在港實施國家安全法後，司法政治化的問題變得更嚴重，香港和中國政府也積極收緊香港的獨立司法系統，打壓法律人的專業性和獨主性。國安法實施至今雖已超過三年，但國安體制在香港會如何繼續擴張、國安案件的被告和辯護律師的關係會如何變化、國際因素會如何影響香港司法政治化的路徑，仍然有待觀察。

　　法院的立場並不理所當然就是支持民主、自由、人權，尤其在重大政體變革當中，諸多制度與行動者條件都會影響法院的行為與效果。獨立而專業的法院並不必然能協助一般公民保障基本權利；事實上，協助威權鞏固治理的專業法院，在經驗上並不少見（Hilbink 2007）。近年學界——包括比較政治、法與政治、實證法律研究以及威權政治的圈子等等——均愈來愈對威權政體下法院能否獨立自主，還是依附政權的政治議程，甚感興趣。例如，目前研究威權化或民主倒退的學者，提出了「威權法律主義」的概念，藉此解說當代威權政體、甚至是自由民主政體的行政部門，如何利用甚至濫用法律或停止實踐保障人權的法律，以此壯大行政機關的權力，削弱司法獨立和立法機關的權力，打破「三權分立」的平衡（Corrales 2015; Lai 2023a; Schepple 2018; 2019）。

　　從比較案例去看，無論是民主或威權政體——包括印度、菲律賓、匈牙利、俄羅斯和沙地阿拉伯等等——行政機關都愈來愈樂於利用刑事法律、緊急法律和法庭審訊，以「反對民族團結」、「反對恐怖主義」或「打擊極端主義」為名，去鎮壓和平表達異議人士、禁制反政府言論、控制媒體和公民組織、關押社運人士（Chacko 2018; Glasius 2018; Shevtsova 2015; Wehrey 2015; Wilding 2020，引自 Lai 2023a）。這些威權化的操作和過程，往往依賴法律和法庭作為面紗或煙幕：行政當局在推動政體威權化、削弱制度問責性和壓制政治反對派時，利用司法機構長年累積的公信力，為當局的行為提供正當性和保護罩（Ginsburg and Moustafa 2008; Lührmann and Lindberg 2019; Lührmann 2021; Rajah 2012）。

　　由此觀之，我們認為香港司法目前的發展，和近年研究威權政體下的法院和威權法律主義所得相當接近。如上所述，法院維持了若干自主性，因此才能透過仲裁及裁定，為政權管治提供正當性和合法性；但同時，政權並未信賴司法，仍然會用盡方法從體制上控制甚至架空獨立司法，馴服法院成為政府的管治利器（Ginsburg and Moustafa 2008）。中國政府對香港法院的施壓，以及通過國家安全法在港實施，正正反映這種張力：一方面，香港法治有很好的聲譽，優秀的專業社群，與普通法體系緊密相連，也有具權利意識與高度行動力的公民。但另一方面，香港法院又有其不利之處：香港基本法被人大釋法開了一道後門，而國安法更是充滿恣意性，行政當局透過國安法的條文延伸權力至司法系統，後者的獨立自主空間逐步受壓，執法者、法律和法庭以「維

護國家安全」之名整肅反對派和媒體。香港司法機關長年累月建立的公信力和國際聲譽，成為行政權力和國安體制獨大的「擋箭牌」，對香港未來司法獨立的影響，可以預見是弊大於利。

然而，不少研究揭示，儘管威權政體有重重掣肘，法律人仍然有空間實踐「信念律師」（cause lawyering），即出於人權、自由、平等的價值而在司法制度內外爭取公義的行動（Moustafa 2014）。香港的經驗同時揭示，政治及司法環境的劇變，反而令他們找到維護公義、實踐信念的場域，發揮能動性觸碰社運，抵抗不利的結構。走筆之時，香港的重大國安審訊仍未了結，無論是代表被告的法律人，抑或選擇自辯的被告，仍然在法庭內用盡既有的法律資源抗辯；大部分在香港本地的法律人、法律學者以至法庭記者，也繼續在日常的專業服務致力促進公平正義，例如是支援有關不同性傾向人士平等權利的司法審查，以及推動香港社會大眾的普及法律權利教育等等。可以預見，中國威權管治下的香港法律人、法院和政權之間的角力，將會更有創意和有機地發展。

附錄：受訪者基本資料（按照文中出現順序）

第一作者在 2018 年到 2020 年期間，在香港大學比較法及公法研究中心擔任訪問學人，及在香港浸會大學及嶺南大學兼任講師，透過多源頭滾雪球方式募集受訪者，包括上述研究中心的網絡、香港大學法律學院、香港中文大學法律學院和香港城市大學法律學院的校友網絡等，在香港完成 86 個訪談。訪談對象包括退休法官、資深大律師（在主權移交前稱為「御用大律師」）、大

律師、事務律師、律師事務所職員、法律學者、法律學系學生、法庭記者、及曾因抗爭而面對刑事審訊的社運人士。由於訪談內容敏感，受訪者一律匿名處理，其背景亦從略。

　　第二作者則於2017年至2018年間於香港完成79個訪談，包含20位大律師，30位事務律師，以及6位外國律師，其他則為政治人物、任職於法學院之學者，記者與NGO工作者。某些大律師也曾經擔任過法官，而某些大律師曾經於學徒時期擔任過法官助理。受訪者之募集也透過多源頭之滾雪球方式。第二作者首先透過法學院校友網絡招募訪談對象，即透過台灣大學、美國加州柏克萊大學以及加拿大多倫多大學三所學校的校友網絡。在香港，此三所大學不僅有高知名度，也有深厚的香港校友基礎。其次，第二作者透過其擔任訪問學人之香港在地法學院招募訪談對象，包括香港大學法學院以及香港中文大學法學院。此二所學校為香港最好的法學院，其校友亦包含廣泛且多元的法律工作者。

編號	受訪地	性別	職業	訪談日期
HK201849	香港	男	資深大律師	2018-08-07
HK201854	香港	男	資深大律師	2018-08-10
HK201844	香港	女	學徒大律師	2018-08-05
HK201843	香港	女	事務律師	2018-08-05
HK201801	香港	男	大律師	2018-06-27 2018-07-06
HK201846	香港	女	大律師	2018-08-06

TWO201805	台灣	男	社運倡議者	2018-08-23
TWO201901	台灣	男	基層政治工作者	2019-01-02
HK201903	香港	男	大律師	2019-01-30
HK201931	香港	女	律師事務所職員	2019-04-17
HK201960	香港	男	大律師	2019-10-11
HK202001	香港	女	大律師	2020-03-09
HK202004	香港	女	事務律師	2020-04-24
HK202007	香港	男	大律師	2020-04-28
HK202011	香港	女	事務律師	2020-06-08

參考書目

612 人道支援基金，2019，〈法律支援〉。https://612fund.hk/zh/legal，取用日期：2023 年 4 月 28 日。

———，2021，〈人道支援基金年度報告〉。https://reurl.cc/8qEEMg，取用日期：2023 年 4 月 28 日。

BBC News 中文，2022，〈黎智英國安法案：中國人大常委會頒佈釋法，外國律師能否參與國安案件由香港特首決定〉。https://reurl.cc/lvmmrq，取用日期：2023 年 4 月 28 日。

王莉雅、黎恩灝、Kellogg，2021，〈打造三位一體的巨獸：香港國安法制的演化與擴張〉。《報導者》，https://reurl.cc/Dmzz2j，取用日期：2023 年 4 月 28 日。

立場新聞，2021，〈【後生有罪．1】林鄭曾稱「心痛青年」反修例 1,700 人未成年被捕僅 1.2% 獲警司警誡、不提起訴〉。《立場新聞》，https://reurl.cc/EGxx0m，取用日期：2023 年 4 月 28 日。

同文報道，2022，〈港府擬立「眾籌事務辦公室」防範危害公眾及國家安全 捐款、海外活動恐有刑責〉。《同文報道》，https://reurl.cc/d734EV，取用日期：2023 年 4 月 28 日。

自由亞洲電台，2022a，〈海外法官〉再有 2 名海外法官辭任港終院非常任法官 指對國安法存有疑慮〉。https://reurl.cc/EGxx00，取用日期：2023 年 4 月 28 日。

———，2022b，〈【國安時代】港府首以「煽動罪」拘捕「旁聽師」 跨國議員促海外法官辭任〉。https://reurl.cc/eXRR2K，取用日期：2023 年 4 月 28 日。

———，2022c，〈【香港法庭】過去 3 年半律政司就 25 宗「反送中」案提刑期覆核 20 宗得直改判更重刑罰〉。https://reurl.cc/NqvvMk，取用日期：2023 年 4 月 25 日。

法庭線，2022a，〈反修例暴動案統計 1｜2022 年 199 人罪成、再有 37 人被控 衝擊立會等案 2023 年開審〉。https://reurl.cc/rLGynr，取用日期：2023 年 4 月 25 日。

———，2022b，〈法律 101｜「教導所／勞教中心／更生中心」何時適用？〉。https://reurl.cc/9Ve7Wx，取用日期：2023 年 5 月 7 日。

明報新聞網，2022a，〈612 基金案同業涉失當 律師會調查 首接國安處投訴「高度機密」拒披露詳情〉。https://reurl.cc/Dm2WbO，取用日期：2023 年 4 月 28 日。

———，2022b，〈葉兆輝：大學應有教無類「拒絕學生更損校譽」〉。https://reurl.cc/pL0z2Q，取用日期：2023 年 4 月 25 日。

星島日報，2021，〈【獨家】司法學院提醒裁判官 年輕不可凌駕量刑原則〉。https://reurl.cc/ZXkbeW，取用日期：2023 年 4 月 25 日。

香港中文大學，2015，《中大香港亞太研究所民調：香港核心價值多元多樣》。

https://reurl.cc/xl55VZ，取用日期：2023 年 4 月 25 日。

香港特別行政區政府新聞公報，2020，〈終審法院首席法官聲明〉。https://reurl.cc/ a1OOK9，取用日期：2023 年 4 月 25 日。

──，2021a，〈立法會二十二題：司法覆核和法律援助的制度〉。https://reurl.cc/ pLlleZ，取用日期：2023 年 4 月 28 日。

──，2021b，〈立法會十七題：社會事件統計數字〉。https://reurl.cc/b7QQKo，取 用日期：2023 年 4 月 25 日。

──，2022，〈立法會十四題：刑事案件的統計數字〉，https://reurl.cc/Ge882y，取用 日期：2023 年 4 月 25 日。

香港電台，2015，〈新組織「法政匯思」成立　擬向政府提交政改諮詢意見〉，https:// reurl.cc/d74QMg，取用日期：2023 年 4 月 28 日。

康育萍，2019，〈反送中運動的暗夜使者　200 位人權律師：「誰的身體狀況還可以， 誰就撐下去」〉。https://reurl.cc/o0kk25，取用日期：2023 年 4 月 28 日。

張文貞，2003，〈中斷的憲法對話：憲法解釋在憲法變遷脈絡的定位〉。《台大法學論 叢》32(2): 251–289。

張瑛瑜，2023，〈香港 47 人案 11 人獲批法援 5 人提名大狀被拒〉。《大紀元》，https:// reurl.cc/Y8ggal，取用日期：2023 年 4 月 28 日。

梁浩霖，2022，〈遲來的審訊、思想的囚牢、暫停的人生：困在司法檢控巨輪的香港 人〉。《報導者》，https://reurl.cc/WD66e5，取用日期：2023 年 4 月 25 日。

許菁芳，2019，〈香港律師靜默遊行的背後：民主派困境 vs. 親中派進化〉。《報導者》， https://reurl.cc/Q4rrKM，取用日期：2023 年 4 月 28 日。

端傳媒，2019，〈大狀選區佬，劉偉聰：在海中央修補一艘破爛的船〉。《端傳媒》， https://reurl.cc/klxRNq，取用日期：2023 年 4 月 28 日。

──，2020a，〈大檢控，香港人所經歷的拘捕與審判〉。《端傳媒》，https://reurl.cc/ AdVQnp，取用日期：2023 年 4 月 25 日。

──，2020b，〈【獨家數據】香港學者追蹤 6000 示威者：他們信任誰？還參與抗爭 嗎？〉。《端傳媒》，https://reurl.cc/6No1Vk，取用日期：2023 年 4 月 25 日。

──，2021，〈數據報導：國安法時代的大搜捕，1136 人次因何罪名被捕？〉。《端傳 媒》，https://reurl.cc/gZVOkp，取用日期：2023 年 4 月 25 日。

鄭秋玲、孔繁栩，2021，〈警隊年結｜去年 45 名警員被捕按年急增 88%　鄧炳強：罪 加一等〉。《香港 01》https://reurl.cc/DmzRnQ，取用日期：2023 年 4 月 28 日。

黎恩灝，2021，〈香港高速威權化下，異議人士的頑抗──鄒幸彤與何桂藍的司法抗 爭〉。《報導者》，https://reurl.cc/Nqvk15，取用日期：2023 年 4 月 28 日。

獨立媒體，2022，〈黎智英審訊押後待人大釋法　辯方透露 Tim Owen 工作簽證申請遭

扣起〉。《獨立媒體》，https://reurl.cc/vkz9qe，取用日期：2023年4月28日。

Barrow, Amy. 2023. "Beyond the Courtroom: Lawyer Activism and Resistance in Hong Kong." Pp. 86–99 in *Activism and Authoritarian Governance in Asia*, edited by Taylor and Francis Group. New York: Routledge.

Chacko, Priya. 2018. "The Right Turn In India: Authoritarianism, Populism And Neo-liberalisation." *Journal of Contemporary Asia* 48(4): 541–565.

Chan, Johannes Man-mun. 2022. "National Security Law in Hong Kong: One Year On." *Academia Sinica Law Journal* 39–101.

Chan, Jun, Eric Yan-ho Lai, Thomas E. Kellogg. 2023. *The Hong Kong 2019 Protest Movement: A Data Analysis of Arrests and Prosecutions*. Washington DC: Center For Asian Law, Georgetown University Law Center. https://reurl.cc/YVnv2D, date visited: 2024/2/18.

China File. 2023. "Tracking the Impact of Hong Kong's National Security Law." https://reurl.cc/o0knDl, date visited: 2023/4/28.

Gianius, Marlies. 2018. "What Authoritarianism Is ... and Is Not: A Practice Perspective." *International Affairs* 94(3): 515–533.

Ginsburg, Tom and Tamir Moustafa. 2008. "Introduction: The Functions of Courts in Authoritarian Politics." Pp.1–22 in *Rule by Law: The Politics of Courts in Authoritarian Regimes*, edited by Tom Ginsburg and Tamir Moustafa. New York: Cambridge University Press.

Hilbink, Lisa. 2007. *Judges beyond Politics in Democracy and Dictatorship*. Cambridge University Press.

Lai, Yan-ho. 2023a. "Securitisation or Autocratisation? Hong Kong's Rule of Law under the Shadow of China' Authoritarian Governance". *Journal of Asian and African Studies*, vol. 58 (1), pp.8-25.

——. 2023b. "Hong Kong's Democratic Primary Trials Show a Dark Truth." https://reurl.cc/AdVQqZ, date visited: 2023/4/28.

——. 2023c. "Hong Kong Is Trying to Salvage Its Image. Who Is It Fooling?" https://reurl.cc/1e6dx9, date visited: 2023/4/28.

Lee, Francis L. F., Samson Yuen, Gary Tang and Edmund W. Cheng. 2019. "Hong Kong's Summer of Uprising: From Anti-Extradition to Anti-Authoritarian Protests." *The China Review an Interdisciplinary Journal on Greater China* 19(4): 1–32.

Lührmann, Anna. 2021. "Disrupting the Autocratization Sequence: Towards Democratic Resilience." *Democratization* 28(5): 1017–1039.

Lührmann, Anna and Staffan I. Lindberg. 2019. "A Third Wave of Autocratization Is Here: What Is New About It?" *Democratization* 26(7): 1095–1113.

Ma, Ngok and Edmund W. Cheng. 2021. "Professionals in Revolt: Specialized Networks and Sectoral Mobilization in Hong Kong." *Social Movement Studies* 22: 5–6.

Moustafa, Tamir. 2014. "Law and Courts in Authoritarian Regimes." *Annual Review of Law and Social Science* 10: 281–299.

Pomfret, James, Greg Torode, Anne Marie Roantree and David Lague. 2022. "Special Report-Lawyers Exit Hong Kong as They Face Campaign of Intimidation." *Reuters*, December 29. https://reurl.cc/94Rmk8, date visited: 2023/5/10.

Rajah, Jothie. 2012. *Authoritarian Rule of Law: Legislation, Discourse and Legitimacy in Singapore*. New York: Cambridge University Press.

Shevtsova, Lilia. 2015. "The Authoritarian Resurgence: Forward to the Past in Russia." *Journal of Democracy* 26(2): 22–36.

Tai, Benny Yiu-ting. 2020. "The Rebirth of Hong Kong's Rule of Law." Pp.93–119 in *Chinese (Taiwan) Yearbook of International Law and Affairs*, edited by Ying-jeou Ma. Leiden: Brill.

Tam, Waikeung. 2013. *Legal Mobilization under Authoritarianism: The Case of Post-Colonial Hong Kong*. Cambridge: Cambridge University Press.

Tang, Gary and Edmund W. Cheng. 2021. "Affective Solidarity: How Guilt Enables Cross-Generational Support for Political Radicalization in Hong Kong." *Japanese Journal of Political Science* 22(4): 198–214.

Wehrey, Frederic. 2015. "The Authoritarian Resurgence: Saudi Arabia's Anxious Autocrats." *Journal of Democracy* 26(2): 71–85.

Wilding, Susan. 2020. "Counter-terrorism Laws Provide a Smokescreen for Civil Society Restrictions." *Open Global Rights*, 15 January. https://www.openglobalrights.org/counter-terrorism-laws-provide-a-smokescreen-for-civil-society-restrictions/ , date visited: 2023/5/10.

Zhu, Han. 2023. "A Chinese Law Wedge into the Hong Kong Common Law System: A Legal Appraisal of the Hong Kong National Security Law." *Northwestern Journal of Human Rights* 21(1): 43–108.

$\begin{bmatrix} 5 \end{bmatrix}$ 國安教育與留港家長的反抗[*]

呂青湖

一、前言

2021年12月11日，教育局在國家安全教育的框架下，向學校提供了一部有關1937年南京大屠殺的紀錄片，在香港小學一年級（學生年齡約為六歲）的德育課中放映。影片中日本士兵殺害平民、活埋婦女和嬰兒，畫面甚至把學生嚇得嚎哭。有憤怒的父母在Facebook專頁上向一名獨立教育記者報告事件，該學校的家長教師會也表示擔憂，引發公眾在社交媒體上對國家安全教育的討論。不尋常的是，曾被稱為「抗議之城」的香港，儘管教育局只是冷淡回應「歷史就是歷史」，坊間卻沒有任何活動跟進。校方雖向學生提供情緒支援，但沒有道歉。

《國家安全法》第10條規定，學校需要依從國家安全教育政策，在以「中國國家安全」之名而設的特殊日子，如「南京大屠

---

[*] 原文 "National Security Education and the Infrapolitical Resistance of Parent-Stayers in Hong Kong" 在2023年2月1日刊登於 *Journal of Asian and African Studies*, "Special Issue: Hong Kong and the 2019 Anti-extradition Bill Movement." 58(1): 86–100.

殺死難者國家公祭日」，開展相關教／學活動。中國政府於2020年6月30日對香港實施《國家安全法》，以此回應民主派長達一年的反修例運動。除了設立中國人民抗日戰爭勝利紀念日、國慶日、國家憲法日、基本法紀念日、國家安全教育日、五四青年節等，教育局還改革了幼兒園至大學所有科目的課程，把國家安全元素融入其中。此外，除初中現有的15小時「憲法與《基本法》」獨立單元外，還增加了3小時的「增潤部分：國家安全」。曾是高中主科的通識科原本旨在鼓勵批判性思考及支持香港的民主自由（Education Commission 2000: 4），卻被指控「『教壞』細路」（大公文匯網 2020；屠海鳴 2020），現今則被重新設計及命名為「公民與社會發展科」，著眼於國家安全、愛國主義、國家發展和法治精神（Chan and Magramo 2021）。教學指示還禁止教師以批判態度談論國家安全相關議題（Education Bureau 2021: 8）。

在2023年頒佈的《國家安全：學校具體措施——於2023年6月增強版》（下稱《增強版》）中，其建議的國安措施更嚴格：原有指引要求學校設立工作小組或委任專責人員統籌國安、國教工作，但無註明由誰擔任。《增強版》則指明，校方宜委派熟悉學校情況及能領導學校的管理層，例如校長或副校長，擔任專責統籌人員一職。《增強版》要求學校定期檢視圖書館實體和電子版藏書；工作小組需巡視各樓層，確認校園內展示的字句、塗鴉或物件未有涉及危害國家安全的內容。校方須訂立機制，讓教職員及學生得以通報校園內危害國家安全的展示內容。在學校行政的指引中，《增強版》要求校方「持續檢視現行策略和應變措施，

防止政治活動入侵校園」，寫明在若干情況下，學校「須立即報警」（原有指引僅稱「請即報警」）。在「締造平和有序的校園環境和氣氛」一章，列明學校管治機構是「最終的負責人」，須禁止任何人士（包括校內外人士）於學校範圍進行政治宣傳活動，意味校方或遭「問責」。

《增強版》又強調，2022年12月教育局公佈《教師專業操守指引》「適用於所有香港註冊教師」。至於由學校聘任的專責人員或透過外間機構提供的支援服務，包括社工、輔導人員、教育心理學家、言語治療師、職業治療師、物理治療師及護士等，他們的言行亦需要符合社會一般接受的標準，學校管治機構可參考《指引》所訂定員工操守的要求。學校進行採購時，應在招標文件加入「國安條款」，列明學校可以基於「國家安全」而取消供應商的資格和終止合約。這意味著由午膳供應商、小食部、租用影印機到言語治療師等，都要通過政治審查。

根據Chong等人（2021）的分析，本來屬「普世性民族主義」（cosmopolitan nationalism）的教學方向已被簡化成「威權民族主義」（authoritarian nationalism）。

中國本位的民族主義課程，很可能會引起並不特別支持中國的家長反感（尤其是中產家長），因為它與主流教養的意識形態有抵觸。香港家長視保護兒童的純真為神聖的道德義務（Cheung and Lui 2022）。家長為孩子的創造力、靈活思維、批判和獨立思考能力以及學業，投放了大量時間、精力和金錢（Lee 2021）。家長不僅和孩子互動，也和學校緊密溝通，來達致這目標（Cheung and Lui 2022; Vincent 2017）。[1]一如大多發達經濟體系，香港家長也傾向國際化教育，他們理想中的學校會教導其子女對「外國人及文化開放」（Saito 2010: 333）。家長期望孩子變得「文化雜食」、「具國際見識」，並準備好踏上全球化社會舞台（Abelmann et al. 2014; Lan 2020; Lui and Curran 2020; Soong 2021）。

這些流行的教育方針超越了對民族群體的依戀，而注重國家認同感的國家安全教育課程，以及中國對地方和全球問題的看法，與這些方針都扞格不入（Lo and Hung 2022）。但為了培育出服從的公民，國家安全教育「沒有爭論的餘地」（Education Bureau 2021: 8）。而國家安全教育的方向，與家長希望培養孩子批判和獨立思考能力的想法並不相容。有感民族主義課程「洗腦」，又對政府嚴格箝制媒體及言論自由反感，很多香港家長都打算移民（Lui and Curran 2020）。政府、學者、記者都曾經指出家長因香港的社會政治變化而產生焦慮及計畫移民（例如The Economist 2021）。

學術界十分關注香港的移民，然而至今我們對決定留港人士的經歷所知甚少。當教學法和學校課程的變化，與兒童教育一直以來的原則和理想相矛盾時，留港家長如何維持或修改他們的養育實踐？

在Scott（1990: 19）的反抗理論中，從屬團體會運用底層政治（infrapolitics）：即通常在非自由民主的場合下，「不敢以自己名義」

1　Lee（2021）發現不同階層的家長對子女讀書成績的期望沒有差異。最近在發達國家的研究亦指出，不論背景，家長都認為課外活動對子女學業上及非學業上的發展相當重要（Cha and Park 2021; Lui 2013; Vincent 2017）。

來反對當權者的各種低調反抗形式。底層政治如紅外線般，並非明顯或可見的反抗，而是極具創造性，且多為小規模的示威和反抗，來避免與當權者直接衝突。本研究以 Scott 的著作為基礎，解釋家長，尤其是親民主派家長，在政治壓抑時代下教育孩子時，如何在順從和抵抗之間遊走。了解留港人士的策略，有助理解不動性，也可知其與遷移、抵抗的關係，同時勾勒出威權國家中的支配、從屬和不服從。

本文結構如下：首先，我會簡單介紹香港教育領域的背景，以及長期以來它如何成為意識形態建構的戰場。其次，我將回顧有關日常抵抗的文獻，重點關注政治育兒的抵抗方式。第三，討論本研究使用的方法，陳明家長對國家安全教育的疑慮，以及他們應對這些變化的各種策略。最後，我會討論家長的抵抗行為所帶來的影響。

二、香港教育概況與國安法實施前的教育爭議

香港推行 12 年免費教育，小一至中六、就讀公營學校的學童毋需交學費。「直接資助計畫」轄下的學校會徵收學費，但仍受公帑資助。根據香港教育局 2021 年 9 月的統計，85% 小學生就讀於公營或直接資助計畫學校，其餘就讀於私營學校，當中包括國際學校（7%）和其他私立學校（9%）。92% 中學生就讀於公營或直接資助計畫學校，其餘就讀於私營學校，當中包括國際學校（6%）和其他私立學校（2%）（香港教育局 2021）。公營學校的課程由教育

局制定，當局對學生所接受的教育內容有壓倒性的控制權。各級教師的證照乃由教育局發出，當局對教師有生殺大權，但以往極少運用此權力，除非教師干犯刑事罪行，否則不會被除牌。

國家安全法實施之前，香港是個新自由主義半民主的政治實體，而教育一直是相對開放的戰場，其中有教師、學者、家長、工會、學生和不同派別的立法者進行博弈。回歸後，香港的教育也曾經歷不同意識形態的討論，包括西方模式和東方模式（以及其意義）的辯論（Tan 2018）、中文教學媒介跟英文教學媒介的考慮（Morrison and Lui 2000）、以及政治化與非政治化的公民教育等（Leung and Ng 2004）。

在世紀之交、受全球趨勢影響下，教育當局推出了一系列教育改革，旨在實現全面發展，鼓勵終身學習，讓學生具有批判性和探究性思維，創新和適應變化；願意為社會的繁榮、進步、自由、民主而不斷努力，為國家和世界的未來福祉做出貢獻（Education Commission 2000: 4）。其中一項重大改革是讓通識教育逐步成為高中必修科目，於2009年最終確定。通識教育的目的在於讓學生意識到個人、本地、全國、全球背景的當代問題，然而，它也面臨意識形態的爭鬥，批評者認為該科目不自覺地促進學生政治覺醒，導致更多學生參與抗議活動。保守的聲音開始出現。

中共經常強調「革命傳統教育要從娃娃抓起」，為穩固政權必需對下一代進行政治洗腦。而事實上，Cantonia等人（2017）的研究追蹤了經歷中國第八次課程改革（2004–2010）的高中生，發現政府機關編寫的政治課教材有效地提高了學生對政府的信

任，學生比以前更相信中國有民主，同時更加懷疑自由市場。所以，正如Sergei與Treisman（2019）所言，教育成為「信息專政者」（informational autocrats）的重要場域，透過操控資訊及知識，隱藏政治暴力，一方面打壓異己，另一方面得到人們的支持，堅定鞏固共產黨領導的權力。

2012年，香港政府也隨著醞釀對教育界下手。該年五月，教育局宣佈將於九月新學年在中小學推行《德育及國民教育科》。國民教育科原訂的教學目標要求學生「加強和諧團結、關愛家國的情懷」，並增加學生對於國民身份的自豪感。課程教材其中一本由教育局資助、由親中團體出版的手冊（下稱手冊）內容引起爭議，當中形容「中共一黨專政是『進步、無私與團結的執政集團』」，同時批評歐美國家政治失序。又把「唱國歌」和「以身為中國人為榮，有感動流淚的感覺」連繫起來做教案。課程被批評為偏頗及箝制思想自由的「洗腦教育」，有學生及家長團體認為此一課程是中國宣揚意識形態的工具，擔心言論和思想自由受到威脅，因此要求政府撤回課程。

家長和中學生本來沒有特定的代表團體，卻因為關注國民教育而迅速組織起來，當中包括九十後中學生組成的「學民思潮」以及「國民教育家長關注組」等。學民思潮發起靜坐、遊行、請願等行動，要求時任教育局局長吳克儉撤回課程。家長關注組亦收集到逾千人簽名，並集資於報刊刊登聯署聲明，促請政府叫停課程。該份聲明表示，家長最初「隔岸觀火」認為香港政府「不會太過分」，但手冊出版後卻發覺原來國民教育如此「以偏概全、

混淆是非黑白」。家長指出學生的教育應超越狹隘的國族主義，引入與世界接軌的公民教育，並應該客觀持平地教育中國的政經、社會、歷史狀況。

時至2012年7月28日，家長代表與吳克儉會面，卻不歡而散。據RFA自由亞洲電台粵語部報導，其中一名與會家長黎佩盈表示，她對吳克儉在會上的言論感到愕然：「我們拿了其中一本小學一年級國民教育課的書問吳克儉，是否所有內容只教導學生以身為中國人身份自豪或是否一定要愛國？但吳克儉卻左顧右盼，當我們再追問若真不愛國會怎樣？他隨後說：『其實，每年都真的有很多人離開，沒什麼不妥。』」他們除愛自己的下一代外，也愛這個城市，希望香港發展得更好，想不到官員卻說儼如「逐客令」的話（劉雲書2013）。

7月29日，由多個學生、家長、教師組織成立「反對國民教育科大聯盟」，並舉行遊行，估計有超過九萬人參加。據傳媒報導，不少家長帶著不同年齡的小朋友參與遊行，部分甚至推著嬰兒車參與。8月30日，學民思潮發起佔領政府總部以及絕食行動，數以萬計市民前往位於金鐘的政府總部外集會。行動延至9月7日到達高峰，有逾十二萬人參與。時任香港行政長官梁振英終於在9月8日叫停《德育及國民教育科》，交由學校自行決定開科與否。反國教大聯盟宣佈結束為期十日的佔領政府總部行動（美國之音2012）。

公民組織在「反國教」運動中成功迫使政府擱置課程，而家長關注組並沒有在運動後解散。運動結束一年後，家長關注組整

理並發表每間學校與國民教育有關的資料，發現國民教育科雖然被擱置，但其元素卻滲透到其他科目和課外活動。有小學舉辦名為「我是中國人──共建和諧祖國」活動，亦有不少中小學舉辦中國大陸交流團。家長擔心這些內容會「向學生灌輸一面倒唱好的國情」（美國之音 2013）。

「反國教」是香港公民社會一次龐大的動員，「成功爭取」的小勝利更讓參與者充權。往後幾年民間組織持續活躍。由黃之鋒、周庭等中學生領導的學民思潮，後來成為 2014 年雨傘運動的重要推手。反國教運動可說是為雨傘運動埋下伏線。

參與「反國教」這批中學生正是接受通識教育的一代。通識教育科在 2009 年成為香港高中的必修科目，包括六大單元：個人成長與人際關係、今日香港、現代中國、全球化、公共衛生、以及能源科技與環境。它考核學生對當下世情的理解和分析，多角度討論、沒標準答案，不倚重教科書，不鼓勵操練和背誦，設獨立專題研究，也不迴避政治。對接受「填鴨式教育」長大的學生和家長們，算是一大衝擊。

香港考試及評核局曾在 2011 年撰文解釋：「（通識科的考核重點）在於透過真實的社會議題來設問，評估知識、概念的認知和思維能力的應用……社會議題及事件日新月異，而題目設計亦有很多不同的變化，考試也沒有特定的議題內容，即使就同一議題也可能有不同的探究方向，答案當然也不會有任何預設立場或標準答案。所以學生答題時，需要因應每道題目，引用合適的資料，展示相關的思維能力，多角度思考，提出充份理據去闡釋自

己的觀點……。」最終，通識教育科教出的學生卻不符合政權的期望，政權一直伺機整治。

三、支配與家長的反抗

根據這個背景，我們得知教育領域的爭議不斷。對於與他們的意識形態不符的教育政策，家長、學生和壓力團體會用不同的渠道發聲。可惜，在《國家安全法》生效後，政府已能合法拘捕異見人士、控制媒體、學校和箝制法庭的獨立性。現時，香港、中國政府以及香港人之間的權力關係有三個面向（Gaventa 1980）。第一個面向是脅迫和影響。第二則是恐嚇，或 Friedrich（1963: 199-215）所說的「預期反應法則」（the law of anticipated reaction），即被壓迫的一群因為以往屈服與失敗的經驗，預料自己會被制裁，而不會挑戰支配群體（即政府），更可能導致人們自我審查（Guzzini 2013）。第三面向則是支配群體透過信息控制及社會化機構來施展權力，在被壓迫者身上強加以其權力正當的形象、合法性或信念（Gaventa 1980）。若成功的話，無權者會變得逆來順受，甚至讚頌自己的無力。那麼，受制於國安法，教育領域的利害關係人會變得鴉雀無聲嗎？

以內戰前美國及君主專制時期的俄羅斯和法國為例，Scott（1990）認為底層政治由對權力平衡的謹慎認知而生，「支配者永不能絕對控制舞台」（1990: 4）。在定義抵抗之時，他區分了「公開腳本」（open transcript）和「隱藏腳本」（hidden transcript），這個定

義有助了解香港威權政治氣候下還能如何發聲。人們的表現，根據場所和目標受眾，考慮到底是面向家庭成員、朋友、老師抑或是公眾，都會有所不同。當政府和人民的權力差異巨大，被壓迫者偏向按照壓迫者的期望行事，這就是Scott所指的「公開腳本」——透過說話、舉止、行動等展示的霸權公開表現。權力差距愈大，受壓迫者的公開文本就愈會偏向妥協的角色，但會表現得刻板又儀式化。

在服從的表象之下是隱藏腳本——不可在統治者面前表露的私人說話、行為、習慣（Scott 1990）。隱藏腳本是低調的反抗，創造了一個可相對自由表達的空間。雖然隱藏腳本能公開存在，但它們通常會偽裝成民間故事、笑話、歌曲、密碼和委婉語。有實證研究呈現中國的維吾爾族人如何用音樂（Light 2007; Wong 2013）和部落格上的諷刺（Clothey et al. 2016）來表達不服從。俄羅斯人運用藝術、笑話和利用非人物品進行抗議時很有創造力。例如，Fröhlich與Jacobsson（2019）指出在反對2011年國會選舉不公時，有俄羅斯人在主要城市廣場的雪堆上放置了帶有標語抗議選舉舞弊的小玩具人物，也呼籲其他市民自行攜帶。這些100多個「奈米抗議者」（nano-protesters）的照片透過公民媒體和社交網絡在全國廣泛傳播。藝術行動主義者以另一種策略公開批評俄羅斯政府，他們創作了帶有批評信息的橫幅，其外觀與城市公車站的真實廣告海報或劇院廣告牌的大型節目海報非常相似。這些反抗行為，介乎被法律禁止和公開腳本中可被接受的行為之間。運用這些策略可以迴避與專制政權的直接對抗，又容許人們有機會安全

地表達異議。

Mbembe（2001）質疑這種反抗的概念，他認為低調的政治行動不一定會孕育出反抗。然而，根據Scott（1990）的說法，只要被壓迫的人知道世界上還有別種社會安排，並堅持只作薄弱的歸化（順從並接受無可避免的事，但不作同意），那麼人們意識形態上對現狀的否定就有可能改變局勢。

雖然反抗理論被廣泛應用，卻很少研究細看政治育兒（political parenting）這種反抗。作者在此將政治育兒定義為人際之間的政治交流和參與活動，例如關注新聞媒體和鼓勵孩子表達意見（McDevitt and Kiousis 2015）。本文將詢問家長在香港過渡至威權統治的時期如何養育孩子，特別是在教育孩子的過程中，父母會否理所當然地教導孩子順從政權？政治育兒有否反映家長對理念、行為的宰制論述之順從或反抗？又是如何達到的？本文將以「隱藏腳本」來分析家長反抗的方法。

隱藏腳本，或更廣泛地說成是幕後的行動策略，不是從真空中構建的；它們是由兼容或相爭的文化劇目所形塑。作者從政治育兒文獻中總結出，反抗的隱藏腳本劇目，乃是來自流行的育兒和兒童教育意識形態，以及父母和／或孩子的政治經歷。在政治變革的時代，當家長以往作參考的劇目已不再適用時，他們到底如何建構隱藏腳本？例如，在《國家安全法》實施後，某些科目的成績會取決於兒童的答案有多接近掌權者的「正確答案」。然而，國家安全教育既以中國為中心，又是不能爭論的，家長的養育理念卻是希望教出一個國際化的批判思考者，兩者可能互相違

背。因此，與以往不同，在後《國家安全法》的世界，學業成績與批判思考不能並存。

此外，香港由半民主過渡至威權主義，並非一朝一夕的事，即使孩子沒有親身經歷過政治事件，他們仍會接觸到與家長共有的回憶及一些有意義的故事。這些基礎雖然常被重構，但仍提供了社會化兒童的隱藏腳本劇目，令家長在面對國家威權把思想強加於下一代時，可以重新配置策略。

作者使用「政治育兒」而非「政治社會化」——這個在傳統上被理解為，把政治理念「有意或無意地」(Jennings et al. 2009: 792)傳給兒童的說法——並不是要否認政治理念可以傳承，但希望強調父母有意識地採取一套養育方法，包括回應和認可孩子對於政治的潛在興趣 (McDevitt and Kiousis 2015)。更重要的是，作者把對兒童的政治教育，構想為在不公平的環境下，一個爭辯、反抗的場所及工具。正規教育機構最近強加權威的意識形態及論述到學童身上，卻違反了以往的養育、教育理念的劇目：由培育批判性的青年、獨立思考者、地球公民，變成製造出服從、忠誠的中國愛國公民，這種在教育上劇烈的改變，很可能會導致家長反抗，至少作出低調的反抗。本研究反映的正是政治育兒作為低調反抗力量的例子。

四、研究方法

本研究採取深度訪談形式，訪問了49名在港市民，其中23

表5.1 本研究訪談之受訪者資料

化名	子女年齡（歲）	政治聯繫	反對逃犯條例修訂草案運動的政治參與程度
1.Vera	8	親民主	頻繁參與
2.Loretta	8	親民主	頻繁參與
3.Angela及George	6	親民主	頻繁參與
4.John	6	親民主	頻繁參與
5.Hazel	2, 6	親民主	頻繁參與
6.Ken	6	親民主	經常
7.Candice	3, 7	親民主	經常
8.Wendy	1	親民主	經常
9. Yoyo	5, 7	親民主	經常
10. Charles	8	親民主	經常
11. Bella	8	親民主	兩次大型遊行
12. Ben	6	親民主	兩次大型遊行
13. Ophelia	3, 6	親民主	兩次大型遊行
14. Celia	7	親民主	一次
15. Jenny	14	親民主	一次
16. Crystal	10	親民主	沒有現場參與
17. Fanny	6	親民主	沒有現場參與
18. Amy	5, 7, 10, 12	親民主	沒有現場參與
19. Simon	10, 15	親民主	沒有現場參與
20. Danny	5	親民主	沒有提及
21. Mandy	5	中立	沒有參與
22. Kaden	9, 12	中立	沒有參與
23. Uri	6, 8	中立	沒有參與
24. Yuna	1	中立	沒有參與
25. Pansy	6	中立	沒有參與
26. Josie	11	中立	沒有參與

註：沒到場參與示威的人並不等於沒有參與，他們可能透過其他方式參與，如捐款、投票給支持示威的候選人、在網上論壇討論及說服政見不同的親友。沒到場的人理由是要照顧孩子、工作忙碌及身體孱弱。

名近期剛移民或計畫在不久後移民，另外26名留港者則沒有在兩、三年內移民的計畫，本文將聚焦在後者。表5.1列出了受訪者的資料，全部受訪者皆育有一至十五歲的子女，而社會經濟背景則各不相同。

26名留港者中，20名是親民主派，在反對《逃犯條例》修訂草案運動各有不同程度的參與；6名為中立。他們對政治採取的姿態與行動，由他們的自我認同及訪問內容來確認。由於研究目的在於了解家長對國家安全教育的反抗，因此沒有訪問國家安全教育的支持者。中立人士雖然沒有強烈的政治觀點，但也可能對教育改革如何影響小孩的發展有意見，因此也納入訪問對象之中。[2]受訪者主要由作者和研究助理有緊密聯繫的人，透過滾雪球抽樣招募。

訪談於2021年3月至2022年1月期間，透過面對面或在Signal視訊進行（有端對端加密功能）。所有訪談都在《國家安全法》2020年7月生效後進行。期間，通識科改換為公民與社會發展科。2021年3月，政府宣佈，自2021年9月起，所有學校必須推行國家安全教育。政府起訴民主派人士及新聞媒體，導致一些政黨、非政府組織、壓力團體、新聞媒體結束營運。在這緊張的政治環境之下，人們對不熟悉的人並不信任，令本研究難以招募受

2　至今，仍沒有一個對國家安全教育的全港性公眾意見調查，不過香港民意研究所（2020）曾調查過公眾對《國家安全法》的意見。調查發現回應者中只有5.9%是中立（一半半）；34.3%認同或部分認同《國家安全法》；56.5%反對或部分反對《國家安全法》。然而，並非所有回應者都是兒童的家長。

訪者。和作者以往的研究比較,較多人拒絕本研究的訪問邀請,「現時這個議題太敏感」是主要原因之一。

在同意接受訪問的人中,與作者過去同一研究主題的受訪者相比,這次的受訪者明顯更害怕分享自己的政治理念與觀點,以及他們過去和現在的政治行為。受訪者對政治議題特別小心,在訪問中,他們可能會自我審查,或是以隱喻和嘲諷來表達想法,以便掩飾自己的不服從;有些受訪者在批評中國、政府,或共產黨後,都會補一句「我堅定愛國愛黨」來掩護自己;有些則花很長時間來選擇措詞,來淡化言論,避免麻煩;亦有人即使在家也會擔心隔牆有耳。

訪談主題包括人們的政治觀點、政治行為、政治育兒(即父母會否以及如何與孩子討論政治概念、時事、政治事件以及香港與中國的歷史)、育兒理念和實踐,及他們當前和未來如何應對政治變化。所有採訪都經錄音和抄錄(加密),通過開放式編碼及仔細反思進行分析。為確保受訪者的觀點得到正確反映,作者不斷翻看訪談指引、受訪者的回答和分析,亦特別注意他們在字裡行間表達的邏輯及感受。為確保對他們所運用的隱喻、引用、成語及流行用語有充份理解,作者也會進行驗證。

五、政治氣候、國家安全教育與家長的焦慮

雖然香港政府和建制派組織經常強調國家安全教育深得人心,但沒有統計顯示家長對國家安全教育的支持度如何。公開表

態支持國民教育的家長，寥寥可數。在一所中學舉辦的國慶升旗禮上，有父親帶同子女出席，表示期望透過活動讓準備升中學的女兒感受國慶：「做個盡責任的香港人，為祖國付出並感到光榮。」他又問女兒是否感到開心，女兒回應：「你說我開心便開心吧」（曾凱欣 2021）。

在同一活動上，有母親帶同就讀幼稚園的女兒參加，表示活動非常難得，「在學校一起唱（國歌），感受不一樣」，期望活動讓女兒「作為中國人從小知道何謂國慶」。女兒亦表示，很開心可以參與活動，「看到紅色、好美的國旗」，又表示曾於幼稚園學習唱國歌（曾凱欣 2021）。

這些親中媒體的報導，有多少成分是面子工程，有多少人是真心歡迎國安教育的，實在不得而知。不過，《國家安全法》生效後，家長用腳投票，離港人數可反映人心。香港政府統計處（2022）的數字顯示，在 2022 年有 6 萬香港居民淨移出，人口約為733 萬人，是自 2019 年以來連續 3 年下跌。2021 至 2022 年度，中學生退學的人數為 4,460 人，平均每所中學有 32 人退學，比之前兩年的數字飆升 1.7 倍（香港中學校長會、香港學生能力國際評估中心 2022）。筆者也在別的文章指出，愈多參與反送中的家長，愈會想移民（Lui et al. 2022）。

香港政治氣候變得緊張又陰沉。受訪者說香港再無公眾示威，有些人甚至不再在公開場合（不論網上抑或是現實中）評論政治。除了要監察自己的言論，孩子必須接受國家安全教育一事，也觸動了大多數香港父母的神經，尤其是親民主派的父母。

他們斷言自己所認識的香港已死：「這一天終於到了，其實也預料得到，不過沒想到來得這麼早。」

由於不滿香港的政治環境，不少受訪者逃離香港，但也有人決定留下：有些走不了；有些則怕找不到和香港相近的工作；有些因為家庭原因，例如要照顧長輩而留下；數對夫妻提及在離去與否問題上，未能達成共識；有些則單純認為移民太花心力，而且要適應外地生活也很難。

然而，很多受訪者仍心繫香港，對他們而言，若自己「政治流亡」的話，對那些在反修例運動時盡心盡力為香港而戰的人並不公義。一名育有五歲及七歲小孩的母親說：「我太固執了，沒法離開這個家，因為我不明白為何是我要考慮離開。」她引用了《國家安全法》生效前的流行言論：「如果（中國政府和親中香港人）不喜歡我們的家和習慣，想擁抱另一個制度的話，那他們應該離開……不要管我們。而不是我走。」

國家安全教育影響到所有育有學齡兒童的受訪者，這項新措施旨在加強年輕人的國族認同、責任感以及國家安全意識，在大眾媒體、街頭廣告、海報，及學校中隨處可見。有幼稚園兒童的家長表示近期學校有一支新的旗隊，每個星期都有升旗禮。有關中國和國族認同的課程早已開始，有家長指出小學的第一堂音樂課就要學唱中國國歌。課程變得更重視中國、中國歷史、中國共產黨及最新版本的《基本法》，政府也會為重要事件，如南京大屠殺，提供補充教材。亦有家長發現當歷史教科書及「工作紙」[3]提到鴉片戰爭時，只會從中國的角度出發。例如：香港中學中國

歷史科由 2020 年 9 月起陸續在各級採用新課綱。《明報》從兩間出版社送審的新版教科書中，發現它們對鴉片戰爭的描述，對比舊版有明顯差別。新版刪除了清廷的貿易限制、中英兩國貿易失衡的背景；刪走清政府「以天朝大國自居」、「閉關自守」等負面描述，直接以英商輸入鴉片作為戰爭背景的起點。又特別在備忘錄提醒教師：「雖然英國不滿清廷實施多種貿易限制，要求改善通商條件不果，但這些問題與鴉片戰爭的爆發沒有直接關係」（明報 2021）。

其中一名受訪者指她女兒的中學有一節特別課堂，在該課堂上，校長會和學生討論理解社會議題的「正確方法」，例如校長會讚揚中國政治體制的美好，並突出美國政治體制的問題。在一極端例子中，有中學老師甚至會標籤沒有接種新冠疫苗的學生為反建制，這些學生都要額外上「紅色課堂」（愛國課）。

在這些情況下，家長評論這新科目「洗腦」、「非常狹隘」、「扭曲」及「愚弄市民」，連政治中立的家長，也同意課程「偏頗」及「片面」。[4] 當受訪者說起最近政治和教育的變化，以及這些變化會如何損害孩子的發展時，時會嘆息、沉默，和表達出無力感。他們擔憂自己的小孩會「缺乏批判及獨立思考的能力」、「是非不分」、「不懂尊重他人意見」，也「不會組織自己意見」。不過，育有較年長兒童的家長，則認為他們的孩子經歷過反修例運動，因

3　即台灣的「學習單」。

4　雖然無政治立場的家長也可能對國家安全教育持批判態度，但他們認為國安教育是無可避免的。因此，他們會盡量讓子女不要牽涉到政治討論或行動。

此不會這麼容易受騙（Yuen and Tang 2021）。有時，較年長的孩子更會和父母在家中取笑課本或教材中的論點有多荒謬。

六、香港政治育兒及家長的底層政治

反修例運動是香港史上歷時最長、範圍最廣的政治運動，遍佈全港的街道、商場、車站、公園等。孩子們必然目睹各類型的示威活動，激發他們提問有關政治的問題。有受訪者平時就和孩子們討論，亦有受訪者會帶小朋友參與遊行，並解釋為何要杯葛某些商戶。而且在運動的初期（6-9月），遊行多數在週日進行，也是學童暑假期間。照常理，這些都是親子時間。於是，有一些活動的目標在於讓親子一同參與（圖5.1、5.2、5.3）。

Candice，[5] 一名三歲及七歲小童之母，本身也是一名老師，她如此解釋為何要帶孩子參與反送中遊行：

圖5.1 守護孩子未來 親子集會／遊行
圖片來源：SocREC社會記錄頻道 Joe Chow攝。

圖5.2 親子遊行

註：遊說家長參與活動的海報：（左）守護孩子未來：親子集會／遊行 #和理非集會 #兒童都可以發聲 #親子活動 #今次帶埋仔女上街去（右）多謝父母——你們帶著小孩一起來到連儂牆前，寫下一張張打氣標語，更一起參與遊行。因為你們的通情達理，讓我們知道擇善固執、明辨是非，是從小就需要銘記於心之教訓。

圖片來源：「守護孩子未來 親子集會／遊行」Facebook（現在已消失）。

圖5.3 SocREC 有關家長帶小孩參與遊行的報導

註：2019年8月10日，家長帶小孩遊行反對送中條例。標語牌寫著：「哥哥，姐姐，多謝你！你地係我既偶像！」

圖片來源：SocREC社會記錄頻道Joe Chow攝。

　　我帶過小朋友去數個合法、和平的反修例運動遊行，我向大兒子解釋，我們要有批判思考——不是所有警察都是好人。我向他解釋，是政府不聆聽市民的聲音，利用警察作為工具，來鎮壓示威者，來毆打年輕示威者。

　　當然，家長帶孩子上街各有原因，其中之一是因為運動強調民主價值及批判思考，和家長在反修例運動之前的想法不謀而合，家長原本就希望培養孩子的認知發展、批判思考及多角度分析等能力。可惜，家長們都感嘆說，在運動後期的衝突較為頻繁，而且有小朋友吸入催淚煙、或目睹警方猛力鎮壓。所以大部分的受訪者在反送中後期沒有帶小朋友到現場。這跟Cheng（2020）形容家長們的兩難類似：一方面家長希望孩子成為社會中知情的參與者，但是他們也要保護孩子免於危險。於是，部分受訪者雖然會堅持出席示威活動，但是他們把小朋友留給家人或幫傭照顧，因為他們對運動還有一絲期盼，認為這場抗爭是香港爭取民主的最後一役，也是為孩子的未來帶來自由的希望。

七、培養表面順從的批判思考者

　　經歷《國家安全法》實施及打壓浪潮後，曾熱衷政治的留港家長偏向說：「唯一可以做的就是催眠自己，不要說，不要想，

5　所有名稱皆為化名。

做隻『港豬』」（Hazel，育有兩歲及六歲孩子的母親）。同時，當涉及政治時，他們不得不改變以往的育兒策略。Hazel說：

> 我常勸女兒不要在公開場合講政治。有次我們在餐廳食飯，我的六歲女兒突然說：「媽媽，我們是黃的！」[6]我嚇了一跳，瞪著她，噓了她一下，說我們沒顏色的！[7]

習慣和丈夫走在前線的Hazel會讓孩子了解政治議題，有時並非故意，只是夫妻之間或與志同道合的親友討論政治時，孩子都會聽到。然而，在公眾場合，她會讓女兒不要作聲，迎合霸權論述。儘管行為與理念自相矛盾令家長感到不安，但他們非常清楚，對他們和孩子來說，表面順從政府是很重要的，「我還可以怎樣？」似乎是這些家長的共同心聲。

表面上，沉默意味著屈服、恐懼和警戒，然而，作者看到了在權力面前不能說的幕後話語和行為。曾在反修例運動中帶著當時三歲孩子上街抗議的學校老師Ken說：「現在我覺得自己生活在新疆，我只是隨波逐流，苟且偷生。」他曾讓孩子看不同立場的新聞報導，因為他相信這樣能培養孩子的批判思考和從多角度看事件的能力。他觀察到自己在育兒方面的改變：

6　指親民主派。
7　指沒政治立場。

現在我仍然敦促他，要對所看到的一切都持批判態度，比以往更甚。我也提醒他不要屈服於權威。而且，現在很難找到親民主一方的說法，我必須比以前灌輸更多給他，以及過濾偏頗的報導。

為了抗衡國家安全教育，他教兒子「（不要）對功課太認真，不要因為成績而退讓，也不要對老師說的話照單全收」，他提醒兒子在學校時對政治有疑問的話，可以留到回家才問父母。他的策略有違中產階級父母重視成績和取悅老師的慣常做法。

Ken雖然看似在抵抗，但他仍不忘教兒子公開腳本，他補充：「我現在會教兒子多一件事：把真實感受藏在心底。」他的策略正是留港家長的典型做法，大原則就是「學校教學校的，回家後，我們就會教我們認為是正確的事。」Ken提出了一個例子：

在國慶日，兒子回來和我分享學校的慶祝儀式，我說：「有一群人因為中國共產黨統治而開心，如果你也覺得興奮，你可以表達你的快樂，但如果你不覺得，你可以只看升旗，不一定要感到快樂。」

父母將孩子重新社會化，一方面要表演儀式化的公開腳本（觀看升旗並保持沉默），另一方面隱藏腳本則是要批判思考。身為活躍示威者及六歲孩子父親的John說：

我們現在能作的唯一抵抗，就是對中共作邏輯上的抵抗。
我們要警惕所有不合理的事件，例如立法會選舉，甚至拿來
開玩笑。我們不應習慣社會不公義，最重要的是，我要教女
兒那不是一個真正的選舉。……我特意買了一套四本有關民
主的書[8]給她，教她什麼是民主，以及一個民主的政治制度
應該是怎樣的。

John對女兒的課本、教材，以及她日常課堂上遇到的事，
都十分關注，以便他盡快「修正」女兒「不當」的觀念，但他如
Ken一樣，都會提醒女兒在學校不要作聲，甚至裝傻。

有些受訪者樂觀看待他們的策略，以及孩子具創造性的反抗
能力。Angela和George表示他們的女兒把來自學校、傳媒及父
母的資訊，全都當成是無害的，她會唱一下〈願榮光歸香港〉（在
家中學到的香港示威頌歌），又唱一下（在學校學到的）中國國
歌，彷如一個混音版本。Loretta自信地表示幾乎沒可能洗她八
歲女兒的腦，因為女兒經常和她一起出席政見一致的朋友聚會。
她說：

有一日女兒放學回家，告訴我學校向學生介紹國歌。有一
段是「把我們的血肉，築成我們新的長城。」女兒反射性地
說出了一句聽起來很純真的話：「吓！如果是用血肉築成的，

---

8 《什麼是民主》、《關於社會分層》、《這是獨裁》、《男生與女生》。

那一定很臭！」所有學生都笑了，除了中國大陸的學生，因為他們認為這是侮辱長城的評論——長城可是歷史上代表中國輝煌時期的重要建築。其實老師心知肚明，小孩子不會理解什麼是民族，他們對中國沒有任何依戀，終究會說出這些愚蠢又天真的說話。

八、抵抗國族化並在移民夢中擁抱普世價值

在訪問中，留港家長仍未放棄離開的想法，雖然通常聽起來是因為當下情況難以容忍，他們才把之視為逼不得已的手段。另一個由家長建構的隱藏腳本，則是要把孩子培育得更國際化、世界化，而非專注在國族化的課程。John解釋具備全球視野及尊重他人文化的重要性：

> 我絕對不會讓女兒與世隔絕，要她知道很多中國以外的國家都是「正常」的。國家安全教育目的是要提供一個狹隘的視角，即中國的視角。他們要訓練人民成為「小粉紅」，對外國的任何人事物都抱有敵意。這樣的話，我女兒未來如何和世界接軌？我當然要幫她作好與國際社會接軌的準備。

有些家長把小孩送到國際學校，讓他們減少接觸國族主義元素。[9] 不過，大部分家長沒有這個選項，因為學費高昂。如前文所述，香港就讀於國際學校的小學生和中學生，分別只有7%和

6%。育有八歲小孩的單親媽媽Bella最近失業，她認為自己為規避國家安全教育而下的決定是正確的：

> 我認為兒子的世界不應過份以中國為中心，我一直為他探索世界作準備，但我當然付不起錢送他唸國際學校，所以我為他選了一家充滿來自不同國家少數族裔學生的學校，他可以學到其他人的文化，以及尊重差異。至少，未來若他到外地讀書，見到不同種族的人，不會用刻板印象去看他們。老實講，在那些學校，少數族裔都不懂中文，他們根本不明白國家教育（笑）。

大部分孩子在本地學校讀書，但他們並非與世隔絕；他們會接觸國際新聞媒體和YouTube，如此在學校以外仍然可以學習文化和政治。不少家長表示只要網際網路（互聯網）繼續相對開放，他們仍可以為子女到外地的未來作準備。

這種培養孩子國際化來為離開香港作準備的因應手段，很大程度源於他們的政見、育兒理念，也源於無力感。所有留港家長都提到他們希望離開，或至少把子女送到海外。然而，多數人說

---

9 國際學校其實也不免於國家安全教育的影響。香港教育局通告第3/2021號《國家安全：維護安全學習環境 培育良好公民》指出：「原則上國際學校……有責任協助學生（無論其種族或國籍為何）正確及客觀地理解及認識國家安全概念與《香港國安法》，建立守法的精神。」官員也曾到校視察落實情況。這意味著國安教育已透過課外活動或其他形式滲透國際學校，校園內亦杜絕任何違反《香港國安法》的教學和活動。

到離開，仍是含糊的：他們不知道去哪裡、什麼時候走、誰走，他們既沒有準備也沒有持續的動力去尋找有關移民的資訊。有些人沒錢沒資源，有些人則未和伴侶、家人達成離開的共識，也有少部分人指出，不肯定政治打壓到多嚴峻才會決定離開。有一家長承認「移民只是我和丈夫的一個話題，討論過後我們就去睡，然後發個好夢。」但移民夢讓他們保持清醒，同時也為反抗國族主義教育的隱藏腳本增添意義，那就是要培養孩子國際化。

九、重構家長對國家安全教育的異議

儘管作為《國家安全法》實踐的國家安全教育，推行前並沒有諮詢過學校、家長及教師工會等重要利害關係人，但一直沒有街頭示威表達反對。這反應和2012反對德育及國民教育科示威形成極大對比，而明明德育及國民教育科改革遠比國家安全教育小得多。

在2012年，有公眾示威、靜坐、絕食、集會，以及罷課，超過二十個組織參與，然而在國家安全教育推行之時，根據新聞媒體資料，只有香港教育專業人員協會、香港市民支援愛國民主運動聯合會、數個民主派議員及校長對議題稍作評論。所有反對國家安全教育科的老師、家長及校長，皆以匿名身份接受採訪（金蕊2020）。

即使是最輕微的批評，也有違公開腳本。然而，家長並沒有反對國家安全的霸權意識形態，而是利用另一種主流論述——

「童年的天真和脆弱」——來抵抗國家安全教育。當小至六歲的兒童要看南京大屠殺的片段，家長團體和首位報導的記者都沒有挑戰歷史的真確性，或教授這主題的價值（因此沒有挑戰《國家安全法》），他們理所當然地認為「學校也是為勢所迫」。在電子媒體上，家長投訴片段令孩子有陰影，批評老師「忽視兒童在觀看殘忍血腥片段時的恐懼」，也質疑教育局與校方的做法為「仇恨教育」、「由小學就植入報仇心態」（端傳媒 2021）。

　　小孩是脆弱的，而他們的純真是神聖的，因此父母有責任從「成人」社會現實中保護兒童——人們利用這種根深蒂固的意識形態，重新包裝他們說出口的不服從。國家安全教育的合法性未被挑戰，但利用這種具有「無懈可擊的道德地位」的童年論述（Duschinsky 2013: 764）使家長稍離題但公開的反抗得以正當化（儘管不是以街頭抗議的形式）。

　　另一項要注意的是，在傳媒上說故事的父母，姓名都不詳。匿名在互聯網上較可行，因此網路可成為一個數位匿藏空間，作為避免政府報復的保護罩（Yang 2009）。一位獨立記者報導Facebook專頁「家長Secrets」一則匿名貼文時，在最初的報導中，記者已說明自己沒有向學校求證過事件的真偽，請讀者自行判斷。如此看來，這報導只是一則傳聞（Scott 1990），那麼誰要為散播這傳聞負責，就變得不明確。當學校的家長教師會表達關注時，到底是一個家長投訴，還是很多家長投訴，也無從得知。

　　總括而言，主要政治育兒策略——訓練子女成為表面上順從的批判性思考者、為他們成為世界公民作準備及用去政治化的語

言來重新包裝不滿——勾勒出對抗權威的底層政治反抗。雖然沒和威權政府正面衝突，但家長並不相信新的課程可令孩子進步。然而因為現實原因及家長對香港的情感牽絆，他們並沒有離開香港。移民是一個推動他們繼續前進的夢，特別是對那些不相信政府會自行改革的人而言。這群香港人以移民為退路，保持反抗心態，否定有權勢者的宰制意識形態，並以匿名和非政治化的方式反抗，避免受到報復。有些家長希望對霸權意識形態的否定，能在某天將出現的政治能量及公開反抗中派上用場。John認為：「我不相信極權能長久，它能保有權力，只是因為能讓不同利益相關者在經濟上得益，但我不相信共產黨這一招可以用很久，我在等它瓦解。」他們現在的任務，就是要留下來忍受，教化下一代香港人繼續反抗，不要忘記。

十、「國家安全教育」實施一年後

「國家安全教育」實施一年後，家長所擔心的「洗腦」、「偏頗」及「狹隘」等情況有沒有出現？香港立法會教育事務委員會在2022年10月公開的「支援學校及教師貫徹落實國民及國家安全教育的工作」報告（下稱報告），鉅細無遺報告了過去一年的國安教育工作，以及未來一個學年的相關規畫，包括學校行政、校本管理、教育指引、辦學團體、校董培訓、問責機制、聯校活動、家校合作、教學資源、教師專業操守、入職培訓、在職培訓、職前培訓、專業交流、內地交流等。

在「加強家校合作」方面，所有公帑資助學校每年會為家長舉辦一項或以上與國民教育有關的活動。前文所述的「升旗禮」成為常見的親子活動，旨在加強學生的國民身份認同和民族自豪感，以及維護國家安全的意識。針對「教師專業操守」，由2023至2024學年起，受聘於公營學校、直接資助計畫學校及參加幼稚園教育計畫的幼稚園教師，必須通過《基本法》及《香港國安法》測試。簡單而言，即是所有以公帑支薪的教師均在其中。教育局亦會於推出教師專業操守指引，附錄之中包括教師違反專業操守的個案，說明教育局採取的行動及考慮因素；檢視教師的註冊時，亦會以此作為參考：「教育局作為教師註冊機構，一直嚴格把關，確保適合及適當人選出任教員，並繼續按照《教育條例》和既定程序嚴肅處理每宗涉及教師失德或違法的個案，查明屬實後作出適當懲處，不枉不縱。」

以往教師在香港是一份超穩定的職業，常額教師的去留並不受學校管理層或個別教育局官員的喜好而左右，亦不曾有教師因為教學能力而被除牌。除非被判刑事罪成立，否則常額教師難以被革扯。自2019年後，這情況已不復再，有教師因為政治理由被除牌。在《香港國安法》的規定下，除牌的步驟制度化，出師有名地去除政府不喜歡的教師。

香港教育局2022年8月的資料顯示，自2019年起，有30名教師被除牌。教育局文件提到違反專業操守的個案中，一名教師在初小班主任課故意提起「具爭議性政治事件」，並叫學生自行在互聯網尋找資料；另一名教師則在社交媒體上傳帶有強烈政治

觀點的發言。這二人獲發譴責信（香港政府 2022）。

　　早在 2020 年 10 月，教育局就以「嚴重專業失德」為由，取消九龍塘宣道小學一名教師的註冊，指該名教師在其設計的校本教案、教學材料及學習單「有計畫地散播『港獨』信息，這並不符合香港特別行政區在《基本法》下的憲制和法律地位」。涉事學習單題為「不能逾越的紅線」，當中提及「港獨」、「言論自由」等議題。教育局又指他不是一時疏忽，「而是有計畫的行為，而當中不少內容屬扭曲和偏頗，對學生構成嚴重的損害」，成為反修例運動以來首名被除牌的教師。該校校長、副校長亦因為「監管不力」獲發譴責信。事件震驚香港教育界（胡家欣、鄺曉斌 2020）。

　　2020 年 11 月，嗇色園主辦可立小學有教師在網上教學影片中稱，英國「為消滅鴉片」向中國發動戰爭；講述中國四大發明

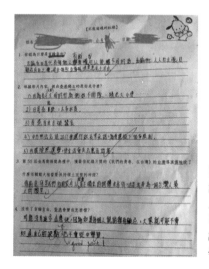

圖 5.4　導致教師被除牌的學習單

註：早在 2019 年 9 月，《大公報》已報導網上流傳一張來自宣道小學的學習單，題為「不能逾越的紅線」，當中有關「港獨」、「言論自由」等議題；該報導又指，老師曾要求學生不可帶該教材回家。

中的造紙術時,將古人研發紙張的目的,說成是代替龜板、動物骨頭等做記錄以「防止動物絕種」。教育局表示該教師的教學「嚴重錯誤、欠缺擔任教師的能力」,非出任教員的適合及適當人選,故取消其教師註冊(胡家欣、鄺曉斌 2020)。

「支援學校及教師貫徹落實國民及國家安全教育的工作」報告內的「2022至2023學年國民教育活動規畫年曆」寫明,每年規定有十八日必須安排國民教育學習活動,除九一八事變紀念日、烈士紀念日、國慶日、國家憲法日、南京大屠殺死難者國家公祭日、全民國家安全教育日、七七事變紀念日等國家紀念日外,還加入了中共建黨102周年和解放軍建軍節等黨國色彩濃厚、以往香港人不會注意的日子。曾在香港考試及評核局擔任評核發展部經理的楊穎宇[10]認為這顯示「黨化教育全面滲透香港教育」,他讀畢報告的感覺是:「國安教育的布置是見縫插針,滴水不漏」。而「國安教育」只是一種委婉語,其實就是要以高壓手段打造一言堂,在學校鼓勵寧左勿右的新文化。在「荃灣聖芳濟中學升旗禮事件」中批鬥學生的新風,便是學校管理文化受國安法踐躪的惡果(大紀元 2022)。

2022年10月5日,荃灣聖芳濟中學有14名學生,因為在升旗禮播國歌期間被指仍在吃早餐和未有站立,被副校長斥責是「違反國安法」,罰停課三天,事件引發社會譁然。香港教育局學

---

10 2020年香港中學文憑試歷史科其中一條試題:「日本於1900至1945年對中國帶來利多於弊,你是否同意此說?」考評局在教育局要求下,最終宣佈取消此試題。楊穎宇捲入其中,被迫辭職,現居英國。

校行政手冊列明「在多次告誡及通知該學生的家長或監護人後，仍沒得到改善，才可下令停課。」校方的做法明顯是過猶不及。事後其中一名涉事學生匿名接受媒體訪問，表示因疫情停課太久，事發當日是該學期首次升旗儀式，老師又未有提醒，才會「違法」：「當時感到震驚，不知道發生什麼事，其實已經準備站起來。」對於校方處分，他覺得「當是放假，反省一下也不錯。」但他表示中六學業繁重，停課三日學習壓力較大，對日後的早會將認真對待。唯沒有家長就事件公開表態（劉夢婷 2022）。

十一、結論

香港經歷了一場劇烈的政治轉變，由一個半民主、高度自治的政治體制變成威權政府。如此一來，以往的「抗議之城」，在《國家安全法》推行後，也變成了一個「和平」的城市。本研究勾勒出在順從的公開腳本之下，我們還是不應忽視被打壓的一群所作出的反抗隱藏腳本，特別是透過政治育兒，家庭成為了反抗的空間。同時，網路已成為家長反抗的閾限空間，使他們在面對強加於孩子身上的新宰制意識形態時，可以重新包裝公開反抗。政治教育是支配與反抗之爭的空間，也是對政治變革前後意識形態衝突的回應。

這項研究有助理解隱藏腳本劇目，在此之前對該主題的研究不足。以香港為例，作者勾勒出隱藏腳本是由前《國家安全法》時期的劇目演變出來，當時的育兒及教育意識形態（包括學校教

育）是重視全球價值、高階思維技能，並結合了香港開放的政治文化。這些劇目啟發了隱藏腳本，因此當教育改革違背了這些價值（即使對無政治立場的家長而言），家長會把孩子社會化，成為按學校要求行動的默從批判思考者，但透過家長灌輸、閱讀外媒及與政見相同的朋友對話，家長繼續鼓勵子女保持批判思維，只是把政治及批判的意見留在心底。

此外，政治環境的改變令一些家長放棄了以往部分的教育理念，例如他們不會為了在本地教育制度脫穎而出，而著眼於在國家安全教育取得好成績。在子女的教育上，作為反抗手段，家長比以往更向國際靠攏，而非融入新的威權香港。移民及送子女出國的夢想，不但給予家長希望，在他們為子女準備出國探索的過程中，同時也在反抗正規教育課程中的宰制論述。然而，基於他們的經濟、家庭及個人限制，這個移民夢未必每位家長都能夠實現。

在有關反抗的討論中，Mbembe（2001）悲觀地指出並非所有反對宰制論述的底層行動都能算是反抗。不過，我們看到家長有意地或無意地依靠另一種主流論述——保護孩子免受心理傷害的道德義務——來挑戰國家安全教育的教材。儘管未能推翻教材或國家安全教育，但將敏感議題轉化為一些非政治化又低調的動員形式，顯示了家長的反抗。這案例表明，即使有嚴格的政治監控，使《國家安全法》相關抗議活動被禁，但政治反抗並非不可能。

本研究的一個限制為：分析主要著眼於青春期前兒童的家長之經驗，但作者發現一些育有青少年的家長，亦有相似之處，例

如這些家長會私下和子女討論政治，但提醒子女在學校不要談政治。雖然國家安全教育對高年級學童更嚴格，但青少年的家長，卻似乎不如育有幼小兒童的家長般緊張。他們聽起來非常有信心，認為青少年經歷過2019年至2020年，較難被洗腦，因此訪問時，對他們政治育兒方針的討論也較少。除了家庭以外，教育無疑是另一個抗爭的場域。作者在另一篇文章亦提及老師在國安教育下初期的抵抗和老師與學生之間的默契（參見Lui 2023）。然而，因為作者並未訪談青少年，可能會低估了青少年回應國家安全教育的能動性。此外，這些訪談是在2021年至2022年之間進行的，尚屬國家安全法教育實施的早期階段。目前，我們不知道這對孩子長期的影響有多大。在關於信息專制的中國研究中，似乎這種控制相當明顯。未來針對情勢變化的研究將對理解威權國家中的壓迫和抵抗非常有價值。

參考書目

大公文匯網，2020，〈香港通識課是怎樣「教壞」細路的？〉。《大公文匯網》，https://reurl.cc/6Nl2ok，取用日期：2021年12月15日。

大紀元，2022，〈港僑誌　楊穎宇　無一倖免的國安教育〉。《大紀元》，https://bit.ly/3YEEEto，取用日期：2022年11月2日。

文海欣、鄭日堯，2020，〈「反送中」以來首例教師釘牌　DQ魔手伸至教育界〉。《RFA自由亞洲電台》，https://bit.ly/3yD60FE，取用日期：2020年10月6日。

明報，2021，〈中史書刪鴉片戰爭清廷負面描述　有教師嘆不容多角度論述　涉民族主義事件「錯是對方」〉。《明報》，https://bit.ly/42Jn0rQ，取用日期：2021年4月5日。

林劍，2022，〈宣道小學教師釘牌｜葉建源批教育局濫權　無予涉事教師當面解釋〉。《香港01》，https://bit.ly/402tPTo，取用日期：2020年11月8日。

金蕊，2020，〈香港舉報潮下的通識老師：從自我審查，到成為「國安教育」的一顆螺絲〉。《報導者》，https://reurl.cc/rLo2Yy，取用日期：2023年3月31日。

美國之音，2012，〈年終回顧：香港反國民教育運動（上）〉。《美國之音》，https://bit.ly/2FjakP7，取用日期：2012年12月24日。

——，2013，〈關注組：香港國民教育元素滲透教學和課外活動〉。《美國之音》，https://bit.ly/3mKMzIs，取用日期：2013年11月30日。

胡家欣、鄺曉斌，2020年，〈可立小學教師遭釘牌　曾涉鴉片戰爭教學爭議　常識科主任收譴責信〉。《香港01》，https://bit.ly/40biP5K，取用日期：2020年11月12日。

香港中學校長會、香港學生能力國際評估中心，2022，〈學生退學及教師離職問卷調查〉。https://bit.ly/3LJeL8W，取用日期：2022年5月31日。

香港政府，2022，〈立法會教育事務委員會〈教師專業操守〉討論文件〉。https://bit.ly/42zXAge，取用日期：2022年6月7日。

香港政府統計處，2022，〈人口統計數字〉。https://bit.ly/40eg03O，取用日期：2022年12月29日。

香港教育局，2021，〈2021/22學年學生人數統計（幼稚園、小學及中學）〉。https://reurl.cc/0EQ8GA，取用日期：2022年7月30日。

屠海鳴，2020，《救救患病的香港》。香港：中華書局。

曾凱欣，2021，〈黃楚標中學辦升旗禮　家長攜幼園生到場：中國人由細個知咩係國慶〉。《香港01》，https://bit.ly/3Tads4C，取用日期：2021年10月1日。

端傳媒，2021，〈香港有小學向小一生播放南京大屠殺短片，致學生受驚引爭議，你如何看？〉。《端傳媒》，https://reurl.cc/Nq6jv5，取用日期：2021年12月15日。

劉雲書，2013，〈劉雲書評：爸爸媽媽上戰場〉。《RFA自由亞洲電台》，https://bit.

ly/3T4G8fo，取用日期：2013 年 2 月 15 日。

劉夢婷，2022，〈荃灣聖芳濟升國旗風波後今再升旗禮　被罰停課學生：將會認真對待〉。《香港 01》，https://bit.ly/3l9RC4H，取用日期：2022 年 10 月 12 日。

Abelmann, Nency, Nicole Newendorp, and Sangsook Lee-Chung. 2014. "East Asia's Astronaut and Geese Families: Hong Kong and South Korean Cosmopolitanisms." *Critical Asian Studies* 46(2): 259–286.

Cantoni, Davide, Yuyu Chen, David Y. Yang, Noam Yuchtman, Y. Jane Zhang. 2017. "Curriculum and Ideology." *Journal of Political Economy* 125(2): 338–392.

Cha, Yun and Hyunjoon Park. 2021. "Converging Educational Differences in Parents' Time Use in Developmental Child Care." *Journal of Marriage and Family* 83(3): 769–785.

Chan, Ho-him and Kathleen Magramo. 2021. "Hong Kong's Liberal Studies to Be Renamed 'Citizenship and Social Development' as Part of Massive Overhaul." *South China Morning Post*. https://reurl.cc/9VXExO. Accessed: 26 January 2022.

Cheng, Sealing. 2020. "Pikachu's Tears: Children's Perspectives on Violence in Hong Kong." *Feminist Studies* 46(1): 216–225.

Cheung, Adam Ka-Lok and Lake Lui. 2022. "Does Domestic Help Reduce Household Labor? The Paradox of Parenting and Outsourcing." *Current Sociology* 70(6): 921–942.

Chong, King-Man Eric, Jun Hu, Chi-Keung Eric Cheng, Ian Davies, Hei-Hang Hayes Tang, Yan-Wing Leung, and Chung-Fun Steven Hung. 2021. "Conceptualizing National Education and Methods of Teaching National Education in Hong Kong." *Citizenship Teaching & Learning* 16(1): 69–94.

Clothey, Rebecca A., Emmanuel F. Koku, Erfan Erkin, and Husenjan Emat. 2016. "A Voice for the Voiceless: Online Social Activism in Uyghur Language Blogs and State Control of the Internet in China." *Information, Communication & Society* 19(6): 858–874.

Duschinsky, Robbie. 2013. "Childhood Innocence: Essence, Education, and Performativity." *Textual Practice* 27(5): 763–781.

Education Bureau. 2021. "National Security: Specific Measures for Schools." https://reurl.cc/GerVRZ. Accessed: 27 January 2022.

Education Commission. 2000. "Reform Proposals for the Education System in Hong Kong." https://reurl.cc/d750jg. Accessed: 27 January 2022.

Friedrich, Carl J. 1963. *Man and His Government*. New York: McGraw Hill.

Fröhlich, Christian and Kerstin Jacobsson. 2019. "Performing Resistance: Liminality, Infrapolitics, and Spatial Contestation in Contemporary Russia." *Antipode* 51(4):

1146–1165.

Gaventa, John. 1980. *Power and Powerlessness: Quiescence and Rebellion in an Appalachian Valley.* Urbana, IL: University of Illinois Press.

Guzzini, Stefano. 2013. *Power, Realism and Constructivism.* London: Routledge.

Hong Kong Public Opinion Research Institute. 2020. *Survey on Hong Kong People's Views Regarding the Anti-extradition Bill Movement (Round 3).* Hong Kong Public Opinion Program Research Report, 10 July 2020. Hong Kong: Hong Kong Public Opinion Research Institute.

Jennings, M. Kent, Stoker Laura and Jake Bowers. 2009. "Politics Across Generations: Family Transmission Reexamined." *Journal of Politics* 71(3): 782–799.

Lan, Pei-Chia. 2020. *Raising Global Families.* California: Stanford University Press.

Lee, Trevor Tsz-lok. 2021. "Social Class, Intensive Parenting Norms and Parental Values for Children." *Current Sociology.* DOI: 10.1177/00113921211048531.

Leung, Yan-wing and Shun-wing Ng. 2004. "Back to Square One: The 'Re-depoliticizing' of Civic Education in Hong Kong." *Asia Pacific Journal of Education* 24(1): 43–60.

Light, Nathan. 2007. "Cultural Politics and the Pragmatics of Resistance: Reflexive Discourses on Culture and History." Pp.49–68 in *Situating the Uyghurs between China and Central Asia*, edited by Ildiko Beller-Hann, M. Cristina Cesàro, and Joanne Smith Finley.

Lo, Sonny Shiu-Hing and Chung Fun Steven Hung. 2022. *The Politics of Education Reform in China's Hong Kong.* London: Routledge.

Lui, Lake. 2023. "Winning Quietly: Hong Kong Educators' Resistance to National Security Education." *The Sociological Review.* (Online First)

Lui, Lake and Sara R. Curran. 2020. "'I Wish I Were a Plumber!': Transnational Class e-Constructions Across Migrant Experiences Across Hong Kong's Professionals and Managers." *Current Sociology* 68(7): 872–890.

Lui, Lake, Ken Chih-Yan Sun, and Yuan Hsiao. 2022. "How Families Affect Aspirational Migration Amidst Political Insecurity: The Case of Hong Kong." *Population, Space and Place* 28: e2528.

Lui, Tai-Lok. 2013. "A Profile of Hong Kong's Middle Classes." Pp.36–56 in *Chinese Middle Classes: Taiwan, Hong Kong, Macao, and China*, edited by Hsin-Huang Michael Hsiao. London: Routledge.

McDevitt, Michael and Spiro Kiousis. 2015. "Active Political Parenting: Youth Contributions During Election Campaigns." *Social Science Quarterly* 96(1): 19–33.

Mbembe, Achille. 2001. *On the Postcolony*. Berkeley, CA: University of California Press.

Morrison, Keith and Icy Lui. 2000. "Ideology, Linguistic Capital and the Medium of Instruction in Hong Kong." *Journal of Multilingual and Multicultural Development* 21(6): 471–486.

Saito, Hiro. 2010. "Actor-Network Theory of Cosmopolitan Education." *Journal of Curriculum Studies* 42(3): 333–351.

Sergei, Guriev, and Daniel Treisman. 2019. "Informational Autocrats." *Journal of Economic Perspectives*, 33(4): 100–127.

Scott, James C. 1990. *Domination and the Arts of Resistance: Hidden Transcripts*. New Haven: Yale University Press.

Soong, Hannah. 2021. "Raising Cosmopolitan Children: Chinese Middle-Class Parents' Educational Strategies." *Comparative Education* 58: 206–223.

Tan, Charlene. 2018. *Comparing High-Performing Education Systems: Understanding Singapore, Shanghai, and Hong Kong*. London: Routledge.

The Economist. 2021. "Does Good Parenting in Hong Kong Mean Submitting to the Party?" *The Economist*, 18 December. https://reurl.cc/6Nl28k. Accessed: 27 January 2022.

The Guardian. 2019. "'P Is for Protest': Hong Kong Families Take to the Streets in Pro-Democracy Rally". *The Guardian*, 10 August. https://www.theguardian.com/world/2019/aug/10/p-is-for-protest-hong-kong-families-take-to-the-streets-in-pro-democracy-rally. Accessed: 9 April 2023.

Vincent, Carol. 2017. "'The Children Have Only Got One Education and You Have to Make Sure It's a Good One': Parenting and Parent–School Relations in a Neoliberal Age." *Gender and Education* 29(5): 541–557.

Wong, Chuen-Fung. 2013. "Singing Muqam in Uyghur Pop: Minority Modernity and Popular Music in China." *Popular Music and Society* 36(1): 98–118.

Yang, Guobin. 2009. *The Power of the Internet in China: Citizen Activism Online*. New York: Columbia University Press.

Yuen, Samaon and Gary Tang. 2021. "Instagram and Social Capital: Explaining Youth Activism in Mass Protests." *Social Movement Studies*. DOI: 10.1080/14742837.2021.2011.

6 香港政治抗爭、教會權威 與信者主體性

黃克先

一、前言：政治鉅變中香港基督教的 發展、延續與變革

　　香港基督教，因著獨特的地理位置及歷史發展，一直以來都扮演著多重意義上架接兩端的橋樑，進而黏著社會中不同團體之間的認同，這多重的意義包括在西方與中國之間、不同階層之間、不同世代之間。自十九世紀中國對外的門戶被撬開後，香港一直被視為是西方傳教士前進中國的過渡基地，本地居民並不受重視，直到1950年前後中國封鎖了境外勢力進入傳教的路徑，加上眾多湧入香港的難民，才讓香港本身的教會發展受到重視。一開始，香港教會仍是抱著「心懷祖國」的神州守望者自居，到了七〇年代末期中國改革開放後，香港教會的目光又重新集中回往中國宣教。但到六四事件後，香港教會對中國民主化進程產生疑慮，回歸後真實經驗到一國兩制的種種問題，也使教會界逐漸從以中國為主轉而尋求本地的主體性，牧養的焦點擺盪回自身，尤其是下一代港人。這種望向本地、草根的趨勢，不但展現在國

217

族認同上，也展現在階層上（Kwong 2002）。過去香港教會著重在經濟匱乏、政治流亡的苦難中尋求來世盼望，但到了經濟改善、代間社會流動產生的1970年代，隨著基督徒中更多人進入大專校園，信仰開始踏出來世想像及教會圍牆，受到世界各地學運熱潮影響，主張要「放眼世界，認識祖國，關心社會，爭取權益」，許多具理想主義色彩、關心社會議題的跨宗派聯盟出現（郭偉聯2014: 134–157）。最後，基督教長期以來以教眾團體（congregation）的形態運作，除了宗教活動外也融合各種文化及社會活動，跨世代的信眾彼此持續且穩定互動，包括早年在困苦流離中成長的離散世代、成長於各項條件改善的戰後嬰兒潮理想世代、經歷回歸祖國期待解殖的世代、中國夢破滅而回歸本土的天然港世代。這些不同關懷的世代在基督宗教多元意識型態的神學解釋下原本形成平衡，宗教成為共通語言。

　　然而，香港基督教也拉扯在各種不同力量之間。早自1989年六四事件中斷了中共民主化進程、1999年中共開始反邪教運動鎮壓法輪功，到香港追求民主化過程的挫敗，香港一直以來的宗教自由可能遭到侵蝕，也讓香港基督教由放眼中國大陸宣教事業轉回對本地狀況的關心，基督教社群內部被撕裂的狀態更加明顯，出現了「建制派」的在地協力者與「民主派」的在地反抗者之別（Wong 2013; Ho 2019）。相對於民主派與西方基督教明顯連動，反抗中國政權試圖將基督教中國化的舉措，建制派則擁護愛國愛黨的愛國宗教路線，與中國政府期待共建保守的「和諧」社會的立場一致。中國因素，一直是左右香港基督教的關鍵。從以

上的討論，可以嘗試概念化當前香港基督教社群的二大陣營，一是「民主派」的在地反抗者，二是「建制派」的在地協力者。他們在世代、階級、宗教團體內地位、國族認同等特質上明顯有別，各自動用基督宗教傳統內的語彙、敘事及神學，來正當化自身對政權採取之立場及方式。

這種基督教社群內分裂為在地協力者與反抗者的現象，在2014年的佔中事件及雨傘運動，或2019年的反送中運動等激進化的民主運動，都可明顯看到。例如位在香港精華地段而有眾多政商高層參與的大型教會播種會港福堂及恩福堂，便屢屢發言支持建制派主張並譴責雨傘運動，擔任政協委員、政教關係親近的聖公會高層同樣也發聲批評佔中；神召會則承襲靈恩派重視個人靈修的特性，希望教友跟激進政治活動切割；許多默然不敢發聲但不願涉入爭議的教會團體或教派組織的領導團隊，在乎的則是在中國大陸的宣教發展及分設的支會，擔心得罪北京當局會有後續不良效應。然而，成長於七〇年代後的中產階級或高等教育基督徒，是許多香港基督教會及跨教派組織的中堅份子，有進步福音主義傾向，希望關心弱勢並尋求社會公義，雖不見得反中，但期望鞏固民主以照顧香港本地利益，對與北京建制走得太近心有疑慮，也撻伐以和諧之名鞏固不公義體制的菁英，因此或支持中性溫和的研討會討論公共神學議題，以堅持支持非暴力示威，或透過報章媒體發聲批判時政，或在民主運動中提供人道協助及靈性諮商。總括而言，我們可說在香港基督教界內，以如何面對政教關係而言，可分為三種路線：親中的建制派、溫和民主派、離

地不關心派。然而特別值得注意的是，會涉及政教關係的仍僅限於基督教菁英，此處菁英指（1）經宗教儀式被按立為神職人員者，例如神父、教士、牧師、傳道人、長老、執事；（2）在教會行政體制中具有領導地位的非神職人士，例如堂會負責人；（3）曾進入過神學院接受訓練、深諳複雜神學辯論者。

2014年雨傘運動發生以後，我們見證了情況有兩大轉變：第一是第四種路線的浮現：直接行動派。這些年輕人感受不到前述中道溫和的穩健作法有何成效；教會社群顧全大局的說法讓他們窒息，更具本土認同及反中意識的他們，以激進的直接行動破壞社會秩序並挑戰建制的統治正當性（Chan 2015）。到了2019年的反送中運動，基督教團體的反應更加強烈，他們感受到原本能做為宗教自由飛地的地位受到威脅，未來不但無法再訓練或庇護內地的地下教會人士，連自身信仰都將面臨「中國化」或「中共化」的威脅。身在教會學校內的年輕世代及非菁英的平信徒特別有感，紛紛自發連署或參與直接行動，寧可脫離教派束縛而成為無大台的流動個體，明確與挺建制或保持中立者割席（邢福增2019a）。這裡就涉及雨傘運動後的第二項變化：政教關係議題的非菁英化，這也是本文特別看重的轉變。上述這些積極參與反送中的基督徒，成為香港各基督教會裡獨特的的一份子，但在既有討論香港近期政教關係的文獻中卻始終未被深入探討。事實上，雨傘運動中少數基督徒菁英參與，與反送中運動中年輕世代基督徒廣泛參與，兩者之間是有關係的，這一點將在第六小節予以討論。至今，討論香港近期基督宗教文獻的焦點仍集中在組織層

次，不管是關注教會發的聲明或是代表教會的宗教領袖發言；跨教會教派聯盟、個別堂會的領袖也是另一焦點，他們都是能見度高的個人宗教領袖或學者。只是，劇烈政治變革究竟如何影響一般信徒，他們又是如何看待並回應？這個問題始終未有討論。如此一來不但未能捕捉到這個重大的政治社會運動的深遠影響，也有礙於理解香港基督教的未來發展。

我認為欲了解香港基督教發展與這場社會運動之間的關係，理解一般信徒的教會生活及主觀意見是至關重要的。雖然對於具決策權與組織代表權的菁英之理解很重要，本文也將於第六節討論菁英與信徒間的關係，只是，政令或作法上行不見得下效；菁英或可對外代表教派及組織，但無法直接等同整個宗教團體的意見或行動。跳脫以宗教菁英研究代表宗教研究，是在逐漸走向個體化社會的環境中做宗教社會學研究的當務之急（黃克先 2022）。事實上，近來在宗教社會學中成果豐富的伊斯蘭運動研究也顯示（Özyürek 2006; Bayat 2013），對於成為歷史事件的政教衝突，不應只是聚焦在鉅觀層次的政體性質或宗教團體意識型態，它畢竟涉及大規模的動員，因此應從長時間的互動過程累積的角度來理解；宗教團體本身是在日常的教會生活中，不斷透過例行的講道、團契分享、社交活動，動用宗教性的詞彙與敘事，一步步打造自我或彼此的認同，以凝聚出對於政治與社會的想像，成為未來關鍵時刻的行動構框。因此，本文立意探詢這群並非著名政治領袖或教會代表的香港基督徒，如何經歷近期的香港政治社會鉅變，並藉此反思自身的基督信仰及宗教實踐。藉此，我們將探討身為基

督徒受信仰的驅動為何（不）參與反送中運動，在反送中運動的激盪下如何回頭省思自身的信仰、社會實踐與教會社群。最終我們將發現自雨傘革命後直到反送中運動的影響下，香港教會內孕生了一批相對於傳統派的革新派基督徒。我們將在結論處討論這對日後香港基督教與政教關係發展的可能意涵。

二、國安法陰影下的香港基督教研究：方法及侷限

本研究藉由滾雪球的方式，至今訪談了36名以各種方式參與反送中運動的香港基督徒，年紀分佈於20至75歲之間，其中30–40歲、40–50歲、50–60歲、60歲以上各七位，20–30歲有八位。男性有16位，女性20位。受訪者中有半數以上目前本人不在香港。訪談大約進行一至兩個小時，大多以實體及華語進行，少數以線上及廣東話進行。他們來自的教派包括在香港耕耘已久的主流的宗派、國際教會、被認為建制派的教會、被認為神學立場較近自由派的教會、被認為支持民主運動的教會等都有。訪談過程中會先邀請受訪者談談成為基督徒的過程及宗教生活，例如怎麼接觸到基督教、如何進入教會受洗或決志、在教會中有何服事、對教會感覺如何等。然後，我們會請受訪者聊聊他們在反送中運動中的參與情況，或更早之前的各種運動或參與，也會提及他們對教會與社會之關係的看法。再者，他們也會提到這些政治社會鉅變對教會及他們的影響，包括如何看待信仰與參與教會。最後，他們會談到目前的信仰狀態。

　　本文有一項很明顯的研究限制，在於香港本地愈來愈緊縮的言論自由。由於本研究進行於香港國安法實施前後，很明顯感受到該法實施對香港人言論自由產生的效應。本研究涉及反送中運動參與情況及政教問題，在進行研究的2020年至2022年間，是十分敏感的議題。未有先前人際交往基礎下接觸的對象多拒絕我們的訪談，導致我們無法以分層抽樣的方式選擇不同宗派或教堂進行抽樣。於是研究團隊僅能依賴其中一位深度參與反送中運動的香港助理的家人及教會網絡，進行滾雪球式抽樣。另外我們也接觸在台港人基督徒，樣本有大約三分之一的人目前居住在台灣。

　　儘管我們希望儘可能提高樣本多樣性，但仍很難接觸到那些著名的建制派教會，支持政府或反對運動者也很可能無法在訪談中暢所欲言。最終，約有四分之三受訪者以各種形式實際參與或正向看待反送中運動，這樣的比例很可能無法代表香港基督徒母體與該運動的關係。訪談中有四分之一左右的受訪者不僅希望匿名，同時要求不要透露自己所屬的教會及教派；更有受訪者在受訪後覺得不妥，要求研究者刪除討論到在教會能否談論政治的那段對話。我們訪談時也感受到，有些年紀較大且未參與運動的受訪者，在陳述自己想法時較為保留，這可能是因為他們預設訪談者及研究立場所致。這一些限制都使得本研究搜集到同情反送中運動者的意見與言論較為完整、豐富。然而，正因為上述限制，讓我們取得的資料彌足珍貴，在此謹向願意受訪之信徒致上誠懇的謝意。他們受訪內容的討論，將有助於我們理解基層的基督教信徒與該運動的關係，並理解當前香港基督教發展一些關鍵問題。

三、進入教會：有愛、包容 且關懷社會弱勢的大家庭

香港是十九世紀中國最早向國外開放的口岸，歐美眾多基督宗教的差會或團體很早就在此設立據點，發展各類組織或事業。除了以此為跳板進入中國，也在香港本地進行傳教（邢福增 2004: 6, 75）。因此，香港人很容易接觸到基督宗教的相關訊息並進而走入到教會之中，希望加入這樣的信仰團體，認為這是一個有愛、包容的大家庭。很多人最初接觸教會並不是藉由教會的直接宣教活動，而是間接透過教會在世俗社會設立的組織機構，這其中就包括了在香港佔很高比例的教育機構。

根據2020年底統計，香港小學有543間，其中有183間具基督教背景；中學有464間，有153間具基督教背景。倘若加上相近的天主教將更多，例如中學就有241間，超過半數（升學天地 2023）。著名的大學院校如中文大學崇基書院、浸會大學、嶺南大學及三育書院，也都有基督教背景。教會之所以努力開辦教育機構，源於十九世紀末以後西學盛行為教育主流，教會因應這樣的局勢及自身的優勢，配合政府需要民間參與辦學的心態而積極參與（劉紹麟 2018: 144–150），奠定了日後吸引香港人入教的重要管道。

自稱因念了基督教中學而在過程中決定接受基督教信仰的L，說：

> 當時是學生嘛，就覺得……吸引力。……（在學校）覺得

很悶，要上週會……然後我就開始有團契嘛，去團契很開心、交朋友呀，那以後就在上教會。因為本來我以前在家就……我媽不讓我出去玩嘛，但我上教會她就讓我去嘛……教會氛圍就比較開心，就是很包容，很鼓勵你，很positive，家裡的attention不夠呀，但教會就很多attention……有愛呀。

類似的經驗也出現在A身上，但他一開始是被迫的。問起信仰，他最早追溯到小學及中學，當時被強迫要上宗教課，中學時因為被老師認為行為不檢，被要求去團契、上特別班。我問他為何當初被迫接觸了宗教，後來卻選擇繼續待在裡面，A告訴我覺得接受了這些教育後「常常會提問，覺得有不對勁的地方會有邏輯去提問。然後待在教會，人都是群體的生活，就是有人同行的感覺，會比較沒有那麼孤單。」從中可見，弟兄姊妹之間相互支持，有人一起做信仰的事，是這些信者重要的意義來源。另一位B也是從小在基督教學校，週日也會去教會的主日學校，「覺得很好玩」，喜歡去「唱唱歌、聽故事」，印象最深刻的是年紀大一點後，教會有平易近人的牧師會不斷跟青少年聊天，相較於管束很多的父母，教會的氛圍更吸引她。他們與基督信仰的起點都從宗教背景的學校來，雖不見得自此就一直非常投入，但這些接觸留下的關係及印象，日後都成為各種條件俱足下他們進入或投入教會的線索。

還有一位Y則是在十幾歲時到基督教會成立的青少年服務中心當志工，接觸到那裡的「導師」，被帶進教會裡，當時信仰很

火熱，有許多令他感動的事，當時會寫下來貼在社群網站上，現在回過頭看「覺得蠻雞皮疙瘩的。」直接出生在基督教家庭的第二代基督徒就只有兩位，從小跟著父母一起到教會；對他們而說，小家庭跟教會大家庭基本上是融在一塊的，去教會就是家庭生活的延伸。總之，教會對於這些信徒而言，是一個獨特的、相對平等的空間，互稱弟兄姊妹，大家可以暢所欲言的討論，並且感受自由的一同活動，像是一個溫暖包容的大家庭。

在這些受訪者口中，教會與社會並非全然隔絕、不接觸。透過他們的描述，可看出這與現階段許多國家的基督教主流——保守福音派是不同的。在保守福音派教會內，講求的是傳福音、做見證，從教會圍牆外拉更多人進入教會決志、受洗，以求增長教會人數、奉獻金額及擴張組織。又或者，強調的是個人靈性追求及來世得救的福氣。這類保守福音派教會並不熱衷於改造教會以外的世界，減少社會問題，或增進整體人類的福祉，除了自居道德多數以介入到文化戰爭之外。在香港，由於戰後湧入的流離失所人數眾多，急需關懷協助，走過動盪六〇年代後，七〇年代又有左翼學生思潮，促使進步福音派盛行於教內知識青年之間，主張放眼世界，認識祖國，關心社會，爭取權益。這種思潮挑戰了相對封閉且保守的基督教社群，內部福音派青年基督徒予以回應，興起了幾個行動力及批判力都很強的跨宗派信仰組織，包括面向工人的「工業福音團契」、推動青年基督徒關懷社會的大專校園雜誌《橄欖》、積極參與社會的「香港基督徒學生福音團契」、對教會遁世中產化不滿的蘇恩佩所帶領的《突破》。這些成長於

香港的青年，不同於上一代的難民或寄居心態，關心社會議題，但並未有全盤政治改革的願景與理想，而更多是藉著這樣的姿態表達一種融入主流社會的身份認同（郭偉聯 2014: 80–83）。只是，我們將看見，這樣的關懷社會到較消極、非政治化的行動，卻已奠下基礎，讓香港基督教會日後反送中運動期間能進一步突破。

上述這種跨出教會組織以外關懷社區或弱勢的例子，如K從中學時就會參與突破組織的活動，探訪智能有障礙人士的宿舍，他自言：「很喜歡。（雖然）有幾次我感覺很累，還要去探訪，但探訪後，又覺得自己很有精力。我認為探訪是應該的，團契是應該要reach out的。」他進一步說：「我覺得教會的人不應該只有自己聚在一起，也應該關心這個社會其他群體。通過實踐和行動，關心其他人，去服務這個社會，去做一些對社區好的事，也是基督徒應該做的事。否則便好像只有自己圍在一起『圍威喂』。[1]因為說什麼服侍鄰舍，但你說過以後也應該是要做的。但其實我自己也不是很喜歡，那種很典型的探訪老人，到他家中和他聊天。在院舍探訪時，也是教會和院舍協調好，就讓我們去。」A的教會特別針對LGBT族群的議題有所投入，他們會在假日週末於一些社區舉辦認識同志的友善平權活動，用野餐的方式鼓勵家長帶小朋友與同志哥哥姐姐玩，透過日常互動去除不必要的恐懼及同志汙名。出身於香港最有組織及歷史的宗派的受訪者，也提到教會內有社會關懷部，針對堂會附近地域長期探訪、關懷，

---

1 意指小圈子。

也成立青少年中心組織團契，或提供弱勢各種資源幫助。出身浸信會的KH則提到：「社關部就是社會參與，關懷基層、貧窮的人，南亞裔和外傭，其實是有做社會關懷的。」這種關懷被認為是傳福音的工具之一，但同時也是基督教信仰不離地、關懷鄰舍、走入社會的具體作為。

另外一個教會不離地的作法反映在關心中國教會。過去在九七回歸迫近的1980年代，香港基督教界深感與中國大陸的教會命運與共，故有關心中國基督教的熱潮。除了大量差派傳道人或訓練人員前往中國大陸進行宣教或訓練，也積極為中國大陸的宗教自由發聲，與內地教會的聯誼互動十分頻繁。國際學界或教會界也以香港為接觸中國基督教的重要結點。幾位受訪者都提到了與中國教會互動的事，包括一同研擬教會包容多元價值的方案、協助宣教訓練、跨國牧會經驗交流。F更宣稱得到上帝呼召，要前往中國大陸宣教。

四、政治激化下顯得疏離、碎裂的教會大家庭

這個有愛、包容與關懷社會弱勢的大家庭，即使在2014年雨傘運動期間有不少教會菁英表態或參與，但事實上基層信徒不大受到影響。在我們的受訪者中，僅有少數讀神學、本就積極參與社會運動的基督徒，在雨傘運動時即熱烈參與，而大多數人是到2019年反送中運動才熱烈投入。這種改變對於年紀較長的資深牧師特別有感。接近六十歲的S姐妹也說：「我和很多香港人一樣，

在19年以前都很政治冷感⋯⋯06年（固定上教堂）我去教會之後，大家一直沒有在教會裡面講政治⋯⋯之前14年的時候也沒有什麼，佔中時沒有人會討論那件事。」Kim則說14年時，只記得「有人說要順服當權者⋯⋯有教會引用來說，不應該對當權者有什麼不滿。」這種政治冷感、間接擁護當權秩序、更在乎個人得救、教會增長的基督徒，因此被認為「離地」且被人稱為「耶撚」[2]等。

雖然雨傘運動本身對政治制度改革的訴求並未達成，但以公民抗命的方式引發香港社會更重視中國因素及政治問題（馬嶽2020: 10-14）。然而，這樣的情況在2014年以後逐漸有了變化。五十幾歲的E牧師說：

> 很久以前⋯⋯弟兄姊妹是不會關心政治課題的，因為覺得跟自己沒什麼關係，比較多關心的是經濟的課題，但這件事自從在14年雨傘運動開始，漸漸會關注更多，但是分挺的情況很明顯。

原本這個有愛、包容且關懷社會弱勢的大家庭，在2019年反送中運動的劇烈張力、大規模動員、夾雜各種爭議事件之下，受到嚴重的挑戰、分化。香港各教會及信徒對於相關爭議及事件感到與自身相關。各宗派及跨宗派的社會關注單位或代表中，較為積極的幾個團體在五月對逃犯條例及相關事件發表關注或代

---

2 網路使用者習慣用來指稱那些靠攏權貴、依附建制之基督教領袖的貶義字眼。

禱。相較之下，仍有不少教會以政治中立或超政治的方式，對反送中事件漠然以對。只是，有許多神職人員、信徒、教會學校的校友及同學，以個人名義積極自發表態連署，甚至走上街頭禱告、唱詩，開放教會空間供抗議民眾休息等。對於這些積極參與或支持反送中運動的基督徒而言，自己身處的教會，在時空氛圍對比之下就變得不一樣了。教會雖然還是同一群人及同一個空間，從事的仍是講道，藉此勸告勉勵信徒怎麼自處，同時替社會或特定人群禱告，持續做關懷社會弱勢的活動；但是，他們身處其中的感受已大不相同。如今，更多的是一種疏離、厭惡、偽善的負面感受。KH以14年雨傘運動為對照，就說：「14年沒有那麼印象深刻……但19年特別明顯。……當時是一群牧師站在金鐘，示威者與警察前面，那個對比很大。當外面有些牧師、基督徒可以做到這樣，為什麼我教會身邊那些不是呢？你回教會很虔誠，但虔誠不應該是這個點。」

在他的訪談中，特別具體描述那種「**虔誠**」如何不對勁。他提及：「有些朋友在教會群組裡說『因為外面的事，令自己很不開心，大家可不可以祈禱？』但是，大家的反應是好像邪靈上身，用五個祈禱手手的EMOJI就打發了禱告的請求。我印象很深……之後沒人回應，或者隔了很久就五個祈禱手手的EMOJI……以往有教友因為家庭而覺得不開心，就十萬句關心，但是為什麼我是因為社會運動而不開心，就好像完全沒有那種關心。」最令他不舒服的是像這種基督徒朋友，「無論跟他講什麼，他到最後都會說，我們把這一切交給上帝，我們祈禱，上帝會知道。我會覺

得很搞笑……所以上帝放基督徒在地上就是這些。」沒有行動的教會，只有口頭上用禱告或表情符號的膚淺關心，令人覺得這個宣稱有愛的教會，並沒有實質的關心。

　　類似的感覺也出現在 A，他在教會裡想討論社會運動，但卻遇到小組裡的基督徒說，不應該把社會議題帶到教會，教徒應該脫離這些運動，「教會是教會，社會是社會。」過去他與小組密切互動、分享，現在卻無法談抗爭心路歷程，他難過地說：「小組裡找不到自己的位置了，大家感覺好像戴了面具在那邊跟你裝熟，你不能透露什麼，你不能分享價值觀、討論什麼，那群人就不是與你同行的人，有這感覺。」20 幾歲的他進一步說，這些年紀較長、在社會上有位置的信徒「他們有點偽善，會說，不是不支持你們，只是不支持暴力」，並阻礙教會的牧師積極對反送中運動表態。S 談到在反送中運動期間，自己教會中的許多主力信徒雖然也關心特定的社會邊緣群體，但卻不可以談其他上街頭抗爭的政治議題，用的理由是「教會只談神的東西」，一旁的 B 跟著說：「愛。」彷彿關心社會邊緣群體就是神的愛的展現，無涉政治，而關心反送中修例就是政治，與神的愛無涉。在 S 與 B 眼中，認為這是自相矛盾的。

　　在學過社會學的 F 眼中，這種所謂的中立或不介入，背後事實上就是一種行動，她分析：

　　　　我就是覺得就根本就是沒有所謂中立的……其實你所謂的
　　　　中立，就是你選擇在既定的權力架構之下，傾向去幫助現有

權力分佈的一方，所以當你說中立的時候，其實就是這個意思，但是我明白，因為我以前學習社會學嘛，但是他們就是覺得我中立的，不關我事了這樣，我就是沒意見。

　　一些受訪者認為，之所以教會很多人持這種中立、不介入、非暴力的立場，是他們中產背景使然，怕這場運動引發的動盪影響了穩定秩序及其利益。L也注意到教會裡什麼人都有，中產為主的人「要中立、要和諧、要非政治化」，牧師也是為難，要「保持平衡」。主事者最重要的考慮變成是讓教會不要分裂，不要因為這些事而使人離開教會，所以才會避談或不願積極行動、表態。但L也認為「大是大非的事……譬如六二一這種事，[3]教會怎可以沒有聲音。……教會不可以再腳踏兩條船，有一些大是大非的事情是真的有對錯，真的要表態，應該要說，教會就不說。」J直言，沒有公義，就沒有和平。只主張愛與和平卻不伸張公義，是沒有意義的。J本來對抗議人士衝進立法會很反感，但一想起上述的原則便釋懷了。

　　結果，教會不再被視為有愛、和諧、能分享的團體，有些人選擇離開，待在教會裡的也沒辦法像過去那樣無話不談。KH說的很直白，認為這只是「粉飾太平的和諧，大家收在心裡不談」，認為維持人際關係和諧比起大是大非更加重要。幾位受訪者都提

3　發動大規模遊行卻未被政府回應下，市民希望圍堵香港政府主要建築物、在外圍道路集會，以阻止政府部門運作及逼使政府回應。

到一個詞彙：「同行」，即無法再與教會的人「同行」了，或選擇要與街頭上的手足同行。J在運動期間常常想去現場，也沒什麼特定要做的事，但就是希望即使只是幫忙搬東西都好，認為身為基督徒，「我們不是站在高地去看，你們這樣不對。而是我們⋯⋯就在裡面，我們去同行，然後看有沒有什麼可以做的。」F也釐清她要與權力小的站在一起同行，而不是自私考量自己的利益與安危，並結合耶穌的故事這麼說：

　　我希望、渴望看見的教會就是與弱勢同行的，不⋯⋯不⋯⋯那個弱勢是不只是在社經地位上比較弱勢的一群，還有就是在那個權力分佈上，力比較小的一群，也是應該跟他們、與他們同行啊，因為無論在可能立法啊、資源分配上面他們都沒有那麼多。Same嘛，為什麼要站在強者的一方呢？因為耶穌我看見也⋯⋯祂也不是這樣啊，跟妓女啊、跟那些痛苦的人一起，祂最討厭的就是那些文士啊、法利賽人哪，就是都有錢還假裝敬虔，就是其實就希望收穫自己多些利益嘛，所以我就希望教會會願意與他們同行這樣，還有就是在他們困苦的時候，不要再多補一刀傷害他們，就陪伴他們，還要不要背叛他們這樣。然後對於權力也是有勇氣去抵擋的，雖然我知道可能背後的代價就是政治可能會肅清你啊，可能會把你列為那個頭號對象，但是我也在想，不是⋯⋯如果只是很安逸地希望教會在這裡，那麼⋯⋯那麼以前初代的教會不是都受很多逼迫，還有就是應該敢於為真理辯護，雖

然是有代價，但是好像這樣就是信仰的真諦啊，不是只是希望做一個……做一個存在而已，那是沒有人的作用的，像光這樣，對。

教會在政治運動中顯現的虛偽、對社會運動的漠然，也回過頭讓教會一直從事的社區工作、弱勢關懷有了另一層意涵，尤其在這些積極關心反送中運動的基督徒眼中。以往這些工作展現出教會積極參與社會、實現信仰中公義價值，但如今卻有了負面的意涵，這是在與教會面對反送中運動的消極或假中立，對照之下的情況。Kim 說：

> 教會好似很關懷社區，派物資、探老人家，但他們沒有 tackle 背後最根本的原因，就是政策、整個社會入面的體制，其實有很多問題的。或者你背後為什麼要整天派物資、整天要接濟老人家，其實就是因為背後有些政策做得不好，或者政府根本不在乎這班人。但我覺得你們（教會）就是從來在做表面的一層，派食物、派毛巾、去探訪……但我覺得就是長期都停留在這個位，好像從來都不會就著背後最根本的問題、政府的問題而發聲。……對於制度上的事情就缺席。

同樣在教會從事很多社會關懷工作的 KH 也有類似觀察：

> 我覺得背後是 mindset 問題，對他們來說，例如關懷貧窮

的人、關懷外傭等，好像你要甚麼物質，我就提供。但其實如果address到這些問題背後，都是結構上的問題，結構上的不公義、壓迫，那教會關心這些議題，是否也承認背後的那種 structural oppression, social *injustice* 呢？如果是的話，這些 social injustice 和 structural oppression，都是構成政治問題的原因，那其實你不是應該同樣關心這些議題嗎？但當然，對話最後會回歸，教會有許多顧慮，很多不同的人，很難明顯地 take *stance*。

甚至也有人更進一步認為，以往教會在做的這種社會關懷活動，根本就是一種無效、偽善、自我凸顯的行為。J反省自己當初曾關懷社區裡一些弱勢學生，教他們彈吉他，怕他們被黑社會帶壞，但他現在反應，自己當時做得並不對。他說：「教會是有一種優越感，覺得他們很可憐，我們要幫他們，把他們拉過來這邊，要改變他，教會要人悔改，真的會改嗎，後悔不夠，還要改變，過來我這邊……覺得基督教是最好……不斷地覺得別人有問題，自己最好。」政治劇烈變革，讓他們意識到政府、政策、政黨等結構性力量如何明顯影響人們的生活，進而使這些人發現，空有愛心、關懷、提供立即的服務，假使結構性的局面沒有轉變，最終很可能無法扭轉對方的困境。而意識到這一點之下，會覺得教會的社會關懷只是表面，甚至是彰顯自己比別人優越的工具，反倒是違背信仰教導的實作。L則說：「一般主流教會，表面很歡迎你，但你如果有一點點不是他想要的，他就會拒絕你，把你

推出去，你會感受到的。他會說每個人都罪人，但如果他發現你是同志、你跟你partner沒結婚就同居，去旅遊不行，什麼工作把你分類。」

F感性地在訪談近尾聲時說：「我覺得經歷過這樣的改變，我就發現我們有理想的教會，但是可能在這裡不能看到我們理想的教會了，我就知道我的hope不能放在……放在這裡，因為他們能夠做的就已經做了，現在（國安法施行後）不能做……。」F最後還是選擇暫時待在原本的教會，能做什麼就做。相對地，S談到定她於罪的偽善教會，則用反諷的方式，提到自己仍需要到教會來接近上帝，即使是自我欺騙也好：「我想神了，我跟祂關係差，想找一個教會可以一起下地獄、開心的。他們一定有方法讓人是基督徒又不用下地獄，我覺得他們是自我麻醉，我想學這個麻醉，自己騙自己。」然而，在掙扎與矛盾之間，這些基督徒仍萌生出新的信仰與實作。

相較於上述積極回應反送中運動並回過頭來反省既有教會狀態的基督徒，有些基督徒則特別強調這場運動如何破壞了原本的教會；有趣的是，未有受訪者是直接反對這場運動的訴求或直接挺政府立場，反而表達出願意傾聽或同情運動參與者的溫和立場。

受訪者傳道人「士」，身在一所建制派教會，「吸收一群在大陸工作，不論曾經還是一直都在大陸，或不想聽太多政治事件的人」，但因年紀30幾歲而周遭很多朋友熱烈參與運動，因此自稱兩邊的想法都很熟悉。他說許多老一輩的牧者及信徒「就是喜歡擁抱對方，總之我們不要吵架，一定要和諧……我那一代就覺得

道不同不相為謀……我不怕關係破裂。」

60幾歲的家庭主婦郭太太直言：「我領受的就是我們關注天國的事，不要去著眼地上的事。」她知道教會裡對運動有不同意見，甚至運用聖經解釋「各執一詞」，但期待大家心平氣和地討論，不贊成暴力行為或運動中過激的口號，但仍認為「教會年輕人激烈一點，我和他們是可以對話的，但不會談得很深入……我會說出自己小小的意見。」郭太太在訪談最後好奇本研究訪談她的年輕助理為何對此議題感興趣，還鼓勵她繼續深究，正向稱許這種態度讓她想起了孫中山。另一位60歲的T太太是第三代基督徒，所在的教會「是走北歐系統的……比較open」，因此教會不反對談論政治，但年輕人與老人確實有爭執，後來「大家都覺得很傷，所以見到面也就避談了。」

50幾歲的E牧師認為教會有黃有藍，不應偏向某一邊，牧者「小心翼翼，盡量不要說太敏感的事。」強調要開放教會給街頭上的市民，「同時也會開放給警務人員，就不會說哪種人能進、不能進。」反對暴力，認為不應如一些人用耶穌潔淨聖殿來合理化暴力，「看回背景，祂畢竟不是用暴力解決問題……除非有很清晰的聖經支持，否則使用暴力……我會擔心跟聖經內容有衝突。」自認自己本來是非藍非黃、但運動後變得淺黃的60幾歲已退休的陳先生，則另類地挪用本來汙名化年輕人的「躺平」，來形容教會在反送中時的立場，各有立場的信徒「是不會浮上來吵架的」。認為教會與政治議題要保持距離，「教會也沒必要講政治，講了不是被黃的罵就是被藍的罵，沒必要讓人批評。」

五、貼地同行的耶穌，教會作為行動的個人

相對於傳統派基督徒，有更多受訪者是積極或正向看待反送中運動，他們的信仰也受到這場運動影響。如今，他們對於什麼是教會、什麼是基督徒，有著很不一樣的想法。

過去有愛與關懷的教會，如今看來只是注重和諧、閉門自保的離地「小團體」。有些基督徒無法與他們眼中疏離、偽善的教會繼續同行。因為經歷過反送中運動掀起的重大社會變革，他們的信仰及實踐改變了。如今，他們真的親身經歷過劇烈的社會運動及抗爭，或周遭有許多有類似經歷的人，對照著教會裡完全不理解這類經歷的信徒，這些基督徒們很強調信仰需要「貼地」而不能「離地」。這些信徒心中的神觀是什麼樣呢？以下可以看到，這些基督徒偏好以「貼地、同行的耶穌」，而非「高高在上的上帝」來理解自己信仰的神。

首先，在他們的反省裡，更常援引耶穌的行誼、事蹟，思考What would Jesus do（簡稱WWJD），如KH說：「有些事……出發（至抗爭現場）前，我會想……祂會不會這樣做呢？」耶穌所做之事，最常被提及的就是祂對弱勢者展現的愛。F特別標明所謂的弱勢不只是教會原本喜歡關照的那種經濟或社會弱勢，而是政治權力結構下的弱勢，例如反送中運動的年輕抗爭者，他們無力改變當前政治菁英做的決定。F提到，現今偽善的教會可比作耶穌討厭的文士、法利賽人，認為他們之所以被討厭就是假裝敬虔；F自認應該要跟耶穌一樣，與沒有權力的「如妓女啊、跟那

些痛苦的人一起。」J也提到，耶穌有愛，與罪人同在一起，「祂對人的愛是開放的，不隨便定別人有罪……如果不斷定罪，那耶穌在哪？」她反問，以此嘲諷那些具優越感、自義的教會內基督徒，反對他們把信仰等同於社會關懷及支持保守道德。她提到自己雖不是同志，但可以理解同志被孤立歧視的痛苦，她曾被介紹給教會內一位隱藏身份的男同志，當時他們表面似乎在卡拉OK內約會唱歌，但實則她在傾聽對方的痛苦，她認為這是實踐基督徒的信仰，「我覺得自己應該是他們的同伴，因為我覺得他們是孤單的，我能夠做的事，就是和他們同行。」

受訪者還強調，耶穌曾經在這個世界上採取激烈手法抗議，及接納激烈的政治訴求者。這些都是他們的宗教證據，以此合理化他們支持或參與反送中。KH就提到，耶穌曾進入聖殿掀翻桌子，斥責在裡頭販賣犧牲的商人，這種發義怒的舉動，讓KH思考「翻轉聖殿是mean，途徑，但祂的目的是什麼。同樣的，放回今日，我自己想做這件事，事是途徑，目的是達到祂希望我們做的事，那我便做。」至於政治參與，F也提到聖經中記載耶穌的十二門徒裡，也有明確從事政治運動的人，「就算是那個反對黨……耶穌的門徒也是有很寬闊的政治光譜嘛」，證明耶穌能包容激進參與政治的基督徒。

最令訪談者印象深刻的，在於以下的對答。我們禮貌詢問A認為「在上帝眼中，參與反送中是對的嗎」，試圖理解他如何看待基督信仰與政治行動的關聯。A很直接回應：「我不在乎祂（上帝）眼中對與錯。」認為「符合聖經形象就對了。」他再進一步說

這形象指的是「耶穌也會挑戰權威」，並談到他尊敬的牧師常藉有創意地描繪耶穌的形象，來破除大家信仰上的迷思或窠臼，「他叫我們用對聖經的理解畫耶穌出來，耶穌有不同的形象，可能是大俠，耶穌不一定是男生，可能是女生。不同的形象也在堅守社會公義。」在這回應中可看出對於一個積極參與抗爭的人而言，能夠如何使用耶穌這個重要的神聖象徵劇目，來證成政治參與，提供信仰上的精神支持。

　　這些基督徒除了在神觀上有所強調，如今的教會觀也有不同。過去的教會是弟兄姊妹組成、有龐大的組織、明確的制度，但如今這個教會變得更加的個人、更加有彈性、因地制宜，就如反送中運動的口號之一：Be Water。例如，自覺與教會的人沒共通話題、忙著參與運動的 Y，後來很少到原本的長老宗教會，但反送中運動中積極參與守護孩子的活動時，他有時會去好鄰舍北區教會，與其他參與者並不熟識。如今，他來到台灣，並沒有固定去教會，但他仍有強烈的基督徒認同，持續協助來台灣的香港人，並關心時事。他說：

　　　我的三大支持，教會、信仰、傳統，基本上我認同傳統、認同信仰，只是我對教會有些地方不想跟它接觸太多。……我每一天生活，我實踐我自己的信仰，並沒有分開……上主幫助我成為那個位置要實踐什麼東西……我做這個事情是不是對得起上主，是不是合乎基督徒的樣子。

　　同樣認為基督徒的責任就是個人要行動的KH，不滿虛偽的教會人士只會代禱，他說對自己而言，有句聖經的話很重要，是彌迦書的「行公義，好憐憫，存謙卑的心，與神同行。」他特別強調：「對我而言，我最深刻的是行公義。上帝他不是討論公義、不是求公義，而是行公義，也就是實際做。上帝放你在地上，祂要你去行，實踐些東西，所以我對基督徒或對自己都有這個要求。」行動實踐的自己，與一同行動的他人，彼此連繫在一起，也就是「同行」。Kim也說，自己對教會的人很失望，但對其中一位傳道人很敬仰，因為他「用自己的參與去告訴我，他是和我們在一起的⋯⋯當我看見他和我一起生氣、一起不開心，然後他又切身地參與在那些遊行當中，那就好像我們所說的同行的感覺。」這種「同行」、「同在」、「陪伴」的信仰實踐，也經常出現在在許多積極參與反送中運動的基督教牧者或老師的講章或文章（陳恩明 2021: 54-66；王少勇 2021）。

　　談到教會，如今這些深度參與反送中運動的年輕人有新的想像。Kim就說：「教會，就是我們每一個人⋯⋯用自己的身份去表達與回應。」他領悟後，不再強勢去要求教會整體發聲明、表明立場，認為「教會as institution去推進某些事實在太浪費時間、不值得」，而是將自己與同行的個體視為教會，採取行動、實踐公義。我同時也注意到，幾位參與者能找尋到同行的個體並持續保持連繫，都得益於通訊科技促成的線上社群，他們在反送中之後或許離開香港，或者不再有在街頭上見面的機會，但仍藉由網路相互連繫感情、分享體驗。

這樣新的教會想像，也是去中心的、非實體的、跨出物理牆垣的，藉此免除很多他們看見且厭惡的弊端。S便認為教會應該是流動的，信徒可以去上街，反對一定要把人帶到教會這個實體地點來，問：「為什麼教會不可以在街上流動？」她進一步批判：「是因為擔心沒有奉獻，他們（牧師及教會領導）擔心沒有奉獻，奉獻是什麼，就是他們的員工，他也不可以沒有員工，因為他要付房租，所以我覺得這個其實是一個把他們限制了。」J同樣主張，「基督徒都是自由人，但最不自由的是教會。」尤其是「有權力的人」各種轄制，因此她主張要走出去，「基督徒是要在地上、全世界不同的角落，你都可以去傳福音，那個福音不在教會裡，要走出去街頭上面去傳」。

他們也在反送中過程中看到了類似的典型：流堂（flow church）。Y即認為有些「正常教會」以「正常方式」關心「正常議題」已無法滿足很多基督徒，他們從主流教會體制內流了出來，而在反送中期間出現了如好鄰舍等新型態教會，接住了他們，而他們與教會的關係「像是聽演唱會那樣」。好鄰舍教會的傳道人及一些信徒在反送中運動期間，從事「守護孩子行動」，於示威第一線勸阻警員對抗爭者施加不當的暴力。Y這麼說並無貶意，而是指聽眾是跟著發講信息的人來的，他們彼此之間並無關係、也不會形成關係。F也發現很多離開傳統教會的人：

開始流向網絡上的媒體，就是開始出現網絡教會了。雖然原本雨傘以後就有一個叫做雨傘教會UCC，網上的這樣

的教會。但是好像沒有太形成一個群體，我的觀察就是比較多我這個年紀的也有參加那個Flow流堂，網絡的教會因為它的其中一個主要的發起人陳維安教授，也是一直對政治參與比較積極的，然後他的講述的文化也是比較年輕人能夠理解，所以也是……也會參與他們的崇拜。還有他們就是比較……像他們的教會說一樣，比較流動嘛。

這些流動的眾數卻不見得會固著在同一地點或群體內，也不企求制度化或組織化，畢竟他們深知一旦有組織、制度後的各種問題及可能流弊。他們更在意的則是自己本身的行動是否實現了特定價值。

相對而言，傳統基督徒的信仰觀念不太受這場運動影響，他們更傾向用被預設為永不改變的聖經準則來面對變動的時局，未提及要將耶穌在世的行為當成自己的榜樣，而更常是以上帝視角來反省自己的行為。T姐妹即認為好的基督徒，「行事為人的標準都是來自聖經……按著神的心意，從神領受、聖靈的感動、聖經新舊約全書的教導，做我們生活的準則。」郭太太則說應該用聖經的話回答，即「愛神、愛人」。E牧師在回答該不該參與活動時，也訴諸「聖經根據、上帝的吩咐」，做任何事「最終是要對上帝面對交代」。75歲的P姐妹談到政治紛擾時，也以上帝為例，說祂都「秉公處理，依規定辦……我們也要學習像上帝那樣去做。」至於參與運動基督徒口中的「同行」或「貼地」等詞彙也未出現在他們的講述中，即使同樣提到基督徒不應停留在嘴巴

說說，而應有行動，但這行動指的仍是傳統上做社區關懷或對周遭人付出關心這種互動層次上，而未涉及社會改革、政治改革、教會改革等制度性層次。

六、香港革新派基督徒的出現

2019 年反送中運動是香港社會有史以來最大規模的社會運動，有眾多的基督徒實際參與其中或密切關注。該運動也深遠地影響社會中各群體的樣貌，包括基督教徒。此前，香港基督教的政治參與大多僅停留在較為消極、被動且菁英的層次。即使在 2014 年雨傘運動期間基督教的身影明顯，但僅是少數神職人員或菁英基督徒挺身而出在運動中加入宗教元素，或唱聖詩或提供靈性諮詢，或以教堂為單位開放供休息。就一般信徒而言，仍與該運動保持距離。但在這場反送中運動中，多數受訪的基督徒都曾上街遊行，提供開車接送、社工服務或物資運送服務，或在教會生活中熱切討論該運動及對社會的影響，思考信仰與政治議題之間的關係。同時，他們深受該運動的影響，對於神學、教會組織、宗教實踐都有嶄新的看法與做法。在此，我將之稱為革新派基督徒，相對於傳統基督徒。這場反送中運動對香港基督教最大影響之一，即促生了這批別具特色的基督徒。兩類基督徒類型化的表格見表 6.1。

就社會人口特質而言，革新派基督徒最明顯的就是年輕且教育程度相對較高。他們集中在二十到四十歲，很多都仍在就學

表6.1 香港基督徒中革新派與傳統派在各面向的比較

	革新派基督徒	傳統派基督徒
自述政治立場	黃	中立或拒明確表態
年齡	20至40歲居多	50歲以上
教育程度	大專、碩、博士	中學、職校
反送中行動參與	遊行、援助、支持、關心	有限度同情但不支持
信仰關注的空間	社會結構、社會抗爭	天上、社區
政教立場	信仰即政治，難以分割，「不理政治、政治就來理你」，故要談也要參與	理念上如何有異，但實務上為避免信徒衝突或教會分裂，應避免在教會內討論或表達政治立場
社會參與	關注社會不公義及政治議題，主張應勇於表達意見、抗爭、實踐，以促成政策或制度的變革	延續已在早年教會制度化的社會關懷作法，進入社區關懷及救濟各種社會弱勢
神學參照點	貼地的耶穌	上帝、聖經字面字句
教會的想像	流動的、理念相同的個體形成的虛擬社群	圍牆內的組織

註：作者自製

或剛出社會的階段，而不似傳統派多在五十歲以上、學歷未達大專。革新派的年輕人受益於香港高比例的基督宗教中、小學，提供了他們信仰基督宗教的土壤；教會有愛與關懷之家庭氛圍，是吸引他們進入教會最初的原因。同時，這群基督徒密切接觸2010年後香港本土化、民主化抗爭歷程，社會上發生的事情回過頭令他們對傳統教會的「離地」作法感到不滿，認為不應只停留在社會關懷而不討論制度改革，也不該因懼怕信徒爭執而拒談

政治議題，如此只顯得基督教徒虛偽且無視社會公義。年紀較大的革新派則多為接受過神學教育的菁英，自由派神學帶來的批判視角，讓他們在宗教上不滿於傳統教會流行的成功神學、專注個人得救及教會增長等意識型態，在政治上批判建制及北京限制香港民主的作法，進而認同基進變革的社會運動或信仰變革的理念。

這些革新派基督徒在神學上拒斥上帝視角的判斷，主張效法耶穌，貼近受苦者及弱勢者與之同行。認為信仰的實踐要求走入社會，信徒的行動不只是提供物資或服務，更在改變結構性的問題。據此，教會不再是圍牆立起的明確組織，而是一個個實踐相同理念的個體。在如今國安法的限制及疫情引發的隔離下，這些個體藉由網路、社群媒體的連結而成為團契，但也有人暫時觀望、等待未來與其他信徒連結的可能。受到這場運動的催化，他們無法再進入原本的教會，或即使仍在其中事奉，但已無法或不願以相同方式與教友們互動。相較之下，傳統派基督徒的信仰理念、宗教實踐模式、教會想像，並未受到包括社會運動、國安法、疫情太大的影響，在他們的描述中，宗教信仰相對是個穩定不變、「安定在天」的離地實體，雖然他們對未來宗教自由的情況也感悲觀，預期香港基督教或將走向大陸模式、將設立宗教局登記而受監督，但仍持續到相同的教會過同樣的宗教生活。

革新派基督徒的出現並非突然，我認為很可能與雨傘運動中及之後的持續參與的少數基督教菁英的努力有關。19年反送中運動時，基督教會以不同的姿態面對政治變革：同時，雨傘運動之後，香港的公民領域出現了以專業者組成的各種團體，例如律

師、金融從業人員、社工等，這些傘後組織成為香港重要的發展現象（何明修 2019: 230-231）。在基督教領域，我們也看到類似的現象，他們也就是本文提到年紀較長的革新派基督徒，這些少數的年長世代與年輕反送中運動參與者同行，或者給予支持。他們運用專業的神學知識解釋社會運動訴求及做法，讓年輕的基督徒參與者有更豐富的宗教論述資源可引用，證成自身的行為。他們也是最初基督徒關心「逃犯條例」的先聲，在 2019 年 5 月底前即發動《香港基督教教牧就香港特區政府修訂逃犯條例聯署聲名》，最終累積了 816 位教牧與神學院人員的參與，是香港有史以來最多教牧參與對政府及社會發聲的連署（呆子 2021: 17）。但這些菁英之所以行動，背後仍有賴其非正式人際網絡及特定事件的影響，同時他們的行動也受到制度性限制（Ma and Cheng 2021），如本文訪談的幾位牧者即使個人對政教關係有較為基進神學觀點，但在行動上因身處教會體制內任職需「顧全大局」、「教會合一」，而顯得十分保守。然而對於非菁英的平信徒而言，就無此顧慮而能直接行動。因此，菁英與非菁英之間的協作搭配，讓我們更能理解 2019 年基督徒的廣泛參與。

當初在 2014 年革新派基督徒菁英是少數且無法帶動更多平信徒參與，但他們現身於社會運動之中，積極挪用聖經故事、概念、意象及象徵，並在基督教報章媒體刊物上發表言論，或利用教會崇拜聚會時宣講，這創造出了一種內部政治文化（internal political culture, Chan 2015），鋪設好一個論述資源或構框，主張基督教徒應參與這類型社會運動（如龔立人 2015；袁天佑 2017；邢福增

2019b），而這樣的內部政治文化及新構框的出現，對於許多個人認同尚在形塑階段的教會年輕世代影響尤為明顯，最終促成了他們2019年積極參與社會運動的風潮；相較之下，在2014年雨傘運動時期，教會的年輕世代面臨參與與否的抉擇時，能夠援引的還是比較傳統的政教分離及教會想像。[4]

同時，若我們比較基督教相對於其他宗教團體在反送中運動的能見度，會發現基督教的傳統中原本即有許多元素能證成反抗政權或參與體制外社會運動，例如歷史上的解放神學、具牧師資格的馬丁路德金恩博士的演說、福音書中的異議者耶穌的行動與言論等，這些都有利於深受反送中運動感召的基督徒挪用，以賦予自身實踐意義。

七、結語

從宗教社會學的角度來看，本文提供了一個案例，顯示出政

---

4 進一步思考為何2019年反送中運動，相較於2014年雨傘運動，有著更多的平信徒參與，除了這裡提到的歷史積累有利於參與的文化因素外，也可能與兩運動獲得一般香港人認可的正當性有關。據BBC於2019年9月27日的報導〈香港佔中五週年：從雨傘運動的「和理非」到「反送中」的「勇武」〉，文中引述「香港大學民意研究計畫在2014年9月所做的調查」提及「過半受訪者認為，如果中港政府提出的政改方案，有一人一票，但民主派人士被排拒參加，都會接受；另外，有超過一半受訪者表明，反對『佔中』。5年後，根據香港《明報》委託中文大學9月所作的民調，約74%的人認為應該重啟政改，落實『雙普選』。」在此情況下，一般平信徒更願意參與反送中運動，也是合乎常理的。

治激化的社會情境分化了原本凝聚力強的信仰群體，進而導致信徒反思批判宗教權威及宗教組織的形式化，促使宗教變得更為個體化。

在西方脈絡下，討論世俗化浪潮裡的宗教個體化，其基本預設是政治環境穩定、主要影響宗教變遷的力量是資本主義發展。現代社會的人們識字率及教育程度提高，有能力自行閱讀宗教經典並思索神學問題。資訊時代的人們能自由取用多元知識，尤其在社群媒體與網路盛行年代，信者更容易成為宗教追尋者，在浩瀚訊息中攝取各類宗教內容。同時，社會文化愈來愈重視個體性的展現，在新自由主義及消費主義衝擊下，個體在破碎與多重的自我觀夾擊下，必須在人與人、人與物、人與超自然的互動中探問存在意義並重構認同（黃應貴 2020），而宗教權威的說法與指令只是其中一項參考，宗教權威擁有的正當性及其傳佈之世界觀的合理性（plausibility）也在不斷下降。[5]

這種新興教會運動與其視為是一種新的宗教認同，不如視為一種宗教傾向（religious orientation），一種新生代對既有宗教形態的反思或對話，尤其是要詰問傳統教會權力階序以及社群生活如何在日益強調個人權利及多元價值的環境中持存（Marti and Ganiel 2014: 78-79, 179-181）。

值得說明的是，這種個體化並不意謂信者「獨我化」；他們仍會積極與他人、社會有所連繫，一如本文揭示的。只是，信者與他人、社會的連繫的產生及模式，在未個體化前是立基於宗教組織、教義、傳統之上，或受這些因素的左右，但在個體化以後，

則更多是基於個人本身出發的考慮。

這種宗教個體化的討論是去政治的分析，然而，難道政治環境真的沒有角色嗎？晚近世俗主義的討論即批判了這種看不見政治的世俗化分析，指出即使在強調宗教自由的先進民主環境中，政治力量仍藉由政策法令及實務規範標示出宗教自由的範圍及偏好的種類，以各種方式形塑可欲的宗教形態（Connoly 2008; Asad 2003）。在全球東方的脈絡下，政教之間的糾葛又以另一種形式顯現（林瑋嬪、黃克先 2022: 18–21）。本研究則具體從香港特定時空的案例，指出政治環境如何影響宗教個體與集體之間的關係，進而導致信仰個體化的趨勢。

經歷過反送中運動後，中港衝突加劇、港版國安法實施，香港基督教社群也明顯感覺正處於十字路口上，未來的政教關係將

---

5 這種宗教社會學個體化分析的當代版本，即近期在大西洋兩側及英語系國家興盛的新興教會運動（Wollschleger 2012; Guest 2017）。新興教會運動生成的背景有其福音派發展的根源，在教會中成長的下一代，他們擁有的文化特性與這些教會本身產生不一致，尤其反對教會內的狹窄教條主義、父權領導風格，這樣的組織特質導致信者真實生活與教會逐漸失去關聯（Guest 2007）。在美國，保守福音右派強烈高調介入政治、深受市場資本主義影響而鉅型教會林立，不甘接受或批判這種現況的人也形成了新興教會的主力。他們試圖與宗教建制保持距離，欲在裂縫中找到自我認同。希望信仰中更強調個體自主性、民主討論、回應時代議題的這群人，便形成了一種新型態的教會：「被解構的教會」（Marti and Ganiel 2014），將解構做為宗教實作的核心，質疑傳統與既存思想或作法的合理性，積極帶入自身經驗的洞見，透過群體密切互動及討論，決定其儀式行為或信仰體系，其中融合創新元素卻又保留神聖感，由此，我們可以識別出其意義建構過程展現了一種相對性及情境性，與具體政治社會變遷及個人在其中的處境有密切關係，也突顯對於既有宗教權威的反思。

很可能將內地化。中共長年以來對基督教十分忌憚，推行已久的「中國化」政策就是希望割斷它與境外勢力之間的關係，讓它成為愛國、注重社會和諧的團體，而不再以信仰之名宣稱「自由」、「民主」、「人權」等根據聖經超驗準則而來的普世價值，挑戰中共政權治理的正當性。在 2017 年時，就有基督徒民主黨成員被擄走、禁錮並虐待，更有人稱基督信仰違反愛國愛教原則是有問題的。反送中運動如火如荼之際，中共鷹派官媒就罕見發出一篇文章，名為〈這群神棍對香港的毒害，超出你想像〉，指責受西方控制的香港基督教人士長期以來介入教育體制並洗腦下一代，這次更動員、組織、支持騷亂示威活動，藉宗教之名提供暴徒道德上的合理性及合法性。文章更語帶威脅地警告：「是時候該拔毒了。」

2020 年實施國安法之後，我們文中主要討論的這些革新派基督徒該何去何從呢？以我們的受訪者來看，當中有十位在受訪當時已因各種原因而離開香港，在台灣、英國等地定居，留在香港的仍在持續思考，在新的政治環境中如何能將自己的信仰實踐兌現，對未來不管是樂觀或悲觀，言談中總帶有巨大的不確定性。若將來香港宗教管理制度模仿中國，現已表現出反對政教建制、重視個人主體性、自由化神學的這些革新派信徒，或將成為流動於各家庭內之地下教會的主力，而他們有可能像如今中國家庭教會的領袖與信徒一樣，成為抗衡無神論政權的有限且僅存的組織性及意識型態力量（Huang 2021）。抗衡並不見得是對抗或抵制，更多時候是基於實務上宗教自由拓展或理念上信仰價值的堅

持，與政權中不同位置（如中央或地方；黨的統戰部、政府的宗教局或公安局）協商斡旋（Huang 2014）。這樣的新局或與過往熟悉的極其自由化的香港宗教環境大相逕庭，但若從基督宗教漫長的歷史來看絕非特例，身處其中的基督教徒仍有豐富的文化劇目可資參酌，在自身具體情境的實踐與反思中辨明眼前的道路，一如這些革新派基督徒在前所未見的反送中運動裡所做的那樣。

參考書目

升學天地，2023，〈香港中學的種類及其分佈〉。https://www.schooland.hk/post/sspa04，取用日期：2023年4月12日。

王少勇編，2021，《無能的同在》。溫哥華：Vancouver Christians for Love, Peace and Justice。

何明修，2019，《為什麼要佔領街頭？從太陽花、雨傘，到反送中運動》。新北：左岸。

呆子，2021，〈教牧聯署的源起〉。頁16–19，收入王少勇編，《無能的同在》。溫哥華：Vancouver Christians for Love, Peace and Justice。

邢福增，2004，《香港基督教史研究導論》。香港：建道神學院。

———，2019a，〈反修例運動中的香港基督宗教〉。《端傳媒》，https://theinitium.com/article/20191018-opinion-hk-protest-christian/，取用日期：2023年12月28日。

———，2019b，《我城哀歌‧時代福音》。香港：德慧文化。

林瑋嬪、黃克先，2022，〈導論：氛圍的感染〉。頁1–35，收入林瑋嬪、黃克先編，《氛圍的感染：感官經驗與宗教的邊界》。台北：台大出版中心。

馬嶽，2020，《反抗的共同體：2019香港反送中運動》。新北：左岸。

袁天佑，2017，《走進時代的信仰》。香港：亮光文化。

郭偉聯，2014，《自保與關懷：香港教會的社會及政治參與》。香港：宣道出版社。

陳恩明，2021，《暴風下的信仰省思》。香港：突破書籍。

黃克先，2022，〈團體與社會共舞：台灣基督宗教與社會變遷〉。頁159–181，收入齊偉先編，《入世、修持與跨界：當代台灣宗教的社會學解讀》。台北：台大出版中心。

黃應貴，2020，〈導論〉。頁1–67，收入黃應貴編，《主體、心靈與自我的重構》。新北：群學。

劉紹麟，2018，《解碼香港基督教與社會脈絡：香港教會與社會的宏觀互動》。香港：基督教文藝出版社。

龔立人，2015，〈社會撕裂、復和和／或張力：「雨傘運動」後的香港神學政治想像〉。頁55–80，收入林榮樹編，《政治生態轉型下的牧養》。香港：香港中文大學崇基學院神學院。

Asad, Talal. 2003. *Formations of the Secular: Christianity, Islam, Modernity.* Stanford University Press.

Bayat, Asef. 2013. *Life as Politics: How Ordinary People Change the Middle East.* Stanford University Press.

Chan, Shun-hing. 2015. "The Protestant Community and the Umbrella Movement in Hong Kong." *Inter-Asia Cultural Studies* 16(3): 380–395.

Connolly, William E. 2008. *Capitalism and Christianity, American Style.* Duke University Press.

Kwong, Chungwah. 2002. *The Public Role of Religion in Post-colonial Hong Kong: An Historical Overview of Confucianism, Taoism, Buddhism, and Christianity.* New York: Peter Lang.

Guest, Mathew. 2007. *Evangelical Identity and Contemporary Culture: A Congregational Study in Innovation.* Milton Keynes: Paternoster.

——. 2017. "The Emerging Church in Transatlantic Perspective." *Journal for the Scientific Study of Religion* 56: 41–51.

Ho, Ming-sho. 2019. *Challenging Beijing's Mandate of Heaven.* Philadelphia: Temple University Press.

Huang, Ke-hsien. 2014. "Dyadic Nexus Fighting Two-Front Battles: A Study of the Micro-level Process of Religion-State Relations in China." *Journal for the Scientific Study of Religion* 53(4):706–721.

——. 2021. "Governing Undesirable Religion: Shifting Christian Church-State Interaction." Pp.362-386 in *Evolutionary Governance in China: State-Society Relations under Authoritarianism*, edited by Szu-chien Hsu, Kellee S. Tsai and Chun-chih Chang. Massachusetts: Harvard University Press.

Marti, Gerardo and Gladys Ganiel. 2014. *The Deconstructed Church: Understanding Emerging Christianity.* New York: Oxford University Press.

Ma, Ngok and Edmund W. Cheng. 2021. "Professionals in Revolt: Specialized Networks and Sectoral Mobilization in Hong Kong." *Social Movement Studies*, DOI: 10.1080/14742837.2021.1988914

Özyürek, Esra. 2006. *Nostalgia for the Modern: State Secularism and Everyday Politics in Turkey.* Durham: Duke University Press.

Wollschleger, Jason. 2012. "Off the Map? Locating the Emerging Church: A Comparative Case Study of Congregations in the Pacific Northwest." *Review of Religious Research* 54(1):69–91.

Wong, Wai Ching Angela. 2013. "The Politics of Sexual Morality and Evangelical Activism in Hong Kong." *Inter-Asia Cultural Studies* 14(3): 340–360.

[7] 撤離的日常化：
移動性、情感政治、共同體[*]

黃舒楣、陳盈棻、張詠然、洪與成

一、導論

（一）撤離中：香港人大走難

　　十九世紀下半葉起，港人來自各地亦散佈八方，人們因政經濟情勢變化到港，也因同樣變動考量跨境離開。九七前移民潮未遠，2019年起反送中後的政治變化就引發了新一波移動趨勢，不少港人以粵語「走難」表述，有別於安穩歲月中的移動。[1]即便移動性（mobility）漸成全球化過程日常，反送中運動以來的港人大移動，或如港人自嘲「走難」，有其地理學、社會學上的新意義。我們著眼走難潮，借用災害研究中的「撤離」（evacuation）概念，嘗試理解眼前港人移動經驗。

---

* 本文初稿曾發表於「臨界：香港研究及其不滿」研討會（2022年4月，國立陽明交通大學）。

1 「走難」一詞出現於多篇報導，如BBC新聞中文網〈香港BNO移民潮〉引述受訪者：「香港會慢慢變差，最後成為一個普通的大灣區城市⋯⋯現在的感覺猶如走難，可能只是比走難好一點」（林祖偉 2020）。「走難」一詞亦多出現於訪談對話中。

　　不只在台灣可感受到港人移住增加，英國、加拿大紛紛推出限期移民方案（如港人暱稱「救生艇新政策」的加拿大開放式工作簽證[2]），加速了走難感。根據英國政府釋出的數字，在該國針對香港情況推出英國國民（海外）（British National Overseas）申請計畫之後，2021年共有103,900件申請案，相較於其所預期略少15%（Wong 2023）。因此英國保守黨建議計畫修正並於2022年2月放寬規定，容許未持有BNO但已年滿18歲的港人，只要其父母持有BNO，即可獨立申請BNO護照到英國居留，新措施於2022年11月30日生效（Dathan 2022）。儘管低於英國政府預期，一年超過十萬人申請的數字仍十分驚人。另如2021年9月初一則報導〈港人三個月內提走21億元強積金〉則傳達了港人提早申請提取而離開之匆忙。[3]

　　我們採質性研究，訪談反送中運動後「移動」進程中處於不同位置者（移動前、移動中、已移動），以理解移動前後的情緒變化、「移動」的種種模式。我們採取滾雪球方法，透過實體或

2　針對近期畢業生推出個人開放工作簽證，允諾一年直接申請永居，工作簽證加永久居民申請條件，最長有效三年、無須僱主擔保，但要求申請人具中學後五年期學歷，自2021年2月起至2025年2月7日截止（Government of Canada 2021）。

3　該則報導關注大批市民移民海外，不少人申請提早提取強積金。據積金局2021年發佈《強積金計畫統計摘要》，2021年第二季有8,000宗因永久離開香港而申請提取強積金，較去年同期上升33%，金額達20.95億元乃五季以來最高。涉及提早退休之個案則有6,600宗，較去年同期增24.5%，金額達12.17億元，較去年同期增57.4%（立場新聞 2021a）。

線上聯繫訪問「起心動念走難者」，包括正準備或考慮移居遠走他方的港人，或是已身在異地的港人，來了解其移動相關考量、感受以及生活資源安排。自2021年1月至2022年8月共訪談41位，包括25位已離開，16位尚未離開但已有移動準備。本研究對象非屬因參與運動而即刻有牢獄之災的那批，而是反送中運動、國安法實行以降，因應主觀感受到的風險、焦慮，主動有撤離意識者。受訪者最多介於20至40歲之間（73%），因這世代移動性較高，也更可能因政治而走，有別於既有研究生活移民的年齡層。離開的受訪者最多人前往台灣和英國，後者尤甚。計畫未以收入設限，然初步研究所觸及的有撤離需求者，多非屬超富階層（the super-rich）（Wissink et al. 2017），而已持有外國護照的家庭多屬中產階級，以及部分介於藍領及中產之間的階層。[4]計畫未觸及出自低收入戶家庭的受訪者。

　　截至2022年8月10日為止針對41位受訪者的統計，20–30歲者佔35%，31–40歲者佔38%，41–50歲者佔18%，51–60歲者佔5%，其餘2%的受訪者為60歲以上。就移動目的地來劃分，移往英國的比例最高（39%）；其次為移動往台灣的（34%）；10%移往加拿大；而移往其他國家，包括美、日、德、新加坡、澳洲

4　根據香港政府統計處發表的2020年版《香港統計年刊》，2019年度家庭月入中位數為35,500元，以全港每月住戶收入中位數（不計社福收入）的50%作為貧窮線。然香港原屬菁英階層或超富階層的家庭主要財富在於價昂房地產和相關的地產霸權分佈，不易顯示於收入統計。此處重點不在收入數字差距，而是財富和跨境移動力有高相關性，特別富有的一群早備有去處，甚至不只兩國護照，此刻並不急需撤離，隨時想走可走。

表 7.1 本團隊觀察之海外港人市集

時間	市集名稱	地點	主辦單位	觀察方式
2021.01.31	台北和你宵	八米共同工作空間	我城他方	參與觀察
2021.02.06	港生和你宵 × 廣東話交流桌	九月茶餐廳	九月茶餐廳	參與觀察
2021.12.19	台灣大笪地	台北市長老教會圓山教會	九月茶餐廳、台灣中華萌愛關懷協會、台灣民間支援香港協會	參與觀察
2021.12.25	香港聖誕市集	台北華視大樓前廣場	台灣香港協會、我城他方	參與觀察
2022.02.05–06	台灣大笪地—國際嘉年華	台中秋紅谷景觀生態公園	九月茶餐廳、心之谷教育園區	參與觀察

註：資料收集於2021年1月至2022年2月。我們參與觀察了表列中幾個市集，參與觀察時間約為1–8小時，以觀察場地佈置、主辦單位組織、參與店家類型、所出售貨品、參與者之間的互動。在台灣大笪地場次，團隊成員參與了市集擺賣。另參照二手資料如新聞報導、社群網站等關注了「淡水香港聖誕市集」及「倫敦香港人新年市集」。

等，共佔15%。

研究團隊亦針對在台港人社群組織作了參與式觀察（參考表7.1），作為輔助材料，理解其移動過程和之後的情感政治如何在他方實踐。我們希望藉由移動相關的日常考量和跨境安排互動，來探討移動過程中的情感政治，以及情感政治如何可能帶來新的移動和抵抗。

（二）為何以「撤離」切入分析？

我們採「撤離」作為概念隱喻，而非直接引用政治難民研究，

首先來自港人常口語自嘲為「走難」（可見於受訪者說話、社群媒體貼文等）。[5]初步研究展開後，有些受訪者表達此離去之後下一步未定，甚至不排除可能回返，是為接近「撤離」。撤離者並不直接等同於政治難民——國際間定義的政治難民指的是若留在原地人權將受到嚴重侵害，尤其指涉人身自由、表達、參政的自由（Gibney 2018）。這波近二十萬港人移動多不屬於政治難民，然多考量政治變因而預防性地離開，看似主動移民，卻又不同於經濟因素啟動之主動移民，她們仍有許多憤怒和遺憾。我們採「撤離」概念，企圖掌握其界中特質——不能完全歸類於非自願過程，也不能簡化為自願過程。換句話說，大量香港移民同時具有難民和非難民特性，儘管他們多尋求合法移民機制離港、合法抵達他方。但不可否認地，英、加、台針對港人提供的移民選項有一定救援特質，多為適用於特別政治時空背景的香港居民（大英帝國海外居民或中華民國僑民），乃有期限的特殊安排。[6]

承上，我們認為香港近年危機所致移動，多屬因政治因素而動念的自主移民過程，儘管移動決策過程會帶入其他因素考量，但他們動念撤離多起自政治劇變。受訪者多意識到此行未必能即刻安居，仍有再移動準備。

---

5 除註 1 所提現象，亦可見於自媒體趨勢，如自 2021 年三月起有港人成立「BNO 走難」於 Youtube，訂閱者超過 2.93 萬人。https://www.youtube.com/playlist?list=PLI4-wWC_AtRTwYy2Ctl2QM6SS97Er3Oyq，取用日期：2023 年 11 月 20 日。

6 有關「撤離」和「撤離之日常化」的概念探討，亦可參考團隊相關發表（黃舒楣等人，已接受）。

再者，我們認為須注意近年變局和九七前夕之差異。本研究不少受訪者提起這一回比較起九七大有不同，災難已在眼前，而不是等待、想像中的災難。尤其在 2020 至 2021 年間，日日出現被逮捕、審訊的案例，使得緊急感更為真實，可能被剝奪什麼樣的自由，已有具體參照。曾見識九七、年齡資深的受訪者 JOC 同時指出「撤離」和「保留」之相關性：

> 以前一個是 escape from communism, the threat of communism, future threat，你沒有打算抗爭，為香港爭取什麼，前途已經定下來，就是怕以後發生什麼事情而已。但這次是因為通過抗爭，香港還有抗爭精神，想為香港保留什麼、爭取什麼，這個很明顯，所以這個精神的延續。[7]（訪談 JOC, 2022/07/20）

反觀自 1984 年中英聯合聲明至 1990 年代間，香港社會瀰漫之憂慮實未於香港境內實現，人們或關心談判過程，或致力推動制定基本法時要有港人參與，這些舉措都讓未知的新局面保有讓人期待的開放性。甚至是 1989 年六四事件之後，即便香港社會不安感加重，移民人數多了些，然該事件畢竟不是發生於香港境內，其危機感認知受到各層面意義的距離所影響，大大不同於三年來在港劇烈變化。[8] 這短短三年來多起案件已匯成眼前可見的

---

7 訪談中受訪人不時切換中、英語言表達，以不同語言陳述時之情緒流露亦不盡相同，為尊重其表達，逐字稿謄打及引用均保留原文。

劇變，如同「災害」，我們認為適合利用「撤離」概念理解反送中運動以來的離港動態。[8]

　　此處所採「撤離」（evacuation）概念亦有災害脈絡中的撤離意味，如火山爆發之發生過程有其醞釀期，具有可觀特徵供居民有較長時間可猶豫評估是否需離開避禍，以及要做什麼程度的離開。走與不走之間是伴隨著風險衡量、損益盤算的過程。[9]在火山爆發頻生之地，因應長久以來頻繁發生的災害，從個人到社群之間已經累積了文化性回應，在當代持續和科學評估協商、折衝。「撤離」是為了避禍，有可能再回返；「撤離」涉及一定準備，也涉及到放棄難以撤離而可能覆沒的成本；「撤離」必然帶著急迫性和政治性。除非「災難」是被自然化的災難，否則討論「撤離」難以去政治化──但過去十年的災害研究一再釐清，「沒有所謂的自然災害」，尤其在卡崔納風災、福島核能電廠災害之後，共識益發清楚，儘管自然危險（natural hazards）確實存在，然而「所有的災害都是人為的。」[10]

8　此理解特別感謝葉蔭聰審閱初稿後給予指點。亦感謝梁啟智、鄭亘良惠賜寶貴建議。

9　火山爆發的可觀徵兆可長達幾週，地表會溫度上升、零星處有噴氣冒煙，乃至於火山口開始有清楚活動情況。印尼莫拉比火山口周邊的居民往往要評估如何帶著放牧羊群離開，參考Mei等人（2013）與Donovan等人（2012）。當然火山不同於其他類型災害如地震，發生不到五分鐘即有禍害，只能就地蹲下或爬高避禍。

10　進行中的以加戰爭，凸顯了「撤離」能否順暢進行之高度政治性。有關災難的社會性，地理學者Neil Smith（2006）針對卡崔納風災曾撰文指出，"There's No Such Thing as a Natural Disaster"，指出若非布希政權大開方便門讓紐奧良沿海濕地轉為高密度開發區域，死傷規模會小得多。

　　本研究無意拿「撤離」來取代存在許久的「流離」（diaspora）討論。以猶太人、華人、巴勒斯坦人的流離現象（Schulz 2005; Smith 1986）來看，流離相關分析確實能掌握社群在長期離散後仍運作不息的族裔認同、族裔文化表現。然我們採用「撤離」概念，實要檢視在危機之後即時的動作反應和意識變動，尤其是具體的移動抉擇和情感面向的雙向反應，在限制逐漸增加的社會環境中，如何帶領人們思考下一步，而展現出撤離日常化的現象（黃舒楣等人，已接受）。換句話說，本文並不否認更長期來說，港人移居全球各地可能形成一波新的港人流離。

　　總的來說，我們認為以「撤離」來理解這三年來的香港人移動，可更深入探究帶有急迫性的移動以及相關決策過程中的動態觀望。我們關注香港「撤離」的日常化，移動／撤離不是短暫動作，而是持續在日常中醞釀發酵，同時帶有三重動機：避險、保存未來性、尋求他方。[11] 而「撤離」這種特殊的移動範型，甚至足以令相對的「原鄉」與「他方」交織起來，進一步形塑「共同體」想像。

　　近期人文地理學界開始關注「未來性」，Bunnell等人（2018）嘗試於個人日常生活的種種實作考察未來想像，描述一種「對於（身在）他方的展望」（the prospect of elsewhere—and of being else-where），這種展望使人萌生充滿抱負的未來想像，並產生一股驅

---

11 我們的理論化過程能夠回應移動研究及社會地理學文獻，著重「撤離」和「未來性」之間的光譜，「撤離」引致的時空性變化（黃舒楣等人，已接受）。

動力要實現這種未來願景。在此理論框架下，「撤離—移民」或可視為一種對未來的安排，意在追求某種更好生活。然則對照前述研究中展望未來的積極性，這波香港移民潮更悲觀些，多有「不得已要離開家園」的無奈。

同時值得注意的是「撤離」和抗爭「完結」之間的關係。嚴格來說，引發這場「災難」的抗爭沒有完結（closure），[12]對運動人士來說，政治高壓強力地中斷了運動，而突如其來的新冠肺炎疫情讓政府找到理由管控集會，運動被迫結束但未完結，由於沒有清楚的終點也就難以總結。就香港社會的個人來說，當局懲罰參與者、關注者的力道和廣度，讓許多人突然噤聲且突需「撤離」，於是，不少人在短時間內決定撤離，但無法如同一般狀況下經歷有收整、道別的社會心理過程後離開。沒有道別完結，於是在展望未來的同時，無法完全移步向前，也就難以展望再見。或可說，「沒有完結」的心理狀態亦為「撤離」意識的一部分，持續影響到移動前、移動中、移動後的實踐。

> 沒有 closure，也是沒可能 closure 罷。除非你勝利了。所以一個運動，怎樣看它的成敗，你可以用不同標準跟角度。如果你視中國民主化為結果，那一定是很慘。你要拉得很長。拉得很長，短暫的失敗不代表永遠的失敗。Even 你這樣看，[13]你覺得還有抗爭的需要，你要保持一個心態，一

---

12 感謝受訪者 JOC 提供此觀點，「沒有 closure」亦為其用語。

個是短期的失敗你就放棄，失敗了就 politicize yourself，你就不 care about politics anymore because it fails。我覺得大部分人還是有保留這個抗爭的……沒有 closure。（訪談 JOC, 2022/07/20）

「沒有完結」看似保留了希望，留待他日再起。然而，「沒有完結」在個人心理層次上突然造成劇烈變動，不易消受。「……來（台灣）之前，我沒有移民這個想法，所以 I didn't have a closure. No closure for my university, for my friends, for Hong Kong, for my family. No closure. I didn't have farewell to anyone」（訪談 JOC, 2022/07/20）。換句話說，「沒有完結」和「撤離」，亦為一體兩面，撤離緊急發生，離開者來不及總結整理自己的過去，加上未來種種不確定，更加深「沒有完結」之感。

（三）撤離的日常化

不只關注「撤離」，我們認為香港自反送中以來，港人隨時做好準備移動／撤離的現象，似更接近「撤離的日常化」（normalization of evacuation）。在此過程中，移動／撤離不全然是結果，更是一系列嶄新情感社會實踐的關鍵過程。「撤離」不是短暫的動作，而持續在日常中醞釀發酵。我們觀察到「物質性」和「情感

13「Even……」帶有受訪者自我解釋之信念，指運動／抗爭未必會帶來即時改變，但長遠來看必定有其影響。

性」兩種移動政治。首先從物質性政治來看，準備撤離的港人，需考量形塑抵達條件的移民體制、如何有效搬動資源、[14] 容身安置相關的租金負擔，以及個體將抽離親密依存關係、照護安排調整等等，處處充滿摩擦和門檻。另一方面，「撤離的日常化」似催生了新的共同體。撤離中的憤怒、焦慮、恐懼、愧疚感，在個人、家族、社會之間協商共作，在社群媒體日日演出宛如劇場。我們認為當前的新移動政治不同以往，許多人有意識地做準備，好讓共同體在他方存續發展，移動後又迅速以各類媒體書寫，展現落地後新日常之積極性，這些都彰顯出移動／撤離乃是一種物質交織情感的實踐，有必要對此重新認識、重新建構此一概念。

本文聚焦處理「情感性」的移動政治。然簡短地以強積金為例，可具體說明變動中的種種制度措施安排如何形塑危急感。香港人起心動念走難之際，如何處理港府 2000 年啟動的「強制性公積金計畫」（Mandatory Provident Fund Schemes，簡稱強積金或MPF），[15] 成了非退休族群的煩惱。這筆基金由僱主及僱員共同供款所成立，僱員一般於 65 歲後或特定個別原因，才可取回供款以作退休之用。「移民」雖屬可供考慮原因（如能出示證明「永久離港」），然何謂送出與接收兩國皆同意支持的「合法移民」？

---

14 財產、強積金、技術資格等。

15 強積金的法律依據乃港英政府於 1995 年 7 月 27 日通過《強制性公積金計畫條例》，在 2000 年 12 月 1 日正式實行的退休保障政策，除少數人士獲豁免，強制 18 至 65 歲香港就業人口都須參加強積金計畫。截至 2019 年 9 月底，強積金計畫的淨資產值為 9,050 億港元，共 1,002 萬個強積金戶口；每名計畫成員平均持有 18.6 萬港元，累積逾 100 萬港元的強積金帳戶達 5 萬個（強制性公積金管理局 2019）。

此一問題很快地成為國際政治交鋒之所在。很不幸地，針對前述於一年間超過十萬人申請的英國國民海外護照，港府宣告該文件無法作為有效旅行證件和身份證明，因此僱員不能依賴該文件申請提早提取強積金。2020年底至2021年初，一度傳有特定強積金受託公司可接受英國國民海外護照，後遭積金局嚴正否認。[16] 反覆矛盾的訊息讓港人困惑，網路論壇討論不斷，亦引發惶恐（Bloomberg News 2021）。已離港赴英的港人直到2023年秋天仍持續爭議此事。這個案例顯示出，港府如何調整機制產生摩擦力，讓港人往特定地方走難更為不易。除了強積金，公教人員福利、英國國民海外護照、特許入境許可的措施規定調整，或台灣的「外國專業人才延攬及僱用法」就業金卡等等，都有不同程度影響力。

二、理論回顧及分析概念

（一）回應危機感的情感政治驅動了撤離

本研究注意移動性和不可移動性（mobility and immobility）（Adey 2006）之間的情感政治。針對愈來愈多準備好隨時可緊急撤離者，討論移動成為日常的一部分。我們探討情感性如何促進了

---

16 原有宏利（Manulife）代理人向《立場》記者證實，曾收到公司內部指引可接納英國國民海外護照，作為提早領取強積金的證明文件，成為全港首間明確接受該文件的受託人公司。然積金局聲明否認後，宏利亦稱將依法例行事。又因《立場》受迫終結，此網路報導連結不再有效。

撤離的考慮和後續跨境日常實踐；同時，我們注意移動者的「撤離意識」，亦即他是否主動認知自己的撤離為「走難」，同時賦予「走難」新意義。於是，本文積極回應情感政治、情感移動性相關討論，以此嘗試在理論上定位移動／撤離：撤離不是短暫的動作，而是持續在情感政治的日常中醞釀，同時具有聯結、延展、轉化的性質。也就是說，在撤離的日常化中，情感成為日常實踐的催化劑（enabler），尤其是撤離過程中的港人開始主動認知己身移動為「走難」，同時重寫「走難」標籤；過去「走難」僅用於發展中國家難民，具有他者化甚至是罪犯化的刻板印象（Constable 2021; Ng 2020）。某方面來說，歷史中的香港本身可說是收容「走難者」而成的城市，唯八九〇年代後社會逐漸安定下來，走難者亦為制度內的「新移民」取代，直到近期才有別種討論，以另一種形象取代新移民，主導香港的移動圖像。

（二）情感移動性（affective mobilities）

由文化政治理論取向來看情感，著重於情感會如何帶動行動、位置和觀點（action, position, and perspective）。於是，情感是根本性、關鍵性的催化劑，會促進運／移動、互為主體性（inter-subjectivity），以及人類（不）可能性（human [im]possibility）（Glaveanu and Womersley 2021）。即便是起心動念的這一種情感，也會改變個體的物理、社會和象徵位置（physical, social and symbolic position），終至使其採取跨境移動，引發地理性的、政治性的改變。

以在南歐尋求身份的難民為例，移民者的生活充滿著矛盾、

衝突情感，其中希望和絕望（Pettit and Ruijtenberg 2019）、移動解放帶來的可能性和受限困頓感，同時並存。移民者受限困頓之感往往來自移動至他方過程中，難民或移民機制本身充滿複雜的申請、等待審查流程，過程中持續充滿不安感，這與移動本身可以追求更好的未來允諾，形成強烈對比。如此在希望和絕望兩端搖擺來回的移動，標記著移民者面向未來之情感實踐伴有滿溢的不確定感（Glaveanu and Womersley 2021: 634）。當然各地案例充滿差異，許多因素形塑著情感性的移動、甚至是移動的情感性，包括社會—文化資源、移民軌跡，以及移民想像（想像地理〔geographical imaginaries〕〔Salazar 2010; 2011〕）所致特定更好生活之想望。然由南歐難民經驗來看，多有失望。這不只是移動後的想望破滅，更是移動的起心動念到實踐過程中矛盾情感經驗形塑的複雜成果。

我們採取類似取徑來思考「撤離」，同時更重視情感面向，將「撤離」相關的起心動念當作情感上的移動，認識此一情感性移動如何影響了跨地方的家庭、家、社群之地理構成，累積而為「撤離—情感地理」（affective geographies of evacuation），即便其中個體尚未撤離或者未必在短期內有任何移動，其每日生活已難免受到撤離情感地理影響而鬆動或撼動，他們的實踐已展現出情感性移動。我們關注「撤離」這種跨境延展的生存策略，同時在分析上撐開撤離情感地理和情感性移動之間的動態關係。

我們同意Sarah Ahmed（2014）的建議，與其窮盡何謂情感，重點在於理解情感有何作用？情感如何循環流通於身體、黏附包

覆身體，甚至形成新的表相（Ahmed 2014: 4）？不過相對於Ahmed
研究中以美國九一一之後經驗為例分析白人想像生命受到攻擊、
延伸為美國受到異族異國攻擊，在香港的反送中、國安法以降，
構成危機感核心的乃是「自由」之剝奪受脅。換句話說，受到攻
擊的是好似看不見摸不著的「自由」，情感政治圍繞著此感受而
展開。在此過程中，相關研究專注討論情感如何在認知層次形
成「新我」，或者換句話說，情感政治如何驅動新的身體形象（如
Ahmed研究中探討膚色）來中介空前危機？於此同時，情感層
面的「新我」和地理層面的城市微妙地有了難捨連結（我—城），
撤離意識卻逐漸在日常中持續作用、內化、積累、延伸而為情感
移動性，進一步影響日常決策和生活安排，而可能終究需決定撤
離，以致涉及跨境移動、公民身份轉換等等物理性的、政治性的
地理改變。跨境前後的地理變化，則展開了撤離—情感地理，具
體來說，從情感政治驅動的「新我—城」，經撤離意識、起心動
念、最終遠走他方，或可視為一新「我—城」透過他方來修補維
繫的過程（如圖7.1）。

　　圖7.1的概念可分兩層次來討論，一是移動決策之前，情感
政治驅動重塑「我—城」關係，內化撤離意識；其二是移動決策
後，個體離開乃至於抵達他方，在他方嘗試修補傷害、維繫破碎
的「我—城」形象和「我—城」聯繫。在過程中，我—他之間的
新社群關係亦可能建立，讓他方生活愈來愈踏實。個體對於撤離
意識的反思（仍然）是日常情感性移動，乃至於反饋支持他者的
撤離—移動，是為撤離—情感地理中作為物質交織情感的互為主

圖7.1 撤離－情感地理

反送中、國安法以降構成危機感核心的「自由」之剝奪受脅

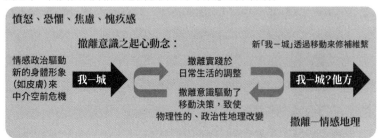

體存在。或可說香港自開港建城以來，「移動」即為社會要素，然近期遭遇政治困局，這三年來撤離情感地理的高密度變動是前所未有的。1970年代之後愈發確認的「香港人」認同，在此過程中有關鍵作用力。國安法後正式宣告「愛國者治港」取代港人治港，港人認同受打壓，從根本上造成危機感，引發撤離意識，乃至於有走難之感——走才能繼續作「香港人」之感。[17]當移動過程中的撤離意識淡薄後，終有一日這我城—他方之間的耦合是否也可能脫落？以下循圖7.1框架，依序分析構成撤離移動初期情感政治的四個面向，由撤離意識中的四個情感關鍵字作為代表：憤怒、焦慮、恐懼、愧疚感。

---

17 接任反送中運動期間的特首林鄭月娥而後上任的李家超，出身警界，曾任保安局局長，已宣告將於2024年儘速完成涉及國家安全的《基本法》第二十三條立法，以及強調盡力配合在中國近日通過《愛國主義教育法》（2023/10/24）。紅線愈發清晰。

1. 撤離意識中的情感關鍵：憤怒、焦慮、恐懼、愧疚感

　　許寶強（2018）在雨傘運動之後，結合文化政治、心理學，探「情感轉向」分析香港從個人至社會的集體鬱躁。許氏指認出香港社會的「恐懼文化」受到幾項因素所鞏固：政治、全球化、八九〇年代之後中產階級興起。恐懼文化主導下，大眾走向避險、避免犯錯承擔、愈發強化個人中心主義，並傾向自願受限於專業主義和權威，放棄能動性不願意關心眾人之事。進而他指出香港人從恐懼的政治走到近年的焦慮政治，是因為種種有礙於快速發展而被壓抑的情緒（覷覦、羞恥、內疚、妒恨）再次匯集為集體的苦悶與憂鬱。本研究則關注於 2019 年反送中事件之後所更新之社會情感，除了沿用既有因社會結構形成的恐懼和焦慮，[18] 同時基於觀察和訪談基礎，加入了有別於事件前的「憤怒」和「愧疚感」（Tang and Cheng 2021）。其中，愧疚感（或內疚）在此波運動後開始頻繁出現於媒體、公開表述、社群溝通語言乃至於此研究深度訪談資料中，在在顯示了 2019 年以後的情感政治新貌。Tang 與 Cheng（2021）指出反送中運動幾代抗議者之間有強烈情感團結，這與香港傳統的政治文化相悖（香港傳統的政治文化傾向於和平有序的抗議），也與激進化往往導致運動內部分裂的世界趨勢相悖。但老年人因內疚感而有所轉變，從反對激進行

---

18 我們亦注意到恐懼和焦慮在反送中至國安法脈絡下，意義有所更新，不全同於
　　許寶強的分析，亦不同於國際間以後九一一社會為主的討論。

動走向漸漸支持。在經歷過國家壓制的受訪者中，年齡與內疚感之間的關係更強，研究結果揭示了參與抗議的情感和關係維度，不同社會參與者通過共同的情感動盪而結合在一起，促進群體內認同和情感團結。

同時我們想釐清，這四組情感並非線性或因果關係，四者在受訪者經驗中並存、互動、混成。以下分述之。

（1）憤怒／難過／失望[19]

反送中運動中，「憤怒」成為許多香港人時常出現的情緒，有時會形容事態「荒謬」、「離譜」、「無法忍受」，或與難過、鬱悶、失望、辛苦等感受混雜，因而顯得複雜。這些情緒多指向對於政府與制度的不信任，特別圍繞著與香港警察相關的各種爭議事件，包括被質疑「警黑勾結」的元朗七二一事件、香港警方在太子地鐵站襲擊乘客的八三一事件、2019年11月港警與示威者在中文大學與理工大學發生的激烈衝突，以及各種造成抗爭者不同程度傷亡的事件；另包括港版《國安法》施行、《蘋果日報》遭搜查、被迫停刊等事件。

類似情緒在運動發生前便瀰漫香港社會，抗爭爆發後，對政治與社會環境的不滿更進一步成為港人出走的主要動力。據香港中文大學亞太研究所2019年針對港人移民原因的民調，決定移

---

19 我們所接觸的受訪者未必直接提到「憤怒」，港人口語常見表述是不滿、不甘、失望、辛苦、無法忍受、覺得離譜等。

民的四項主因中，「政治爭拗和社會撕裂」四年來持續居首，「不滿香港政治不民主」則躍升第二。過去並未入榜、卻於是次調查列於第三位的是「不滿中央政府獨裁」，也顯示港人與北京政府關係更加緊張。計畫移民的港人受訪時也常提及相關憤怒：

> 政治環境，是好多⋯⋯以前至少有些空間，大家可以表達，現在收緊是讓人有很深感受。以前是可以談道理、原則，尤其是我的工作，和同事合作，可以大家談清楚原則，特別是，明明是，其實不是這樣發生的，現在好像要說成另一回事？面對政府、面對法例，怎麼可以這樣？傳媒都可以這樣？（訪談 T, 2021/03/18）

> 不是我們選擇參與政治，是大環境逼我們去參與，因為實在太多不公義。尤其我們做律師，看到現在黑白顛倒得太過分，簡直是在汙辱你的智慧、挑戰你的極限⋯⋯我現在已封閉自己，不想再看臉書和新聞，知道自己看後會非常不開心，如果這樣生存下去的話我會很壓抑。（訪談 Joanne, 2021/05/20）

這些已經移民或正在考慮移民的受訪者，對於前往其他國家生活並非完全沒有疑慮。受訪者過往不無在海外生活的經驗，也讓他們明白當地的政治與社會氛圍並不一定安全或包容，但他們強調，香港相較之下更顯得荒謬：

> ……美國真的是差異很大，像是德州……我在奧斯汀那就
> 像是個泡泡，泡泡之外的德州都極其保守。我很不喜歡。不
> 過，香港這狀況更離譜，你看看一件又一件……你知道他們
> 甚至不准許童書 [20]……。（訪談 NT and Vivi, 2021/07/22）

政治以外，受訪者認為在香港生活經濟壓力大，因而早早開
始規畫移民，希望能在其他地方好好生活，而不是被龐大的經濟
負擔宰制；或者，對於香港民眾普遍的生活習慣不滿、無法忍受，
所以感到格格不入，想要到其他地區生活，追求自己重視的價值
觀：

> 為什麼想走？第一，其實香港是很辛苦的，怎麼說呢，辛
> 苦在很多方面，居住是一方面囉，好逼壓、好多人，疫情期
> 間更加覺得周圍都是……很擔心出街去到那些不同的地方。
> 少些人、少些嘈雜聲，你會覺得真的很好……這是其中一個
> ……。（訪談 T, 2021/03/18）

> 也是有一點政治因素的影響，但更大是覺得香港社會競爭
> 還是比較激烈，節奏也很快，大家比較勢利吧……然後還有
> 一個因素是，我自己是很注重環保的人，可是就是在香港回

---

20 此乃香港言語治療師總工會推出的反送中粵語兒童系列繪本《羊村守衛者》（轉
　角國際 2021）。

收環保各方面都做得很差，……有點受不了這種社會……好像只有我自己一個人很care但整個社會都沒有在care，就覺得自己跟這個地方也不是很搭……。（訪談 PY, 2021/04/16）

由此可知，不少香港人早在反送中運動前就起心動念甚或規畫離開香港。然而，無論移民動機為何，反送中運動期間累積的憤怒情緒，或政府針對民間的整肅，都使他們得重新評估原本的計畫，加速移民的腳步：

……本來是打算多工作三、四年，多存一點錢才離開，但後來看到政府如此「無賴」，「頂唔順」[21]，便考慮在2020年中旬離開香港，便開始申請醫生證明、台灣依親移民所需的文件等。（訪談 Shadow, 2021/07/19）

那時還在和同事說我們在申請，不過仍然會在香港繼續工作五、六年，等局勢再惡化的話才走……（元朗七二一事件後）第二天元朗像打完仗似的。香港開埠以來元朗都未曾這樣，很心痛，整個香港變得好恐怖。（訪談阿Sam, 2021/09/15）

當港人移民後，因社會運動而生的憤怒、不甘、失望等情緒並不會消失，而會在離開香港當下或之後，繼續成為某種重要的

---

21 按：無法忍受。

記憶，既是對香港的關切與認同，也是延續抗爭意志的動力：

> 很記得離開香港當日，機場有很多「便衣」……他們看到
> 年輕人，便查他們身份證，我這些算不算中年呢？算是壯年
> 吧，他就不會走過來查我身份證。那一刻覺得他們好討厭，
> 我好像懷著很多憤恨離開……我記得自己上飛機的時候，是
> 有流眼淚的，為了香港、為了香港年輕人所經歷過的事，但
> 我會永遠記得這些事情，這些憤恨反而變成我活下來的動
> 力。（訪談 Shadow, 2021/07/19）

憤怒情緒並不只來自香港的社會運動，或者香港政府的控
管政策，而是隨移民過程、或者在移民目的地生活經驗而持續累
積。例如，台灣雖是反送中運動爆發以來港人的主要移民目的地
之一，但隨 2020 年 8 月台灣政府收緊移民法規，依照《香港澳門
居民進入台灣地區及居留定居許可辦法》進行的審查開始考慮國
安因素，將出生地、工作經驗等納入審核，凡在「大陸地區」出
生，或曾在中華人民共和國官方或附隨機構任職的港人，定居申
請可能遭拒（陳沛冰 2022），導致愈來愈多嘗試取得台灣身份證的
港人未能如願，必須二次移民，或者返港。有過這些遭遇的港人，
在回顧這些事件時流露不甘情緒：

> 歷經超過七個月的煎熬等待時光，我終於在今年五月收到
> 了來自當局的回覆：定居被拒，原因：「原為大陸地區人民」。

晴天霹靂的結果令我即時如墮黑洞，無盡的疑問湧上心頭，我忍不住不停問自己：「我做錯D乜？！」[22]……腦海中不停湧現現實無法給予答案的問題，直至神思倦怠，身心疲憊……我明年中就要帶著同子女離開這個生活了三年，並為之付出艱辛汗水的地方，暫時返回香港……別了，台灣，令我帶著滿腔期待和熱誠而來，卻還給我無盡傷痛和失望的地方。

（訪談 Brenda, 2022/07/20）

整體而言，對於反送中運動以來，開始計畫移民或正式移民的港人而言，憤怒多圍繞著各種政治事件，但也不可避免地牽涉運動發生前、移居他地後的種種挫折與不滿。

（2）焦慮

焦慮是撤離日常化過程中無所不在的情緒。決定之前，焦慮蔓延，許多人焦慮著若不走還需要面對何等政治改變；焦慮著不趁著「此時」走就會來不及。考慮撤離者，往往不只是為了自己，同時還要考慮到家人或伴侶。

即便決定要走，移動者常會焦慮地再三反問：為什麼要離開？為什麼要移民？移民是否為最好決定？到了異鄉無親無故是否能適應、是否能確保家庭經濟穩定無虞等等，近期在網路上甚至有「移民心理學」的討論。

---

22 按：我做錯了什麼？！

　　焦慮不只是走的人有所感受，留守的家人亦參與其中。精神科醫師注意到「留守長者」因為送別至親而有憂鬱症復發，呼籲重視。有些夫妻不同主張，為了離開與否而爭執（不走就「簽紙」[23]）；亦有兄弟姊妹因為安排誰該留下照顧長輩，而引發爭吵決裂，或根本難以啟齒，成為家中難言明的隱形焦慮。例如受訪者分享家中常有隱晦情緒：

　　有時候，有些父母不願走，兄弟姐妹不能全跑掉，會有一種「總有誰留下來照顧父母」的默契，走的很多時都覺得把負擔交了給留低（留下）的那個⋯⋯但由於大家的責任不同了，移民這話題就變得敏感，很多家庭也有這情況。（訪談 Rice, 2021/11/05）

　　即使家人支持，撤離者亦可能牽絆留守長者，望其生活有確保，安排妥當後才離開。

　　暫時想先把香港還沒供完（繳完房貸）的物業賣掉，留多點流動資金，而工作上則認為要學多點技能。離開香港前也希望確保母親有居住的地方，也會留她一筆現金作生活費。（訪談 HH, 2021/05/23）

---

23 簽紙在香港代表著結婚或離婚。

看待自己將可能離開香港？感覺很無奈，覺得香港已沒有
希望，離開不離開也感到恐懼。（訪談HH, 2021/05/23）

　　成人焦慮，年幼孩子第一次面對離別，同有焦慮感受。在港
已有心理醫生注意到有些年幼求診者擔心移民後就沒有朋友（以
為移民等同「無朋友做」），還沒離港就開始逃避上學。

　　這一波情緒反應是時代課題。有些人以精神醫學中既有的分
離焦慮症（Separation Anxiety Disorder，簡稱SAD）來理解之。在精神
醫學診斷中，SAD被歸類為兒童或青少年時期的疾患，但近年不
少醫學雜誌討論指出，分離焦慮徵候不只是兒童時期獨有，成人
也可能經驗不同程度、形式的分離焦慮。不過，SAD通常針對離
開家庭而引致人與人之間的依附切斷，能不能援引來討論人與地
方之間的依附切斷？環境心理學中長年有討論「動遷」（displace-
ment）的文獻，尤其是處理因災害、都市更新等劇烈動遷，可提供
部分參照。然香港這一波移動情緒有些新狀況超乎既有經驗。

　　起心動念且開始著手安排之後，每一步度量亦會加深焦慮。
撤離者需要具體考量究竟去哪裡才能確定順利離開且成功地獲得
新公民身份，哪個路徑風險最低？不乏受訪者在台、加、英國之
間考慮，同時要考量移動成本、成人是否能順利拿到工作留下、
孩子的成長所需教育環境等等。「但同時另外一個掙扎，就是要
幫小兒子報reception。[24]當地報reception的時間是2020年9月
至2021年1月……但要報reception，就要2021年1月前成功入
境，還要提供住址才能報」（訪談SK, 2021/01/03）。如此層層推演，

移動的時間不斷提早，挑戰這個年輕家庭的準備。

多半受訪的務實香港人都在撤離前就要先準備讓錢離開。如果在不同的移民地點間考量，就需研究不同地點的離岸戶口，好順利「走資」。

> 2020年3月，我老公開了一個IB戶口。[25] 開這個戶口的原因在於希望可以購買美股，利息部分可作收入，另外也是一個「走資」途徑，因為擔心香港的銀行之後會有一些限制。同時亦想辦法開離岸戶口，因為IB戶口還是屬於香港的銀行體系。十月開始便研究英國及美國的離岸戶口。剛開始時是因為朋友介紹所以才比較容易開到HSBC的離岸戶口，後來也申請一個英國的離岸戶口但排了好幾個月。（訪談SK，2021/01/03）

2020年7月英國政府公佈了BNO方案，不少原定移民加國的人開始動搖。不少青中年香港人身為家長，以讀書進修申請入境，期待第二關拿到工作簽證能留下來。然不能一次到位也有風險，「……萬一找不到工作，還是要走回頭路」，相較之下，英國可以馬上尋找就業，誘因就大了些。於是有案例在一週內鑽研移民英國的資料，最後決定要放棄加拿大朝向英國中部城市前進。

---

24 "Reception"在英國學制中指稱幼稚園結束後的第一年，又稱為 Nursery, Year R 或 Year 0。

25 按：Interactive Brokers帳戶。

即便是單身而沒有家庭負累，工作環境當中其他人的移動仍會引發走不走的焦慮。一位單身公務員指出了身邊人離職移民的趨勢，「其實我的部門officer grade，暫時應該4-5%離職，大概十個左右，以鐵飯碗來說，這個數字算是很大，當中不少月薪連房屋津貼達八萬或以上」（訪談HH, 2021/05/23）。

> 從小時候開始已經有考慮過離開香港，但2019年的政治社會狀況令我更加想離開。因為香港的狀況愈來愈恐怖，加上生活壓力大，工作總是好像沒了完，好像永遠也不夠錢生活，好想去一個地方隱世生活，做自己想做的事。（訪談HH, 2021/05/23）

這些焦慮累積下來，不論離境與否，皆難以一一表述。有位受訪者提起自己以公司電腦密碼"Iamfromhongkong"來幽微地註記心跡（訪談KY, 2021/03/21）。

（3）恐懼

第58屆金馬獎最佳紀錄片由周冠威執導的《時代革命》拿下。自《時代革命》入圍坎城影展的消息一出，不少人擔心在港版《國安法》的影響下，周導演的人身安全會受到威脅，而周冠威亦在不同訪問中提到「準備面對可能出現的後果」，但他不欲被「恐懼」支配，透露現時在港，亦沒打算離開：「我不需要，也不願意，將一些無發生、只是想像出來的恐懼去控制我的決定」

（立場新聞 2021b）。

　　過去兩年香港民間社會的討論大幅度環繞「移民／動」這一道題，就「離開」與「留下來」有過激烈辯論。其中有數種主流的情感論述，如「離開＝希望／新生延續香港精神」、「離開＝沒有義氣／忘本／留下手足」等，當中亦不乏類似周導演的情感論述：「離開＝恐懼」或「留下來＝不受恐懼支配」，後者甚至帶有一種「留下來＝勇氣」的道德意味。

　　「恐懼」是反送中運動必然的情感，因為反抗即為勇氣、順從即為怯懦，彼此對立；甚至可說整場運動亦源於恐懼──恐懼一國兩制從此結束，恐懼大家認知的香港正在消失。這從運動早期民間創作的〈願榮光歸香港〉一曲中可見一斑，其中一句歌詞為「勇氣 智慧 也永不滅」，當中所強調的「勇氣」、「無畏無懼」，正是與「恐懼」這種情感一體兩面。此節梳理從香港反送中運動開始以來便持續發酵的「恐懼」，此一情感因素如何推動移民／動，同時在移民／動的過程中，各種恐懼如何從割捨、抉擇、準備、申辦、離別、等待、落地、適應、融入等重重環節而生，陪伴在側，從未間斷或消失，成為近期港人的情感日常。

（i）人身安全受威脅的恐懼

　　2019年6月9日過百萬人和平上街遊行後，政府堅決不回應民意，至6月12日香港市民展開佔領示威，警方開始以不成比例的武力鎮壓，當天開了整場運動中的第一槍，並定調當天示威為暴動。往後每一次上街遊行示威，都如同充滿恐懼的賭博。隨

著被捕人數愈來愈多，警方使用的武力愈來愈烈，恐懼的情緒一直蔓延。及後，元朗七二一以及太子站八三一事件大幅度影響民意，令香港市民對政府信心全失，再不相信人身安全受到應有的保障，國際關係學者沈旭暉甚至定義元朗白衣人襲擊市民事件為「恐怖襲擊」。一名受訪者即用「恐怖」來形容反送中運動發生二個月後的狀況：

> 直至 2019 年 9 月，即反送中運動三個月後，真的覺得香港不行了，很恐怖，而且有兩個孩子，因此覺得一定要離開香港。（訪談 IC, 2021/07/08）

（ii）人權自由消逝的恐懼

2020 年 7 月 1 日港版《國家安全法》生效，香港歷史走到無以逆轉的轉捩點，一下子大幅度提升參與任何抗爭的代價。恐懼的一個重要成因為對象的不可預測，而港版《國家安全法》帶來的恐懼正正在於其模糊性，連政府官員及政黨成員也無法清楚回應有關《國家安全法》具體執行的疑問。恐懼的蔓延首先導致民間一波自我審查，不少人都把過往在 Facebook 發佈或分享過有關反送中運動的資訊刪除，更改帳號名稱及頭像照片，清理朋友名單，僅留下熟悉好友或比較肯定對方的政治立場的人在名單上，亦有部分人轉用 MeWe 等社交軟體，影響了人與人之間的互動與交流，動搖了公民社會之互信基礎，將人還原到孤立的原子狀態，可謂恐懼衍生了更大的恐懼。

　　《國家安全法》對香港言論自由的影響，更具體的例證可追溯回香港國安法首案—— 24 歲被告人唐英傑被控「煽動他人分裂國家罪」和「恐怖活動罪」，罪名成立，判處九年有期徒刑。唐英傑被控於 2020 年 7 月 1 日下午，駕駛插有「光復香港時代革命」字樣旗幟的摩托車到灣仔撞向三名警員。英國非政府組織「香港觀察」（Hong Kong Watch）總裁 Benedict Rogers 指出，香港高院對唐的判刑「完全不成正比」，是破壞言論自由；大律師鄒幸彤亦指出判詞缺乏了對「言論自由」的討論。自中國全國人大頒佈《香港國安法》逾一年，警方共拘捕 117 人涉嫌犯有《國安法》相關罪行，當中 64 人已被檢控。港版《國家安全法》生效，為香港社會帶來更大恐懼——「法治不再」的恐懼：

> 直至 2020 年國安法實施後，就覺得離開香港的事情不可以等太久。（訪談 SK, 2021/03/01）

> 老實說，身邊很多朋友都擔心下一代在香港將會受到的教育是否帶濃厚中國色彩，或者是有關國家安全法等內容，會否很偏頗。我自己算是相對持平，身邊亦依然有不少朋友留在香港，但我也不敢說，目前已看到政府把不少愛國元素加入課程中，最終下一代會怎樣受這種教育影響呢？我想這是大家感到最不安的部分，擔心小孩將來會不會變成愛批鬥、愛面子，將來的教育會不會帶來一些中國人的陋習？（訪談 AL, 2021/06/24）

接近五十個民間組織宣佈解散，公民社會幾近瓦解，監察政府、連結社區、倡議工作無以為繼。2021年6月17日，500多名警察以《國安法》之名大舉搜查壹傳媒總部暨《蘋果日報》報社、拘捕五名高層，指壹傳媒以新聞機構之名從事危害國家安全的工作，並於短短數天內凍結公司資產，旗下刊物及平台相繼倒閉。反送中運動後，《蘋果日報》幾乎是香港唯一抗衡政府的紙媒，從創刊起26年，其停刊很大程度反映了香港的社會狀況及言論自由空間緊縮，也大幅度動搖了港人對政府的信心。同年年底，網上媒體《立場新聞》及《眾新聞》亦相繼於一週內倒下。媒體倒下，成了港人決定移動與否的一個指標：

> 我覺得最觸動我的是，六月蘋果日報被迫結業，覺得超越了所有底線，令我很果斷的覺得要買機票離開，深深感受到我的、香港人的自由每天都遞減，覺得留在香港很負面、很悲觀。（訪談 FF, 2021/08/05）

（4）愧疚感

2021年5月，台灣國際紀錄片影展放映了三場紀錄香港理工大學反送中運動事件的影片《理大圍城》，研究團隊曾參與其中一場映後對談，當時邀請到具名為「香港紀錄片工作者」的拍攝團隊進行遠距問答。一名在場觀眾拿起麥克風後，開始帶著眼淚，訴說自己困於理大內的心路歷程。大意是，影片中呈現運動者之間爭辯「走不走」令他有感，當時他就是選擇「走」的，甚

至還走到台灣來，沒有跟「手足」「齊上齊落」，他始終都覺得對不起，都不知道對不對。他的發言引來拍攝團隊極大共鳴，其中一位工作者試圖回答亦泣不成聲，另一位則壓抑著情緒回應，表達此片就是想呈現「走不走」的辯論情境，某程度上呼應了香港當下的移民處境，而他認為無論做出什麼選擇，都要好好的、不帶愧疚的活下去。

「愧疚感」貫穿了香港從反送中運動到後續移民撤離，既集體又個人，回顧這種情緒最初的原點可追溯到 2019 年 6 月中，示威者梁凌杰墜樓身亡，香港市民大批湧上街頭悼念，整個社會都被捲進「倖存者愧疚」的集體意識。據《立場新聞》報導，墜樓事件發生之後，社交媒體或是街頭出現愈來愈多情緒不穩的人士，讓香港防止自殺危機處理中心密切關注。透過梁凌杰得以被清楚辨別的現身／獻身，人們開始反思是什麼樣的政治氛圍讓年輕人要投入反送中運動，甚至因此絕望到放棄生命（立場新聞 2019a）。更進一步，不同年齡階層的香港市民好似從這份針對梁凌杰的「愧疚感」中，發展出積極參與後續運動事件的力量與勇氣。類似的心路歷程散見於各媒體在運動過程針對不同運動角色的訪談報導，無論是勇武、和理非、家長、國際線的參與者，總會提到驅使自己「多行一步」的，常是對於「行的比自己還前」的手足的「愧疚感」：

　　他們表示大約晚上七時多放工，八時到達中環。葉先生稱，今日午飯時間都有去政府總部附近，但奈何工作在身，

只好稍作參與後，再回到辦公室工作。他表示對示威者感到愧疚，所以認為今晚更要去支持：「香港自己都有份，唔應該淨係靠年輕人去救，要表達自己訴求，同講俾政府聽，佢地嘅決定係唔明智。」（立場新聞 2019b）

《端傳媒》在香港反送中運動開始後數月也有類似系列報導，例如訪談接送年輕人出入運動現場的「家長司機」，當中受訪者也提到相似的愧疚情緒。一位化名為Keith的家長描述他在2019年7月底某次抗議行動中，雖依照過去經驗停放車輛於現場附近，未料警方在他去買礦泉水時升級清場行動，最終他只能跑上天台躲避。當時，他看著底下還在行動的年輕人，覺得自己很懦弱。後來他認識的一位中學生甚至被逮捕，他更自責當時退卻才有如此結果。他帶著「愧疚感」去進行心理諮商，卻怎麼都無法釋懷；雖然他對於運動未來感到絕望，但仍希望接下來都可盡己所能接載這些年輕人（楊子琪 2019）。此時，這些被投射「愧疚感」的「手足」經常與受訪者素昧平生，或出現在新聞報導上，又或是在運動場上的相濡以沫。但這份指涉對象模糊的「愧疚感」卻在過程中逐漸累積、回饋香港社會從2019年中開始的潛意識，終成反送中運動的重要集體情緒之一，或者說，一系列的運動傷者／亡者持續確認、維繫這份愧疚感，使其有清楚投射對象。

「理大圍城」後，許多衝在最前線的「手足」紛紛「流亡」境外，不少深入採訪的媒體都有提到，這些不得不離開的年輕人對曾共同經歷過運動卻依然留在香港的夥伴有深深「內疚」，覺得

自己沒有和他們一起撐下去。相關報導不少，以下為一例。

> 「日日看著直播，始終抽離不到。」人在台北，心繫香港。
> Nick 幾乎每日看著手機直播，關心香港示威。「看著直播黑
> 警如何打人……大家也睡不著，在偷偷地哭。」
> 　對昔日共進退的手足，他滿是內疚，「你在前線就是要幫
> 人擋、保護人去抗爭，來到這裡（台灣）就丟下自己責任……
> 不停都有這種內疚自責的心情。」身處台灣，他會協助教會
> 收集物資，送回香港，他形容這是流亡者的「贖罪券」，身
> 處異地，只能以此方式出力。（立場新聞 2020a）

相似情緒亦多見於本研究受訪者，在他們從香港搬遷到異地
的過程中，「內疚」成為一種回望香港時非常深切的情緒：

> 已經移民來台灣半年，適應也沒什麼問題，反而有時會
> 覺得對不起還留在香港的人，尤其是正在監獄坐牢的人，很
> 怕大家會忘記他們，會覺得很心痛。……所以有朋友來到台
> 灣，我都很想幫忙，也有參加不同的組織，看看可不可以幫
> 到在台港人，也希望做到一些香港人與台灣人之間的文化交
> 流。同時希望讓台灣人知道，香港人來到台灣並非只是玩、
> 只是取他們的資源，是一同相信民主，不要怕了中國。（訪
> 談 Shadow, 2021/07/19）

　　也有受訪者於撤離日常化的過程中，其「內疚」對象從宏大政治論述與社會運動脈絡指涉的「手足」，轉向包含有個人日常所觸及的對象。有些人身處專業立場，自認對於服務對象有責任，因此離開時愧疚感更鮮明。其中有些是身為老師離開學生的愧疚感，也有些知名案例，如《立場新聞》訪談移民英國的公共醫療醫生協會前會長馬仲儀，她提及，要離開香港時覺得最愧疚的是，因擔心影響來看診的病人們的心情，而沒有辦法好好與他們道別（立場新聞 2021c）。從香港移民英國的原新界歐羅有機農場主人──黃如榮，因妻子的堅持而移民，他心中則對於農園助手們深感愧疚，深怕自己離開把責任都拋下，亦深怕這一走後再會之不可預期（余美霞 2021）。

　　最終，對於無論是何種原因選擇離開香港的人們來說，這份從 2019 年反送中運動開始即隱約存在的「愧疚感」，就這樣延續到他們離開家鄉，在異鄉生活持續作用。約起自 2021 年初，經常報導香港反送中運動的媒體逐漸將其報導對象轉向正要離開或是已離開的各界名人。這些報導中逐漸浮出一與「愧疚」息息相關的文本模式，與反送中運動時期的情況十分相似，便是出於這份「內疚」而產生更要「做嘢」（做事）的強烈情緒：黃如榮開始在英國試圖種出帶有香港味的菜心；移民台灣的香港傳播界前輩蘇美智與朱漢強，曾自認因內疚而失語，目前則致力於在台灣央廣製作廣東話節目（劉修彣 2020）；同樣移民台灣的著名漫畫家柳廣成更加致力創作香港相關的政治漫畫（立場新聞 2020b）。各人都嘗試以更多行動去平撫內心的情緒。

在雨傘運動時羅冠聰是學生領袖之一，在反送中運動則專注國際線倡議而不得不申請英國庇護，他對訪談記者提到：「他們（已經被捕的黃之鋒與周庭）面對的困難都非常大，亦很希望他們安好。即是非常之擔憂，自己都要學會面對這種愧疚感。要學會面對，將其變成動力，而非令自己更消沉，覺得自己好像什麼也做不了」（立場新聞2020bc）。[26]

受訪者之一較為年長、屆齡退休的移台香港學者，引述了記者用語，提出「內疚的共同體」一說。

> 我記得有個年輕的記者叫蕭雲，他講了一句話，我覺得講得很好，他說：「離開香港的人為留在香港的人內疚，留在香港的人為坐牢的人內疚，坐牢的人為自己的家人、愛人內疚。」所以現在是一個內疚的共同體。我覺得有一點道理罷。起碼capture the dimension of the complex feeling of Hong Kong people wherever you are. You feel you owe to other people something.[27]（訪談JOC, 2022/7/20）

立基於這「愧疚感」上的海外港人行動，值得相關研究持續觀察。

---

26 因立場新聞網站已經關閉，引用內容取自YouTube上仍然存有的訪談影片與ukdiscuss網站的備份。

27 按：起碼捕捉了港人無論身在何處的五味雜陳。你覺得自己虧欠了那些人。

2. 撤離意識中的情緒總結：萬事小心

Ahmed指出了照護和焦慮之互文（care and anxiety, Ahmed 2014: 80-81），提醒我們注意「小心」所無可避免引動的焦慮感受，[28] 不論那情境是自我提醒或是提醒自我所在意的他人——通常是和自我有所關聯的他人。Ahmed還指出了維持「小心」狀態總無可避免地凸顯了身體的笨重存在，而更加深擔心隨時出錯的焦慮感，換句話說，小心和焦慮感伴生，亦讓身心更加敏感地知覺環境，而這感受變化有可能限制壓抑了移動。在香港，值得注意的是，反送中以來的政治變化過程，使得移動的情勢也快速變化，在打壓力量升高、香港政府入罪參與者之後，港人在公共空間的「移動」受到直接壓抑或自我壓抑，而壓抑至極，亦可能促成港人起心動念「要走」，開始考慮跨境移動，來突破眼前事事需要小心的焦慮困境——如外衣包附，無法透氣。

反送中以來，港人不知說了幾次「小心」，最有名的一句，應當是反送中初期（2019年7月）某國泰機長在降落前例行廣播中感性發言：「謝謝與我們一起飛行……特此告知，此刻一場非常和平且有秩序的示威運動，正在香港國際機場入境大廳內舉行，這是關於要求撤回具有爭議的引渡條例。目前，一切都非常平靜，請不要恐懼穿著黑色衣服坐在入境大廳的人們。事實上，如果你願意的話，也可以與他們交談，試著更了解香港。最後，[29] 香港

---

28 原文：“Being careful is an anxious feeling.”

人加油，萬事小心⋯⋯」（自由時報 2019）。這句「小心」說得平靜，看似沒有前文提及的焦慮伴生，然提醒「不要恐懼穿著黑色衣服坐在入境大廳的人們」，還是點出了此發言的整體背景環境，同時，點名「香港人加油，萬事小心⋯⋯」，強化了「香港人」的集體共感聯繫。此發言感動不少港人，不只一位網友將錄音上傳 YouTube（E s 2019），該機長一個月後離職。

三、撤離中的轉變性情感實踐

異地的港人節慶市集可進一步說明撤離過程中的轉變性情感實踐。從 2019 年開始大量移居海外的香港人，不僅參與以政治訴求為主導的行動場域——所謂的「國際戰線」[30]——更逐漸籌畫節慶市集，以靠近他方在地日常韻律的聚集現身。有別於過去學生團體籌畫的小型社群活動，自 2021 年起，無論在台灣或英國，開始可見到規模和形式都更清晰盛大的耶誕節與農曆新年市集，應和移民陸續增加有關。

在台灣，此類港人活動多依時節舉辦，整體不免沾染節日的歡樂氛圍。活動中總有攤位的商品主題放在香港社會抗爭、民主運動的意象，包括原本就是以政治訴求出發的團體與個人，像是

---

29 註：至此為英語發言，最後轉為粵語。

30 「國際戰線」的代表是羅冠聰、周永康等離散港人在海外發起的《香港約章》，港人策略性進行國際遊說，期望拉開國際關係中的政治空間，以利運動延續，亦有其他不同組織倡議遊說關心各地港人權益。文後有更多討論。

保護傘、獨立書店、著名香港移民YouTubers等等。同時我們注意到一些新的展現，比起因抗爭而生的創傷、社會變遷帶來的恐懼與失落，對於來到台灣展開新生活的港人而言，他們要展現的姿態更強調寄託希望於異地生活、用正向奮鬥彌補過去缺憾與失落。以2021年12月中舉辦的「台灣大笪地」為例，此活動主辦之一的九月茶餐廳在其臉書說明：『『大ㄅㄚˋ笪ㄅㄚˊ地ㄅㄧˋ』在早期的香港已經經常出現，意指夜市。大笪地為民間的最佳娛樂場地，既可以買，又可以吃，更有不同的表演看」（九月茶餐廳2021），即清楚點出其用心。接續其後由台灣民間支援香港協會主辦的「香港耶誕市集」，以香港小吃造型氣球搭成市集入口意象，從空間妝點上創造歡愉形象。聖誕過後的新年、春節，無論是在台灣台中或英國倫敦舉辦的香港人新年市集，其中的舞獅表演結合港人過節傳統，緩和了抗爭遺緒，傳達更為正向的氣息。過程中，似乎港人希望能更認識台灣人的習慣與偏好、讓更多台灣人了解反送中運動，為此港人努力收起可能讓（台灣）人卻步的憤怒、恐懼等情緒於後台，在異地僅展現較為平易近人的積極、歡愉等正向態度，而不至於讓台灣或英國民眾感受到港人移民唯有負面狀態。

　　同時，負面情緒始終幽微存在，多數活動中出現的「連儂牆」上標語可讓我們窺見一二，特別是那些寫著當時運動口號的便利貼，或是另一些帶有強烈政治仇恨話語的文字。最常見總歸是那一句「香港（人）加油！」，與我們所觀察相近，各種節日活動中，港人向其他參加者評點香港時事變化時，雖流露出憤懣、難過，

但偶會苦中作樂、戲謔地描述之，[31] 或輕描淡寫地帶過或避談自
己的不滿或恐懼，最後以某種共同努力的期許互相打氣，例如期
勉自己繼續為香港的民主化努力、呼籲台灣人維持得來不易的民
主等。類似現象，或可解讀為強調重新開始、以正向希望取代悲
情情緒。

對照前文提及的四類撤離中主要情感，或可梳理出移動發生
後，個人與集體隱約的情緒轉化。原充滿不確定性的恐懼、焦慮、
憤怒和愧疚，都逐漸沉澱為帶有正向能量且賦有轉變力量和溝通
性的實踐，同時落實在日常行動，使得在活動中的港人展現出一
種靠自己力量、在異地努力生活的正向意念，不同於前文提及許
氏所言那種壓縮限制主體性的情感政治。

類似現象，強烈展現在參加活動的年輕港人學生身上。他們
並不常特意強調自己生活情況，也不直接表述政治立場，頂多在
攤位上寫著「手足的學費箱」。他們販售的商品較為簡單，甚至
製作餐點時總是手忙腳亂而讓客人久候，但觀察可見他們在一次
又一次反覆參與市集的過程中似乎變得沉著熟練，或許這些過程
消弭了他們對於未來能否在地生根的恐懼。而港人消費者往往來
自活動所在地的大範圍跨縣市地區，有的攜家帶眷，有些是年輕
學生成群結隊，在行為上看似一窩蜂直奔能夠一解鄉愁的道地港
式食物。當他們面對這些學生攤商時，除了「協助手足」、「幫助
年輕人」，或可解讀為，這些參加活動的港人嘗試面對異地生活

---

31 嘲諷北京當局，或者香港政府的失態、荒謬等。

的不確定或恐懼，並協助有相同際遇的同鄉。甚至有未離港的港人發展「手足代購」來支援被迫離港的夥伴（Ho and Chen 2021）。

　　相較於台灣香港市集的主辦單位多為私人店家、組織、教會，英國倫敦於2022年農曆春節舉辦的「倫敦香港人新年市集」則是依士靈頓華人協會主辦（Islington Chinese Association, ICA）（文苳晴 2022）。ICA本身創辦於1986年，已有近四十年歷史，[32] 市集舉辦前剛獲得英國政府推行「香港英國國民（海外）歡迎計畫」（Hong Kong British National [Oversea] Welcome Program）補助（47間機構之一）。透過「紀元英國」YouTube頻道轉播，我們發現此市集比起在台港人市集有更多政治性訴求的攤位，其中包含由「攬抄巴」劉祖迪顧攤，專賣與反送中運動相關的香港政治禁書攤位，與插有香港流亡政治人物許智峯大旗的攤位。前香港西貢區議員王卓雅和羅冠聰皆有參加市集（紀元英國 2022），也透過媒體相關報導呈現出與台灣不甚相同的氛圍。

　　上述台灣、英國市集的差異，或可呼應吳叡人（2014）觀察到的未來香港海外共同體形成方向。吳叡人提出「香港民族主義」之論述，可追溯自他應香港大學學生會《學苑》期刊邀請，於《學苑》《香港民族論》特刊上發表〈The Lilliputian Dream：關於香港民族主義的思考筆記〉一文（2014年9月）。其分析香港從殖民到回歸中國歷程中的政治文化發展，斷言當時無論是由香港學

---

32 依士靈頓是大倫敦轄下的32個自治市之一，位於中倫敦，近年成為香港中產移民置業首選之一，可參考Jim與James（2021）。

者兼作家陳雲提出的「香港城邦論」，或由《學苑》倡導的「香港民族自決論」，皆有針對中國官方民族主義的濃厚防衛性，預測在帝國陰影下試圖保護在地文化與認同的香港民族主義的後續發展。吳氏在該文中數次提及此般民族主義根植於民眾的情感，然未及細談民眾情感的內容。其後，香港歷經2014年雨傘運動、2016年魚蛋革命，到2019年反送中運動，香港民眾的集體情緒似乎在政治運動的推波助瀾之下層層堆高，逐漸呼之欲出。吳叡人更近期援引 Benedict Anderson 的「遠距民族主義」強調海外港人社群在國際戰線的重要性。[33] 我們的初步觀察某程度上印證吳叡人預測，然此波移民港人社群也才剛在異鄉落地，未能斷言結論。

此外，在台香港市集出現多元的香港相關商品以及繁盛的香港再現，一方面嘗試以共同的記憶、興趣，吸引其他在台港人前來消費、支持，而成為再確認族裔界線的依據；另一方面，這些操演也販售某種「道地香港」（洪與成 2023），利用參與活動台人對於香港文化的嚮往、好奇、關注等，嘗試突破族裔分界，讓到訪活動的非港人民眾能在互動同樂中更加認識港人。這類互動會持續多久？如持續互動，累積下來的溝通將如何延續或重構港台的

---

33 吳叡人於《如水》雜誌創刊號（2021年1月）序言〈流水無盡，革命不止〉中指出香港國際戰線將不再只是 twitter 戰或短期國際遊說，而是建立在全球海外香港人社群網絡基礎上的長期深耕，建議須統整移民與流亡者在海外重組連結，才是具有現實意義的「海外新香港」。吳叡人接受沈旭暉專訪（YouTube《堅離地球‧沈旭暉》）則強調台灣港人社群在國際戰線的重要性，指出台灣在文化、語言上與香港相近，是保存香港文化的重要基地。

共感？也就是反送中運動期間，面臨中國壓力下，「今日香港，明日台灣」口號所意欲帶動的共感。[34]另外，香港人的後殖民本土認同發展（Ip 2019）迥異於台灣政治軌跡，能如何對話？這些溝通是否能持續聯繫我城他方仍有待後續研究。

　　異鄉落地未必順暢如意，撤離的日常實踐同時充滿主動積極和受挫風險。如對照第一年、第二年不同時間段的訪談來看，可初步觀察到撤離過程中，移動者並非完全不知所措只能被時勢牽引，反倒有不少案例嘗試改寫、轉換「撤離」的意義，嘗試在移動中重述自己離開香港的過程，究竟所為何來、往哪裡去。其中可見不少主體性實踐，嘗試要克服上述情緒，轉化情感政治為積極動力，但這也是充滿脆弱、風險的過程，可能迎來更大的困頓感受。克服憤怒、焦慮的方式之一，並不是立即找到新的安居處，更不可能以迅速更換認同來解除焦慮。更務實的一項策略是將「撤離」轉換成有意義的移動，到異地暫居尋找出路、實踐或學習（視年齡而異）、累積，賦予「走難」更積極的意義。然而，上述積極轉換其實不易在短時間內快速見效，很難抗衡撤離到異地之後的種種不適和沮喪，撤離前的沮喪和憤怒反而因此復又加深。相較於還沒走而僅在日常生活中內化「撤離」、無可避免充滿情感政治的狀態，到了異地以後再次感覺到的情緒矛盾，可能更不容易承受。這傾向並不限於特定年齡層的受訪者。

---

34 何明修（2021）發現台灣人和港人之間的「共感」或共識其實並不穩定一致，在政治倡議現場甚至不無困惑疑慮。

四、結論

回到本文研究關注——撤離的情感政治，我們認為須重視近三年香港社會的「撤離」和「沒有完結」之一體兩面；同時，情感政治驅動著移動中的決策實踐，乃至於走到他方之後，仍帶動著反思性的情感實踐，而且此情感實踐具有轉變性、溝通性，甚至有可能催生他方共同體。本文初步歸類闡述四類情緒，除了是要釐清從運動開始到港人紛紛出走移居他鄉過程間的集體情緒細節，也是要以日常面向來補充政治相關討論。海外港人與移民國居民之間的互動，和情感政治面向的後續發展，將成為新共同體形塑過程的關鍵，考驗鍛鍊著過程中情感實踐的轉變性、溝通性。「香港（人）加油」這句話，運動時浮現於空中的機長廣播，而隨著港人步伐在台灣或香港落地，這句話延續的同時又具有新意義。情感政治讓撤離不僅是孤立個體的自由決定，亦是正面積極的連結性策略實踐。格外值得注意的是，「愧疚」情緒在撤離過程中產生明顯作用，乃至於有人提出「愧疚的共同體」之說，但「愧疚」要如何發展才能生出積極意義，令人得以面對「沒有完結」的困境，而不至於持續成為身心痛苦的來源，吞噬了積極實踐的可能？

我們認為需要更多情感政治的分析，才能更充份地理解眼前所見，嘗試在緊迫倉皇中順暢撤離，同時又維持作為香港人的自信、勤力姿態。相關研究不僅有助於我們更細緻理解香港個案，亦能回饋給移動研究與情感政治研究，展開情感地理之間的幽微

起伏，好看見移動力和移動個體的起心動念如涓滴，可能匯集成改變地形的跨境細流。

致謝

我們感謝每位受訪者在變動不安的過程中接受訪談。好人一生平安。謝謝審查人惠賜寶貴意見助益完善寫作。亦感謝助理 Will Leung 在後期加入計畫，協助部分資料確認。

參考書目

E s，2019，〈國泰機長嗰機長廣播：「香港人加油　萬事小心」〉。YouTube，https://reurl.cc/06YqQY，取用日期：2022年3月5日。

九月茶餐廳，2021，〈台灣大筡地〉。Facebook，https://reurl.cc/YdZaRO，取用日期：2022年3月5日。

文荃晴，2022，〈倫敦依士靈頓港人新年市集　保持文化傳承〉。《大紀元》，https://reurl.cc/OExNg9，取用日期：2022年3月5日。

立場新聞，2019a，〈墜樓示威者頭七　網民自發悼念　自殺危機處理中心　接逾30個案　兩成多想過自毀〉。《聞庫》，https://reurl.cc/rZNGVZ，取用日期：2021年12月3日。

——，2019b，〈【6.12佔領】上班族放工即赴中環「香港自己都有份，唔應該只靠年輕人去救」〉。《聞庫》，https://reurl.cc/GXMyqW，取用日期：2021年12月3日。

——，2020a，〈【流亡台灣】一名勇武巴的牽掛、內疚與迷惘〉。*Internet Archive*, https://reurl.cc/vm9Ozj，取用日期：2021年12月6日。

——，2020b，〈【國安來了！創作人的去與留】漫畫家柳廣成：我將帶著愧疚離開香港〉。《聞庫》，https://reurl.cc/X5vM1g，取用日期：2021年12月6日。

——，2020c，〈羅冠聰　一個流亡者，帶著愧疚展開新的戰鬥〉。https://reurl.cc/mZeO6V，取用日期：2021年12月6日。

——，2021a，〈永久離港個案增，港人三個月內提走21億元強積金，比去年同期升逾倍〉。《零博客》，https://pse.is/4uel2g，取用日期：2023年3月31日。

——，2021b，〈【專訪】《時代革命》入圍康城　恐懼中堅持　周冠威：拍紀錄片而已，不需那麼快後退〉。《零博客》，https://reurl.cc/MRzAyv，取用日期：2023年3月31日。

——，2021c，〈【英國專訪】睹公民社會解體決意移英　馬仲儀哽咽：內疚沒好好跟病人道別〉。《聞庫》，https://reurl.cc/vm9ORj，取用日期：2021年12月6日。

自由時報，2019，〈機長廣播「香港人加油」國泰航空證實已離職〉。《自由時報電子報》，https://reurl.cc/x1zmeL，取用日期：2022年3月5日。

何明修，2021，〈反送中運動在台灣：抗爭性集會的分析〉。《中國大陸研究》64(2): 1–39。

余美霞，2021，〈他將香港菜心種到英國：無論在哪裏，都要好好認真生活〉。《端傳媒》，https://reurl.cc/NGzde9，取用日期：2021年12月6日。

林祖偉，2020，〈香港BNO移民潮：香港家庭去留的痛苦抉擇〉。《BBC新聞中文網》，https://www.bbc.com/zhongwen/trad/chinese-news-55128155，取用日期：2020年12月31日。

吳叡人，2014，〈The Lilliputian Dream：關於香港民族主義的思考筆記〉。頁65–88，收入香港大學學生會學苑編輯委員會編，《香港民族論》。香港：香港大學學生會。

洪與成，2023，《香港在他方：在台港人的認同操演與網絡形構》。國立台灣大學建築與城鄉研究所碩士論文，未出版。

紀元英國，2022，〈【2.19直播】帶你逛倫敦香港人新年市集〉。YouTube，https://reurl.cc/ROaVGz，取用日期：2022年3月5日。

陳沛冰，2022，〈政府嚴審　中國大陸出生港人落戶台灣夢碎〉。《中央通訊社》，https://reurl.cc/pLYg5a，取用日期：2023年3月31日。

強制性公積金管理局，2019，《強制性公積金管理局統計摘要》。

許寶強，2018，《情感政治》。香港：天窗文化。

黃舒楣、陳盈棻、張詠然、洪與成、梁景鴻，已接受，〈反送中之後的撤離日常化：移動性協商中的個別生存與未來想像〉。《台灣社會學刊》。

楊子琪，2019，〈義載中年：在警察和路障間，與年輕陌生客的暗夜逃亡〉。《端傳媒》，https://reurl.cc/MXn55v，取用日期：2021年12月6日。

劉修彣，2020，〈移民台北後，一種內疚讓他們不知如何開口〉。《端傳媒》，https://reurl.cc/kqGYzx，取用日期：2021年12月6日。

轉角國際，2021，〈港警怕極了兒童繪本？香港逮捕《羊村守衛者》的煽動扣罪案〉。《轉角國際》，https://reurl.cc/06Y07b，取用日期：2023年2月6日。

Adey, P. 2006. "If Mobility Is Everything Then It Is Nothing: Towards a Relational Politics of (Im)mobilities." *Mobilities* 1(1): 75–94.

Ahmed, Sara. 2014. *The Cultural Politics of Emotion: Vol. Second edition*. Edinburgh: Edinburgh University Press.

Bloomberg News. 2021. "China Is Blocking Fleeing Hong Kongers From Getting Their Retirement Money." *Bloomberg*. https://reurl.cc/vm9xlL, date visited: 2023/2/1.

Bunnell, Tim, Jamie Gillen, and Elaine Lynn-Ee Ho. 2018. "The Prospect of Elsewhere: Engaging the Future through Aspirations in Asia." *Annals of the American Association of Geographers* 108(1): 35–51.

Constable, Nicole. 2021. "Migrant Mothers, Rejected Refugees and Excluded-Belonging in Hong Kong." *Population, Space and Place* 27(5): e2475.

Dathan, Matt. 2022. "Hong Kong Visas Expanded to the Young." *The Times*. (25 Feb 2022) (Accessed 28 Feb 2022)

Donovan, Katherine, Aris Suryanto, and Pungky Utami. 2012. "Mapping Cultural Vulnerability in Volcanic Regions: The Practical Application of Social Volcanology at Mt Merapi, Indonesia." *Environmental Hazards* 11(4): 303–323.

Gibney, Matt. J. 2018. "The Ethics of Refugees." *Philosophy Compass* 13(10), e12521.

Glaveanu, Vlad P. and Gail Womersley. 2021. "Affective Mobilities: Migration, motion and (Im)possibility." *Mobilities* 16(4): 628–642.

Government of Canada. 2021. "Public Policy: Open Work Permits for Hong Kong Recent Graduates." https://reurl.cc/aa6gK7, date visited: 2023/2/1.

Ho, Ming-sho and Wei An Chen. 2021. "Peddling the Revolution? How Hong Kong's Protesters became Online Vendors in Taiwan." *Made in China Journal* 6(3): 94–99.

Ip Iam-Chung. 2019. *Hong Kong's New Identity: Longing for the Local in the Shadow of China*. London: Routledge.

Jim, Clare and Wiliam James. 2021. "Hong Kongers Snap up UK Homes and Do What They Excel at: Being Landlords." *Reuters.* https://reurl.cc/WqpmYk, date visited: 2023/2/1.

Mei, Estuning Tyas Wulan, Franck Lavigne, Adrien Picquout, Edouard de Bélizal, Daniel Brunstein, Delphine Grancher, Junun Sartohadi, Noer Cholik, and Céline Vidal. 2013. "Lessons Learned from the 2010 Evacuations at Merapi Volcano." *Journal of Volcanology and Geothermal Research* 261: 348–365.

Ng, Isabella. 2020. "Criminalizing the Innocents: Social Exclusion of Asylum-seekers and Refugees in Hong Kong." *Journal of Asian Public Policy* 13(3): 319–332.

Pettit, Harry, and Wiebe Ruijtenberg. 2019. "Migration as Hope and Depression: Existential Im/mobilities in and beyond Egypt." *Mobilities* 14(5): 730–744.

Salazar, Noel B. 2010. "Towards an Anthropology of Cultural Mobilities." *Crossings: Journal of Migration & Culture* 1(1): 53–68.

——. 2011. "The Power of Imagination in Transnational Mobilities." *Identities* 18(6): 576–598.

Schulz, Helena Lindholm. 2005. *The Palestinian Diaspora*. Routledge.

Smith, Neil. 2006. "There's No Such Thing as a Natural Disaster." Social Science Research Council, https://items.ssrc.org/understanding-katrina/theres-no-such-thing-as-a-natural-disaster/ [accessed 17 November 2023]

Smith, Pamela Ann. 1986. "The Palestinian Diaspora, 1948–1985." *Journal of Palestine Studies* 15(3), 90–108.

Tang, Gary and Edmund W. Cheng. 2021. "Affective Solidarity: How Guilt Enables Cross-generational Support for Political Radicalization in Hong Kong." *Japanese Journal of Political Science* 22(4): 198–214.

Wissink, Bart, Sin Yee Koh, and Ray Forrest. 2017. "Tycoon City: Political Economy, Real Estate and the Super-Rich in Hong Kong." Pp.229-252 in *Cities and the Super-rich: Real Estate, Elite Practices and Urban Political Economies*, edited by Ray Forrest, Sin Yee Koh, and Bart Wissink. New York: Palgrave Macmillan US.

Wong, Foster. 2022. "Fewer Hong Kongers Than Expected Are Moving to the U.K." *Bloomberg*, https://reurl.cc/DXW7zj, date visited: 2023/2/1.

8 海外香港人的國際戰線*

何明修

一、何謂「國際戰線」？

2019年11月29日，中環愛丁堡廣場舉行「《香港人權民主法案》感恩節集會」，吸引了超過十萬市民參與。學生運動領袖黃之鋒登台演講，他提到美國政府能夠通過這項法案，要特別感謝三群香港人，亦即「在美國和海外的香港人」、「前線的手足和義士」、「香港選民」。其中，海外港人最大的貢獻就是「為我們守好國際戰線，在國際包圍中共」（黃之鋒2019）。

何謂香港民主運動的「國際戰線」？海外的香港離散社群如何參與了這起1997年主權移交以來最重大的抗爭？海外行動是否真的能夠協助本土境內的抗爭？2019年的抗爭風潮起於逃犯條例的修正，一旦這項修法獲得通過，香港人、在港的外國人、在港過境的國際旅客都將有可能被引渡到中國法院受審。送中的威脅感與警察暴力促成了抗爭風潮，持續半年之久，2020年初

---

* 本文改寫自作者的"Hongkongers' International Front: The Diaspora Activism During and After the 2019 Anti-Extradition Protest." *Journal of Contemporary Asia*（即將出版），已經獲得再使用之許可。

武漢肺炎爆發之後才開始降溫。儘管抗爭者成功阻止了逃犯條例的修正，2020年6月頒佈的港版國安法卻等於終結了香港的高度自治，容許中國鎮壓機構直接進駐。香港人珍惜的自由已經不復存在，香港也加速被整合進內地的維穩體制。

　　反送中運動的爆發與後續的鎮壓是香港重大的歷史分水嶺，因此產生了許多研究作品。研究者關注下列的問題：為何激進化的抗爭行動獲得大部分市民的認同與支持（Lee et al. 2019；馬嶽2020）？由於反送中運動激發廣泛的參與，也有很多著作探討特定群體的動員，例如學生（Ho and Wan 2021; Tong and Yuen 2021）、青年（Ho and Hung 2019; Ku 2020）、街坊社區居民（Li and Whitworth 2021）、基督教徒（Lee 2021）、選民（Shum 2021）、記者（Yeung 2020）、醫護人員（Li and Ng 2021）、專業人士（Ma and Cheng 2021）、母親（Cheng 2020）、家長（Lui 2022）、消費者（Ho and Chen 2021; Li and Whitworth 2022）、甚至是支持政府的保守派人士（Yuen 2021）。既有的研究也探討了抗爭行動的激進化（Lee et al. 2021）、策略創新（Chung 2020; Ho 2020）、團結（Lee et al. 2020）、以及執政者的壓制手段（Ho 2020; Wang et al. 2020）。然而，除了少數探討跨國連繫的作品以外（Fong 2021; Lee 2022; Li and Fung 2021），少有人探討反送中運動的國際戰線，亦即海外香港人如何貢獻於本土的民主運動。

　　本章關切海外香港人之參與，無論其身份是留學生、第一代或是或第二代的移民。隨著香港爆發前所未有的抗爭事件，海外離散社群也自發形成組織，從事倡議、聲援、物資募集等各種行動。隨著抗爭運動加劇，香港人的民族主義情緒高漲，開始有人

訴求要脫離中國統治、形成獨立的政治共同體，海外的香港人也愈來愈不願意稱自己是「中國人」或是「華人」，而是自稱「香港人」。海外香港人通常會有某種「倖存者罪惡感」，因為他們沒有親身參與本土的街頭抗議。這樣的愧疚意識促成他們積極投入各種海外行動，例如募款、捐贈抗爭物資（口罩、護目鏡、頭盔等）、舉行聲援行動、遊說當地政治人物、舉行藝文展覽、接濟與收容逃亡的抗爭者等。

抗爭運動在香港本土呈現去中心的形態，沒有明確的領導核心；[1] 海外的國際戰線也十分類似，組織鬆散，在美洲、歐洲、亞洲、大洋洲的不同國家與不同城市都可以看到行動在當地紛紛出現，而彼此的聯繫不算緊密。這些海外團體的合作經常是因應特定事件，也是間歇性的，沒有形成一個統一的領導核心。海外運動經常面臨的難題在於，接納國往往將香港議題視為其中國政策之下的一環，鮮少單獨看待。畢竟，隨著美中交鋒已經成為新時代的地緣政治重頭戲（Hung 2022），香港議題必然也是在這種「帝國對抗」的視野下被檢視。在這些國家，政治人物與公眾有可能著眼於中國的商業利益，亦或是畏懼中國的外交威嚇，不可避免地以這樣的中國視角被看待香港人處境。不少海外運動者試圖將香港民主化的訴求與接納國家的政治議題緊密連結，但是這些立意良善的企圖卻遇到了日益兩極化的西方民主。有時候，香港運動者陷入了尷尬的處境，因為他們獲得「意想不到的」支持

1　即所謂「無大台」。

聲音，例如支持自由市場的自由放任主義者（libertarians）、反移民的極右派，或者是疏離了原本可能獲得支持的陣營，例如被稱為「坦克仔」（tankies）的教條左派，或是厭惡美國總統川普的自由派。儘管如此，透過廣泛而密集的動員，一個具有自我意識的香港離散社群已經形成，他們加入中國海外民運人士、法輪功成員、台灣人、圖博人、維吾爾人，發起全球性運動，共同對抗中國威權統治的向外輸出。

從既有的研究文獻來看，海外香港人的國際戰線有幾種探討方式。首先，傳統的移民研究往往採取「同化」的預設，認為移民過程是一條單向的道路，最終的結果即是這些移入者完全吸收了接納社會的文化。如果他們仍保有原先的認同或是生活方式，往往會被解讀為適應不良或是整合失敗。然而，在更晚近的「跨國主義」（transnationalism）文獻中，研究者主張要重視移民群體與其來源國之持續性的聯繫，也就是說，和接納國同化與保持先前的連帶並不是互斥的（Vertovec 2009）。在此，香港人的海外動員展現出跨國主義的強韌力量，因為許多參與者是出生於海外，或是在年幼時期就移民海外（所謂的「一點五代移民」）。他們在接納國家的深層浸潤有助於他們取得更多資源，以協助本土的民主化運動。

其次，全球化加速了公民社會倡議者跨境合作，促成了所謂的「跨國社會運動」。關於人權、公平貿易、血汗工廠、氣候變遷等議題，已經浮現了不同形態的全球與在地聯繫，串連起不同國家的運動參與者（Smith 2008）。在地的香港人與遠端的同胞

合作投入反抗威權的抗爭，當然是屬於這種跨國社會運動，更重要的是，此一個案展現了跨境合作所能夠達成的深度與寬度。舉例而言，香港反送中運動出現了密集的雙向物資流動（將海外的抗爭物資運往香港，以及將珍貴的檔案資料疏散到海外的安全地點）、金錢流動（捐贈提供被捕者的法律扶助費用，以及透過群募在國際報紙刊登廣告）、人員流動（返鄉投票與接濟海外流亡者）。換言之，香港個案擴大了跨國社會運動的既有劇碼。

眾所皆知，Anderson（1998: 58-74）提出「遠距民族主義」一詞，以描述海外移民如何投身於其祖國的政治抗爭行動。遠距民族主義可以用來理解華僑與國民革命、愛爾蘭裔美國人與愛爾蘭獨立戰爭、海外台灣人與其島國的民主化之關係。香港個案的特殊性，在於他們自身的「民族認同」起源非常晚，其共同體意識是在2019年反送中運動突顯出來，尤其是面對警察暴力的共同承受苦難之經驗。運動爆發之前，各種拒絕中國統治的想法已經浮現，但是不能算是主流；然而隨著運動開展，卻成為街頭抗議者所高喊的口號。不少的海外受訪者也提到，他們完全無法想像香港仍處於中國的主權之下，卻能夠取得一個城市的民主。很顯然，香港個案清楚展現「想像的共同體」之力量，追求民主而遭挫敗有可能促成民族意識與情感之出現（Carrico 2022; Lam and Cooper 2018）。

最後，「離散社群運動」（diaspora activism）探討海外移民與僑民對原生國所採取的各種政治行動，也與本章主題密切相關。既有的二元論認定人只能在「發聲」（voice）和「退出」（exit）之間擇

一，但離散社群運動觀點則探討離開者如何發聲，甚至利用海外所容許的政治空間從事原鄉被禁止的活動。舉例而言，台灣獨立運動首先是在日本與美國的海外社群活躍，後來才能夠在台灣公開倡議（Fleischauer 2016）。八九六四天安門事件之後，中國的異議份子也持續在海外行動（He 2014; Junker 2019）。過往的香港曾是匯通五湖四海的商業港口，因此許多被原生國通緝的革命份子在此落腳，例如孫文、越南的胡志明、台共領導人謝雪紅、台獨運動先驅廖文毅等。

　　Moss（2022）分析阿拉伯之春運動前後在英美的利比亞人、葉門人、敘利亞人，提出了離散社群運動的概念。她發現，儘管海外的離散社群享有政治自由的保障，但是對抗國內獨裁者的行動卻是少見的，而且難以持續（ibid., 34）。獨裁者政權經常在海外進行監控、派遣情治人員進行騷擾，或者對於移民者仍留在國內的親戚進行報復，這一系列的「跨國鎮壓」發生了相當程度的抑制作用。此外，移民群體不是同質性的，移民前原本就有的宗派、族群與政治傾向之差異，也阻礙他們的共同行動。因此，密集的離散社群運動通常只會出現在母國的政治危機，因為此時獨裁者暫時喪失了海外監控能力；而且，母國鎮壓抗爭行動、大規模侵犯人權，營造出強大的情緒張力，使移民社群內部的差異與分歧被擱置在一旁。Moss（2022: 14）指認出，一旦離散社群運動出現密集動員，其主要的作用與樣態：包括宣傳運動的訴求、在海外代言國內運動、串連不同的群體、將運動資源匯流到母國、返鄉參與運動的抗爭行動等。離散社群身處海外，能夠從事若干原鄉

行動者所無法參與的行動。

　　本章的撰寫架構如下：我將首先說明研究的方法與資料，接下來將從香港長期的海外移民史來定位最新一波離散社群運動。本章將檢視海外行動的形態，包括其參與動員、組織形態、策略與困境，以及海外運動者如何因應香港本土街頭行動的興衰起伏。結論部分將討論其未來可能的發展。

二、研究方法與資料

　　本研究資料主要來自於深度訪談與新聞報導。從2019年10月至2022年7月為止，作者訪談88位不在香港、但是有參與運動的人士。其中，40位在台灣，其他48位受訪者則散佈世界各地，包括美國20位、英國7位、澳洲與加拿大各5位、德國與瑞士各2位、法國、荷蘭、芬蘭、挪威、波蘭、日本、馬來西亞各1位。有15位受訪者與香港沒有血緣或文化的連帶（例如台灣人、瑞士人等），他們之所以參與香港運動，往往是來自於理念認同，因此提供了離散社群以外的不同觀點。其他73位「香港人」的異質性很高，包括香港的海外留學生、海外永久移民（包括工作與婚姻移民）、或者是處於申請歸化或政治庇護的不同階段。有些香港受訪者有多種國籍，有些則是在海外出生，但是認同自己的香港文化根源。

　　我透過多種方式招募受訪者，有些是熟識者介紹，再以滾雪球的方式向外擴展。先前研究2014年香港雨傘運動時（Ho

2019），我認識了一些香港運動者、記者與研究者，他們願意再度接受我的訪談邀約，或是介紹其他受訪者。由於作者偶爾會撰寫相關的時事評論、參與論壇與其他線上活動，我對於香港民主運動的看法也可以在網路上找到，這或多或少有助於取得陌生的受訪者之信任。

公眾可觸及的社群媒體提供另一條找尋受訪者的管道。不少海外組織都設有 Facebook、Twitter 專頁，作者直接留下徵求訪談的訊息，十分幸運地獲得不少組織正面回覆。透過社群媒體聯絡的好處之一即是，對方可以瀏覽我的網路檔案資料，以確認是否接受我的訪談邀請。全球肺炎疫情使得實際的田野研究與面對面訪談變得困難，我也間接受益於網路視訊平台而更加廣泛地使用。大部分的網路訪談採用安全性較高的平台，使用端到端加密之設計；此外，除了受訪者所使用的網路身份，在大部分的情況下，我並不知道他們的真實姓名與其他個人資訊。

線上與線下的新聞報導也是重要的訊息來源。我特別選擇了香港人集中的全球六個城市，包括紐約、洛杉磯、倫敦、多倫多、雪梨與台北。城市與國家的選擇考量如下：就數量而言，美國有最多的海外香港人組織，英國與香港則有過往的歷史關連，加拿大與澳洲則是 1980 年代以降香港人移民的前兩大首選。台灣與香港關係密切，也曾密集聲援反送中運動。

關於香港的報導資料，作者採用《蘋果日報》（香港）與網路媒體《立場新聞》，台灣則是使用《自由時報》與《蘋果日報》（台灣）。這四份中文媒體都採取支持運動的立場，而且有方便使用

的數位資料庫。2021年，港蘋與立場新聞被迫停止運作，但是過往的檔案資料已經被網民備份，開放取用。至於美國、英國、加拿大、澳洲各城市的活動，作者決定不採用當地的報紙（例如《紐約時報》），因為當地主流媒體通常不會刊登香港人抗爭有關的報導。作者改為找尋這些城市具有代表性的團體──包括紐約的NY4HK、倫敦的D4HK、多倫多的港加聯（Canada-Hong Kong Link）、雪梨的新南威爾斯州香港人（NSW Hongkongers）、洛杉磯香港論壇（Hong Kong Forum）──的官方臉書專頁，登錄其活動的報導與紀錄。此外，作者也參與一些線上與線下的活動，包括集會、藝術展覽、電影放映、論壇等，進行田野觀察。

三、政治事件與香港海外社群

在全球華人遷徙的歷史中，彈丸之地的香港扮演了重大的角色。當英國人在1841年佔領香港島時，他們意圖在遠東建立一個安全的交易場所；但是出乎意料地，隨著美洲與澳洲的淘金熱興起，香港成為遠赴重洋的中國人之最主要登船港（Sinn 2013: 165-166）。香港成為中國人移民流動的樞紐，粵語使用者在西方都會建立大大小小的唐人街（Watson 1975: 116-119）。這樣的歷史起源影響深遠。表面上看來，以香港為名的商店與餐廳在海外華人社群到處可見，但是其主事者卻不一定與香港有關或使用粵語。在西方與台灣，也常見一些以香港為名的社團或同鄉會，但是參與者也不一定與香港有個人淵源。另一方面，有些移民團體

選擇強調其中國性，例如位於波士頓的紐英崙中華公所、東倫敦華人協會、雪梨的中國國民黨駐澳洲總支部，而這些團體幾乎都是由來自香港的移民與其後代所主導。很顯然，這些移民的中國人認同更強烈，而不是香港人認同。

中華人民共和國在1970年代末期走向改革開放，開始出現新一波海外移民風潮。在此之前，西方世界所能接觸到的中國人大部分是來自於香港或台灣，或者是曾經在兩地停留過的大陸人。由於新一波的中國大陸移民開始競逐美國所規定的華人移民配額（Lin 2006: 142），香港人與非香港人的界限開始具有意義。1984年中英聯合聲明與1989年的天安門事件後，香港出現了一波中產階級的移民風潮，前往加拿大、澳洲與美國等地。移民潮的高峰見於1990年代初期，到了1997年的主權移交，香港已有將近八十萬人移民海外（Sussman 2010: 6）。富裕香港移民與其家庭眷屬的到來，改變了海外華人社群的生態與圖像。一方面，他們通常選擇住在中產階級郊區，從事專業人士的工作，而不是集中於以勞工階級單身漢為主的唐人街（McDonogh and Wong 2005: 210–213）。另一方面，既有華人移民社團的領導權也出現了新一波的爭奪戰，新來的香港人與傳統僑社領袖彼此競逐（Mitchell 1999: 161–164）。因此，在1990年代初期，有研究者指出，「海外的香港認同是真實存在，但是卻沒有被明確講出來」（Wong 1994: 249）。

從事後來看，獨特有別的香港認同之所以在海外浮現，乃是由一系列的政治事件促成。八九六四之後，全世界只有香港這

座城市每年都舉行大型追悼活動（Lee and Chan 2018）。在香港，紀念天安門事件，並且要求中共平反這場政治悲劇，已經是城市集體記憶之不可抹煞的一部分，六四集會也持續在推動民主運動；在海外，這些行動則是催生了新一波的香港人移民社團，開始與其他華人僑社有所區別。美國香港華人聯會（Alliance of Hong Kong Chinese in the United State）在加州、紐約、芝加哥、華頓盛特區都有分會（Lary and Luk 1994: 155），其他像是多倫多的港加聯、舊金山的北加州香港會（NorCal HK Club）、洛杉磯香港論壇、溫哥華支援民主運動聯合會（Vancouver Society In Support of Democratic Movement）等，都是上述條件之下的產物。

隨著天安門記憶淡化，中國商業機會浮現，許多香港移民社團不再活躍，或者其主事者不再持反共的立場。2014年雨傘運動爆發之後，海外香港人開始新一波的聲援行動，但是他們卻決定要成立新的團體，而不是以原有組織名義進行，例如紐約的NY4HK、倫敦的海外港人聯盟（Hong Kong Overseas Alliance）、在日港人聯會東京部等。隨著雨傘運動退場，香港民主運動再度陷入低潮，許多新興團體不再活動，其網站也不再更新。舉例而言，澳洲的坎培拉香港關注組（Canberra Hong Kong Concern）在2014年出現，一開始只是由留學生所發起的臉書社團，後來隨著學生畢業與離開，就不再有活動。等到2019年反送中運動爆發，管理原先社團專頁的已經是新一批的留學生。

有些受訪的海外移民提到，他們不想要加入只有香港人的移民社團，因為他們想要融入當地社會。這樣的心態的確存在；許

多香港人是因為反送中運動爆發，才在當地的聲援行動中首度遇到同鄉（見以下分析）。尤其是在英語國家，有大學文憑的香港人很容易就進入主流社會，不需要依靠移民社團的協助；在台灣，要講流利的華語也不是太困難的事情，尤其對於主權移交後成長的青年世代。然而，反送中運動猛然爆發，直接催生了海外移民團體，也使得以往不關心政治的人士投入行動。常見的情況是，在某些城市，臨時號召的集會活動吸引了素昧平生的香港移民。在巴黎，為了響應香港6月9日的反送中大遊行，一位「素人師奶」[2]在WhatsApp群組號召一場集會，原本主事者以為最多只有十幾位參與者，結果現場聚集了近一百二十位香港人，而且大部分都是先前不曾認識的陌生人。活動結束之後，約五十位香港人留下來喝咖啡，討論下一步行動，因此日後才能成立「居法港人撐香港」（En Solidarité avec Hongkong）。這種先集會、後組織的形態在其他城市也出現過，舉例而言，雪梨的新南威爾斯州香港人也是在這樣情況下成立的。

台灣過往基於中華民國體制，對於香港留學生與移民給予特殊待遇。香港與澳門被視為同一個地區，許多香港留學生最先接觸的團體就是大學的港澳同學會。不過，因為澳門學生政治態度通常比較保守，這些既有的學生社團反而無法成為在台港生的動員組織。因此，在6月9日首度出現的台北反送中集會行動中，香港學生是透過社群媒體宣傳，而不是既有的組織。也因為意外

---

2 按：家庭主婦。

促成了好幾百人集結在台北經濟文化辦事處前，參與者決定成立「香港邊城青年」（原先稱為「在台港生及畢業生逃犯條例關注組」）。

在某些地方，抗議行動直接創造出原先不存在的香港人社群。在蘇黎世，一位瑞士籍的支持者指出：

> 與台灣人、越南人、中國人不同，香港人只是因為工作而來這裡，他們結婚定居、養小孩，但是不會有彼此的互動。他們因為來這場攝影展覽³而認識對方。他們用粵語交談，這可能是他們第一次在瑞士使用母語。他們後來組了一個WhatsApp聊天群組，舉行聚會聯誼，還有一次一同去健行。我們策展團隊沒有預期這樣的發展，當地香港人也沒有想到。

另一位在奧斯陸的參與者也有類似的經驗。為了要在當地舉行一場聲援活動，他開始在臉書上搜尋，「才知道原來挪威有這麼多香港人」。隨著香港人開始集結，後來成立正式立案的挪威香港文化協會（Hong Kong Committee in Norway）。

總之，儘管既有關於香港移民的研究著重經濟與家庭的考慮，但其實是原鄉城市與中國的一系列政治事件衝擊，造就了海外香港人認同與其移民團體的出現。就如同之前的八九六四與雨傘運動，2019年的反送中運動催生了新一波動員風潮與團體組

3　按：指一場在2019年9月關於反送中的活動。

織。與過往相比較，晚近的海外行動有下列特徵。首先，除了原先港人聚集的大城市出現了新團體以外，新的組織也出現在新的城市（例如澳洲的布里斯班與阿得雷德）、地區（美國德州與芝加哥）、國家（荷蘭與波蘭）。其次，明確而獨立的香港認同已經浮現，而且伴隨一種民族主義式的渴望，企求擺脫中國統治。在天安門事件之後，香港人曾以愛國者的身份追求中國的民主化；然而，在新生代的離散社群行動者中，追求政治獨立的渴望已經是主流共識。

四、多元中心的離散社群行動

Moss（2022: 94）指出，海外的葉門人、敘利亞人與利比亞人密切關注母國抗爭行動的發展，產生了「憤怒、恐懼、希望、激動」等強烈情緒，因而決定投身行動。香港離散社群同樣感受到這些情緒，他們的行動也或多或少是源自這種強大的動力。然而，已經有研究者指出，某一種特定的愧疚感驅使年長的香港市民願意支持年輕人的抗爭行動（Tang and Cheng 2021）。在香港，年長世代認為他們當初如果多付出努力，為城市爭取到真正的民主，年輕人就不用在街頭賭上生命與前途。海外運動者的經歷類似，他們懷有某種愧疚感，不過並不是基於年齡的差異，而是源自於他們的物理距離。數位媒體直播為遠方的人帶來街頭衝撞的即時影像，也激發強烈的情緒。一位紐約的香港人寫了下列文字：

　　我在七千英里外的舒適辦公室，觀看金鐘的即時直播，我感到自己全然無用。我受到良好教育，也是身強體健的年輕男子，但是卻為了個人事業，放棄了守衛家園的公民義務，我感到非常內疚。我內心不斷叩問自己：「我可以再做多一點嗎？」（原文為英文，@6amprojects 2019: 3）

另一位在倫敦的運動者分享類似的想法：

　　因為我在國外，我是團隊中唯一位沒有經歷過催淚彈的。有時我會懷疑自己到底是不是抗爭者，因為我在英國過平靜的生活……我感到深沉的無力感，但是我也知道有些工作只能在海外做，而我有責任盡全力完成。

　　海外香港人受強大的情感驅動，熱情投入他們的勞動、金錢、專業技能等，搭建了綿延廣闊的國際戰線。此外，集會與遊行也讓這些香港人可以抒發情緒。不少受訪者都用「抱團取暖」來形容他們所感受到的情感動力，尤其是在離鄉的情景中，香港人想要聚集在一起，用母語和自己的同胞溝通。

　　為了理解海外動員的發展，作者選定少數具有代表性的城市，觀察 Charles Tilly 所提到的「抗爭性集會」（contentious gathering）（Tilly 1981: 76）。這個觀點預設社會運動是由一系列集體性、衝突性與公開的事件所組成，而排除了一些網路、室內靜態的與獨自個人之行動。抗爭性集會的發展可以用來理解社會運動的興

起與衰退，尤其是因為這些大型集會需要事先準備與協調，可以反映當地離散社群的投入意願。

表8.1呈現了香港與全球六大城市每月抗爭性集會的趨勢。香港政府提出逃犯條例修正案之後，抗爭在2019年2月立即登場，在6月之後進入加速期。就數量而言，9月是抗爭事件的高峰，12月之後出現了明顯的衰退趨勢。相對地，國外的行動都是在6月登場，尤其是為了響應6月9日的百萬人遊行。

表8.2檢視海外六個城市是否與香港的抗爭趨勢亦步亦趨，

表8.1 七個城市的抗爭性集會（2019.02–2020.01）

	香港	台北	雪梨	多倫多	倫敦	紐約	洛杉磯
二月	1	0	0	0	0	0	0
三月	6	0	0	0	0	0	0
四月	4	0	0	0	0	0	0
五月	11	0	0	0	0	0	0
六月	80	12	0	4	9	4	5
七月	85	0	1	0	4	2	0
八月	235	6	2	4	6	4	3
九月	337	6	2	8	4	3	4
十月	272	12	1	4	7	5	0
十一月	252	4	7	4	8	3	4
十二月	168	3	0	2	2	2	2
一月	58	2	1	0	1	1	3
總計	1,487	45	14	26	41	24	21

註：關於資料來源，見方法論小節。

表8.2 海外六城與香港的抗爭性集會之相關（2019.06–2020.01）

台北	0.6071*
雪梨	0.5876*
多倫多	0.8910*
倫敦	0.6566*
紐約	0.8006*
洛杉磯	0.5086

* p < .05

所採用的方式即是考察6月至1月期間的抗爭性集會之相關係數。結果顯示，海外事件數量與香港呈現正相關，除了洛杉磯以外，顯著性都有達到.05的水準以上。換言之，海外運動密切關注本土運動的發展狀況，抗爭事件的發生頻率也隨之起落。

從一開始，本土與海外的香港人就知道他們需要吸引國際關注，以對抗送中的威脅。2019年就出現三場全球同步動員的抗爭活動，6月12日有22個城市參與，8月17–18日有36個城市，9月29日則有65個城市。此外，反送中運動了出現了三起群募行動，目的是在各國報紙刊登呼籲廣告（6月28日、8月19日、10月1日）。有些團體或個人——例如Stand with Hong Kong Fight for Freedom、劉祖廸（Finn Lau）、香港大專學界國際事務代表（Hong Kong Higher Institutions International Affairs Delegation）——積極串連各國的香港運動，他們在臉書上的追蹤者分別有九萬一千位、三萬五千位、一萬六千位（截至2021年12月27日為止）。然而，這些協調者並不能算是核心領導，大部分的行動仍是由在

地離散社群所發起。國際串連的網絡大致而言鬆散，沒有事先規畫，不同城市的港人團體以各自的方式來來關注香港局勢的演變。

一位在阿姆斯特丹的運動者指出：

> 在歐洲的這些團體，大家都是自發出來的，彼此是有一些聯繫，像剛開始沒有經驗，就會看一下其他地方怎麼作的，所以會知道彼此的存在，也會主動去聯繫，會知道在德國、法國跟北歐都有些什麼人，可是在大多的活動都是滿自主的……這樣有好處也有壞處，好處是不會因為一個大台倒了，大家就什麼都不能作了，壞處是由於歐洲這邊很多議題都是通過歐盟，所以很多國家都是得往同一個方向去做，多一點協調其實是必要的。

鬆散連結的形態不只是出現於全球、大陸、國家層級，有時在香港人聚集的大城市也會出現步調不一致的狀況，尤其不同團體同時出現，各自有其偏好的行動取向。舉例而言，當要舉行一場遊行或集會行動，許多爭議會浮現，例如場址的選擇、口號、歌曲、是否讓登台講者戴口罩以掩飾身份。[4] 這些看似瑣碎的爭議有時也會引發分裂，形成新的團體。

爭端並不限於策略選擇，有些更是源於深遠的意識型態對

---

4 唐人街會吸引華裔移民，但是不容易被主流社會看見；「香港獨立」口號對於溫和派而言太激進；年輕人認為《獅子山下》太老氣；意圖回港的留學生會顧忌身份曝光，但是永久居民與已經歸化的移民卻不擔心。

立。舉例而言，美國的流傘（Lausan）矢言追求「去殖民的左翼政治」，他們從全球激進運動的觀點來審視香港議題（Liu et al. 2022）；相對於此，同樣在紐約的NY4HK則採取主流政治立場，避免捲入美國民主黨與共和黨的競爭。有一次在中國領事館前集會抗議時，一位流傘參與者在台上提到了「黑人的命也是命」（BLM）運動，並邀請菲律賓移工代表分享對抗杜特蒂總統的經驗。活動結束之後，她收到不少來自紐約香港人的抱怨，根據她的說法，這些不滿主要是：

> 為何要安排那麼多無關的團結運動講者？為什麼不多找一些香港人上台講話？為什麼沒有台灣人與圖博人的代表？我憑什麼說香港人也支持BLM運動……流傘是唯一公開支持BLM的香港人團體，很不幸地，至今仍是如此。直到今天，很多人還在生氣，他們認為流傘就是BLM團體。

很明顯，流傘運動者積極搭建與進步陣營的聯盟，但是其他香港運動者卻認為沒有必要，而且會將焦點轉移到不恰當的地方。同時，美國保守派將BLM描繪成激進的極左勢力，這樣一來也可能傷害香港民主運動的公共形象。這個例子顯示，雖然香港認同是串起全球各地離散社群的共同主題，但是這樣的情感一致卻無法使其避免策略與意識形態上的爭端。此種發現呼應了Moss（2022: 76）——零碎化與分裂是離散社群運動的特色，儘管他們是對抗共同的敵人。

下一節將進一步說明西方民主體制的兩極化如何阻礙了香港海外運動者。在此必須點出，海外香港人具有高度異質性，包括居住地點、年代、出生地、移民地位等，因此難以形成密切合作的運動。香港人的國際戰線呈現出多中心的特徵，可說複製了本土反對運動的「無大台」形態。

五、從後勤補給到接濟逃難者

由於距離阻隔，海外香港運動者主要扮演支援角色。隨著反對運動在 2019 年夏天升溫加劇，示威者所需要的保護裝備愈來愈難在香港取得，海外離散社群便成為重要的後勤補給來源。舉例而言，一位住在倫敦希思羅機場的香港運動者意外地成為物資管理員：

> 有一兩個月，我住的地方堆滿了口罩、眼罩等，那些是海外香港人買的，寄到我家。我知道有願意幫忙的香港空服員，我就拿給他們，空服員就放自己的行李包。過程有點像是賣毒品，我的上線給我消息，我每次就帶兩大袋出面，用 Telegram 聯絡，點開之後，才知道是要與誰見面。還需要收集名牌袋子，這樣看來比較不可疑。

台灣的機車到處跑，因此收集摩托車安全帽運送到香港非常容易。在台北與高雄都有香港人所發起的募集行動，所收到的安

全帽數目也都超過規畫者的預期。

除了物資供應，海外香港人也搭機返鄉直接參與街頭示威行動。我曾訪問過一位人在台灣的婚姻移民，她連續兩個月在週末往返香港，目的就是為了參與街頭遊行。2019 年暑假，許多香港海外學生返鄉，他們也親身經歷了進行中的運動。十一月區議員選舉創下了前所未有的投票率、民主派大勝，之後海外香港人更發起了「全球班師、回港投票」活動，參與原訂在 2020 年 9 月所舉行的立法會議員選舉。主事者一度招募到二千多位身在北美與英國的香港人，準備與航空公司洽談包機航班，也包括返港之前在台灣舉行一場大型集會。不過，隨著肺炎疫情爆發，香港政府藉機延後選舉時程，這項大規模的全球動員計畫被迫中止。國安法與後續的種種鎮壓也限制了海外運動者的行動範圍。

香港本土的抗爭行動衰退，愈來愈多示威者逃離國外以躲避司法體制的追捕，此時海外據點成為收容手足的避風港。第一波示威者出走潮始於 2019 年 7 月 1 日的佔領立法會行動，在十一月兩場大學保衛戰之後，逃難者數量暴增。到了 2020 年初，有一則新聞報導指出約有五百多位香港人已經抵達台灣避難（Kwan 2020: 97）。一位參與接濟香港手足的台灣人在 2021 年初估計其數目應是一千人上下。

對於香港逃難者而言，台灣是逃生路徑中重要的節點。台北香港航線是國際航空最繁忙的路線之一，香港人不用兩個小時就能抵達台北，而且旅遊簽證能夠以簡易的方式在網路上辦理。因此，在疫情封關之前，香港政治難民無論是否打算再前往其他國

家，往往都以台灣作第一站。台灣香港協會、台灣民間支援香港協會與其他台灣團體積極投入救助與接濟的工作。其他類似的新成立組織也包括台、美、英、德等國人士參與的避風驛（Haven Assistance）、英國港僑協會（Hongkongers in Britain）、香港人在德國協會（Hongkonger in Deutschland e.V.）、舊金山的瞳行者（Walk with Hong Kong）等。

　　年輕的逃難者需要各種援助；有些人帶著身體傷害與心理創傷離開，有些人則是因為投身運動而與家人疏離。無論要找尋收容棲身之所、申請居留文件、繼續學業或是找工作，都需要花錢或是有人協助，因此，不少已經在海外定居的香港人出錢出力，協助接濟。此外，中年有家庭的香港移民也開始在各國投入組織同鄉會，而不再只是以個人方式融入接納社會。在香港本土，運動者發起了「黃色經濟圈」（Chan and Pun 2020）；在台灣與其他國家，也出現了類似的努力。香港的黃色經濟圈目的在於打造出支持民主運動的生態圈，而海外的行動則著眼於強化離散社群的內部聯繫。為了這個意圖，一位在芝加哥的香港運動者還創建了一份全球性的線上指引「海外港人生活資訊站」，收錄了包括台灣在內的八國之香港人商家。[5]

　　從提供抗爭物資到接濟逃難者，海外運動者需要不斷地因應香港的運動進程。儘管如此，他們在接納國家始終把政策倡議當作一項重要工作，尤其是當國安法使得香港本土的倡議活動變得

5　https://dnlmdirectory.com/HK，取用日期：2022年12月19日。

幾乎是不可行。逃犯條例的修法是以一樁發生在台灣的兇殺案為藉口，而且送中審判也會適用於在港外國人與過境旅客，因此，海外的運動者一開始就要求其接納國家的政府拒絕與香港進行司法互助。台灣政府一開頭就表達反對逃犯條例，並且表明就算條例通過也不會提出引渡要求，因為逃犯條例是將台灣視為中華人民共和國下之一區。隨著國安法頒佈，許多西方民主國家也就立即中止與香港已經簽定的引渡協定。

　　一旦逃犯條例不再是抗爭運動最重要的關切議題，海外運動者的倡議與遊說也跟著調整，開始要求制裁香港官員以及保護香港移民。美國川普與拜登政府都曾引用香港人權與民主法案之授權，制裁涉及危害人權的香港與中國官員。然而其他西方民主國家沒有跟隨美國的作法，令香港運動者感到失望。

　　放寬香港人取得永久居留權或是公民權的管道，也是海外運動者所關切的事項。2020年中，台灣政府宣佈了人道援助關懷行動專案，陸委會設立服務交流辦公室提供若干協助。然而，台灣的運動者仍積極爭取政治庇護或是其他類似的措施，以協助流亡者能在台灣安居。2021年，美國、澳洲、加拿大等國都宣佈新的措施，容許香港人可以停留更久或是投入就業市場。英國放寬「英國海外國民」（British National Overseas）的申請資格與居留權，更被視為重大的突破。

　　北京統治者主宰了香港人的政治前途，香港海外運動者深知這個道理，因此參與了各種反抗中國威權輸出的運動。隨著香港本土抗爭行動消退，他們開始找尋其他的參與議題。一位波士

頓的香港運動者後來每週參與集會以反對某郊區大學的孔子學院之，倫敦的D4HK參與者則是要求英國政府不要採用華為的通訊設備，並且向公眾宣揚中國軟體[6]的隱私權問題。坎培拉香港關注組加入了維吾爾人主導的行動，抵制2022年北京冬季奧林匹克運動會，而以台北為根據地的香港運動者則是活躍於「奶茶聯盟」（#MilkTeaAlliance），與泰國及緬甸民主運動者攜手合作（Dedman and Lai 2022）。事實上，由於威權中國的身影幾乎無所不在，海外各地的香港運動者都可以在身旁找到介入的議題。舉例而言，一位居住在德國中部的運動者就參與了當地的一場抗議行動，反對中國商人購買某個中世紀城堡。

最後，海外香港人也意識到有必要強化離散社群的聯繫與向心力。在2020年的美國人口普查，運動者鼓吹在族群欄位手寫填入「香港人」，而不是勾選既有的「華人」選項。在2021年的澳洲人口普查也出現類似的號召行動，除了族群歸屬以外，運動者也鼓吹將香港列為出生地，並且選擇粵語作為最常使用的語言。

六、困境：陌生與敵意

海外運動者長期面臨的困境之一即是西方公眾對於香港局勢的陌生。儘管西方主流媒體高度關注，2019年夏天的街頭抗爭景象也廣為流傳，許多人仍不了解香港的曲折歷史。一位奧斯陸

6　例如Zoom、微信（WeChat）、抖音（TikTok）。

的受訪者指出，「許多挪威人以為香港是日本的一部分，現在他們終於了解香港在中國，而且香港人不喜歡被大陸人管。」另一位在美國紐澤西州的運動者曾花了兩個小時向銀行同事解釋香港局勢，他驚訝地發現，原來很多美國人不知道香港曾長期是英國的殖民地。

一般人缺乏背景知識或許不足為奇，但事實上，政治領袖也往往認知不足。一位以美國華府為根據地的倡議者指出：「2019年運動之前，美國國會可能只有十到十五位議員有聽過1984年的中英聯合聲明與一國兩制。只有少數國會議員知道香港有個基本法。」因此，許多海外香港運動者試圖在接納國提供公眾的關注與理解管道。大學是多元與國際化的場所，容許知識自由交流，因此香港留學生試圖舉辦論壇與電影放映，以傳遞他們的運動訊息。有些香港人充份利用所在地的特色與活動，藉以擴大宣傳運動。舉例而言，加拿大蒙特婁的運動者以香港名義報名參加2019年當地的同志大遊行，但是他們的註冊卻突然在活動前夕被取消，很可能是主辦單位受到中國的壓力。儘管如此，他們仍在活動現場抗議，同時訴求香港的民主化與性少數的權利。接受媒體訪問時，他們強調「反對霸凌」是香港人與男女同志的共同呼籲。

遊行與集會是傳統吸引公眾注意的方式，也有些香港人體認到傳統社會運動劇碼之侷限，因為容易顯得太「政治化」。因此，他們決定舉行藝文活動，希望這些較為軟性的呈現方式能夠觸及更多人。表8.3呈現了六個城市的活動形態。

表8.3 海外六城的抗爭性集會之類型（2019.06–2020.01）

	台北	雪梨	多倫多	倫敦	紐約	洛杉磯	總計
遊行	3	4	9	9	8	6	39
集會	41	6	17	29	15	14	122
藝文活動	1	4	0	3	1	1	10

　　很明顯，大部分活動是定點靜態集會，而不是移動性的遊行，原因在於前者較容易舉行。除此之外，有5.8%的全球活動是以藝文活動方式進行，包括電影放映、音樂會、手工藝市集等。室內活動以展覽為主，所呈現的物件包括攝影、漫畫、海報、其他裝置藝術等。誠如一位雪梨的運動者所指出的：

　　　除了遊行集會之外，我們辦了一個藝術展，透過比較不一樣的方式讓澳洲人知道這場運動，因為藝術是大家共通的語言，從一個不同的角度去講述這件事⋯⋯現在就是大家發揮創意的時候，可以從不同的角度來延續這場運動。

　　海外香港人的和平活動意外地遭遇到中國僑民與留學生的敵意對待。幾乎在全世界各個城市，香港人的聲援行動都曾受到中國人的反制動員，他們高喊「愛國」口號，唱國歌，有時甚至動手破壞香港人的標語與布條，或是阻止講台上的演講活動。在若干場合，甚至引發了口角爭執或是彼此互毆。即使在大學所舉行的學術性活動，「小粉紅」學生也高喊極端民族主義式的口號，

意圖擾亂活動進行。有跡象顯示，中國各地的大使館與領事館在幕後動員，企圖壓制香港人的民主運動。有一場2019年8月在紐約舉行的集會，一位香港主事者如此描述：

> 我們在唐人街的孔子大廈舉行活動，一堆中國人就反制，我們也有派人去加入他們的微信群組，監視他們的討論。前一晚，有人說要帶槍來，要殺港獨份子，我們向紐約警察報案。那天就有對峙局勢，情況很可怕，有點像是上次蔡英文來紐約一樣，還有肢體衝突。結果是沒有發生重大事件，但是我們也是要事先預防，中國人有向我們丟擲汽水罐，場面混亂。

香港人總是處於人數劣勢，因此他們都會向當地政府事先提出申請，並且依靠警察保護，才能阻隔中國的反制抗議者。粗暴的中國小粉紅威脅到人身安全，因此，在一場赫爾辛基舉行的集會中，主辦單位還聘請保全公司人員，以防萬一。

中國人的反制抗議與暴力威脅的確讓某些香港人不願意參與，不過在某些情況，也意外地為海外香港運動帶來更多的公共關注；而事實上，這正是香港人所極力爭取的。2019年7月，澳洲昆士蘭大學發生了一場流血衝突事件，香港運動者被中國人暴力攻擊，一位當時在場的運動者提到：

> 那場事件鬧很大，因為上了電視新聞，有助於澳洲人更了

解香港議題，說實話，我們都應該「感謝」中國的民族主義者，他們幫我們獲得鎂光燈。一般澳洲公民都會想，這種事情怎麼會發生在我們的國家，我們不是民主的國家嗎？……中國領事館還發聲明，強調這是學生的愛國表現與自發行為。但是我們在現場看，那根本就是有預謀，不知從哪來就出現了 200 多人，而且看起來也不像是學生，他們還唱中國國歌。他們都不知道在其他國家唱國歌是很奇怪的事情。

另一位在溫哥華的運動者也持相同看法，他認為這些粗暴而魯莽的行動帶來反效果，因為完全違背了加拿大崇尚的核心價值，例如言論自由等。因此，「小粉紅的行動反而提醒了加拿大人，香港所面臨的問題也正在加拿大上演。」

儘管有意外的關注，不少海外香港人仍要擔心個人的人身安全。有些中國反制抗議者特意用手機拍攝香港示威者的面貌，上傳到網路群組，以人肉搜尋的方式取得個人資訊。不少海外運動者懷疑自己經常被陌生人跟蹤，也採取一些反跟蹤的技巧，例如在活動結束後變更返家路線等。雪梨的受訪者提到，他們經常在參與集會與遊行之後更換衣服，或者特意搭火車時多坐幾站，再搭反向列車回家。

可以預期，運動主事者所面臨的威脅更為沉重。一位以渥太華為根據地的運動者分享她的經驗：

我們的組織成立儀式後兩天，我住的飯店就收到恐嚇電

話，揚言說要來房間打我，真的是很可怕。事實上，飯店不是用我的名義訂的。在微信上，也有人起底我，分享我的照片，說我是漢奸、出賣民族，釋出我的個資。我也常收到恐嚇訊息，我一直懷疑我的電話有被偷聽。因為我們是做公開倡議，所以就會成為攻擊對象，有一陣子情況很不好。我們的網站也被攻擊很多次。我有報案，但是警察就登記，之後也沒有幫上忙。

另一位瑞士籍的攝影師也曾收過死亡威脅，因為他協助策畫一場關於香港的展覽。他後來與瑞士國家情報單位聯繫，接受情治人員的保護專案。事實上，中國在全球尺度的觸角與反制能力已經大幅提升，不只能夠動員海外僑民與留學生，也能夠取得更廣大的華人社群之支持。舉例而言，馬來西亞的華人人口約佔兩成多，大部分一面倒支持北京政府，排斥香港人的民主運動。2019 年 7 月，一場聲援香港人的靜默集會在吉隆坡舉行，參與者不只面對警察的封鎖線，事後當地的華人社團更發出正式聲明公開譴責這一場行動。在台灣，儘管民意調查顯示廣泛的同情，有三分之二的受訪者支持香港的反送中運動（林宗弘、陳志柔 2020），暴力攻擊香港運動者的事件仍舊發生。林榮基是銅鑼灣書店的經營者之一，他曾被非法綁架到中國大陸審訊長達七個多月，2020年他決定將書店事業遷移到台灣。然而，正當他要在台北重啟銅鑼灣書店前夕，他遭受暴力攻擊，全身被潑灑紅色油漆，警告意味明顯。同樣地，在台北公館經營的保護傘餐廳提供香港逃難手

足就業機會，也多次受到暴力破壞，最終決定結束經營。發生在台灣的暴力攻擊，罪犯最後都被繩之以法，但是這些事件顯示了威權中國綿密而廣泛的銳實力能夠投射海外的程度（吳介民、黎安友 2022）。

香港運動者訴求普世價值，包括司法獨立、公民自由、政治自由等，但是他們卻不幸遇到世界上前所未有的強大獨裁政權。就某個意義而言，他們的抗爭也是當代世界的具體縮影，自由民主體制未老先衰，新崛起的獨裁政權則肆無忌憚地運用各種銳實力，包括恐嚇、暴力與盲目的愛國沙文主義。

七、運動在地化的難題

Moss（2022: 41）提到，離散社群運動的主要任務即爭取接納國政府支持。海外香港人不只是暫時棲身的僑民或無根的流亡者；許多人早就歸化入籍，成為具有完整權利的國民。他們深知，香港民主運動的目標需要與接納國的國家政策相符合，才能真有助於訴求。如果香港議題沒有與主流意見相連繫，就會有邊緣化的危險。一位多倫多的運動者提到：

> 如果我們的狀況是像是加拿大的敘利亞人、巴勒斯坦人，他們都有各自祖國的問題，大家也許會同情他們的處境，但是通常會覺得是他們自家的問題……我們需要將香港議題在地化，成為加拿大人所關心的議題。

　　一位在華府專職的倡議人更直白地說，「我的工作就是要從美國政治利益的角度，來包裝香港運動的議題。」另一位渥太華的運動也有這樣現實主義的體認，因此，她強調加拿大港人應要有「加拿大版的五大訴求」，而不是只重覆反送中運動者的訴求。

> 　　我們需要與加拿大主流社會接軌。中國共產黨的極權控制不只是停留在香港，事實上，香港只是開端，我們在加拿大也可以感受到。加拿大人一定會問，為何我們要關注香港？我們的說法是，香港人被中共控制的經驗能提供加拿大人借鏡……重點不只是加拿大能為香港做什麼，同時也是香港能為加拿大做什麼。

　　有這些的體認，香港運動者試圖以已歸化的公民角度發言，而不是暫時的逃難者。一位墨爾本的參與者強調：

> 　　在我們的活動中，我會強調是以澳洲公民身份來發言。澳洲重視多元文化，我們同時是澳洲人也是香港人。我們的遊說都強調澳洲的國家利益，這樣才會成功，只是講香港，就會出現這樣問題：澳洲為何要幫香港？所以我們的活動都強調，我們是澳洲香港人（Hongkong Australians）。

　　然而，運動在地化的理想不容易落實。表8.4整理了海外抗爭事件是否有香港人以外的在地參與者，除了台灣的明顯例外，

表8.4 海外六城的抗爭性集會與其參與者（2019.06–2020.01）

	台北	雪梨	多倫多	倫敦	紐約	洛杉磯
只有香港人	12	14	25	38	20	20
有在地合作者	33	0	1	3	4	1
總計	45	14	26	41	24	21

註：資料搜集範圍為2019年6月至2020年1月所舉行之集會。

美國、英國、加拿大、澳洲的活動大部分只有香港人參加，要不然就是只有吸引了圖博人、維吾爾人、台灣人。在不同城市，有些香港人積極接洽當地人權組織（例如國際特赦組織）、工會、政黨、教會與政治團體（例如美國民主社會主義者〔Democratic Socialists of America〕），但是進展有限。

此外，海外香港人也努力建立其正面形象。英國的香港人捐錢給醫院對抗全球肺炎疫情，一位主事者提到，「我們需要英國政府支持香港以爭取民主，但是面對疫情，我們也是支持英國。」同樣地，美國的香港人社群發起募款行動，在許多城市發放免費口罩，主事者宣稱這是為了「表達對於美國支持香港之感謝。」在台灣疫情加劇的時期，也有香港人經營的茶餐廳每天提供免費便當給前線醫護人員。

台灣的情況與其他海外國家不同，點出了香港運動是否能成功在地化的關鍵。中國長期試圖併吞台灣，聲稱台灣是其不可分割的領土之一部分；尤其是近年來，中國強化軍事武力的威嚇，並且在內部發起各種影響力動員，以遂行其併吞的地緣政治野心（Wu 2016）。中國片面聲稱香港的一國兩制提供了台灣的未來

圖像，也因此台灣人自然關切香港局勢發展。2014年的雨傘運動之前，香港民主運動已經建立了與台灣公民社會的聯繫，發展出跨境的動員網絡（Ho 2019: 91-93）。因此，台灣不只是香港人國際戰線的一個場址，台灣人也積極參與了香港人反抗逃犯條例的運動（何明修 2021）。表8.4顯示，在台北所進行的抗爭性集會中，台港共同主辦的活動佔多數，遠比只有香港人發起的事件更多。台灣的學生團體、教會、政黨與公民團體是這些活動的主要參與者。就如同著名口號「今日香港、明日台灣」所點出的，中國帶來的生存威脅促使台灣人站出來支持香港。因此，可以說香港人運動在其他國家之所以面臨困境，正是因為中國因素不容易在日常生活中感受到。

在台灣以外，要使香港運動與在地議題進一步連結相當困難，尤其是西方民主國家近年來面臨政治兩極化與反移民之右翼民粹主義之困擾。請注意，隨著政權打壓加劇，香港民主運動近年來已經出現了泛民與本土的對立（鄭祖邦 2022）。在英國，如果香港運動者邀請了右翼的保守黨國會議員上台演講，工黨人士就不想參與。在美國，川普總統對於香港的支持則是帶來了意外的結果，令許多自由派人士開始懷疑香港運動是否是進步性的。在多次香港舉行的集會活動，許多反送中參與者高舉美國國旗，這種景象對於許多西方高等教育機構內的左傾知識份子，是比較難接受的。事實上，也有一些教條左派真心相信香港民主運動背後是由美國帝國主義所煽動，而這正是中國政府所宣揚的講法。中國議題帶來西方左翼的高度分歧，至今仍有某些左派人士相信中

國代表「反帝國主義的社會主義力量」（Nachman et al. 2022）；一旦接受這種偏執的意識型態，對於香港民主運動採取敵意態度也就不意外了。

在此同時，海外香港人也獲得了未意料的支持與同情聲音。在東京，如果集會行動高舉反中的旗幟，就會吸引日本右翼民族主義者，他們的激進口號容易讓香港人的訴求失焦。2021年12月在華沙舉行的一場集會，出現了立場不同的各路人馬，包括反戰的和平運動者、團結工聯的支持者、右翼反共人士、以及反對中共摧毀香港自由市場的自由放任主義者（libertarians）。一位現場參與者這樣描述：「資本主義支持者與共產主義者混在一起，社會主義者因為民主而支持香港，自由放任主義者則是為了自由。」在芬蘭，反移民的右翼團體主動邀請香港人來分享經驗，因為他們想要知道中國大陸移民如何「殖民」自由的城市，當然香港人婉拒這項邀約。在美國，香港運動者宣揚警察暴力的事件，但是他們也會遇到擁槍權的支持者熱心建議香港人應該要自我武裝。美國反移民份子對於香港的新移民問題特別感到興趣，因為他們想要證明移民潮所帶來的危害。如此一來，香港運動者意外地疏離了可能的盟友，吸引到「錯誤的」支持者。簡而言之，香港人的反威權抗爭原本出於民主價值與人權理念，應該能與進步派及自由派有所共鳴；但是卻獲得了右翼陣營的迴響，因為後者更重視反共、反移民與自由放任的政治哲學。

接納國家的政治也會進一步引發香港人離散社群的內部分化。在美國，儘管香港人以往因為移民身份而傾向支持民主黨，

但許多人激賞川普總統對中的強硬言詞；同時，也有不少堅持自由派理念的香港人無法接受川普種族主義與性別歧視的言論，拒絕支持他。美國2020年的總統大選成為美國香港人內部的引爆點，香港人川粉傳播各種陰謀論，例如拜登如果當選會向中低頭，並且出賣香港人；當然，支持拜登的香港人強力反駁。這樣的論爭愈演愈激烈，許多香港人的聊天群組後來完全失控，不少成員決定退出。美國黑人青年佛洛依德（George Floyd）在2020年5月不幸死亡，「黑人的命也是命」運動在美國開展，更加深了既有的港人社群之對立。流傘運動者主張香港人應加入其抗議行列，因為兩者都是對抗警察暴力，但是香港人川粉卻反對這樣的團結號召，因為他們先入為主地認定那一場運動是民主黨人所發起。更為嚴重的是，選舉結束後的2021年1月6日爆發美國國會山莊暴動，其中代表香港人的「黑紫荊旗」也出現活動現場。在這一場震驚全世界的衝突行動中，沒有人能夠證明是否確有香港人參與其中，但是已經有人將香港運動與極右翼反民主聯想在一起，中國政府所掌握的宣傳機器特別強調這一點。許多美國香港人團體在第一時間發出譴責暴動聲明，但這樣卻使得香港人川粉更為不滿。

除了美國以外，其他國家的香港運動者也需要面對接納國家日益兩極化的政治局勢。法國的黃背心運動在2018年爆發，抗議政府以環境保護為由提升燃料稅，結果形成一場反對經濟不平等的持續抗爭。從一開始，巴黎的黃背心運動者就接觸了香港人，希望他們能加入其抗議行列，但是因為黃背心運動的暴力行

動，香港人拒絕這項邀約。後來在一場香港人抗爭行動中，黃背心運動的參與者積極介入，使得香港人參與者免於受到中國小粉紅的暴力攻擊。在此之後，有些法國的香港人加入黃背心運動，但是他們仍是小心翼翼避免涉及任何暴力的攻擊行為。

總結來說，海外運動者深知一場離地無根的運動將會無濟於事，而且國際現實政治的原則總是佔上風。他們努力讓香港民主化的訴求更能緊貼接納國的情況，但是也因此不可避免地觸及當代民主體制的各種問題。儘管面臨這些困難，香港人爭取民主的集體努力仍是在英、美、台灣等國家獲得了跨黨派的支持。一位美國運動者曾自豪地表示，「如果你去一趟國會山莊，你會發現支持香港幾乎是難得少見的兩黨共識。我們克服了兩極化。」理所當然，我們要肯定香港運動者的貢獻，但是也不可以忽略了中國的全球形象正急劇變遷，隨著美中貿易戰、新疆、武漢肺炎、烏克蘭戰爭等議題的爆發，香港人反抗中國威權擴張的訴求也更容易獲得接納。

八、結論：香港人國際戰線的未來

2019年反送中運動意外動員了香港離散社群，並且形成了廣大的國際戰線。就規模而言，這一場抗爭行動超過了八九六四的天安門事件與2014年雨傘運動，海外香港人投入各種集會遊行、物資捐助、遊說、接納逃難者、社群建立等工作。隨著香港本土的街頭行動陷入低潮，運動領袖與參與者被捕入獄，海外的

行動成為了香港運動仍能夠發聲的管道之一。

　　本章探討了香港人國際戰線的若干特徵。首先，參與形態是去中心化的，不同城市的連結是鬆散的，而且也存在不同的意識型態取向。海外運動的力量在於自發動員，但是不少運動者也認為更多的協調與合作將會更有助益。其次，海外運動者伺機而動，隨時調整因應策略。隨著香港街頭抗爭消失，他們投入保護逃亡者、遊說以及其他抵抗中國威權輸出的倡議行動。第三，中國的海外移民異質性相當巨大，不是所有人都認同中共的獨裁統治。儘管如此，中國政府的海外動員能力卻日益提升，能夠在全球尺度發動其移民或是海外的華人社群，反制香港人的行動。這些反制行動有時帶來反效果，提升了香港人訴求的能見度，但仍深刻威脅到人身安全，讓某些人不敢參與共同行動。最後，除了台灣的顯著例外，香港人的國際戰線大致上仍是與接納國有所距離。海外香港人都想將運動本土化，並且避免沾染上特定政黨的色彩，但是西方民主體制的兩極化卻使得運動更為困難，也種下了海外社群內鬥的種子。

　　香港人與獨裁中國的對抗具有深刻的歷史意義。中國是新崛起的經濟與軍事強權，其統治者所掌握的科技實力遠超過納粹德國或是蘇維埃俄羅斯，但是香港的海外移民教育程度良好、全球散佈、四海為家、經濟富裕，而且熟知如何變動因應。香港人的共同體意識日益彰顯，他們願意為了本土城市而投身個人的貢獻。同時，隨著中國對於西方世界日益顯露敵意，香港的海外倡議者亦獲得更多的國際同情。然而，香港人的運動領袖，例如黃

之鋒、黎智英，已經深陷牢獄之災，整個運動缺乏類似達賴喇嘛等級的領導者，因此無法團結各種不同傾向的作法。此外，中國海外民主運動也是一個值得借鏡的參考個案，西方社會的同情與支持有可能是短暫的，不一定長久可靠。

社會運動總有起伏興衰，密集動員時期往往是短暫的，因此，海外香港人行動的退潮也是可以預料。社會運動有可能因為陷入動員低潮而消失，但是也有可能轉向組織的制度化，以常態機構的方式延續倡議。如果要走向持續性的經營，海外香港人需要強化其同鄉組織，不只是維持第一代移民的認同，還要從第二代移民中招募參與者。在接納國進行倡議與遊說，也需要具有公信力的代表性組織。在目前，北美、歐洲、台灣的某些香港人團體已經朝向這個方向努力，實際作用如何，有待後續觀察。

參考書目

何明修，2021，〈反送中運動在台灣：抗爭性集會的分析〉。《中國大陸研究》64(2)：1–39。

吳介民、黎安友（編），2022，《銳實力製造機：中國在台灣、香港、印太地區的影響力操作與中心邊陲拉鋸戰》。新北：左岸。

林宗弘、陳志柔，2020，〈817震撼：綠營大勝裡的香港因素與社會意向〉。《巷子口社會學》，2020/1/4，https://bit.ly/3Vciugm，取用日期：2022年12月20日。

馬嶽，2000，《反抗的共同體：2019香港反送中運動》。新北：左岸。

黃之鋒，2019，〈《香港人權民主法案》通過感言〉。Facebook，https://reurl.cc/xZqW05，取用日期：2020年5月20日。

鄭祖邦，2022，〈香港民主運動的困境——一種「國家性」觀點的解釋〉。《台灣民主季刊》19(4)：43–82。

@6amprojects. 2019. I am here. 自行刊印的小誌。

Anderson, Benedict. 1998. *The Specter of Comparisons: Nationalism, Southeast Asia, and the World*. London: Verso.

Chan, Sze Wan Debby and Pun, Ngai. 2020. "Economic Power of the Politically Powerless in the 2019 Hong Kong pro-democracy Movement." *Critical Asian Studies* 52 (1): 33–43.

Carrico, Kevin. 2022. *Two Systems, Two Countries: A Nationalist Guide to Hong Kong*. Berkeley, CA: University of California Press.

Cheng, Sealing. 2020. "Pikachu's Tears: Children's Perspectives on Violence in Hong Kong." *Feminist Studies* 46 (1): 216–225.

Chung, Hiu-Fung. 2020. "Changing Repertoires of Contention in Hong Kong: A Case Study on the Anti-Extradition Bill Movement." *China Perspectives* 3: 57–63.

Dedman, Adam K. and Lai, Autumn. 2021. "Digitally Dismantling Asian Authoritarianism: Activist Reflections from the #MilkTeaAlliance." *Contention* 9 (1): 1–36.

Fleischauer, Stefan. 2016. "Taiwan's Independence Movement." Pp.68–84 in *Routledge Handbook of Contemporary Taiwan*, edited by Gunter Schubert. London: Routledge.

Fong, Brian C. H.. 2021. "Diaspora Formation and Mobilisation: The Emerging Hong Kong Diaspora in the Anti-extradition Bill Movement." *Nations and Nationalism* 28(3): 1061–1079.

He, Rowena Xiaoqing. 2014. *Tiananmen Exiles: Voices of Struggle for the Democracy in China*. London: Palgrave Macmillan.

Ho, Lawrence Ka-ki. 2020. "Rethinking Police Legitimacy in Postcolonial Hong Kong: Paramilitary Policing in Protest Management." *Policing* 14 (1): 1015–1033.

Ho, Ming-sho and Wei An Chen. 2021. "Peddling the Revolution? How Hong Kong's Protesters became Online Vendors in Taiwan." *Made in China Journal* 6(3): 94–99.

Ho, Ming-sho and Wai Ki Wan. 2021. "Universities as an Arena of Contentious Politics: Mobilization and Control in Hong Kong's Anti-Extradition Movement of 2019." *International Studies in Sociology of Education* 32(2): 313–336.

Ho, Ming-sho. 2019. *Challenging Beijing's Mandate of Heaven: Taiwan's Sunflower Movement and Hong Kong's Umbrella Movement*. Philadelphia: Temple University Press.

——. 2020. "How Protesters Evolve: Hong Kong's Anti-Extradition Movement and the Lessons Learned from the Umbrella Movement." *Mobilization: An International Journal* 25 (5): 711–728.

Ho, Wing Chung and Choi Man Hung. 2019. "Youth Political Agency in Hong Kong's 2019 Anti-authoritarian Protests." *HAU: Journal of Ethnographic Theory* 10: 303–307.

Hung, Ho-fung. 2022. *Clash of Empire*. Cambridge: Cambridge University Press.

Junker, Andrew. 2019. *Becoming Activists in Global China: Social Movements in the Chinese Diaspora*. Cambridge: Cambridge University Press.

Ku, Agnes Shuk Mei. 2020. "New Forms of Youth Activism: Hong Kong's Anti-Extradition Bill Movement in the Local-national-global Nexus." *Space and Polity* 24 (1): 111–117.

Kwan, Chi-Yiu Jason. 2020. *The Hong Kong Boulevard* [Xianggang Dadao]. Hong Kong: HK Feature.

Lam, Wai-man and Luke Cooper, eds. 2018. *Citizenship, Identity and Social Movements in the New Hong Kong Localism after the Umbrella Movement*. London: Routledge.

Lary, Diana, and Bernard Luk. 1994. "Hong Kong Immigrants in Toronto." Pp.139–162 in *Reluctant Exiles: Migration from Hong Kong and New Overseas Chinese*, edited by Ronald Skeldon. New York: M. E. Sharpe.

Lee, Francis L. F. 2022. "Proactive Internationalization and Diaspora Mobilization in a Networked Movement: The Case of Hong Kong's Anti-Extradition Bill Protests." *Social Movement Studies* 22(2): 232–249.

Lee, Francis L F and Joseph Minhow Chan. 2018. "Memory Mobilization, Generational Differences, and Communication Effects on Collective Memory about Tiananmen in Hong Kong." *Asian Journal of Communication* 28 (4): 397–415.

Lee, Francis L. F., Gary K. Y. Tang, Edmund W. Cheng, and Samson Yuen. 2020. "Five Demands and (Not Quite) Beyond: Claim Making and Ideology in Hong Kong's Anti-Extradition Bill Movement." *Communist and Post-Communist Studies* 53(4): 22–40.

Lee, Francis L. F., Samson Yuen, Gary K. Y. Tang, and Edmund W. Cheng. 2019. "Hong Kong's Summer of Uprising: From Anti-Extradition to Anti-Authoritarian Protests."

China Review 19(4): 1–32.

Lee, Francis Lap Fung, Edmund W. Cheng, Hai Liang, Gary K. Y. Tang, and Samson Yuen. 2021. "Dynamics of Tactical Radicalisation and Public Receptiveness in Hong Kong's Anti-Extradition Bill Movement." *Journal of Contemporary Asia* 52(3): 429–451.

Lee, Joseph Tse-Hei. 2021. "Christian Witness and Resistance in Hong Kong: Faith-based Activism from the Umbrella Movement to the Anti-Extradition Struggle." *Tamkang Journal of International Affairs* 24 (3): 95–139.

Li, Yao-Tai and Jenna Ng. 2021. "Moral Dilemma of Striking: A Medical Worker's Response to Job Duty, Public Health Protection and the Politicization of Strikes." *Work, Employment and Society* 36(5): 967–976.

Li, Yao-Tai and Ka Yi Fung. 2021. "Donating to the Fight for Democracy: The Connective Activism of Overseas Hong Kongers and Taiwanese in the 2019 Anti-extradition Bill Movement." *Global Networks* 22(2): 292–307.

Li, Yao-Tai and Katherine Whitworth. 2021. "Reclaiming Hong Kong through Neighbourhood-making: A Study of the 2019 Anti-ELAB Movement." *Urban Studies* 59(7): 1372–1388.

——. 2022. "Redefining Consumer Nationalism: The Ambiguities of Shopping Yellow during the 2019 Hong Kong Anti-ELAB Movement." *Journal of Consumer Culture* 23(3): 517–535.

Lin, Catherine Kai-Ping. 2006. "Taiwan's Overseas Opposition Movement and Grassroots Diplomacy in the United States: the case of the Formosan Association for Public Affairs." *Journal of Contemporary China* 15 (46): 133–159.

Liu, Wen, JN Chien, Christina Chung, and Ellie Tse, eds. 2022. *Reorienting Hong Kong's Resistance: Leftism, Decoloniality, and Internationalism.* London: Palgrave Macmillan.

Lui, Lake. 2022. "National Security Education and the Infrapolitical Resistance of Parent-stayers in Hong Kong." *Journal of Asian and African Studies* 58(1): 86–100.

Ma, Ngok and Edmund W. Cheng. 2021. "Professionals in Revolt: Specialized Networks and Sectoral Mobilization in Hong Kong." *Social Movement Studies* 22(5): 648–669.

Nachman, Lev, Adrian Rauchfleisch, and Brian Hioe. 2022 "How China Divides the Left: Competing Transnational Left-Wing Alternative Media on Twitter." *Media and Communication* 10(3): 50–63.

McDonogh, Gary and Cindy Wong. 2005. *Global Hong Kong.* London: Routledge.

Mitchell, Katharyne. 1999. "Hong Kong Immigration and the Question of Democracy: Contemporary Struggles over Urban Politics in Vancouver B.C." Pp.152–166 in *Cosmopolitan Capitalists: Hong Kong and the Chinese Diaspora at the End of the Twenti-*

eth Century, edited by Gary G. Hamilton. Seattle: University of Washington Press

Moss, Dana. 2022. *The Arab Spring Abroad: Diaspora Activism against Authoritarian Regimes*. Cambridge: Cambridge University Press.

Shum, Maggie. 2021. "When Voting Turnout Becomes Contentious Repertoire: How Anti-ELAB Protest Overtook the District Council Election in Hong Kong 2019." *Japanese Journal of Political Science* 22(4): 248–267.

Sinn, Elizabeth. 2013. *Pacific Crossing: California Gold, Chinese Migration, and the Making of Hong Kong*. Hong Kong: Hong Kong University Press.

Smith, Jackie. 2008. *Social Movements for Global Democracy*. Baltimore: Johns Hopkins University Press.

Sussman, Nan M. 2010. *Return Migration and Identity*. Hong Kong: Hong Kong University Press.

Tang, Gary, and Edmund W. Cheng. 2021. "Affective Solidarity: How Guilt Enables Cross-generational Support for Political Radicalization in Hong Kong." *Japanese Journal of Political Science* 22(4): 198–214.

Tilly, Charles. 1981. *As Sociology Meets History*. New York: Academic Press.

Tong, Kin-long, and Samson Yuen. 2021. "Disciplining Student Activism: Secondary Schools as Sites of Resistance and Control in Hong Kong." *Sociological Forum* 36(4): 984–1004.

Vertovec, Steven. 2009. *Transnationalism*. London: Routledge.

Wang, Peng, Paul Joosse, and Lok Lee Cho. 2020. "The Evolution of Protest Policing in a Hybrid Regime." *British Journal of Criminology* 60 (6): 1523–1546.

Watson, James L. 1975. *Emigration and the Chinese Lineage: the 'Mans' in Hong Kong and London*. Berkeley: University of California Press.

Wong, Bernard P. 1994. "Hong Kong Immigrants in San Francisco." Pp.235–255 in *Reluctant Exiles: Migration from Hong Kong and New Overseas Chinese*, edited by Ronald Skeldon. New York: M. E. Sharpe.

Wu, Jieh-Min. 2016. "The China Factor in Taiwan: Impact and Response." Pp.425–445 in *Routledge Handbook of Contemporary Taiwan*, edited by Gunter Schubert. London: Routledge.

Yeung, Chris. 2020. "Free Press under Threat in Hong Kong Protest Fallout." *Contemporary Chinese Political Economy and Strategic Relations* 6 (3): 1041–1064.

Yuen, Samson. 2021. "The Institutional Foundation of Countermobilization: Elites and Pro-Regime Grassroots Organizations in Post-Handover Hong Kong." *Government and Opposition* 58(2): 316–337.

9 台灣留港學生在反送中運動後的政治認同轉變

陳薇安

一、前言

　　過往有關留學經驗與政治認同的文獻指出，在全球化之下的留學經驗主要是獲取世界主義文化資本的行動，也就是希望能夠透過留學適應不同文化，以得到更好的職業與經濟機會（Mitchells 2003; Gunesch 2004; Waters 2006; Rizvi and Lingard 2010; Igarashi and Saito 2014；藍佩嘉 2019; Bamberger 2020; Bamberger et al. 2021）。但是前往政治意識形態相異甚或衝突的留學地留學，所產生的政治認同之改變，則經常超出獲取世界主義氣質的理性計算。有些留學生選擇以世界主義之論述減輕政治認同之衝突感（Yu and Zhang 2016; Xu 2015; 2019; Ip 2020; Tang 2021）；但也有許多留學生強化了政治認同（Lynch 2002; Hail 2015；張可、汪宏倫 2018），甚至進而從事反抗性的政治實踐（Cheng 2017）。

　　本文以 2019 年香港反送中運動作為背景，探討在運動期間身處香港的台灣留學生（下稱留港台生）與香港社會的互動，與其後造成對於留港台生的認同影響。這些留學生本來嚮往世界主

義，期望在香港獲取文化資本與經濟機會，卻在香港遇到反送中運動下激烈衝突的社會氛圍。反送中運動時香港社會普遍對於中國身份感到排斥，而台灣人由於使用華語，經常被誤認為中國人而受到敵意對待；但留港台生也同時經歷香港社會在雨傘運動後興起的一波友台風氣——將台灣看成公民社會的學習對象。留港台生會被預設成中國人的「講華語的敵意他者」，但在台灣人的身份揭露後又是「民主的友好他者」。台灣身份的特殊預設與詮釋，以及與當地社會事件近距離接觸的狀態，顯現了與過往研究的留學地不同的社會環境。由於台灣學生與香港社會一同經歷社會劇烈改變的過程，本文將會探討在經歷當地的重大事件時，台灣留學生們如何在高張力、高衝突的留學地社會進行身份管理？他們在當地的社會衝突近在咫尺時，甚至主動參與了當地的社會運動之後，如何反身性的看待自己的國族與政治身份？

本文藉由訪談二十位留港台生，分析留學生在運動期間與香港高度極化的社會之互動方式，探討在留學地發生重大政治事件對於留學生政治認同的影響。十四位支持反送中運動的台灣留學生，不論原先的國族認同為台灣人或是雙重認同，在運動後，全部皆認同自己是台灣人，且更認同台灣身份中的自由與民主意涵。而六位運動的非支持者在運動後，原先具有台灣認同者的認同不變或減弱，另兩位則是維持雙重認同的身份。研究結果指出，雖然台灣學生前往香港留學是基於對於世界主義的嚮往，但是支持反送中運動的台灣學生從人際網絡以及社群媒體中得到強化支持民主的資訊；他們回到台灣演講或與親友講述反送中運

動，以此產出有關民主與台灣人認同之意義的論述，強化自身的台灣認同與政治關注。中立或不支持反送中運動的留港台生，則傾向遠離衝突，減少台灣認同的政治性，傾向將台灣認同視為地緣性的認同，以世界主義合理化對於政治的冷感。

　　本文對於留學生與政治認同的討論之貢獻在於，以激烈的社會運動與極化的社會作為背景，探討變動中的台灣認同過程；台灣認同變遷研究過往主要以量化方法進行，本研究則試圖提供過程性的解釋。同時，也指出留學生的政治認同會受到留學地的政治所改變，且改變的方向並非同質，而是受到日常生活互動與媒體使用的差異性影響，造成多樣的結果。

二、文獻回顧

　　在國際化的趨勢下，國際學生的數量急速增加。從1998至2018年，國際學生的人數已經增加約三倍（UNESCO 2022），而留學生數目急遽增加所產生的政治效應值得關注。本文將回顧留學經驗與政治認同之相關文獻，擴張過往留學作為世界主義的、非政治性的行動之看法，回顧非西方留學經驗之多元影響。

（一）留學經驗與政治認同

　　在近年針對西方國家的留學生研究中，留學通常被視為獲取世界主義文化資本的行動（Gunesch 2004; Bamberger 2020）。世界主義是朝向陌生他者以及不同文化開放的傾向，使人能夠與不同

的國籍與文化背景的成員互動。世界主義在國際化的社會是一種重要的文化資本，具有世界主義者能夠進行跨國商業活動或是涉足高等教育領域，能夠與不同國籍的成員交流，並經常可以得到更好的職位（Igarashi and Saito 2014）。留學生藉由前往留學國，能夠增進語言能力，以及獲取與不同文化交流的經驗，幫助留學生取得更都會的生活型態等有助於在商業世界中向上流動的特質，成為累積移動資本與人力資本的途徑（Mitchells 2003; Gunesch 2004; Waters 2006）。在台灣的研究也指出，追求國際流動的世界主義氣質，也顯現在台灣中產階級父母對於子女的教養腳本中。中產階級父母在教養策略中，提供下一代在童年到少年時期的「遊學」、「留學」經驗，為下一代培養國際競爭力。這些為全球化鋪路的安排經常是以子女能夠到外國留學為目標（藍佩嘉 2019）。

　　嚮往世界主義的留學動機一般被認為是非政治化的。研究指出，留學提供世界主義的展望，令這些學生更有文化敏感度。這些改變帶來個人的成長，但不會導致政治性的改變（Rizvi and Lingard 2010；轉引自Lomer 2017）。例如針對歐洲學生交換計畫（Erasmus Programme）的研究顯示，在歐盟內留學的經驗並不會影響到參與該計畫歐洲學生與學者的政治態度。當這些留學生被問及留學動機與影響時，極少學生提到政治與公民社會的面向，大部分學生都將留學描述為個人性的拓展視野與文化交流經驗。只有少數提及政治議題的學生表示，他們更加認同歐盟是公民的共同體。且這些少數對於歐盟感到更有認同感的學生之轉變是「經驗性學習的隨機結果，這些學習是依賴情境、偶遇機會以及個人的心理特

質的」，因此若想要以留學經驗改變政治傾向，其潛能是極為有限的（Papatsiba 2005; Wilson 2014）。

但是過去的文獻大多假設留學的途徑是前往全球北方，假設其動機在於追求經濟條件與競爭力，而難以解釋其他遷移軌跡的經歷與影響（Bamberger et al. 2021）。在非西方國家之間的國際教育遷移，以及全球北方到全球南方的國際教育遷移，受到更複雜的文化、種族與認同政治的影響。例如 Bamberger（2020）從法國猶太學生到以色列留學的例子，發現留學生不只是追求世界主義文化資本，也可能是在尋求族群認同的文化資本。留學生的文化過程與影響也可能不只是文化性，更是政治性的。例如中國的國際學生被賦予「民間大使」的任務期待（Liu 2021），因此留學行動不只是個人層面經濟與文化上的追求，也受到國家政策與政治的影響。

因此，理解在不同的政治情勢、認同與歷史的脈絡下，留學經驗所產生的效應，能夠使我們更加了解國際遷移與認同的現象。本文以台灣、中國與香港出發之留學生為中心，理解在政治體制不同，甚至具有意識形態緊張的國家之間留學，所造成的效應。其效應又可以分為增強自身的國族認同；以及在中港之間的留學經驗顯現的去政治化的世界主義，被留學生作為避免社會衝突的策略。接著，將會討論台灣認同的特殊性以及日常生活國族主義之取徑，探討台灣留港學生在反送中運動後的政治認同。

針對台灣與中國留學生的研究指出，在接觸到不同的政治文化與國族敘事之後，留學生會反思自身的認同，而強化國族認

同，並改變其政治觀點。有關在戒嚴時期台灣留美學生的研究指出，台灣留美學生為促進台灣民主化扮演重要的角色。這些留學生多半是理工科系的菁英，因此能夠到美國留學。他們接觸到美國的民主社會，因而認同民主價值，閱讀在台灣受到查禁的資料而發展出台灣是民族國家的意識，甚或參與非暴力抗爭的技術訓練課程。這些學生在海外產生了台獨的反抗意識，更在八〇年代大量回國後參與反對國民黨的社會運動。研究指出，這樣的過程之所以得以在台灣留學生中發生，是因為台灣即使在戒嚴體制下，意識型態依然較為親美，因此容易接受美國的文化與經驗（Lynch 2002）。在這個過程中，具有台灣認同的留美學生創立台灣同學會或同鄉會，獨立於抱持中國認同的台灣留美學生的「中國同學會」，並且成為緊密的組織。這些組織的影響極為巨大——不但是台灣獨立意識的交流場域，在組織中還能夠自由閱讀在台灣受到查禁的資料，使得這些台灣留學生前往美國求學之原因雖然與政治無關，卻透過留美經驗逐漸成為政治運動者（Cheng 2017）。在台灣解嚴後，有關在美年輕台灣移民的研究仍然顯示，在美國留學中的日常互動，尤其是與中國留學生的負面互動經驗，令留學生注意到台灣的邊緣處境，並增強其台灣認同（Ho and Li 2022）。而針對台灣旅中台生的研究指出，台灣學生在中國求學的過程中接觸中國社會，意識到自身對於中國國族想像與實際的中國有所斷裂。因此，不傾向畢業後留在中國發展的學位導向留學生，會重新詮釋台灣人跟中國人的差異，透過日常的實作與中國社群保持距離，以及強調台灣人與中國人的差異（藍佩嘉、

吳伊凡 2011）。

　　留學經驗加強自身政治認同的現象並非台灣留學生所獨有，在中國留學生前往美國與台灣的研究中，也產生了類似的情況。但是他們產生的國族認同非如台灣獨立意識一般具有反抗性，而是符合官方意識形態的中國國族主義。針對在美國留學的中國學生的研究指出，經歷美國同學對於中國的批評與衝突後，中國學生傾向對於中國有更加良好的看法；但這些留學生也在觀察美國的民主社會之後，期望中國在政治上更加開放。因此，留學生在經歷衝突的政治觀點互動後，其國族、政治觀點可能改變（Hail 2015）。而對台灣陸生的研究也顯示出類似的結果。當中國學生到台灣求學之後，因為台灣的實際樣貌嚴重衝擊到他們對於台灣的想像，制度與國族情感都有重大差異，加上他們與台灣社會互動經常體驗到受排斥感與受歧視感，使得來台陸生多數轉向更加認同中共現有的體制，以及反對台灣獨立（張可、汪宏倫 2018）。雖然台灣學生與中國學生的認同轉變歷程相異，但是都顯示出在與不同文化互動後，對於留學地的文化可能會認同且學習，又或是採取刻意劃界的行動，產生認同上的轉變。

　　與前述改變相反，在中港之間跨境留學所產生的認同效應，反而消減留學生的政治認同感。在高度的社會緊張與相異的國族敘事之間，留學生缺乏反思身份認同的社會空間。因此，中港之間的留學生傾向避免政治化的認同論述，而是以世界主義的論述避開可能的社會互動衝突。例如針對在中國求學的香港學生之研究指出，雖然中國被塑造成香港學生的故鄉，但是香港受到殖

民的背景，使得他們與中國學生的經歷與對中國的想像不同。因此，香港學生到了中國之後，發現其難以融入中國的社會文化，並且發現過往對於中國的錯誤認知。在中港的政治緊張下，香港學生在中國為了避免被人質疑政治忠誠性，經常會淡化甚至隱瞞自身的香港身份（Xu 2019）。而在香港求學的中國學生也有類似轉變。中國學生抱持著世界主義的想法到了香港求學，但是在香港才理解與體驗香港社會對於中國與中國學生的強烈緊張，例如在日常同事、朋友之間的對話，中國人的身份經常成為衝突焦點，或是中國學生本來在中國擁有的政治資本，例如能夠成為共產黨員的資格，在香港卻變成了負向的資本。因此，他們與政治保持距離，例如隱瞞共產黨員身份，甚或退出共產黨。他們也避免政治相關的討論（Yu and Zhang 2016; Xu 2018a; 2018b）。因此，中國留學生面對香港社會敵意的方式，是降低其「大陸人」身份的顯著性，而選擇凸顯其作為中國的頂尖學生，是邁向全球競爭的人才，能夠為香港帶來貢獻。並指出香港既然是全球化的國際都會，應當接納像他們一樣具有專業菁英身份的人，而以此避開政治上的日常衝突（Xu 2015）。這樣的論述方式，與前述的西方學生，以及本文將討論之留港台生的留學動機——純粹要獲取世界主義的文化資本——是有差異的。對於香港的中國留學生而言，世界主義不只帶來令人嚮往的階級流動機會，更是避免因政治差異受排斥的日常實作。

　　由上述的研究可見，大部分香港與中國之間的教育移動，以及伴隨而來經歷的政治緊張，使得留學生希望淡化自己可能帶來

衝突的身份。針對在港的中國高學歷青年的研究指出，這種經驗往往塑造出世界主義實作者，擁抱新自由主義、不參與政治，且此種氣質與中國威權資本主義的趨勢相合。但也仍有另一群青年發展出對於中國的批判（Ip 2020），但即使是抱持著批判意識的自由派中國學生，接觸到香港社會對中國的敵意後，也可能反而對於政治拉開距離。不論是保持專業研究者的距離、轉向國際中產社群或是完全的政治冷感，都是與高衝突的社會接觸後的結果。只有極少數人會與香港的本土主義者結盟，完全放棄中國認同，並且與香港本土主義者共同批判中國認同（Tang 2021）。在中港極為緊繃與對立的政治氣氛中，留學生避談政治認同，強調自己「國際菁英」而非「大陸人」的身份，因此遠離政治參與，擁抱世界主義與經濟機會。此一世界主義氣質產生的脈絡，與前述國際化與新自由主義之脈絡有所差異——不只是起初就未考慮政治因素的純粹經濟理性決策，而是面臨社會緊張後刻意避談政治因素的結果。

　　上述的文獻指出，在政治意識形態相異的留學國求學的經驗，可能提供不同的文化與互動資源，有可能使原有國族認同加深，如中國留學生或旅中台生之轉變，也可能創造新的國族認同，例如台灣留美學生新產生之台灣認同。另一種轉變的路徑，則是為避免衝突，而使留學生轉向世界主義而避談政治認同。而目前尚未有針對台灣學生前往香港留學的文獻探討。台灣學生與香港社會的情感結構並非如中國與香港一般衝突，而台灣留學生較無受到如中國學生受到的敵意。香港的年輕世代在近年出現了

「哈台文化」，從台灣「小確幸」的生活想像建構出一種不同於中國的情感主體，與共同反中的情感結構（黃宗儀 2020: 49）。但是香港與台灣仍然有政治體制與意識形態的差異，且在反送中運動時香港社會普遍瀰漫反中情緒，台灣學生的一個困境是可能被誤認成中國人。因此，內部認同本來就高度分歧的台灣留學生群體，將必須抉擇如何認同自身的身份，與本地社會建立關係或保持距離。因此，本文將會探討在反送中時期留學於香港的台灣留學生的國族認同經驗，觀察在香港社會高度對立的狀況，台灣學生會轉向世界主義或加深台灣的國族認同，抑或將有異於過去研究中敘述之影響。

（二）台灣政治認同的特殊性

政治認同是一個社會建構的過程，不同的制度、意識形態與敘事競逐之下，使社群的成員產生特定的自我認知（Castiglione 2009）。政治認同研究有四個主要面向：國族認同、種族／族群認同、政治意識形態與政黨認同。過去的研究尤其強調政治認同並非只要有相異群體就會自然產生，而是有主觀身份意義的產生過程（Huddy 2001）。由於在本研究中，留港台生傾向表達自身如何詮釋台灣／中國身份，而極少討論自身省籍認同，並表示對於政黨政治不理解且缺乏興趣，所以，本文認為留港台生的政治認同分歧主要存在於國族詮釋的差異，而在族群、意識形態與政黨認同之區分則較不明顯。因此，本文所使用之台灣政治認同概念，將以國族認同之差異為分析主軸，輔以台灣認同所包含之國

族、意識形態與政黨之意義詮釋。

　　台灣國族認同的差異，主要來自於認為自己是中國人、台灣人或是兩者都是，以及其背後應當要追求中國化或是台灣本土化的意識形態差異（Chang and Holt 2007; Yu and Kwan 2008）。而台灣的身份認同整體而言變動很大，因此，台灣人的身份認同形成與轉變的資料，讓我們更能夠理解國族認同的流動性與建構。根據政治大學選舉研究中心的民意調查，台灣民眾的認同，從1992年有46%認同自己是中國人、25%認同自己既是中國人又是台灣人、17%認為自己是台灣人，到2023年，只有2.5%認同自己是中國人、30.5%的雙重認同、而有62.8%的民眾認為自己是台灣人（政大選研中心 2023）。而2017年的研究也指出，年輕人的台灣認同與支持台灣獨立的傾向相較其他族群，較為顯著（林宗弘 2017）。

　　過往研究指出，這個轉變的原因之一是台灣在1987年解嚴後政治民主化（Chu 2004）。台灣民主化後所保障的言論自由、結社與示威之權利，使台灣人得以去重新定義他們的身份（Hsiau 2003）。而媒體、出版與各種文化機構的自由化容許不同的論述，鬆動解嚴時期由上而下加諸的中華認同，令台灣認同可以發展（Tu 1996）。在教育場域，台灣的課程綱要也從過去國家嚴格掌控的中華意識形態鬆綁，課程在民主化過程更加本土化與包含本土意識，教師也有更大的自主權決定課程的內容（Mao 2008）。除了整體政治限制的改變，范雲與徐永明（2001）也指出，超乎預期的異質資訊，例如國家的政治動員或國家之間的衝突，也會影響

國族認同。其中，年輕者又比老年世代更容易受到超乎預期的資訊之影響。而社會運動也會對國族認同產生影響，例如台灣參與太陽花運動的學生在運動後，變得更支持民主體制、更傾向自我認同為台灣人、較可能支持泛綠政黨以及比較關心政治事務。但是參與者與非參與者之差異隨時間縮減（陳光輝 2018）。由此可見社會運動對於台灣人的國族認同有顯著影響，但是其機制則需進一步探討。

本文將會由社會互動的層次討論留學經驗對於政治認同的影響，將社會運動看成一種影響國族認同的異質資訊，以質性方式探討其歷程。雖然傳統觀點認為國族認同是由上而下，由國家的邊界、機構、政策、教育所界定的共同體的感受（Anderson 2020），但是日常生活國族主義（banal nationalism）的觀點則指出，國族也是由下而上、由公民行動者所建構的（Billig 1995）。日常生活國族主義強調，國族認同其實具有由下而上的國族生產與再生產的面向。例如，再製國族認同的方式包括在日常生活中談論國族，選擇社會互動的社群，選擇語言與口音；選擇教育、媒體、文化上的國族涵義；對於國族認同進行展演以及消費。而上述面向顯示，國族認同會在社會互動的個體層面產生。這些日常生活的國族互動可能在意識層面或是無意識層面作用，因此，這些實踐不一定是行動者有意為之的結果（Fox and Miller-Idriss 2008）。過往也有以日常互動研究移民的國族認同的研究取徑，例如 Li（2016）就以參與式觀察與深度訪談，提出在澳洲的華人移民如何在日常互動中實踐的場域製造族群邊界。對於族群身份的差異詮

釋，導致華人移民採取不同的日常生活劃界方式，導致不同的結果。

　　由於留學生的政治認同經驗，與其與留學地的社會互動有密切相關，因此本文使用日常生活的國族主義作為分析框架，將國族視為由下而上被行動者構建的結果。本文希望可以進一步討論政治認同的動態性，並使用日常生活中的國族主義概念，強調日常實作的重要性。過往對於台灣認同轉變的研究以大型資料庫的研究為主（吳乃德 2005；姜蘭虹 2009；李靜婷 2010；林宗弘 2015; 2017），本文提供另一個視角，從由下而上互動式的觀點探究日常生活國族主義的效應，尤其是與不同文化的互動，將如何影響對於台灣的國族認同以及其背後的政治詮釋之。

三、研究方法與資料

　　本研究在 2021 年 7 月至 2021 年 10 月之間，半結構式訪談二十位在反送中運動期間（2019 年 6 月至 2019 年 11 月）就讀香港大專院校大學部之台灣學生。訪談時間約略一小時，詢問受訪者的問題包括國族認同、政治傾向、反送中運動經驗與看法以及未來生涯規畫。訪談的二十位受訪者中，有十位男性、十位女性，分別來自六所香港的大學院校，就讀之學院包含商學院、社會科學院、理學院、工學院、醫學院、文學院等不同背景，在反送中運動時年級介於大一到大四。其中兩位受訪者過去曾參與社會運動。在反送中運動後，有十四位受訪者留在香港繼續學業，六位

轉學回到台灣繼續大學教育。其中十四位受訪者表示支持反送中運動，三位對運動表示中立或矛盾、三位反對反送中運動。

　　在受訪者招募方式上，本研究採取立意抽樣，盡可能尋找不同立場與經驗之受訪者。大部分受訪者由研究者自身人際網絡透過滾雪球之方式徵詢。由於我在 2018 年 9 月至 2019 年 6 月曾經就讀於香港中文大學，因此在運動前就認識許多留港台生。研究期間，我透過電子郵件或社群媒體聯絡受訪者，並請他們推薦其他受訪者。在反送中運動開始後，我高度參與台灣聲援香港之運動，同時組織學生社團關注香港議題，因此也能接觸較為關注台灣公民社會之留港台生，並取得他們的信任。另外，為達到受訪者的多樣性，研究者也在社群媒體的大學交流版上發文，徵求在反送中期間留學香港的台灣學生，以此招募不同背景的受訪者。

　　由於部分留港台生仍在香港就學、就業，本研究以部分實體、部分線上的方式進行訪談。在線上訪談當中，研究者會與受訪者討論進行方式，以他們認為安全的視訊軟體進行訪談。

四、台灣學生赴港留學之背景

（一）香港大學院校對台招生政策

　　由於香港的發展目標是成為「亞洲的世界都市」，香港政府提出強化高等教育的政策，期望能夠在區域內及國際上增加香港高等教育對於經濟、政治、文化的影響力（Ng 2011）。因此，香港的大學端積極地招生，希望能夠增加香港學校在中國與東南亞

地區的能見度與影響力（Oleksiyenko et al. 2013）。香港的國際學生數量在兩千年後顯著增加，在2019年，不含來自中國的內地生，共有6,301名國際學生（Mannings et al. 2019）。而國際化的校園也是香港大學院校的主要宣傳亮點，例如在香港大學的大學部招生網站即寫道"Join HKU, Join the World"，並且以紅字強調其非本地教授與學生人數，以及香港大學取得時代雜誌評比之最國際化大學榮譽（HKU 2023）。在各校的宣傳網站中，特別呈現各個種族的學生彼此交流的照片，更刊登許多來自西方與南亞的學生代表之經驗分享，而校方則未特別提及前往中國之機會或中國學生之經驗分享（HKU 2023; CUHK 2023; HKUST 2023）。由此可見，香港招收國際生的策略較符合西方世界對於留學的論述，強調在香港就讀大學有助於獲取世界主義文化資本，而未強調香港能提供機會讓學生前進中國潛在市場，也極少提及港中之間之關係。

　　而在這些國際學生中，台灣留學生是一個顯著增長的群體。從2009年開始，香港大學才開始接受以台灣本土的升學測驗[1]申請大學部課程。各校積極參與台灣的升學博覽會、進入台灣的高中舉辦講座、安排校方教授來台為學生面試。在校方如此主動的政策下，台灣學生赴港就讀大學的人數激增，其中主要是成績頂尖，可達台灣頂尖大學錄取標準的高中生。以最多台灣人就讀的香港中文大學為例，從2012年錄取32名台灣學生，2015年就達到錄取71人（許秩維 2015），三年內錄取台灣學生增幅達222%。

1　基本學力測驗。

在台灣學生赴港就學的高峰，總計有1,021位台灣學生在香港就讀（繆宗翰 2019），佔香港6,301名國際學生總數的16%。

但即使學校在招生上強調世界主義與國際化的交流機會，學生在校園生活與互動中仍然必須面臨本地的政治緊張與香港本土身份的崛起。因此，台灣學生前往香港留學後，即使無意積極參與政治，卻也可能會感受到港中關係高度緊繃的氛圍。

（二）反送中運動與大學校園

反送中運動時，大學校園扮演了重要的位置，是運動在實體上、象徵上與社會關係上動員的重要場域（Ho and Wan 2021）。而在受訪者所述的經驗中，他們也主要透過大學校園中所發生的社會事件與互動而受到反送中運動影響。對於台灣留學生而言，他們所經歷的社會運動之影響主要在大學校園，包含校園氛圍、閱讀連儂牆與噴漆的標語、校園的和平集會以及經歷校園對峙。雖然留港台生也提及他們在校園外經歷到社會運動造成城市交通不便，或在校園外以其他方式參與運動，但是他們最普遍與運動接觸的場域還是在大學校園。即使不主動參與社會運動，也會在校園生活中感受到社會運動對生活的影響。

2019年9月的學期開始之時，在不同的大學校園中就有許多連儂牆與噴漆標語。這些對於台灣學生而言，在視覺上十分衝擊，呈現出一個與台灣社會完全不同的狀態。而觀看連儂牆也是一個理解運動者的想法、低成本地與運動互動的方式。另一方面，部分香港學生選擇罷課，甚至破壞校園設施以使其他學生

「被罷課」，這樣的舉動也使得運動在台灣留學生的校園生活中變得可見。在少數課堂，尤其是社會科學的課堂中，也會討論與反送中運動相關的議題。

在運動過程中，校園中也舉行和平的集會與追思會。例如香港中文大學開學時，學生即在校園的主要幹道百萬大道上舉行「開學禮」的罷課集會，並穿黑衣在校園遊行；香港科技大學學生周梓樂在躲避警察追捕而墜樓離世之後，香港科技大學校園內也有和平的追思儀式與集會。部分支持反送中運動的台灣留學生曾參與這些集會。

而十一月產生的校園衝突，對於住在校園而且以校園為生活中心的台灣留學生有非常巨大的影響。即使是最不願意與社會運動有所接觸的學生，也會因為住宿在校園，而受到波及。而至於較願意參與運動的留港台生，在校園衝突時擔任後勤物資補給、傳送物資的人鏈等，以這些方式參與運動。有參與反送中運動的受訪者中，最普遍的參與方式就是在校園衝突中扮演後勤角色。

反送中運動時，校園的抗議事件與衝突十分普遍，絕大多數台灣留學生必須抉擇在校園內是否要政治表態、採取何種行動、是否參與社會運動。例如連認為自己不關心政治的 Kate 也指出：

> 一開始到香港的時候，完全沒有動機去考慮跟政治有關的事情，就也不太想管（反送中運動）。但是當遊行、抗爭海報在校園內隨處可見，你真的晚上在宿舍裡面都會聽到有人喊「五大訴求」，出去就會看到海報，就會不自覺的去思考

這件事情⋯⋯到十一月中，情況就惡化的很快，所有人都在風雨飄搖的城市裡面，怎麼樣都逃不掉。

因此，即使各自的背景具有差異，留港台生都經歷到試圖理解與詮釋反送中運動，以及決定是否作出行動。

五、留港台生的政治認同轉變

本節將會依照時序，討論留港台生留學之動機、反送中運動前的國族認同、留學時的台灣身份展演；而後討論反送中時期，留港台生的人際網絡差異如何造成其立場分歧、不同立場如何造成他們以不同模式與運動互動，以及此一差異如何影響留港台生的政治認同。

（一）反送中運動前的留港台生

本節將會先討論在運動前留港學生的狀況，包含留港台生為何選擇到香港留學、其運動前的國族認同以及在香港反中情緒下的台灣身份展演。

1. 留學香港之動機與期望

從香港的大學 2009 年開始以台灣學測成績招收台灣學生以來，各大學院校便賣力招收台灣成績高於頂標[2]的學生。這些成績頂尖、就讀於本地高中的學生多半來自中產階級家庭，家庭背

景多為專業人員或公教人員，有部分學生的父母是台商。他們在接觸主流教育、英語補習班與公眾論述的過程中培養出一套價值觀，即是希望能夠具有國際競爭力，與期望在國際之間流動的價值觀。因此，出國留學是許多人的夢想。他們並非擁有「彈性公民身份」的國際學校學生，本地的教育制度使他們很不容易準備西方大學的申請考試，同時中產階級的家庭背景也往往負擔不起歐美大學的學費。因此，出國讀書在大學階段是十分難以達成的夢想。而香港大學院校開放用學測成績申請，令這些學生有機會在大學階段就出國讀書。例如一直嚮往留學生活的Eva就表示：

> 我當時也沒有特別想說要去香港，就去現場面試看看，面試完才發現，不只上了，還有獎學金。這樣一來經濟條件也有了！我錄取之前，從來沒有想過自己有出國唸書的選項！雖然我知道我很想體驗不同的文化，但是我知道我不可能直接走，比如說用 SAT 的路線去申請國外的大學，這個我沒辦法。我沒想到的是，機會自己飛來了。

留港台生們對於香港抱持著世界主義的想像。香港的工作機會，不論是跨國公司、跨國媒體，以及香港大學院校所提供的多元文化願景，都使學生期望在香港留學能夠培養跨國流動的文化資本。香港被視作通往先進國家專業工作的橋樑，幾乎沒有受訪

---

2 頂標即是成績位於第八十八百分位數之考生分數。

者提到他們留學是因為香港提供了前進中國的窗口。香港的政治性或與中國發展所帶來的機會，並非留港台生在選擇留學地時的首要考量。

2. 留港台生的政治認同

在二十位受訪者中，有十四位認同自己是台灣人，有五位認同自己是台灣人也是華人，還有一位受訪者上大學之前長住中國，為了避免衝突，因此主動地不去界定自己的國族認同。

對於抱持台灣認同的台灣留學生而言，台灣認同是來自成長與教育經驗的界定。雖然數位受訪者提到深藍或外省的家庭背景，也能夠理解為何家族長輩認同自己是中國人，但是由於在台灣的成長經驗，他們認為自己與中國並無情感與生命經驗的連結，因此自己並非中國人。例如來自外省家庭，自認在反送中運動前政治冷感的 Sharon 就如此描述自己的台灣認同：

> 我覺得是因為成長的背景，所以覺得自己是台灣人。因為我有些朋友是國高中在中國讀過書的，從他們的談吐跟我對他們的了解，我會覺得我們受過的教育跟從小到大看見的事情、被養育的方式是非常不一樣的。我就是在台灣長大的小孩，我就是從台灣的體系出來的，所以我是台灣人。

同時，他們的台灣認同也是非政治化的地緣性的認同。例如受訪者 Fedrick 就認為：

　　如果認為自己是中國人的話，應該要認為自己是中華民族之類的。但我對這種情懷沒有很大的呼應、共鳴的感覺。所以我覺得自己是台灣人。台灣養育我，而我在這塊土地長大。我住在台北，我喜歡台北、喜歡台灣。我沒有太多的愛國情懷。我覺得我愛這個地方，但是國來國去的我覺得很複雜，算了。

　　由於受訪者的台灣人身份乃是由「不是中國人」的反面論述來界定，因此他們尚未思索台灣人認同所代表的意涵，並未給予任何價值標籤，台灣人認同並不指引任何相關的行動或實踐。在反送中運動前，台灣人認同對受訪者而言只是一個對於自己的事實認定，而不牽涉價值判斷、行動準則或是政治認同。

　　而對於雙重認同的台灣留學生而言，身份認同則是較為矛盾的議題。受訪者在描述自己身份的時候，會先強調自己是台灣人這個主要的身份認同，但是又會強調作為台灣人也受到中華文化的影響，以致希望肯認自己身份裡面中華文化的「華人」層面。因此，他們的雙重認同更接近「台灣人」與「華人」的雙重認同，而不見得是「台灣人」與「中國人」的雙重認同。例如 Linda 就描述她雙重認同中「華人」的部分：

　　我覺得我是台灣人又是華人。可能當時還有種大中華的想像，The Greater China 的概念。政治上會覺得台灣是自己在運作，但是文化上還是相信華人性。會相信兩岸四地，政治、

365

經濟、文化上的交流，是因為有相對類似的文化，才可以這樣。

因此，在四位擁有台灣與華人認同的受訪者中，自己作為華人的身份與中國的政治體制無關，而是文化上的傳承與想像。這些雙重認同者對於到香港理解中華文化，以及與其他中華文化圈的人交流，保持著較為開放的期待。

3. 香港社會的反中情緒與台灣學生的因應

雖然台灣學生前往香港留學時並未考量香港大學院校的政治氛圍，但是在抵達香港之後，留港台生們逐漸發現，由於台灣人與中國人都使用華語，因此他們經常被誤認成中國人而受到差異對待。這樣的狀況下，他們被迫注意香港社會與中國的緊張關係。

留學生首先注意到香港社會與中國人的高度緊繃，是來自日常生活中被誤認成中國人的經驗。由於講華語、被視為中國人，他們在日常購物、點餐，或是校園生活交友、進行小組報告等，感受到對方比較不耐煩、甚至不信任的態度。因此，台灣留學生必須特意展演台灣身份，利用微妙的語言與揭露政治，對抗華語使用者的汙名，並且揭露自己台灣身份，成為安全的他者。不論何種身份認同、政治立場，「不要被認為是中國人」這一項技術，台灣學生初到香港便需要學習，甚至會由台灣的學長姐傳授。例如在反送中運動時已經大四的Robert就指出：

> 在香港人眼中，他們一開始直覺會覺得說不會講廣東話可

能都是大陸人，所以有很多次我們可能也都是被誤認是大陸人，被冷眼相待，甚至惡言相向。生活中各種小地方，服務生、計程車司機，只要發現我們不會講廣東話，態度是非常的差。但是後來我們就知道，我們要去有意無意去透露我們是台灣人的身份，就很明顯的感受到他們的態度是180度大轉變。變得非常的親切，用他們會的不多的普通話，盡可能的聊天、示好。

台灣身份成為一個要「有意無意」透露的身份。有些學生會強調，年輕一輩的香港人認得出台灣口音。這個去「做」的台灣口音不是一般在台灣認為帶有台語腔調的「台灣國語」，而是台灣的大眾媒體、影視娛樂呈現在香港閱聽者面前的台灣口音。如果口音差異的存在感太過薄弱，有些學生會轉向更明顯的台灣象徵物。例如在2019秋季學期，也是反送中運動最激烈的學期，「留港台灣學生會」設計販賣一款衣服，上面寫著「我是台灣人，我（可能）不會講廣東話。Dun hate me plz.」這樣的標語顯示留港台生認知到香港社會中瀰漫的仇恨氣氛，並且意識到身份指認的一項判準在於是否能講廣東話，因此他們選擇用衣服作為外顯的符碼，來展演自己的台灣身份。

當台灣學生揭露自己是台灣人時，幾乎都得到香港人的認同與接納。香港學生認為台灣人親切，也對台灣社會的民主感到好奇。反送中運動前，香港學生便會詢問留港台生有關台灣公民投票、選舉的問題，又或是向台灣學生解釋香港政治以及過去的雨

傘運動。

　　以香港人社群為主要人際網絡的台灣留學生，因此感受到自己作為台灣人的優勢，以及察覺中國人在香港的汙名。他們感受到香港社群十分歡迎他們，而同時排斥中國人。因此，他們感受到自己得以相對容易地進入本地社群，是因為台灣是一個開放、守序的國家，與中國不同。因而他們更加喜歡自身的台灣身份，也因此更樂於表達台灣身份。

　　但有較多中國朋友的留港台生，他們看到自己與中國人同樣使用華語，得到的待遇卻十分不同，這讓他們困惑，甚至為中國學生遭受到比較差的待遇感到不公。例如 Helen 就表示：

> 　　香港人對於講普通話的人蠻排斥的，但如果他發現你是台灣人就會突然對你超好。就是那個反差會讓你注意到香港人夾在這個狀態的糾結點，就會有一點難過。因為覺得大家都素未謀面就因為你是什麼背景就對你特別好或特別兇，就會覺得有點小難過。

　　人際網絡不但塑造了留港台生對於台灣身份展演的差異態度，在反送中運動開始後更加明顯發揮作用，對於留港台生政治認同產生不同影響。與香港學生或台灣學生社群親近之留學生，傾向支持運動；主要人際網絡中包含較多「內地生」[3] 之台灣人，傾向不支持運動。

　　為何人際關係影響到留港台生對於反送中的立場，更甚於

家庭或成長背景？在受訪者當中，只有兩位表示家中較親近民進黨，但是他們個人的政黨立場仍然保持中立。其他受訪者不論對反送中立場為何，幾乎皆表示家裡偏向國民黨或是保守價值，並且反對子女參與公共事務。因此，留港台生在上大學之前，幾乎沒有政治參與的經驗與興趣。除了三位受訪者原先偏向支持民進黨以外，其餘受訪者對於民進黨與國民黨皆不信任，因此多數沒有特別支持的政黨，或是支持台灣民眾黨、時代力量或綠黨等小黨。此外，有關台灣前途的議題，多數受訪者表達在反送中前較少思考此類問題，並且希望能夠維持現狀。因此，反送中支持者與非支持者的分歧，是在上大學之後才出現的差異。而此分歧與台灣留學生的社交適應策略有關，也就是與人際網絡的選擇有關。

　　運動的支持者多半與香港本地社群或台灣留學生社群比較親近，很少支持者提到他們有內地生朋友。這些支持者重視在留學過程中更加理解香港，融入香港社會。在人際網絡以香港同學為主的支持者中，許多人參加本地生為主的社團、學生組織或校隊，這些學生的廣東話能力普遍較好，也與本地社會互動較多。因此，他們更有機會理解香港本地社會對於反送中運動的想法。而以台灣留學生為主要人際網絡的運動支持者，在運動時聯絡各地留港台生，協助回台。他們特別重視運動時期台灣人在香港的安全。而在台灣學生之間，也常私下交流支持運動的想法。例如

3　香港大學院校對於中國留學生之稱呼。

在香港學生社團與台灣留學生組織都十分活躍的Ivan就描繪了他對香港的情感與支持運動的關係：

> 我很喜歡說，到每個地方就把那個地方當作一個家，就是一種anchoring吧……那在香港，我很喜歡我的宿舍，也喜歡宿舍認識到的朋友們，久而久之我也會把香港看做家的一個地方。那既然家發生事情的話，我就應該關心一下，或做些什麼事吧。

而反送中運動的非支持者則全部指出，他們至少有一部分的朋友是內地生，但仍然有其他香港、台灣、國際學生的朋友。至於非支持者中的留學適應策略，有許多人希望可以透過香港作為國際都市的特色，尋找相對西方化、英語化的社群。他們並非因為喜歡中國而特意參加內地生社群，而是因為傾向尋找「國際化的社群」，而認識許多由中國的國際學校畢業、或是對於香港的世界主義氣質有強烈追求的內地生。例如Helen就這樣描述她的朋友：「我的朋友圈蠻雜，有本地生、內地生、也有台灣人、國際生。不過大部分的朋友是比較國際背景的，而香港朋友很多也是國際學校畢業或是在國外念過書的。」因為與內地生比較多交流，在運動發生時，他們比較容易同理內地生在香港所受之排擠與困難，並且也容易在內地生與其他群體之間感到為難。

雖然兩群留港台生都是抱著獲取世界主義文化資本的期望來到香港，但是由於所選的策略不同，一種希望可以在不同的文化

中快速適應與融入，因此與香港社群較多接觸；而非支持者則傾向尋找相對國際化的社群，不排斥與內地生建立友誼，較無接觸本地文化。這樣的人際關係大大影響到他們在反送中運動之互動與經驗。

（二）台灣認同強化：反送中運動的支持者

　　本研究所謂反送中運動的支持者，指的是主觀認為自己支持、認同反送中運動的學生，而不一定要有實際的行動參與。支持者中有四位具有雙重認同，而十位認同自己是台灣人。這些支持者過去不曾參與社會運動，多數也沒有支持的政黨。大部分支持者希望未來台海局勢可以保持現狀，僅四位支持者認為應當先保持現狀，再考慮未來獨立。支持者多半來自保守偏藍家庭，上大學前對政治多半並無特別關注，因此，反送中讓其中許多人初次感受到政治與自身生活有所關聯。

　　在十四位運動的支持者中，有十二位曾經參與抗爭現場。台灣學生較少參與高衝突的勇武抗爭，而多半參與校園衝突的後勤補給，例如傳遞、發放物資等，以及初期的非暴力遊行。這些參與者平時的人際網絡以香港本地朋友居多，香港的人際網絡提供他們抗爭資訊、有時與他們結伴同行，並且能夠避免因為口音被懷疑是中國人的尷尬情況。而有時台灣學生也會互相結伴前往現場。

　　參與運動現場所帶來的影響，主要在於加深他們對於中國的不信任，以及在集體情感中建立追求民主的價值觀。在參與現場

之前，這些學生過去在媒體跟同儕之間，已曾閱讀到中國侵害人權、打壓民主運動的相關描述，但對此資訊並無切身感受，也不願投入太多心力在政治討論上。但是實際見到反送中運動中的警察暴力之後，使他們確立中國政權正在侵害人權的信念。尤其多數留港台生過去都曾在媒體上閱讀有關台灣三一八學運的資訊，進而認為一個民主社會中有社會運動是合理且應受保障的事情。因此，參與反送中運動，並且經歷政府對於運動的鎮壓，使他們與香港的運動者一同感受到憤怒與不公。其中部分受訪者曾經被香港警方圍困甚或毆打，他們對於中國政府與威權統治的反感最為明顯。

在反送中運動期間，同學們常常討論政治議題，而這些討論也更加深他們對反送中運動的理解與支持。少數留港台生的人際網絡是在參與運動較深的社群，因為擔心參與運動的敏感資訊流出而避免討論，但一般的支持者經常與同學討論反送中運動相關的議題，包含確切的運動期程、評估運動手法的合理性、理解運動目標、交流對於民主社會的看法等等。台灣人被預設支持民主的身份，使得政治討論變得更為常見與容易。例如曾參與示威的Alice就說：「示威的時候，很多香港人知道我是台灣人，就會很急著想要跟我解釋香港以前發生過什麼事情，或是他們在什麼地方扮演什麼樣的角色。他們會比較熱衷跟台灣人解釋這些事情。」在與同學討論的過程，支持運動的留港台生更加了解社會運動的訴求，並且藉由聆聽香港本地同學的看法，使得他們能夠接受反送中抗爭之中較為激進的抗爭手法。同時，由於許多運動論述強

調中國侵害自由與人權，使得台灣學生反思台灣的位置，以及台灣與中國的關係，更為警覺中國對台灣可能的侵害。

這些討論不僅限於實體的運動現場與討論。由於社群媒體的普及，他們的政治討論不受限於特定時空，運動的支持者經常透過Facebook、Instagram與Telegram群組獲取有關運動的資訊，尤其許多人固定閱讀《立場新聞》與香港《蘋果日報》的網路版。這些支持運動的媒體報導使得留港台生更加同情運動，並容易得到支持運動的論述資源。當支持運動的留港台生對於新聞內容有所疑問時，也可以輕易詢問同學而得到解答。

社群媒體不只增加了討論的頻率與範圍，也讓留港台生以相對低成本參與運動，即是主動使用社群媒體發佈資訊與論述。他們注意到台灣媒體對於香港社會運動的報導不足或是不全面，因此希望能夠針對身在台灣的朋友提供資訊。留港台生尤其注重轉發台灣較少資訊的警察暴力，與強調抗爭者使用暴力的正當性相關論述。在篩選資訊的過程，留港台生們同時也是在進行自己對於運動的詮釋，反思自己的信念，並且產生政治化的效用。例如受訪者Chris就表示，他將自己的Instagram看作一個「小媒體」的角色。在前期，他只是希望可以全面轉發報導，以中立角色跟運動維持距離。但是到運動後期，他認為自己社群媒體轉發的行動也是政治性的行動，能夠透過轉發特定新聞與撰寫論述，增進台灣人對香港運動的支持，成為運動的一部分。轉發的行動非常普遍，在轉發後也會有留言或是訊息回應。在社群媒體上傳遞運動論述、進行社會溝通的經驗，使得留港台生更加理解反送中運

動，並主觀將其視作運動參與的一部分。

反送中運動後，四位雙重認同的支持者轉向台灣認同；原本就具有台灣認同的受訪者則將台灣認同帶出政治化的意涵，認為自由與民主是台灣認同的重要元素，也有許多受訪者認為其台灣認同對自身變得更加重要。

與香港社會密切互動的過程，不論是實體上的參與運動現場、與同學討論，或是線上社群媒體的資訊接受與轉發，使得他們與香港的社會運動支持者一同感受到運動的挫敗與憤怒情緒。但是相對香港人對香港政治感到絕望，示威者希望透過升高抗爭強度以達到訴求，台灣學生則將香港的政治視做一個對比的對象，對應回他們所屬的台灣社會。留港台生觀察到香港的抗爭失敗以及國家的鎮壓暴力，注意到自己所生長的民主環境其實並非理所當然，並且將民主價值視為台灣認同的核心要素。許多運動前具有台灣認同的受訪者加深了自己的台灣認同，或是對於台灣認同產生了更加政治性的詮釋。對於原本有雙重認同的受訪者，則摒棄了雙重認同，而認為自己更加認同台灣身份中的民主價值。例如Eva就認為相對香港的無望，台灣人更有促進政治改變的機會，且應該要支持台灣的主權獨立：

> 我覺得如果在台灣的話就一定可以（改變政治）啊，就是香港人在這麼惡劣的情況下都做了很重要的選擇，還是可以發起這麼大規模的遊行，台灣有這麼良好的公民參與的機制、制度，絕對是可以促成重要的改變。就是我們面臨的政

權相較香港是很好協商的。

對 Eva 而言，香港人的「無望」正好映照了台灣的「希望」，因此台灣身份所代表的民主價值成為重要的認同。而香港抗爭者面對信念、行動與可能的嚴重後果，他們的抉擇，促使支持運動的留港台生思索自己與台灣社會的關係。認為自己受到反送中政治啟蒙的 Sharon 就認為：

> 我剛到香港的時候，會有點難過、生氣說台灣不算是一個被國際承認的國家。我會有點憤怒為什麼我不是出生在一個大國、強國之類的。但後來，我很高興我是台灣人。香港人讓我覺得台灣人可以有自由是一件珍貴的事情。就以前真的不會覺得有言論、參政、投票的自由是很重要的事情，現在就會覺得這是當台灣人的一部分。

留港台生不只加強台灣認同，同時也減弱華人認同。在運動前擁有台灣認同與華人認同的運動支持者，運動時感到與中國政府及其文化疏離。在國家認同方面，他們強烈不認同中國政府強力鎮壓運動的政策；在文化方面，他們認為堅持大一統中華文化的想像，就是中國政府決定強力反對香港的社會運動的原因。因此他們放棄大中華文化想像，認為台灣身份象徵的民主與自由價值更接近自己期望的社會。因此，他們放棄中華認同，而只認同台灣人的身份。

　　例如 Annie 本來認同自己既是台灣人、也是中國人，但是在一開始抱持著觀察者的身份參與運動之後，逐漸支持反送中運動的民主價值。她描述自己在運動前的政治觀點：「我小時候就是看中國歷史長大的，然後我爸又常常會說美國的壞話，就說中國發展得比較好。加上我自己高中的時候去了美國，也觀察了美國的社會，其實也看到很多缺點。然後加上我爸就一直講，我就覺得獨裁沒什麼不好，要發展經濟才實際。」但是親身參與激烈的示威過程，聽到群眾呼喊爭取民主、自由與與反抗的口號，她感受「在那個群體中，就覺得開始思考這些事情的可能性，或是它背後要承擔的那種力量。」於是在這個持續與原先的信念斷裂的過程中，她感受到民主、自由、人權是她不可捨棄的價值，中國卻不斷侵犯這些價值。因此，她開始認同自己是台灣人，並且強烈支持台灣必須反中。

　　有部分受訪者本來具有台灣認同，但是不反對中華民國框架，他們轉而更支持台灣的主體性而不再接受「中華民國」指稱背後的大中華意涵。例如 Alice 即指出中華民國國旗使她想到過去國民政府統治的白色恐怖，也會想到自己在反送中親身受到的國家暴力，所以對中華民國國旗愈發反感。Eva 也指出她對台灣威權歷史的理解變得更為深刻：

　　　經過香港的事情，會更理解大家為什麼談二二八、談轉型正義，為什麼台灣獨立的概念會出現。我比較在乎實質上，一般的台灣人可以理解二二八這段歷史，並且可以真誠的理

解這群人是受傷的，他們在等他們的正義。

香港的事件促使一些留港台生回顧自己的台灣身份與其歷史脈絡，加深他們對於台灣歷史與轉型正義的感受。

而支持反送中運動的經驗也使留港台生更願意參與社會改變。由於反送中運動去中心化的特性，台灣學生的社會參與也以非組織化的方式進行。「兄弟爬山」的理念是要以各自的專長幫助運動，而留港台生們受到此一論述影響，選擇了為運動獲取國際支持的路線。他們身為台灣人，擁有台灣社會的許多人際網絡，尤其是與校園的連結。因此，許多留學生在十一月大學院校提早停課、被迫回到台灣時，選擇回到台灣與台灣校園分享反送中的經驗，令台灣社會更了解反送中運動並消除誤解或偏見。例如後來參與許多校園演講的Fedrick就認為：

> 回來台灣一定還是會想為香港做一些事情。因為你離開那些朋友，本身就會有一種愧疚感……因為大家都在兄弟爬山，因為你也會認為你也是他們的一份子，即使我人回到台灣。我離別的時候也有跟香港朋友承諾，會多多跟台灣人講反送中的事情。

而同樣活躍於校園演講的Robert更進一步指出台港的共通性：「很多台灣人、香港人的立場都是比較不喜歡共產政權的極權模式，我覺得這件事情可以把兩地的人連在一起。所以希望這

些資訊可以流通。」基於這樣的想法，有五位受訪者與其他支持反送中運動的留港台生聯絡台灣的高中與大學院校，並且進入到校園演講。有六位受訪者選擇參與某香港議題社團（其主要成員為大學生）。還有其他的支持者對台灣的家人、朋友講述他們對反送中事件的理解，把它當成一種個人行動，藉此政治性的改變台灣社會。他們分享個人經驗，將溝通當作政治性的行動。

在反送中運動前認為政治距離日常生活遙遠的留港台生，或強化了原先視為理所當然的台灣認同與台灣獨立的想法；或脫離大中華的想像，並且轉向台灣認同。同時，他們將這樣的轉變付諸行動，參與公民社會。同時，反送中支持者對於民主價值的認同，也影響他們如何選擇到未來的國際遷移。在詢問運動後的生涯規畫方面，許多受訪者提及希望之後能夠選擇一個民主的國家作為留學或工作地點；也有部分受訪者提及希望未來學習的內容與工作，能夠對於台灣社會有所助益。由此可見，他們並未放棄追求世界主義，但是他們打算將世界主義文化資本用來實踐他們所詮釋的台灣價值。

（三）台灣認同弱化：反送中運動的非支持者

有三位受訪者表示對於反送中運動態度中立或矛盾，有三位表示不支持反送中運動。在此，本文將他們歸類為「非支持者」，社會運動較不容易使他們產生政治轉變。

這些非支持者並非認同中國身份或中國政府的價值。其中僅有一位受訪者指出自身抱持既是台灣人又是中國人的雙重認同，

CHAPTER 9 │ 台灣留港學生在反送中運動後的政治認同轉變

並認為兩岸統一是未來台灣應當考慮的選項。有兩位受訪者說自己對於政治議題沒有興趣，還有另外三位受訪者表示具有台灣認同，並支持台灣在未來考慮獨立。這些非支持者不支持運動之主要原因，多半是認為政府與示威者兩方都在擾動香港政治的穩定現狀，因此對於兩方都保持批判性的距離。例如Kevin就表達他對香港政治的看法：

> 我希望是維持現狀。就有點像是十年發展下來的一個均衡。就是再往極端一點走的話，就會破壞這個局面的感覺，讓整個狀況很不穩定。

事實上，這些非支持者中，有許多人在運動初期支持反送中運動的和平遊行，認為和平遊行是公民應有的權益，而他們也不反對反送中運動初期的五大訴求。但是隨著衝突升高，除了一位受訪者明確表示對於政治不關心，其他受訪者則表達反對運動，理由是暴力抗爭造成社會對立，例如破壞公共設施對公眾帶來的影響、運動中對於非支持者的負面言論，以及校園中的排擠與惡意對待，會對沒有明確表態的群體帶來負面影響與心理壓力。例如Helen就認為：

> 一開始，我很高興香港人在乎自己的家園……但是後來在校園裡面香港學生跟中國學生會互相霸凌。那時候我就覺得有點失望。我知道每個群體都有極端的人，但是我覺得香

> 港人不能因為政府用手段打壓你，你就把憤怒施加在其他平民……有些人會覺得對方先使用暴力，必須保護自己，這個我支持。但是主動去攻擊，我覺得沒有什麼好正當化的。

這些非支持者之所以會特別著重運動所帶來的社會衝突與對立化的負面影響，來自於人際網絡的差異。非支持者的人際網絡較為偏向國際社群，且所有非支持者都指出他們比較親近的人際網絡皆有內地生。因此，他們更重視反送中運動對於不同群體的負面效應，而較少機會理解運動論述及經歷運動的集體情感。在這樣的背景下，非支持者在反送中運動有兩種主要的共同經歷，分別是閱讀不同立場媒體，以及管理同儕壓力。

在社群媒體的使用上，他們與運動支持者一樣，依靠社群媒體作為理解運動的主要資訊來源。但是他們使用的社群媒體除了 Facebook 與 Instagram 之外，也普遍透過中國的微信來獲取資訊。因為社群媒體的演算法受到人際網絡的影響，他們透過社群媒體所閱讀運動相關報導的立場較為分歧，包含外媒、中國媒體與香港本地各式立場的媒體。由於不同媒體對於反送中運動的事件的詮釋迥異，他們在極化的資訊中感到矛盾。他們過往相信媒體可以呈現事實，而這樣的信念動搖了，也因此，他們感到困惑，無法對於自身的立場產生完整的敘事與論述，進一步減低他們參與公共討論的能力與興趣。

另一方面，由於非支持者在暑假離開香港期間並沒有接觸運動相關論述，而未因為七月的元朗事件與八月的八三一事件，更

加支持衝突升級後的運動手法。如此一來，當他們九月從台灣回到香港的校園時，感受到與六月和平抗爭迥異的社會氛圍，以至於強烈不能接受勇武抗爭，並且反對抗爭中的暴力。但因為預期自己的立場與校園中香港同儕不同，他們並沒有在社會互動或社群媒體上表達他們的困惑與不解，而是選擇保持沉默。

非支持者感受到強烈的同儕壓力，且盡力避免同學之間討論運動。這些非支持者在香港大學院校的同學，由於認知台灣擁有民主制度，普遍預設台灣學生一定支持運動。所以，非支持者在管理自己真實立場與同學預設的落差時，感到巨大壓力。例如不支持反送中運動的Oliver就指出：

> 我覺得身為一個台灣人，不管是本地人或是大陸人都會對我有很多預設，覺得說「台灣人會這麼想」（支持運動）。如果我闡明自己的立場（不支持運動），他們會比較尷尬。所以我比較會多聽一下他們是怎麼想……可能在當時如果要討論的話就會避開這個話題。然後可能跟內地生的話，我就聽他們抱怨抱怨，可能就會很場面性的附和一下，可是也就這樣。所以我就是很看（狀況），會比較隱藏自己的立場，看大家講什麼就會聽聽這樣。

如果沒有辦法維持好同學們預設的「支持運動的身份」，就可能面臨人際關係衝突。例如對於是否支持運動感到矛盾的Helen，她曾經在群組內詢問小組報告的進度，但是當晚有重要

示威，就有本地學生十分激烈地表達憤怒，認為 Helen 不支持抗爭，只關心自己的功課。對這個情況感到困擾的 Helen 表示：

> 我（對示威）的反應就是，我沒有不支持你們做這件事情，但對我來說有些事情離我更近，我需要更快去解決。我完全沒有反對你去示威，我不會去阻止你，也不會怪你為什麼不做這件事情。但是你不能道德綁架所有人的生活，要大家都跟你一樣。我覺得有一部分的香港人，對於不只是台灣學生，也會造成非本地生的心理壓力。

　　除了自身立場與香港同學不同所帶來的人際壓力，人際網絡也影響非支持者與同學的互動。由於他們的人際網絡有較多內地生，以及不參與香港本地政治的國際生，因此他們更傾向於理解與同理不支持抗爭的國際生或內地生遭到排擠的情況。

　　例如來自一個人數很少的科系的 Penny 表示，因為系上人數少，氛圍本來十分凝聚。但是在抗爭時期就產生了嚴重對立，部分香港同學排斥中國同學，甚至不跟中國同學說話。在宿舍中，也有外國同學反對本地同學前往抗爭，進行堵塞道路的行動，因此被宿舍的社團排擠，並被從社團群組中被移除。Penny 表示「如果你想的東西跟他們不一樣，就會被排斥，我覺得沒有任何尊重。」人際網絡使這些非支持者更傾向同情因為政治立場不同而被排擠的內地生與國際生，因此就變得更加不支持運動。

　　運動的非支持者在運動後，有三位的政治認同認同不變，

而三位對台灣人的認同則減低，也普遍更不支持台灣獨立。他們反對香港在反送中運動出現的本土主義，並且主要使用世界主義論述來反對本土政治認同。由於感受到不同身份認同的社會行動者彼此溝通時可能會產生的強烈對立，他們更不願意討論身份認同，也認為身份認同對他們變得更不重要了。

這些運動的非支持者原先期待，在香港的留學經驗可以讓他們獲取世界主義文化資本，能夠順利地與不同的群體互動，並且得到更好的工作機會。但是在實際的校園生活中，要維持同學們預設「支持運動」的身份對他們造成壓力，他們感受到各群體之間的衝突，學業因反送中運動的校園衝突而被打斷也令他們感到不滿。所以，他們認為他們對於留學的期待並沒有被滿足。

面對這樣的失望，世界主義的留學想像受到衝擊，而他們歸責於反送中運動裡的本土主義撕裂社會。例如Penny就指出：

> 我在想國際觀會不會跟政治意識有關係。國際學校的香港人，或是國外回來的就不會這麼投入（反送中運動），本地學校的香港人就會比較投入（反送中運動）。就是國際觀可能影響很大，就是跟比較多的人接觸之後，就比較不會覺得香港一定要自己搞獨立。

他們認為運動中本土主義無益於不同群體間的相互理解，並且，反送中運動的香港社會出於本土主義而排除了他們與其他內地生、國際生。同時，非支持者認為香港的本土主義所期望的理

想（例如香港獨立）不切實際。也因此，他們以香港運動的挫敗對照回台灣的情況，認為台灣獨立在中國逐漸強大的情況下並不可行。

由於運動的非支持者在社會衝突中夾在香港與中國學生之間感到疲憊與壓力，且缺乏媒體論述或同儕討論等管道可以釐清自身價值觀，所以他們認為強烈的身份認同與政治行動會是無效且有排除性的。因此他們對於反送中後的社會之期望，是動盪的社會與衝突能夠修復與回復穩定。所以，他們雖不認同港府後續的鎮壓，如國安法、四十七人案等，認為其對於重建互信、穩定的社會並無幫助，但也不關心反送中運動的延續。他們的政治效能感降低，不願意對政治議題採取強烈的觀點，而希望可以專注在自己生活中非政治的面向。因此，在反送中後，非支持者普遍更加投入自身的職涯發展，而減少關注公共議題。

六、討論與結論

多數西方文獻認為國際教育遷移是非政治化的。但是從反送中運動中支持運動的台灣留學生經驗，能夠看到與留學地的社會互動會影響到留學生的政治認同。過往台灣認同的研究指出，政治上的異質資訊，例如選舉的省籍動員與中國的武力威脅，會造成國族認同改變（范雲、徐永明 2001）。本文擴張這個異質資訊的範圍，納入社會運動以及與不同文化接觸的經驗，這些都會改變國族認同。本文也認為日常生活的展演扮演了重要的角色。

　　從日常生活的國族主義觀點（Fox and Miller-Idriss 2008）而言，留港台生在反中情緒中身為華語使用者，他們必須去反思哪些象徵是台灣人的表徵，並且展演台灣身份。展演的方式、策略的選擇以及互動的內容，會受到人際網絡的極大影響。而在社會運動中的日常中，台灣國族的展演更加重要。在選擇社會網絡、語言表現，甚至要不要參加抗爭時，台灣人的身份，以及如何展現與解讀台灣人與中國人的差異，都是重要的考量因素。

　　支持運動的留港台生在互動中被預設了台灣人「支持民主的他者」的身份。他們努力表現台灣人的身份，不論在行為上、口音或是台灣象徵物的選擇；又或是在態度上的展現，例如對於抗爭支持且願意理解，以這些表現與中國人區分。在這樣的實作過程，他們反思台灣的身份，並且透過與香港人溝通，對於台灣身份產生更政治性的理解。因為台灣留學生的政治認同主要產自微觀社會互動，他們有意識或無意識的再生產行動也是比較落在社會互動層面，而較非傳統政治參與。例如在社群媒體中分享，賦予自己「小媒體」的角色；或是在運動後向台灣校園講述反送中運動的議題，都透過選擇如何再現反送中運動、如何論述台灣人的角色，再生產政治性的台灣認同。

　　而非支持者拒絕政治認同，也是來自日常生活互動的挫敗。因為他們感受到自己與中國學生、其他國際學生同為香港社會的他者，所以同情中國學生，較不願意透過生活化的實踐區分台灣人與中國人的國族認同，展演台灣的國族身份。也因為立場與同儕不同，他們較缺少透過社群媒體的政治展演與同儕互動中試

圖論述的經驗，再生產台灣人認同的意義。因此，他們的台灣認同沒有被政治化，甚至因為他們與整體香港政治化的社會氣氛格格不入，感受到社會壓力，因此更加反對政治化的認同。這個轉變，與身在香港的中國學生較為相像（Xu 2015; 2017; 2018a; 2018b; Ip 2020; Tang 2021）。

但是台灣留學生的認同改變，不只是在日常的生產與再生產面向，同時留學生特有的他者特性，使得他們能夠圍繞留學國作為他者，形成更為完整的自我認同敘事。如同藍佩嘉與吳伊凡（2011）對於旅中台生的研究指出，留學生透過劃界與模糊，生產新的身份認同與實踐。當社會運動發生時，在極化的社會氛圍中，台灣留學生究竟要與香港社會運動站在一起，與中國這個敵對的他者做出區分，產生政治上的台灣認同；或是與其他香港社會的外來者，尤其是為數眾多的內地生一同以他者的身份，與香港崛起的本土認同劃分？這個如何看待誰是他者、誰是我群的差異，帶來了不一樣的政治認同。

此一研究結果顯示，在教育遷移經驗中，不同的社會網絡會影響日常生活中的國族實作策略，於是造成相異的政治認同。雖然香港的反送中運動可能會被視為留學經驗中的特例，但是此一轉變過程主要並非來自參與運動現場，而是在一個緊張、價值兩極化的社會中，如何指認自身所認同的群體，以及與當地社會互動，實作政治認同的過程。因此，這樣的留學生的日常生活實作，可能會出現在其他價值極化的留學地。而不同的價值分裂的留學地的經驗所產生的影響，則需要更多的探究。

參考書目

吳乃德，2005，〈麵包與愛情：初探台灣民眾民族認同的變動〉。《台灣政治學刊》9(2): 5–39。

李靜婷，2010，《台灣選民政治認同之世代分析》。台北：國立台灣大學政治學研究所碩士論文。

林宗弘，2015，〈再探台灣的世代政治：交叉分類隨機效應模型的應用，1995–2010〉。《人文及社會科學集刊》27(2): 395–436。

——，2017，〈台灣青年世代的政治認同（1995–2015）〉。《香港社會科學學報》(49): 27–65。

姜蘭虹，2009，〈同化與台灣認同的提升：1990年至2000年間美國台灣出生的移民之研究〉。《人口學刊》38: 115–160。

政治大學選舉研究中心，2023，〈國立政治大學選舉研究中心重要政治態度分佈趨勢圖〉。https://shorturl.at/dENWZ，取用日期：2023年11月29日。

徐永明、范雲，2001，〈「學作」台灣人：政治學習與台灣認同的變遷軌跡，1986–1996〉。《台灣政治學刊》(5): 3–63, DOI: 10.6683/TPSR.200112.5.3-63。

張可、汪宏倫，2018，〈「RIP，426」：解析「大陸地區旅台學位生」的國族經驗〉。《政治與社會哲學評論》(65): 1–88, DOI: 10.6523/SOCIETAS.201806_(65).001。

許秋維，2015，〈香港中文大學跨海招生 祭260萬搶人〉。中央社。https://reurl.cc/qZxkR3，取用日期：2021年12月9日。

陳光輝，2018，〈政治學相關科系大學生參與太陽花學運的追蹤分析〉。《台灣民主季刊》15(2): 51–99。

黃宗儀，2020，《中港新感覺：發展夢裡的情感政治》。台北：聯經。

繆宗翰，2019，〈衝突升級 陸委會：284名在港台生13至14日返台〉。中央社。https://reurl.cc/DXRmrm，取用日期：2022年3月24日。

藍佩嘉，2019，《拚教養：全球化、親職焦慮與不平等童年》。台北：春山。

藍佩嘉、吳伊凡，2011，〈在「祖國」與「外國」之間：旅中台生的認同與劃界〉。《台灣社會學》22: 1–57。

Anderson, Benedict. 2020. *Imagined Communities: Reflections on the Origin and Spread of Nationalism.* New York: Routledge.

Bamberger, Annette, Terri Kim, Paul Morris, and Fazal Rizvi. 2021. "Diaspora Internationalization and Higher Education." *British Journal of Educational Studies* 69(5): 501–511.

Bamberger, Annette. 2020. "Accumulating Cosmopolitan and Ethnic Identity Capital through International Student Mobility." *Studies in Higher Education* 45(7): 1367–1379.

Billig, Michael. 1995. *Banal Nationalism*. London: SAGE.

Castiglione, Dario. 2009. "Political Identity in a Community of Strangers." Pp.29–51 in *European identity*, edited by Jeffrey T. Checkel and Peter J. Katzenstein. London: Cambridge University Press.

Chang, Hui-Ching and Rich Holt. 2007. "Symbols in Conflict: Taiwan (Taiwan) and Zhongguo (China) in Taiwan's Identity Politics." *Nationalism and Ethnic Politics* 13(1): 129–165.

Cheng, Wendy. 2017. "'This Contradictory but Fantastic Thing': Student Networks and Political Activism in Cold War Taiwanese/America." *Journal of Asian American Studies* 20(2): 161–191.

Chu, Yun-Han. 2004. "Taiwan's National Identity Politics and the Prospect of Cross-strait Relations." *Asian Survey* 44(4): 484–512.

CUHK (The Chinese University of Hong Kong). 2023. "Why CUHK? An Unique Learning Experience". The Chinese University of Hong Kong. https://admission.cuhk.edu.hk/unique-learning-experience.html, date visited: 2023/02/28.

Fox, Jon E. and Cynthia Miller-Idriss. 2008. "Everyday Nationhood." *Ethnicities* 8(4): 536–563.

Gunesch, Konrad. 2004. "Education for Cosmopolitanism: Cosmopolitanism as a Personal Cultural Identity Model for and within International Education." *Journal of Research in International Education* 3(3): 251–275

Hail, Henry Chiu. 2015. "Patriotism Abroad: Overseas Chinese Students' Encounters with Criticisms of China." *Journal of Studies in International Education* 19(4): 311–326.

Ho, Ming-sho and Yao-Tai Li. 2022. "'I Became a Taiwanese after I Left Taiwan': Identity Shift among Young Immigrants in the United States." *Identities*. DOI: 10.1080/1070289X.2022.2109859.

Ho, Ming-Sho and Wai Ki Wan. 2021. "Universities as an Arena of Contentious Politics: Mobilization and Control in Hong Kong's Anti-Extradition Movement of 2019." *International Studies in Sociology of Education*. DOI: 10.1080/09620214.2021.2007503.

HKU (Hong Kong University). 2023. "Study at HKU". Hong Kong University. https://admissions.hku.hk/experience/study-at-hku, date visited: 2023/02/25.

HKUST (Hong Kong University of Science and Technology). 2023. "Why HKUST Business School?" Hong Kong University of Science and Technology. https://bmundergrad.hkust.edu.hk/admissions/why-hkust-business-school, date visited: 2023/02/28.

Hsiau, A-Chin. 2003. *Contemporary Taiwanese Cultural Nationalism*. London: Routledge.

Huddy, Leonie. 2001. "From Social to Political Identity: A Critical Examination of Social Identity Theory." *Political Psychology* 22(1): 127–156.

Igarashi, Hiroki and Saito Hiro. 2014. "Cosmopolitanism as Cultural Capital: Exploring the Intersection of Globalization, Education and Stratification." *Cultural Sociology* 8(3): 222–239.

Ip, Iam-chong. 2020. "Two Logics of Chinese Transnationalism: The Case of *Gangpiao* and Hong Kong." *Cultural Studies* 34(2): 257–276.

Li, Yao-Tai. 2016. "'Playing' at the Ethnic Boundary: Strategic Boundary Making/ Unmaking Among Ethnic Chinese Groups in Australia." *Ethnic and Racial Studies* 39(4): 671–689.

Liu, Jiaqi M. 2021. "From 'Sea Turtles' to 'Grassroots Ambassadors': The Chinese Politics of Outbound Student Migration." *International Migration Review* 56(3): 702–726.

Lomer, Sylvie. 2017. "Soft Power as a Policy Rationale for International Education in the UK: A Critical Analysis." *Higher Education* 74(4): 581–598.

Lynch, Daniel. 2002. "Taiwan's Democratization and the Rise of Taiwanese Nationalism as Socialization to Global Culture." *Pacific Affairs* 75(4): 557–574.

Manning, Keenan, Mansurbek Kushnazarov, and Anatoly Oleksiyenko. 2019. "Contested Meanings of International Student Mobility in Hong Kong and Taiwan." *Educational Practice and Theory* 41(1): 51–69.

Mao, Chin-Ju. 2008. "Fashioning Curriculum Reform as Identity Politics—Taiwan's Dilemma of Curriculum Reform in New Millennium." *International Journal of Educational Development* 28(5): 585–595.

Mitchell, Katharyne. 2003. "Educating the National Citizen in Neoliberal Times: From the Multicultural Self to the Strategic Cosmopolitan." *Transactions of the Institute of British Geographers* 28(4): 387–403.

Ng, Shun Wing. 2011. "Can Hong Kong Export Its Higher Education Services to the Asian Markets?." *Educational Research for Policy and Practice* 10(2): 115–131.

Oleksiyenko, Anatoly, Kai-Ming Cheng, and Hak-Kwong Yip. 2013. "International Student Mobility in Hong Kong: Private Good, Public Good, or Trade in Services?" *Studies in Higher Education* 38(7): 1079–1101.

Papatsiba, Vassiliki. 2005. "Political and Individual Rationales of Student Mobility: A Case-Study of ERASMUS and a French Regional Scheme for Studies Abroad." *Euro-

pean Journal of Education 40(2): 173–188.

Rizvi, Fazal and Bob Lingard. 2010. *Globalizing Education Policy*. Abingdon: Routledge.

Tang, Ling. 2021. "Guarding the Space In-between: The Quandary of Being a Liberal Mainland Student Migrant in Hong Kong." *British Journal of Chinese Studies* 11.

Tu, Weiming. 1996. "Cultural Identity and the Politics of Recognition in Contemporary Taiwan." *China Quarterly* 148: 1115–1140.

UNESCO. 2022. "Education: Inbound Internationally Mobile Students by Continent of Origin". *data.uis.unesco.org*. Retrieved: 8 February 2022.

Waters, Johanna. 2006. "Geographies of Cultural Capital: Education, International Migration and Family Strategies between Hong Kong and Canada." *Transactions of the Institute of British Geographers* 31(2): 179–192.

Wilson, Iain. 2014. *International Education Programs and Political Influence*. New York: Springer.

Xu, Cora Lingling. 2015. "When the Hong Kong Dream Meets the Anti-Mainlandisation Discourse: Mainland Chinese Students in Hong Kong." *Journal of Current Chinese Affairs* 44(3): 15–47.

——. 2017. "Mainland Chinese Students at an Elite Hong Kong University: Habitus-Field Disjuncture in a Transborder Context." *British Journal of Sociology of Education* 38(5): 610–624.

——. 2018a. "Transborder Habitus in a Within-country Mobility Context: A Bourdieusian Analysis of Mainland Chinese Students in Hong Kong." *The Sociological Review* 66(6): 1128–1144.

——. 2018b. "Political Habitus in Cross-border Student Migration: A Longitudinal Study of Mainland Chinese Students in Hong Kong and Beyond." *International Studies in Sociology of Education* 27(2–3): 255–270.

——. 2019. "'Diaspora at Home': Class and Politics in the Navigation of Hong Kong Students in Mainland China's Universities." *International Studies in Sociology of Education*.

Yu, Baohua and Kun Zhang. 2016. "'It's More Foreign Than a Foreign Country': Adaptation and Experience of Mainland Chinese Students in Hong Kong." *Tertiary Education and Management* 22(4): 300–315.

Yu, Fu-Lai Tony and Diana Sze Man Kwan. 2008. "Social Construction of National Identity: Taiwanese versus Chinese Consciousness." *Social Identities* 14(1): 33–52.

10 結語：香港民主的未來

陳健民

一、前言：「無主權便無民主」的魔咒

耶魯大學政治社會學家林茲（Juan J. Linz）教授曾在他的著作中表示：香港不是一個主權國家，難以實現民主（Linz and Stepan 1996: 17–18）。這也許是我在耶魯修讀博士學位時，跟他多次討論香港民主化問題後他得出的結論。

修習社會學讓我了解到結構的制約（制度的規限、文化的偏見、生活的習性、路徑的依賴等），但從研究社會運動與歷史變遷的過程中，我亦看到行動者如何巧妙地建構公共論述，並以組織或網路動員挑戰體制；再加上歷史的意外、體制菁英的內閧、當權者的愚昧或一念之仁，再龐大的結構也會有動搖的時刻。「一國兩制」乃是史無前例，中國亦在上世紀八〇年代經歷巨變，香港能否在主權移交後維持自由和法治，甚至建立民主，誰敢如林茲教授般早下定論？台灣因為缺乏國際認可，其主權亦不完整，但卻建立了完整的民主制度，可見林茲教授所言亦非定律。中英就香港前途談判的結果既排除了獨立和維持現狀的選項，除非選擇移民，[1] 否則便應勇敢地面對歷史的挑戰，在結構的夾縫中爭

取民主。

從美國學成歸港，無論是研究或社會服務，我把重心放在建設中國公民社會，其次是在香港推動政制改革。在中國努力建設公民社會，是希望為其日後民主化奠下基礎。一方面是我仍以五四運動的遺志作為人生志業，另一方面是我深明香港前途繫於中國現代化的成敗。如果中國再次走入歧路，香港連自由和法治也堪虞，更不要談民主了。2013年我與戴耀廷教授和朱耀明牧師發起「讓愛與和平佔領中環運動」（和平佔中），反映我對習近平統治方式的反感，[2]覺得過去那種溫和對話的策略已經失效。因此當北京作出「八三一」決定，封殺香港的普選，一群學者在集會上宣告「對話之路已經走盡」，抗命時代於焉展開。

雨傘運動「無功而還」，[3]整個社會陷入集體憂鬱。但新生代仍堅持探索前路，愈來愈傾向以本土化和勇武化的路線拆解前人的「民主回歸」和「和理非」的「迷思」，2016年的魚蛋革命只是新生代抗爭者初試牛刀。當溫和民主派代表的中間力量在傘後日漸消退，社會失去緩衝地帶，傳統保守、向北京和財團傾斜的建制力量，早晚會做出一些愚不可及的舉措，必定致使與年輕激進力量對決。2019年林鄭政府欲討好北京而引發的反對修訂《逃犯條例》抗爭（或稱反修例運動）便在這樣的背景下爆發。

反修例運動「五大訴求」包括要求民主普選，顯示市民了解

1　1997前有超過六十萬人作出這個抉擇。
2　中共在「七不講」政策出台後全面擠壓公民社會空間。
3　黃之鋒語。

到，倘若沒有民主，自由與法治亦會失去保障。而「香港獨立・唯一出路」成為運動後期一個響亮的口號，可見不少新生代都認同林茲教授的看法——除非香港擁有真正的主權，在「一國兩制」下實現民主只是虛幻的念頭。

此章作為全書的總結，將回顧香港民主運動的前世今生，再討論2020年《國安法》生效後，港人如何以不同方式探索運動的未來。在回顧的部分，選擇了上世紀八〇年代中的「爭取八八直選」作為香港民運的起端、2013-14的佔中／雨傘運動作為「民主回歸」世代的最後一擊、2019反修例運動作為「一國兩制」終結的代表性事件，描述每場運動的領袖與動員模式、抗爭策略與政治身份認同的建構，讀者可窺見香港民主運動在諸多結構限制中如何堅毅不拔地抗爭，呈現主體能動性的尊嚴。

二、香港民主化的條件與路徑：
體制內改革力量微弱

上世紀七〇、八〇年代，國際知名學者就全球民主化進行研究，搜集了不同國家政治轉型的經驗（Linz and Stepan 1978; O'Donnell and Schmitter 1986; Diamond and Lipset 1989）。除了從威權轉型民主以外，亦包括新興民主倒退與崩潰的現象。當這些學者嘗試總結民主轉型的原理時，他們都小心翼翼，認為有太多不確定因素。但初步看來，「內部因素」比「外部因素」更有決定性作用，而溫和反對派如何與體制內改革派達成默契（pact）更是民主化的

重要路徑。

Linz與Stepan（1996）進一步勾勒出五個促進和深化民主的內部因素，包括市場經濟、公民社會、法治、政黨政治和有效能的行政系統。有關經濟發展對民主化的影響，曾經在六〇年代風靡一時的「現代化理論」（Lipset 1959）指出現代化（經濟增長、工業化、城市化）能促進教育、中產階級和公民社會，因此有利於民主的建立。期後因為一些國家[4]雖然順利工業化，卻反而鞏固了專制統治（O'Donnell 1973），令此理論備受質疑。但到了八〇年代，這些工業國家最終還是走向民主，令現代化理論有復蘇之勢，只是學者已留意到經濟發展與民主化並非簡單的直線關係，過程會經歷許多曲折（Diamond 1992）。

西方在冷戰結束後對中國採取的「參與政策」基本上受現代化理論影響，認為把中國納入世界貿易體系將引發中國的社會及制度轉變，有利於民主的發展，這是外部因素與內部因素互動的視野。亨廷頓（Huntington 1991）在解釋第三波民主浪潮時，亦認為除了內部因素外，全球經濟危機引發對專制政權認受性的挑戰；美國人權外交、歐盟的擴張、戈巴契夫對蘇聯進行的改革與放鬆對東歐各國的控制；天主教在「第二次大公會議」後對社會公義的重視，影響到不同專制國家下的教會重整與政府的關係；在同一區域內民主化的滾雪球效應等外部因素同樣重要。

亨廷頓（1991）在《第三波》一書中亦提出民主化過程的三條

4　如拉丁美洲的阿根廷和巴西、亞洲的韓國和台灣。

路徑：「體制內」的民主改革（transformation）、「體制外」發動的革命（replacement）與「體制內外」互動（transplacement）而達成的民主化。亨廷頓總結上世紀七〇年代中至九〇年代初各國民主化路徑，認為只有極少數是通過革命而達到，最多是通過體制內改革而產生，體制內外互動則次之。由於資料收集有欠細緻，亨廷頓往往低估了反對運動的貢獻，過度誇大體制內改革派的作用。譬如他把台灣的民主化歸功於蔣經國在八〇年代中的自由化政策，而對黨外運動在台灣島內的影響力一無所知。如果他對第三波民主化國家有更詳細的審視，也許會發覺「體制內外」互動是更普遍的民主化路徑。不過在該書出版以後，全球已進入第四波民主浪潮，顏色革命、茉莉花革命等席捲前蘇聯加盟國、中東和北非國家，第四波民主化大多以網路動員群眾推翻專制政權，與第三波中極少出現成功的革命大相逕庭。

　　不過，亨廷頓分析不同民主化路徑涉及的行動者如何互動，仍有參考價值。粗略來說，亨廷頓將體制內的力量分為改革與保守勢力，而將反對陣營分為溫和民主派和激進革命派。體制內改革之所以成功，是因為體制內的力量遠遠大於體制外的反對力量，而體制內的改革派又能成功繞過保守力量的阻撓，推動民主化（往往是始於自由化而最終引發更大的民主訴求）。相反，民主革命可以成功是因為體制外的反對力量較政府強大，但沒有被激進革命派引導向非民主的共產主義革命。體制內外互動的民主化所以發生，是因為雙方勢力均等，專制政府沒法消滅反對運動，而反對運動的力量亦不足以推翻政權，結果是體制內的改革

派與反對陣營的溫和派形成默契，以彼此為戰略伙伴，平撫或打擊各自陣營的反對者，最終走上民主的道路，南非是這路徑的完美示範。

　　如果以上述的理論檢視，香港可以說有非常充份的內部條件進行民主化。以 Linz 與 Stepan（1996）開出的五項內部條件來看，首先，香港長時間被美國傳統基金會評為全球最自由的經濟體系。如果用 Lipset（1959）的現代化理論來審視，香港是全球最富裕的社會之一，已發展出一龐大的中產階級；這些人士受過高等教育、經濟獨立，他們一方面是公民社會的捐款和志工的來源，另一方面亦是富裕及草根階層的緩衝區，有利溫和改革的社會政策。在法治方面，香港秉承英國法治傳統，在九〇年代更設立人權法，有利以憲政保護公民權利。香港公民社會早年有眾多慈善及社會服務團體，至七、八〇年代則湧現壓力團體、政治團體。主權轉移之後，每年7月1日動輒有幾十萬人上街爭取民主，其活躍程度是世界罕見。香港的行政部門以其效率見稱，在1974廉政公署成立以後，社會的廉潔程度[5]在亞洲區僅次於新加坡。在政治社會方面，香港已發展出不同政治傾向的政黨，只是由於政治制度的限制，無法產生成熟的執政黨和反對黨。但相對於許多國家在民主化之前最多只有公民社會組成的反對力量，香港已發展出各類政黨，包括體制內的反對派，其政治社會的發展可謂超前了。

5　以「國際透明指數」為指標。

　　香港民主化的障礙主要是外部因素──1842至1997是英國殖民地，1997後則是中國特別行政區，香港無法自主發展民主政制。首先，英國佔據香港主要是為了拓展對華貿易，有別於法國殖民地實行「同化主義」，英國的「實務主義」只關注經濟利益而不欲多介入殖民地的本土文化與社會。除了以嚴苛法律防範華人犯罪以外，其餘事務盡量由華人社會自理。而在港的華人資產階級亦基於自身的利益願意成為英國的「協力者」，維持殖民地統治。[6]無論是英國或香港華人菁英都缺乏民主改革的動機，而當中共於1949在中國執政引發第一波大規模移民[7]南下香港，他們只視香港為暫居地，[8]希望中國大陸政局穩定以後便返回家鄉。他們懷有難民心態，缺乏本土認同，甚少過問社會問題（如貪汙、住房、醫療），更遑論是要求民主或獨立。在這個階段，可以說無論是外部或內部因素都不利於民主發展。

　　雖然如此，在殖民地政府內亦曾有民主改革的主張，只是體制內的改革派太過勢單力弱，敵不過宗主國的保守力量和本土華商的阻撓。這個孤獨的改革派便是港督楊慕琦。他在1946建議香港設立一個市議會，三分之二議員為民選，其餘三分之一則屬委任；另外，在民選議員部分中，一半由華人直選，而另一半則由洋人直選。構想中的市議會最初可負責管理消防、康樂場地和市政局，到日後情況許可的話，更可以管理教育、社會福利和公

6　見本書第二章吳叡人的討論。

7　呂大樂稱之為第一代香港人。

8　所謂「借來的時間、借來的地方」。

共建設，甚至公共事業。楊慕琦的設想是通過民主改革去增強港人本土認同，藉以壓抑中國民族主義的興起。[9]但華人菁英擔心改革會影響他們的特權，加上中國正值國共內戰，大量人口湧入香港，時局不利於政治改革。楊慕琦的繼任人葛量洪港督並不支持改革，至1949年中共執政，英國下議院以香港處於危機狀態為由，於1952年10月決定放棄改革計畫。

　　另一位在體制內的改革領袖是香港最後一任（1992–1997）港督彭定康。從他的《香港日記》（2023）可以窺見，在香港進行民主改革所面對的外部及內部阻力如何巨大。彭定康認為中共在1989年鎮壓民運之後，已令香港人對主權移交失去信心，因此必須以民主改革來長遠保障香港的法治和自由。由於《基本法》限制了1997後的政制安排，他建議取消立法局所有委任議席，並在小圈子的「功能團體選舉」中擴大選民基礎，令其類近民主選舉卻又看似與《基本法》的規定沒有衝突。此舉引發中國強烈反對，指責彭定康為「千古罪人」。在港的英國商人擔心改革爭議會損害英國在中國的經濟利益，公開和私下向英國政府投訴。而本地華人商賈欲拓展中國業務並在在九七後取替英資在香港的壟斷地位，紛紛站在中國立場反對政改。更令彭定康受到挫折的，是英國外交部以柯利達為首的一批「中國通」老官員，以保護英國利益之名公開及私下大力反對政改。只是因為彭定康為英國保守黨前主席，與當時首相關係非常密切，才能衝破重重限

9　見本書第二章吳叡人的討論。

制，發揮其「能動性」將政改推行到底。但中國拒絕以「直通車」方式接受新的選舉制度，決定在1997年7月1日推倒重來。從彭定康的政改挫敗中可見，以往派駐香港的港督都是一介文官，在這些結構限制前多數會知難而退。

這種情況在主權回歸後更是明顯。首任特首董建華在政治上非常保守，彭定康在《香港日記》中亦披露董作為當時行政局成員一直站在中方立場反對政改。第二任特首曾蔭權比較了解港人的民主訴求，揚言要在任內徹底解決普選問題。2007年12月29日，中國人大常委會通過《關於香港特別行政區2012年行政長官和立法會產生辦法及普選問題的決定》，否決了2012普選的要求，卻決定2017可實行特首普選。筆者有份被邀到深圳出席該次《決定》的說明會，有關官員承諾屆時不會為選民設置不合理限制，但對於參選權卻沒有相同的承諾，只表示會按照《基本法》設立「提名委員會」進行。這個人大決定引發民主運動內鬨，其後公民黨和社民連以「五區公投」方式要求2012取消立法會功能團體選舉，而民主黨及「普選聯」卻接納人大的普選時間表，只要求2012年立法會某些功能議席擴大選民基礎，以類近普選方式產生「超級區議員」議席，結果改革方案獲得通過。但民主黨卻因為「走進中聯辦」而付出沉重代價，在2012年立法會選舉中失去不少議席。

民主黨及「普選聯」在2010願意和北京就2012的政改達成妥協，是希望與北京建立基本互信後，可進一步就2017的特首普選進行磋商，但無論特區政府或北京均沒有跟進。至2012年

梁振英成為新一任特首，與民主派的關係轉趨惡劣，2013佔中三子宣佈推動和平佔中運動爭取普選，而在政府內領導政改工作的林鄭月娥並無顯示誠意打算與運動溝通。直到中國人大常委會於2014年8月31日作出決定（八三一決定），通過嚴苛的提名程序排除特首選舉的真正競爭性，雨傘運動隨之爆發，梁振英政府卻以催淚彈回應，引發數以十萬計市民佔領金鐘、旺角及銅鑼灣的要道。即使後來政府願意與學生代表對話，由於雙方鴻溝太大，結果不歡而散，政府更向運動領袖提告。2017林鄭月娥接任特首之位，不單擱置政改討論，更於2019提出修訂《逃犯條例》，引發香港歷史上最大型的抗爭——反修例運動。運動的五大訴求中，包括特首及立法會的雙普選，那是港人未竟之夢，但結果是換來殘酷的鎮壓，超過萬人被捕。2020年7月1日，北京更在香港實施國安法，全面取締民主派人士、自由媒體和公民社會，「一國兩制」名存實亡。

　　從上述討論可見，香港民主化的外部條件非常惡劣。英國統治期間並無推動民主化的意志，更遑論爭取香港的自決和獨立。而中國長時間反對香港民主改革，即使曾於2007提出普選時間表，從「八三一決定」可見那只是中國特色的普選。內部因素方面，按Linz與Stepan的理論，雖然香港有充份的制度及社會條件實行民主（恐怕沒有甚麼國家在民主轉型之前擁有如此豐厚的條件），但體制內的改革力量非常薄弱（彭定康是歷史的意外），商界亦長時間都是民主改革的障礙。當體制內的改革力量不足，亨延頓分析的「體制內民主改革」便不可能發生；而雖然在彭定

康和曾蔭權任內曾出現過「體制內外互動」，溫和民主派與政府合作在立法會通過政改方案，然而這些方案都是局部的改革而且不能持久。剩下最後一個路徑「體制外發動的革命」是否可行？香港自從2003七一遊行後，爭取民主的集會動輒以十萬計人參加，加上2019年輕抗爭者表現的勇武精神，要以革命推翻香港政府並非沒有可能。但推翻了又如何？香港是中國一個特別行政區，北京一定動用解放軍維持其專制統治。因此，香港民主運動長久以來必須自我設限，避免走上革命之路，引來北京更強的干預。2019的反修例運動既放棄這種自我設限，自然會以悲劇收場。由此可見，林茲教授認為「沒有主權便沒有民主」幾乎是鐵一般的定律；而奮力掙扎衝破此牢籠的港人，更是可歌可泣。下面將以領導與動員模式、策略及身份建構三個方面，介紹香港歷年三場爭取民主自由的運動。

三、香港民主運動的領導與動員：從統一到如水

（一）爭取八八直選：統一領導

中英就香港前途簽署《聯合聲明》後，港府於1984年發表《代議政制綠皮書》，其中提及立法局最終會引入直選議席，這是英國在港進行「非殖化」的開端。1985年立法局首次引入間接選舉議席，其後港府諮詢民眾對於1988年引入直選議席的意見。民主派人士組成的民主政制促進聯委會（民促會）於1986年在高山劇場舉辦爭取八八直選的「高山大會」，讓壓力團體及政治團

體的成員共商民主運動前景。期後民促會在維園舉辦集會，逾萬名市民參加，並收集到超過20萬名市民的簽名，民意調查亦反映大多數市民支持八八直選。不過基於莫明的原因，港府對推動直選突然變得遲疑，民意匯集處公佈的結果是市民較多持反對意見，結果港府推遲至1991才於立法會引入18個直選議席（全局有56議席）。彭定康（2023: 531）在《香港日記》中披露，他在離任前處理一些內部文件時，發覺當時英國外交部的柯利達與香港政府的通訊中，主要是關注中國對八八直選的疑慮，而非公正地處理香港的民意。

　　當時民促會的主要領導是司徒華及李柱銘。李柱銘是著名大律師，在社會享有崇高地位。但運動的主要組織者是司徒華，他是香港教育專業人員協會（教協）的創辦人。教協不單是全港最大的工會，亦推動許多社會運動，包括爭取中文成為法定語文及改善教師薪酬等。民促會的成員來自各個壓力團體、宗教及社區組織。在民促會成立之前，已有爭取停建大亞灣核電廠聯席會議、各界監管公共事業聯委員等聯盟組織的出現，活躍的成員包括基督教工業委員會、社區組織協會、公務員工會聯合會、專上學生聯會等，尤以教協最為關鍵。

　　細看1986年在高山劇場舉行的爭取直選集會（高山大會）的照片，[10]台上設有「主席台」，坐有來自各團體的三十多位代表，與中共正式會議的格局非常接近，而台下參與者多為這些團體的

---

10 筆者當時以研究生的身份在場。

成員或志工。團體代表輪流在台上發言，並無設台下發言時間。
所謂「共商」民主大業，均在集會前團體代表之間進行；集會只
是一種鼓動民情、向政府施壓的行動。筆者曾參與爭取停建大亞
灣核電廠聯席會議，亦是前往北京遞交百萬個簽名的代表之一，
親身體驗聯盟如何防止較激進的團體進入領導層，並且與中國官
員會面前，小心審核各代表的發言。這種嚴密的組織方式與司徒
華的個人經歷息息相關。從他的自傳《大江東去》可見，他早年
曾參加中共在港的外圍組織「學友社」，只是最終沒有入黨。但
他洞識中共的組織及鬥爭策略，認為必須建立強大的組織、動員
資源、小心防範滲透才能爭取民主。

即使這種「統一領導模式」在與專制政權鬥爭的情況下堪稱
合理，但因為依賴組織動員，抗爭行動往往規模不大。而且新生
代的社運人士要求有更多參與決策的空間，他們認為缺乏內部民
主、壓抑運動內的反對聲音，便不可能引發群眾的能動性（陳景
輝 2014）。[11] 譬如說民間人權陣線（民陣）組織的七一遊行，一方
面須靠民陣為遊行的目標建構公共論述、組織志工維持秩序、與
警方商討遊行路線及臨時的封路安排；另一方面則靠參與者用網
上通訊呼朋結伴參與遊行，大會並不限制參與的團體和市民出示
的標語，才能引發數以十萬計的市民每年到上街爭取普選（Chan
2005）。

---

11 代表「八十後政治」的陳景輝：「其實司徒華那一種大一統式是非常恐怖的。」

（二）雨傘運動：搖擺的大台

2013年3月戴耀廷、朱耀明及筆者（佔中三子）宣佈「讓愛與和平佔領中環」的「和平佔中」運動，以公民抗命的方式爭取普選。佔中運動開始之前，民主運動內部因2012年政改出現嚴重分歧，公民黨與社民連以「五區公投」要求取消立法會功能團體，民主黨與普選聯卻走進中聯辦要求改革部分功能團體議席。因此，佔中三子首先要處理的，是重整民主運動的陣營。一方面是建立嚴密的領導層（秘書處），主要是由一些民主黨派及公民社會團體（包括教協、社工總工會、學聯等）背景的人士組成；另一方面卻以近九個月時間舉辦多次「商討日」，讓近三千多個市民（多為政黨及團體成員）商議運動策略及普選方案，最後更獲近八十萬市民參與「民間公投」選出一個普選方案遞交給政府。

但學生罷課後佔領政府總部外的「公民廣場」，引發雨傘運動，於是上述混合「強組織」和「公眾參與」的決策及動員模式從而告終。雖然雨傘運動沿用和平佔中倡導的佔領行動來爭取普選，但對於公民抗命的理解、應否與政府談判、應否在未達運動目標前便撤離佔領區等問題，出現嚴重分歧。佔領現場的民調顯示，超過一半佔領者認同學聯及學民思潮為領袖、三成多認同佔中三子，約一成認同熱血公民等激進領袖（陳健民2014）。雖然成立了「五方平台」，納入學聯、學民思潮、佔中三子、泛民及民間組織代表，但仍難以就各種問題達成共識。

由於政府選擇與學聯進行對話，學聯無形中成為運動的決

策核心。但因為學聯是由多個大學學生會組成，決策方式往往是「商議達至共識」而非「少數服從多數」，於是只要某些院校代表有強烈反對聲音便難以達成共識。結果運動進退維谷，在佔領一個月後，佔中三子得知學生拒絕進一步與政府談判、又不以其他方式轉化佔領行動，毅然退場。佔領行動曠日持久而無清晰方向，群眾開始不耐煩，出現「拆大台」行動，反對只有團體代表才能上台演講，要求一般佔領者亦可對運動出路發表看法。但更深層的意義，是當前的大型群眾運動已是一種「連結性行動」（見Bennett and Segerberg 2013）或「網路化運動」（Castell 2016），「沒有誰可以代表誰」，不可能再有統一指揮。

（三）反修例運動：似水無形

可能經歷過雨傘運動領導進退失據的痛楚，到了2019年的反修例運動，群眾對「拆大台」已沒懸念。除了初期仍靠民陣等組織安排大型的遊行，此後各種抗爭行動（包括在各地區的遊行）都是由個別市民或一些群組領袖自發推動，可以說是一個「無大台」或「分散領導」的運動。組織動員的核心理念是李小龍的Be Water（似水無形）──要時刻清空思想，不要被自己的框框所限，在不同處境作出相應的變化，只有這樣，才可以如水般既柔且剛，可以隨時流動或攻擊。

中學生在校園外組人鏈、中學校友在報章刊登廣告以校訓指責政府官員、在商場叫「光復香港、時代革命」口號、唱〈願榮光歸香港〉、在中環上班午飯時間於街頭抗爭、在生活的社區穿

著拖鞋和警察對峙，這都是抗爭如水般注入生活不同角落然後突然就地進擊。不過這種分散式的抗爭並非全無組織。網站「連登」和 Telegram 扮演了「中心平台」角色，快速地發放與運動相關的訊息、提供商議行動方案的平台、分配抗爭物資與人力。譬如超過十萬人加入的 Telegram 群組 SUCK Channel，下面設有多個「職業分工會」，實質是不同類型抗爭崗位（如汽油彈投擲、哨兵）的分工小組。[12]

反修例運動不單是網路化運動的典型，它更是深受電玩遊戲影響的新生代抗爭的模範。林鶴玲及孫春在本書第三章談到，「在電玩遊戲中習得的與隨機組成的眾多陌生人之間的即時合作分工能力，以及在團隊集體行動中自動根據腦中既存的群體分工表自我分派、協力執行任務的習慣。這對於沒有街頭抗爭經驗的年輕人來說是尤其重要的，因為低門檻的遊戲文化可以作為抗爭者在投入佈陣行動時的重要參考。」因此，與其將運動描繪為一種個人隨機行動的無政府狀態，不如說運動中有大量的「軟性領袖」以「編舞者」的身份協助佈置每一場抗爭的陣勢。至於整個運動的論述（如「攬炒主義」）、策略（如國際線）和資源籌集（如籌款於海外登廣告），則有賴「連登」和「香城 Online」貼文區作為協調。

香港民主運動從 1986 年發展至 2019 年，從「統一領導、組織動員」演變成「分散領導、網路動員」，反映港人廣泛的政治

---

12 見林鶴玲及孫春在於本書第三章中的討論。

覺醒，亦反映出網路社會的興起如何衝擊公民社會。在反修例運動中，連登只花了一個小時便籌得100萬美元，以供在海外主要報章刊登廣告，讓世界看到修訂《逃犯條例》的荒謬和中共專制的本質，這是當年司徒華沒法做到的事情。但對於運動不斷升級，走向攬炒的局面，司徒先生亦可能批評這種動員模式太易失控，做不到進退有度。究竟何者孰優，有待辯論。

四、香港民主運動的策略：從和平守法到和勇不分

（一）爭取八八直選：和平守法

　　長久以來，香港大部分社會運動均以合法、和平的方式進行，包括召開記者招待會、約見行政立法議員、簽名運動、集會和遊行。集會和遊行前，組織者會向警方申請牌照。[13]梁國雄（長毛）和社民連的成員有時會因為衝擊警方設定的示威範圍而被捕，他們主要是挑戰警方過度的限制，鮮有傷害警員身體，但輿論一般視他們為激進份子。當年在爭取八八直選運動中，採取的全是溫和合法的行動——高山大會、維園群眾集會、簽名運動、向民意匯集中心遞意見等。梁國雄當時身為「革命馬克思同盟」（革馬盟）的成員，不單被警方監視，更被主流社運排斥，無從參與民促會的工作，可見當年社會的保守氛圍。

　　正如本文起首的討論，香港的第一代移民懷著暫居的心態棲

---

13 後改為「不反對通知書」。

身於香港，對政治有天然的抗拒。香港於1956年發生「雙十暴動」，親中共與親國民黨的人士激烈衝突，造成多人傷亡。1967年受中國文革影響，香港的左派工會欲推翻港英政權而發起「六七暴動」，在全港多處放置炸彈，政府實施戒嚴。經歷這些動亂，第一代香港人對政治更存戒心，特別擔心社團活動被中共滲透利用。由於強烈渴求社會秩序，他們更服從殖民地政府的統治，安定守法。

但戰後出生的第二代香港人，開始擺脫上一代的旅居心態，隨著本土意識上升，對生活環境有更高要求。其中一些人接受大學教育後發展出強烈的民族意識，在學運中形成「國粹派」，當中有些人後來更投入保釣運動。另一批學運人士卻發展出「社會派」，關注本土社會問題，並參與推動「反貪汙、捉葛柏」、關注艇戶問題等運動。七〇年代末、八〇年代初壓力團體湧現，實與這批第二代港人投身社會息息相關（陳健民 2009）。但由於他們是在社會動亂的陰影下推動社會參與，必須小心翼翼地在法律範圍內行動，避免被貼上國共的標籤。但由於爭取八八直選與英國在港的非殖化過程沒有衝突，只要運動在法律範圍內推動，仍不至於被當局抹黑。此後無論是每年的六四燭光晚會或是2003起每年的七一遊行，支聯會和民陣都會事先向警方申請批准，市民均以這種井然有序的示威為傲。但第三代港人對現況更強烈不滿，覺得這些集會遊行已變得「行禮如儀」，沒法帶來真正的改變。

（二）雨傘運動：公民抗命

本文起首引用 Linz 與 Stepan（1996）的分析架構，說明香港已具備民主發展的五項條件，只是中國反對、英國曖昧、香港商人阻撓，令民主制度無法建立，而出現「政治滯差」，即政治制度落後於社會發展。第三代港人教育水平偏高，成長過程沒有直接受到第一代的保守思想教化；再加上網路社會興起，令他們有更多機會接收主流媒體（大多經已染紅）以外的資訊、在網上參與政治討論和動員。民調已清楚顯示年輕一代本土認同更強、更支持民主，但香港立法會的直選議席從來沒有超過半數，特首更是由極少數人組成的選舉委員會產生，年輕人對封閉的體制愈來愈不耐煩。

在 2010 年反高鐵運動中，千多名以青年為主的示威者包圍立法會，部分人推鐵馬、擲水樽，與警察發生衝突。事後社會學家呂大樂為文指責示威者，而沈旭暉（2010）則為文嘲笑呂大樂代表的老一代根本看不透新生代政治。黃之鋒與學民思潮的出現，將青年參政推向更年輕的中學生群體。在 2012 年反國教運動中，學民思潮及其他團體連同數以萬計市民佔領政府總部外的空地並進行絕食，迫令政府收回「德育及國民教育科」作為中小學必修科的決定。與此同時，陳雲和黃毓民等民粹領袖乘勢而起。傳統泛民的論述偏向理性分析，他們卻通過網上廣播以更強烈的話語應和民眾的憤怒情緒，且大力鞭韃泛民。2010 年民主黨拒絕參與「五區公投」，反而進入中聯辦就政改進行談判，結

果引發民主運動的分裂。民主黨在 2012 年立法會選舉中失利，該黨的領導亦向筆者表示不願意再與中共談判。

有了上述背景，便較容易理解何以素來以溫和見稱的學者和牧師會以佔領行動爭取普選。佔中三子提出的「公民抗命」／「公民不服從」秉承亨利・梭羅（Henry David Thoreau）的精神，以非暴力但違法的方式挑戰不公義的政策或制度，並主動承擔法律責任，以自我犧牲的精神感召大眾對抗不公。和平佔中以商討日及民間公投凝聚社會共識，然後以公眾授權的方案與政府談判。假如政府拒絕給予符合「國際標準」的普選，才會佔領中環。這樣的策略在香港前所未有，激進民主派及新生代特別對佔領和公投感興趣，而傳統泛民及社會主流十分支持商討日及與政府談判。因此，佔中運動是混合了激進與溫和策略，有利整合原本分裂的民主運動，亦吸引媒體廣泛關注。雖然如此，民調顯示在 2013 年運動初期，只有近四分之一的受訪者表示支持，可見守法精神根深蒂固，大部分人認為即使為了爭取民主亦不可違法。但當政府於 2014 年 9 月 28 日使用催淚彈驅散和平示威的群眾，對佔領運動的支持率就上升至近四成，與反對者平分春色（陳健民 2014）。

不過當雨傘運動的領導權轉移到學生後，運動的策略亦出現變化。如果佔中三子倡議的是公民抗命 1.0，學生採取的則是 2.0 版本。雖然他們仍然支持非暴力的理念，但卻認為要有更進取的姿態。他們並不在佔領區靜坐等候拘捕，而是用自己的身軀阻擋警察推進，再高舉雙手以示沒有攻擊意圖。當警察要進行拘捕

時，他們會拔足逃跑而不覺得要躺平接受拘捕。因此，在雨傘運動結束時和平等待警察拘捕的幾百人中鮮有年輕人。

除了學生以外，一部分佔領者認為要採取更武勇的抗爭方式，包括與警察語言衝突、「衝龍和道」以期全面癱瘓港島交通、打破立法會大樓玻璃進佔立法會、「拆大台」等。由於佔領曠日持久，參與者疲憊煩躁，佔中三子及泛民已失去話語權，激進策略成為唯一出路。學聯和學民思潮最終決定將行動升級，呼籲市民帶齊裝備包圍政府總部，結果引發警民衝突，學生團體宣佈行動失敗，雨傘運動亦隨之落幕。

（三）反修例運動：和勇不分

在雨傘運動中主張非暴力策略的路線被稱為「和理非」（和平理性非暴力），主張以暴力或在暴力邊沿「以武制暴」的被稱為「勇武」。由於公民抗命涉及違法，即使佔中三子在雨傘運動之前用了一年半的時間倡導和理非，亦只能獲得社會上少數民眾支持，可見勇武路線在當時更沒有社會基礎。即使到了佔領後期，勇武派的聲音在運動內部有所上揚，民意調查的結果仍是絕大部分市民認為應結束佔領行動，而非支持行動升級。[14]

被壓抑的勇武路線在傘後卻日漸壯大，反映新生代的挫折與鬱悶。當年佔中運動告別「行禮如儀」的合法遊行與集會，新生

---

14 根據理工大學社會政策研究中心於2014年11月4日公佈的民調結果，73%市民認為應結束佔領行動。

代的抗爭者亦要告別雨傘的和理非。勇武路線在 2016 年的「魚蛋革命」初露頭角，由梁天琦及黃台仰領導的本土民主前線（本民前）以及支持農曆元旦期間路邊小食檔檔的市民，在旺角與警察發生嚴重衝突。示威者在人行路掘出磚頭向警察投擲，警察鳴槍並拘捕幾十名示威者。即使這次騷亂涉及人數只約 700，但年輕人以肉身與政權搏鬥，非常令人震撼。在 44 名有姓名、年齡及職業的被捕者中，平均年齡為 27。其中 8 人（18%）為學生、其餘多為無業或從事餐飲或零售的員工，這與 2012 年香港中文大學與香港電台的一項民意調查的結果頗為吻合。該調查發現年輕、高教育、中下階層的受訪者較能接受用激進手段表達訴求（陳健民、吳木欣 2017）。令人意想不到的是，一項在旺角衝突發生後的民意調查發現，雖有 45% 被訪者譴責示威者，卻有 42% 表示「體諒但不贊成」。認為警方處理「恰當」的有超過 30%，但有逾 40% 受訪者認為警方處理手法「過份暴力」（星島日報 2016）。

　　社會上對這次暴力衝突並非一面倒譴責，反映傘後民眾對政局不滿，連像梁天琦這樣優秀的港大學生亦被逼走到勇武抗爭的最前線。騷亂後梁天琦人氣急升，最終以高票落選立法會補選，並揚言建制、泛民、本土已成鼎足三立之局。不過梁天琦並不否定和理非策略，在 2017 年他參加一次遊行後表示，以前認為這類行動都沒有用，但現在明白「原來是因為當初這些如此無用的遊行集會，我們今日才可以繼續站在這裡」（獨立媒體 2017）。梁天琦作為本土勇武的代表，這番說話有深遠意義。傘後在民主運動內部出現劇烈的路線分歧，和理非被冠以「左膠」之名，而本土

派則被譏為「右翼法西斯」。但相信不少青年像梁天琦一樣，經歷了雨傘運動的創傷，希望大家能團結一致尋找出路，而非在分裂的漩渦中下沉。

2019的反修例運動中「和勇不分」的抗爭策略便是傘後幾年來沉澱的結果。運動先由和理非展示力量，百萬計市民參與的遊行震撼人心，亦贏得國際關注。但林鄭月娥政府對人民的怒哮聽而不聞，甚至對年輕人以死明志亦視而不見，令武勇路線得到更多同情。當時一群青年欲打破立法會大門的玻璃，泛民議員以身阻擋無效，在立法會佈防的警察突然撤退，示威者衝入立法會大肆破壞，並在會議廳主席台處掛起寫有「沒有暴徒，只有暴政」的橫額，和留下「是你教我們和平遊行是沒用的」的塗鴉，最是具有歷史意義。

行動過後，社會並無強烈譴責的聲音。相反，示威者使用的暴力日漸升級，由破壞親政府的店舖[15]和地鐵入閘機、一直到攻擊反對運動的挑釁者、[16]擲汽油彈、與警察肉搏等，竟然得到不少同情。中大的民調顯示，從2019年6月至10月，雖然大部分人仍是贊成必須用和理非方式抗議，但其百分比由82.9%下降至67.8%。即使有近四成人同意示威者使用過份武力，但有更多人（約七成）認為警察使用了過份武力。絕大部分被訪者將導致暴力衝突的責任歸咎於特區政府（52.5%）、中央政府（19.1%）和

---

15 所謂「裝修」。

16 所謂「私了」。

香港警方（18.1%）；只有少數人認為是示威者（9.6%）所造成（馬嶽 2020: 129–130）。由此可見，即使香港大部分市民仍是「和理非」，因為政府麻木不仁、警察濫用武力，市民對青年示威者走上勇武之路多表同情理解。從此，反修例運動標榜「兄弟爬山、各自努力」的不割蓆精神，避免了如雨傘運動般因策略分歧而出現的內鬨。

造成這種轉變的其中一個原因，是中老年的抗爭者有一種歉疚感，[17] 覺得以往只顧謀生而忽略了為下一代爭取公平正義的制度，所以對年輕抗爭者的勇武手段變得較為寬容。新生代的抗爭者亦理解中老年人無體力採取勇武手段，覺得他們能以和理非手法展示群眾的力量已經不錯。兩代抗爭者互相補足，年輕的「火魔法師」擲汽油彈於地上（而非擲向警察）是要阻慢警察的推進，讓「和理非」有更多時間離開；「和理非」則變成年輕抗爭者的「家長」，提供他們物資及「接放學」[18]，體現「和勇同心、核爆不分」的精神。

香港民主運動從上世紀八〇年代的和平守法到 2014 年的公民抗命，反映出港人對民主的訴求已十分強烈。一批教授、泛民議員、學生不惜坐牢亦要爭取真普選，對於長期以守法為傲的港人一定帶來重大衝擊。最後港人從修訂《逃犯條例》的事件中看到，真正破壞法治的是政府而非示威者。當權者高傲閉塞，令抗

---

17 見本書第七章的討論。

18 指的是以私家車或機車接載他們離開抗爭現場。

爭手段走向勇武化；即使大部分港人仍是「和理非」，卻對「以武制暴」表示理解甚至間接提供支持，令香港進入「準戰爭狀態」。

五、香港民主運動中的身份建構：
從雙重身份到相互排斥

社會運動中的「構框」是指運動組織者建構一套話語系統，讓參與者詮釋相關事件（Snow and Benford 1988）——社會出了什麼問題、誰應負上責任、運動的目標和手段是否合理、參與運動的動機／意義所在等。社會運動過程中亦會造成團結感，甚至命運共同體，當中涉及政治身份的建構——如工人、LGBTQ、少數族裔等。如果在社會運動發生之前已有共同身份認同，便容易產生團結感，減少集體行動中的許多「搭便車」問題。但政治身份也可以在社會運動中建構或強化，許多人是在參與社運過程中遭到打壓或目睹同志犧牲，才醒覺自己擁有一種特殊的身份，而與其他相同身份的人形成一個命運共同體。本部分討論香港民主運動中的國族身份建構問題。

（一）爭取八八直選：在港的「中國人」與「民主回歸論」

前文已討論過，第一代香港人抱持暫居香港的心態，相信早期並不自居「香港人」。可惜早年並無民意調查準確反映當時「中國人」與「香港人」身份的輕重及變化，不過在後來的民調中的確發現，老一輩較多認為自己是在港的中國人。至爭取八八直選

運動時，香港第二代已積極組成壓力團體和政治團體，他們都有雙重身份認同。其中受過高等教育的學生和專業人士懷有強烈民族感情，如港大和中大學生會均在中英就香港前途談判時表示反對「三條不平等條約」，反對延續殖民地統治。另一方面他們對香港有強烈歸屬感、嚮往民主自由、對文革時期的中國持批判態度，故提出「民主回歸論」，希望實現民主的「港人治港」。其中最積極倡議的政治團體便是「匯點」，其主要成員多是港大畢業生，包括劉迺強、張炳良、楊森、李華明、狄志遠、黃偉賢、馮煒光等。日後彭定康任港督時中英矛盾加劇，以至主權轉移後中港就普選問題出現衝突，令擁有雙重身份認同的人們出現巨大張力，最終「匯點」成員有的進入建制，甚至與民主運動為敵；亦有成員晉身成為泛民（主流民主派政黨）領袖，因參與反修例運動鋃鐺入獄。

從1987年12月民促會舉辦的「民主運動誓師大會」（歡送分赴倫敦、北京請願代表團）的照片可見，當時寫在橫額上的標語是「我愛中國、我愛香港、我愛民主」，愛國精神表露無遺。即使自1989後每年舉辦六四燭光晚會、由司徒華領導的「香港市民支援愛國民主運動聯合會」（支聯會），其名稱亦包括「愛國」兩個字，每年在集會上呼喊的口號除了「平反六四、追究屠城責任」以外，還有「建設民主中國」。在雨傘運動後本土派崛起，指責支聯會散播「大中華意識」、認為「建設民主中國」非港人的責任，拒絕參與支聯會舉辦的燭光晚會，可見國族身份的認同如何影響政治動員。但新生代並非一面倒否定對六四死難者的悼

念。譬如黃之鋒便指出李旺陽因八九民運而「被自殺」的事件，
對他爭取香港民主有很大啟蒙作用。畢竟在1989年有過百萬港
人上街譴責中共鎮壓學生，是在2019年反修例運動前最大規模
的一次示威遊行，可見六四事件已植根於香港民主運動之中。

（二）雨傘運動：在中國的「香港人」
　　　與「民主回歸論」的終結

　　對大多數香港第一及第二代人來說，「建設民主中國」與「爭
取香港普選」沒有明顯衝突，因為他們擁有雙重身份認同，可按
處境轉換。但假如要香港人對自己的身份作一選擇，大多仍是以
「香港人」優先，但不認為此一身份與「中國人」有所矛盾。即
是說「香港人」只是文化上的本土認同，雖比「上海人」、「廣東
人」有更強的自治意識，但卻未上升至民族認同的層次，並不排
斥「中國人」的身份。但隨著第三代香港人成長，這種身份認同
開始出現變化。

　　尹寶珊與鄭宏泰（2016）的長期追蹤研究發現，香港人自回
歸以後近六成人視自己為「香港人」、約三成為「中國人」、一成
左右是「雙重認同」（既是香港人亦是中國人）。認同自己是香港
人的百分比多年來變化不大，但認同自己是中國人的百分比卻從
2008年的高點（37.7%）下降至2014年的28.6%，當中不少轉為
「雙重認同」，令其從1998年的9.7%上升至2014年的13.9%（見
圖10.1）。

　　但進一步的分析發現，青年（18–30歲）的身份認同自2012

圖10.1　香港人和中國人身份認同的轉變，1998–2014（%）

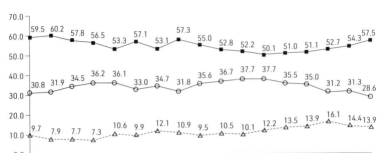

資料來源：尹寶珊、鄭宏泰（2016）。

年後變化非常巨大。2011年，只有58.2%青年認同自己是香港人，2014年已攀升至75.8%，與中年／長者有明顯的差異（見圖10.2）。而中國人認同則從2008年的37.6%高位下滑至2014年的16.3%，同樣與中年／長者有明顯的差異（見圖10.3）。以2014年來說，青年人認同自己為香港人（75.8%）比起認同為中國人（16.3%）足足多了四倍多，而中年／長者的香港（53.7%）和中國認同（31.6%）卻只差22%（陳健民、吳木欣 2017）。

　　香港大學民意研究計畫亦長時間追蹤香港人的身份認同，但他們將雙同認同細分「在中國的香港人」和「在香港的中國人」。從字面上看，「在○」只是指處身的地方，而「○○人」才是主要的身份認同。從表10.1可見，自1997主權移交至2014雨傘運動，身份認同的轉變不算十分明顯。視自己單純為香港人從

圖10.2　青年身份認同的轉變：香港人認同，1998–2014（％）

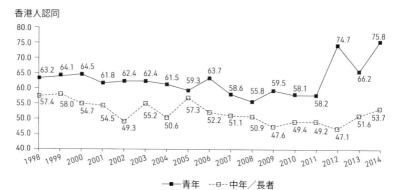

資料來源：尹寶珊、鄭宏泰（2016）。

圖10.3　青年身份認同的轉變：中國人認同，1998–2014（％）

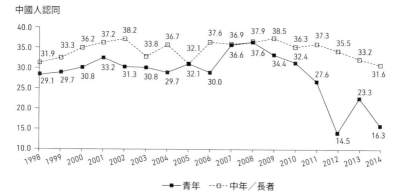

資料來源：尹寶珊、鄭宏泰（2016）。

35.9% 增加至 42.3%；視自己單純為中國人的幾乎沒有變化，維持在 18% 左右；在 2014 年，身份認同中有「香港人」三個字的達 66.6%，有「中國人」三個字的為 32.8%。

表10.1 香港人的自我身份認同

調查期	被訪者數目	香港人（%）	在中國的香港人（%）	在香港的中國人（%）	中國人（%）	其他（%）	不知道／難說（%）
7–12月 / 2019	1010	55.4	22.4	9.9	10.9	0.2	1.2
7–12月 / 2018	1005	40.0	26.3	16.9	15.1	0.7	1.0
7–12月 / 2017	1034	38.8	29.0	16.1	14.5	1.3	0.3
7–12月 / 2016	1001	34.6	29.1	17.7	16.3	1.4	1.0
7–12月 / 2015	1011	40.2	27.4	13.0	18.1	0.9	0.4
7–12月 / 2014	1016	42.3	24.3	15.0	17.8	0.6	0.0
7–12月 / 2013	1015	34.8	27.6	15.0	21.8	0.8	0.1
7–12月 / 2012	1019	27.2	33.1	16.1	21.3	0.6	1.7
7–12月 / 2011	1016	37.7	25.3	17.8	16.6	0.6	2.1
7–12月 / 2010	1013	35.5	27.6	13.8	21.1	0.4	1.5
7–12月 / 2009	1007	37.6	23.9	13.1	24.2	0.2	1.0
7–12月 / 2008	1016	21.8	29.6	13.0	34.4	0.5	0.7
7–12月 / 2007	1011	23.5	31.5	16.0	27.2	0.7	1.1
7–12月 / 2006	1011	22.4	24.3	20.1	31.8	0.6	0.7
7–12月 / 2005	1017	24.8	26.5	16.9	30.7	0.0	1.1
7–12月 / 2004	1007	25.9	23.1	16.2	31.6	0.4	2.8
7–12月 / 2003	1059	24.9	23.4	15.6	32.5	0.3	3.3
7–12月 / 2002	2043	30.0	21.7	14.7	31.1	0.5	2.1
7–12月 / 2001	2077	29.0	24.2	14.0	28.7	0.4	3.8
7–12月 / 2000	2127	36.3	23.0	14.2	21.3	0.7	4.7
7–12月 / 1999	1660	33.5	22.6	17.0	23.6	0.4	2.9
7–12月 / 1998	1587	36.6	23.5	16.7	19.9	0.4	2.9
7–12月 / 1997	2080	35.9	23.6	19.9	18.0	0.3	2.5

資料來源：香港大學民意研究計畫，〈市民的身份認同感〉；轉引自馬嶽（2020: 298）。

　　大部分市民的身份認同以香港人為主、卻不強烈排斥中國人的身份，此時雨傘運動無論是佔中三子或學生領袖都無意挑戰主權問題，而是按照「一國兩制」的概念要求政府兌現普選承諾。由於中國人大早已提出普選時間表，讓香港在2017年可實行特首選舉，因此佔中運動所爭取的是一個平等開放（符合國際標準）的真普選，而非利用《基本法》45條，以「提名委員會」去篩選一些北京眼中的「愛國愛港」人士參選。組織者在公開發言時避免用「革命」的字眼形容那場運動，習近平的「紙板人像」在金鐘佔領區長期擺放亦無遭到破壞。

　　民意調查發現有近20%受訪者曾參與佔領，推算參與佔領者總共約有120萬人。79天佔領了金鐘、旺角及銅鑼灣的要道，大致上仍能保持和平。這樣一場規模龐大的非暴力抗爭，最後卻「無功而還」，令參與者在傘後陷入極度沮喪的狀態。許多人得出的結論是：在「一國兩制」下無可能爭取到民主；如果不想放棄民主，便只有放棄一國兩制。這種想法在年輕一代開始萌芽，本土主義乘勢而起。在其後的世界杯外圍賽中，香港隊不惜阻截中國隊出線，更有球迷噓國歌和打出 "Hong Kong is Not China" 標語。在示威遊行中，本土派亦會打出「我是香港人，我不是中國人」的橫額，「香港人」與「中國人」的身份開始互相排斥。

　　本土派的論述大概可分為三種：

（1）本土優先論：與文化層面的本土意識不同，提出本土／港人優先論者，要求在社會政策上區別永久居民與新移民的權利、減少大陸來港移民、港府擁有移民審批權

等，而未有正面觸及國族身份問題。新民主同盟較早提出這種主張。

（2）城邦自治論：主張與中國大陸徹底區隔，以防大陸腐朽的制度和文化滲入香港。香港要自保，必須「井水不犯河水」，不沾手大陸政治，反對參與「建設民主中國」，認為民主化後的中國將放棄一國兩制，不利城邦自治。城邦論並無否定「一國」，甚至認為香港是保存華夏文化正統的希望，其願景為「邦聯制」。陳雲（2011）及香港復興會倡導這種主張。

（3）港獨民族論：本土意識最極致的訴求是「港獨」，但往往被譏為不切實際，分化社會。較完整港獨綱領，是先為港獨做好文化與社會準備，伺機而動（如等待中國崩潰），再爭取獨立。如果國族（nation-state）是包括疆土、民族和行使主權的政府，港獨的「準備工作」便是建立一個沒有主權國家地位的香港民族（nation without state）（梁繼平 2015）。正如 Benedict Anderson（1991）的理論，本土語言、文化傳說、生活方式、區域自治都是建構民族認同的元素，就如魁北克人、蘇格蘭人、加泰隆尼亞人等，都是先建立起民族意識再爭取獨立。港大《學苑》、香港民族黨、本土民主前線、青年新政等都支持港獨。即使港獨成功機會十分渺茫，然而本土認同已成為新世代的標誌，是一種典型的身份政治。（陳健民、吳木欣 2017）

（三）反修例運動：香港人身份與香港獨立

如果說雨傘運動的挫敗令港人對「一國兩制」失卻信心，那麼林鄭月娥政府提出修訂《逃犯條例》，更是放在駱駝背上最後一根稻草，讓僅餘的一點幻想亦被蒸發掉。如果可以將人在香港的疑犯押送中國受審，意味著區隔中港法律體制的防火牆馬上消失。而當百萬計市民上街、青年以死明志、手足（泛指年輕抗爭者）以肉身阻擋立法，而換來警棍、催淚彈、布袋彈、橡膠子彈和實彈攻擊，市民對香港的歸屬變得更加強烈，對中國的反感則無以復加，最後徹底影響港人的國族認同。

從表10.1所見，到了2019年，視自己單純為「香港人」的被訪者上升至55.4%，連同「在中國的香港人」（22.4%），共有77.8%以「香港人」身份為主。而把自己看成單純的「中國人」者下降至10.9%，較「香港人」（55.4%）少了五倍！連同在「香港的中國人」（9.9%），亦只有大概二成人視自己為中國人。

根據徐承恩（2023: 375）運用香港大學民意研究計畫和國立台灣政治大學選舉研究中心的數據進行比較，超過一半台灣被訪者自2009起否定「混合認同」（既是中國人亦是台灣人），於2020年達到64.3%，反映台灣民眾本土化身份認同比香港早了十年。不過香港的青年受訪者（18–29歲），認同純粹「香港人」的比率在2011上半年開始超過五成，至2019年已上升至81.8%，本土認同的程度已超出了台灣一般民眾。

在這種強烈的本土認同氛圍下，反修例運動的文宣特別強調

抗爭者對香港的感情。「香港加油」、「我真係好撚鍾意香港」等標語,「光復香港・時代革命」、「香港獨立・唯一出路」等口號,獅子山的圖像,〈願榮光歸香港〉的「國歌」,黑洋紫荊旗等抗爭符號,已經在快速地建構「命運共同體」、甚至是「香港民族」。[19] 難怪馬嶽(2020)在他的《反抗的共同體》封面寫上「以一個夏天推進了一個時代」。

但這是否代表港獨已成為香港民主運動的目標?香港民意研究所2019年12月(反修例運動的後期)調查發現,只有17%受訪者支持或非常支持「香港脫離中國獨立」,而有67%反對或非常反對。但鄧鍵一在遊行群眾中做的調查卻發現,有約三分之二的人頗同意或非常同意「這次運動令我覺得香港人應該尋求脫離中國統治」(馬嶽 2020: 313)。兩個調查的抽樣方法和研究對象都有差別,不一定適合進行比較;總括來說,愈積極參與政治、對政府愈不滿的市民愈傾向支持港獨,而大多港人對爭港獨卻仍有保留。

正如前文討論,第一代港人抱持「中國人」認同、第二代港人懷有雙重認同(或視兩者不衝突),估計抗爭運動很難一時間扭轉其政治身份。但從民調看到,絕大部分第三代港人以純粹的「香港人」自居,更易支持港獨訴求。筆者觀察民主運動中的中老年人,即使他們不支持港獨,卻不一定是因為他們有強烈的中國認同。有些人是基於實際的原因,覺得港獨成功機會太渺茫;

---

19 見吳叡人於本書第二章談banal nationalism,即是從下而上的民族建構。

亦有些人不希望港獨的爭議轉移了爭取普選或保衛法治的焦點。

由此可見，香港民主運動從上世紀八〇年代中發展至2019年經歷了深刻變化。在領袖與動員模式方面，由爭取八八直選的集中領導、組織動員，到佔中／雨傘運動的「搖擺大台」發展至反修例運動的「如水抗爭」。在策略方面，由早期的「和平守法」，到「公民抗命」，發展至「和勇不分」。而在身份建構方面，從愛國主義、至一國兩制的幻滅、以至本土主義的興起，令香港人與中國人身份出現張力，「香港民族」在新生代中開始形成。

六、香港民主運動的困境： 《國安法》與公民社會萎縮

香港民主運動持續近三十多年，除了上述三場運動以外，自2003年起的七一遊行、元旦遊行，以及1989後每年舉辦的六四燭光晚會，還有環繞政改的大大小小遊行集會，都在爭取特首和立法會的「雙普選」。加上其他有關社會政策的示威，使得香港被譽為「示威之都」，反映政治制度遠遠滯後於社會發展。

幾十年香港民運的成果，是迫使港英政府1991年於立法會引入18個地區直選議席（佔議會約30%），到2016年立法會直選議席增加至30席，但亦只是佔總議席一半。到2021年，北京號稱要「完善選舉制度，落實愛國者治港」，將直選議席數目減至20席，只佔總議席22%，比1991年更落後。政府首長選舉方面，以往總督由英國指派，至主權轉移後第一屆特首由400人組成的

選舉委員會產生。其後選舉委員會人數增加至 800、1,200 甚至 1,500 人，但由於其選民基礎非常薄弱，委員人數的增加並無改變其「小圈子選舉」的本質，且均在北京掌控之內。由此可見，香港民主運動在推動制度改革方面成就有限，但對於啟迪民智、擴大組織基礎方面卻產生頗大的影響力。

　　Castells（2016）認為網路化運動因為沒有領袖、組織鬆散、缺乏運動策略，往往無法推動制度變革。但由於這種運動能動員大量群眾，平面化的組織形態有利平等參與，因此可以造成巨大的文化轉變。Castells 研究全球多個佔領運動（包括香港雨傘運動），指出佔領運動難以帶來制度改變，只有西班牙馬德里佔領運動參與者組成了 Podemos 才對該國政治版圖帶來改變。但反修例運動除了捲入以百萬計的參與者，令大量人政治覺醒外，亦對制度產生巨大衝擊。香港政府在群眾壓力下最終撤回對《逃犯條例》的修訂；因為運動在國際上進行遊說，美國國會通過《香港人權及民主法案》並制裁違反人權的香港官員；在運動影響之下，民主派在 2019 年底的區議會選舉大勝，奪取八成議席，徹底顛覆原本區議會長期被親北京建制派壟斷的局面。由此可見，香港反修例運動這一場典型的網路化運動，值得深入研究，不應低估其在文化轉變以外所能帶來的影響。

　　但無論反修例運動曾經對體制作出多大的影響，北京 2020 年 7 月 1 日在港實施《國安法》後，根本無需修訂《逃犯條例》便能將涉嫌危害國家安全的在港人士遣送到中國受審。北京更決定全面反撲，不惜一切手段清洗體制內的反對力量，並摧毀反對力

量的社會及文化基礎。從反修例運動到2022年末，香港政府拘捕超過一萬人，當中近三千人已被起訴。在2023年7月3日香港國安處舉辦的記者會上，李桂華總警司報告《國安法》實施三年，共拘捕260人，年齡介乎15–90歲。[20] 因參與反修例運動而被定罪的人中，有近六成被判監禁或其他人身拘束。港人對法治大失信心，在2020一年之內，港人對法治的評分急速下跌至1997年時的一半。[21]

政府更以《國安法》中的「串謀顛覆國家政權罪」控告戴耀廷及另外46人意圖透過民主派內的初選，協調候選人以奪得議會過半議席，然後否決政府的財政預算。案件由指定國安法官審訊、不設陪審團、大部分被告不獲保釋，判決前被拘留超過兩年。一經定罪，最高刑罰是終身監禁。這47人包括大部分泛民及新生政團的領袖，可以說是將反對派一網打盡。政府亦以行政手段推翻2019區議會選舉的結果，要求當選區議員宣誓效忠《基本法》及香港特別行政區，而且考察其過去言行以判定宣誓是否真誠。結果絕大部分民主派區議員或者辭職、或者被取消資格。政府亦於2023年修改區議會選舉方法，民選議席由原來超過九成銳減至兩成。體制內的反對聲音基本被滅絕。

政府第二步是消滅來自媒體的批評聲音。國安處拘捕《蘋果日報》創辦人黎智英、管理層及編輯等多人，迫令該報停刊。一

---

20 最老一位應是陳日君樞機。
21 見黎恩灝及許菁芳在本書第四章的討論。

表10.2 被迫解散或撤離的公民社會組織（2021.01–2022.01）

組織性質（共56）	組織名稱	成立日期	解散／撤離日期
政治組織（32）	灣仔起步	2019.08.07	2021.01.06
	民主動力	2002	2021.02.27
	民間集會團隊	2019.06	2021.03.04
	十八區民主派聯絡會議	2020.02	2021.05.15
	朱凱迪新界西團隊	2016	2021.05.20
	沙田區政	2017.12.14	2021.06.25
	新民主同盟	2010.10.02	2021.06.26
	北炮同盟	2019	2021.06.30
	杏林覺醒	2015.02	2021.06.30
	g0v.hk	2016	2021.06.30
	進步教師同盟	2014	2021.07.04
	法政匯思	2015.01.27	2021.07.04
	精算思政	2014	2021.07.05
	良心理政	2015	2021.07.05
	思言財雋	2015.11	2021.07.05
	傘下爸媽	2014	2021.07.05
	文化監暴	2014.10.10	2021.07.05
	民權觀察	2014	2021.07.05
	民主陣線	2001	2021.07.12
	香港教育同行陣線	2020.01	2021.07.24
	銀髮族老而不廢	2019	2021.08.04
	民陣	2002	2021.08.15
	真普選聯盟	2013.03.31	2021.08.18
	612人道支援基金	2019.07.06	2021.08.18
	熱血公民	2012	2021.09.04
	社區前進	2017	2021.09.08
	石牆花	2020	2021.09.14

	長沙灣社區發展力量	2015	2021.09.21
	慈雲山建設力量	2015	2021.09.22
	支聯會	1989	2021.09.25
	屯門社區網絡	2016.01	2021.10.07
	守護港大聯署小組	2019 運動期間	2021.11.01
工會（12）	新公務員工會	2019.09	2021.01.16
	前線醫生聯盟	2002	2021.06.29
	壹傳媒工會	2009	2021.07.03
	航海交通服務業職工會	2020	2021.07.22
	製藥及醫療儀器業職工總會	2019 運動期間	2021.07.22
	金融科技專業服務人員工會	2020.06.23	2021.08.16
	政府非公務員職工總會	2019 運動期間	2021.08.19
	教育專業人員協會	1973	2021.09.12
	香港資訊科技界工會	2019 運動期間	2021.09.18
	香港職業治療師工會	2019 運動期間	2021.10.03
	職工盟	1990.07	2021.10.03
	香港言語治療師總工會	2019.11.29	2021.10.13
學生組織（5）	學生陣線聯盟	2020	2021.08.11
	賢學思政	2020.05	2021.09.24
	中大學生會	1971.03.19	2021.10.07
	聯合書院學生會幹事會	1962	2021.10.20
	囷羽	2020.01	2021.10.21
宗教組織（5）	基督徒愛國民主運動	1989.06	2021.01.01
	好鄰舍北區教會	2014.07	2021.05.31
	春天教會	2014	2021.06.26
	香港教牧網絡	2019	2021.09.02
	基督徒關懷香港學會	2021	
國際人權組織（2）	中國維權律師關注組	2007.01.20	2021.09.21
	國際特赦組織	1982	2021.10.25

段日子以後，網媒《立場新聞》的董事及總編輯亦以煽動罪被捕，創辦人蔡東豪被通輯，其他一些網上媒體如《眾新聞》宣佈自行解散，香港新聞自由備受打擊。香港記者協會 2022 年度報告指出新聞工作者對香港新聞自由整體的評分僅 25.7 分（滿分 100），民眾部分則評 41.4 分，兩者都是 2013 年以來的新低。

政府第三步是打壓公民社會。由司徒華於 1973 年創立、全港最大的單一工會——教協，於 2021 被迫解散。香港職工盟、支聯會、民陣和許多涉及人權及政治的團體，亦走上同一結局。甚至大學學生會也一樣，如非被迫解散便是沒有學生願意參選，最終消失於各大院校。表 10.2 是筆者收集到從 2021 年 1 月至 2022 年 1 月被迫解散或撤離的 56 個公民社會組織。許多雨傘後政治團體，以及反修例運動期間或之後成立的工會和地方組織，在此浪潮中紛紛倒下，連「國際特赦組織」也撤離香港。

示威活動遭嚴刑峻法打壓、體制內失去反對派的制衡、媒體噤聲、公民社會組織解散，民主運動的空間被擠壓到幾乎全面消失，香港已從半民主體制倒退至專制統治，「一國兩制」在「二度回歸」中全面崩潰。在如此高壓的情況下，香港民主運動如何持續？

七、香港民主運動的出路：
「受苦的共同體」維持信念與希望

正如本章起首所述，香港已具備非常成熟的內部條件足以實

行民主制度，主要障礙為外部因素，特別是中共長久以來的反對。中國2020年7月強行在港實施《國安法》，全面摧毀法治、公民社會及政治社會的反對派，令民主運動失去法律保障和組織基礎。

香港民主運動若要能重生，有賴中國政治環境出現劇變。香港在過去二十多年愈來愈依賴中國經濟，能夠與北京討價還價的籌碼愈來愈少，已經不像八〇年代般令中國珍而重之。當然，民主運動可向國際伸展，透過國際壓力迫使中國作出轉變。以亞洲的台灣與韓國為例，其民主化的原因之一是美國施加壓力。但中國是一個文明古國和全球第二大經濟體系、經歷過西方入侵的「百年恥辱」、再加上民族主義（五四運動、反日戰爭）乃中共起家的關鍵，外力施壓可能會激發更強烈的民族情緒，甚至會鞏固習近平及中共的保守力量。除非中共內部有嚴重分歧，此時，這種外部壓力帶來的內部問題[22]或許可提供契機引發黨內鬥爭。只有當習近平專制路線逆轉，香港民主運動才有再生的空間。

回顧東歐在共產統治下的民主運動，除了外部因素（戈巴契夫改革蘇共、對東歐各國減少控制）以外，如何在巨變未發生前維持民眾的希望和抗爭意志，同樣是重要的課題。自從1956年匈牙利起義和1968年布拉格之春失敗之後，經歷過蘇聯坦克車蹂躪的東歐人民，在恐懼與憤怒混雜的情緒過後，發展出不同的抗爭策略。1977年捷克的哈維爾和一群知識份子發表《七七憲章》宣言，要求政府尊重人權。雖然最終只有數百位文藝工作

---

22 例如減少貿易造成經濟衰退。

者、科學家、哲學家等簽署，甚至發言人都遭到報復，失業入獄，這批知識份子卻活出哈維爾所提倡的「活得磊落真誠」（living in truth），成為高壓政治下「無權勢者的能力」（power of the power-less）。其他人雖然礙於種種顧慮無法參與聯署，但目睹這批知識份子以自我犧牲的精神守護公民權利，眾人漸漸形成一種非組織性的道德共同體，通過沙龍、地下刊物、樂隊、學生組織、公民論壇等維繫抗爭意志，在1989年11月的「天鵝絨革命」中以演藝人員罷工、學生罷課及大型群眾示威結束了捷克的共產統治。

波蘭的團結工會運動與捷克七七憲章不同之處，是其擁有千萬個會員，而且得到波蘭天主教會全力支持。波蘭有九成人為天主教徒，當時教宗保祿二世亦為波蘭人，支持團結工會運動。即使波共以軍法取締團結工會，仍無法徹底瓦解其力量。但團結工會吸收了1956年匈牙利和1968年捷克血的教訓，「自我制約」（self-limiting）、抗拒革命的誘惑，秉持非暴力抗爭的精神，與教會及波共組成圓桌會議，三方磋商如何救波蘭經濟、改善工人生活。Touraine（1983）的研究發現，即使最基層的團結工會成員，對主權、民主與工人利益的問題都有他們自己的想法。運動最重要的動力是工人的信念，而這種信念是植根於人類的良知，不是鎮壓便能使之消失。經過激烈的爭議，團結工會在1989參與波蘭國會部分議席的選舉，結果幾乎囊括所有議席。波共在徹底大敗後自願下台，波蘭以和平方式轉型為民主政治。

香港能否借鑑這些東歐經驗？吳叡人形容香港在《國安法》後出現抗爭的「本土伏流」和「海外洋流」，[23] 讓我們先來討論這

個「洋流」。首先，不少港人無法接受「二次回歸」，匆匆離開香港，流散至英國、加拿大、澳洲、台灣等地。台灣中研院社會所香港主題研究小組的梁啟智在《端傳媒》2022年12月23日的報導中，指出從2020年7月1日至2022年底，已有最少40萬名香港人經赤鱲角國際機場離港移居外國生活，僅在2022年2月一個月內就超過6萬人。到2023年中，他在臉書發文估計已有超過50萬港人移居外地。

短時間內有大量人數離開自己家園，很是接近災害現場出現的「撤離」現象，許多離港人士形容自己是「走難」而非移民。其中不少人因為離開得太過倉促而無法和親友同事好好道別，感到自己的人生歷程和整個抗爭運動一樣，突然中斷。因為目睹香港一天一天「淪陷」，不少流散海外的港人感到愧疚，但亦有不少覺得「走才能繼續做香港人」，在海外盡力活出香港精神。[24]

Albert Hirschman（1970）在他的 *Exit, Voice and Loyalty* 一書中談到留下來發聲是對某對象忠誠的表現。但那些認為「走才能繼續做香港人」的人士卻認為，離開才是對香港精神忠誠的表現。這類流散海外的港人，除了在異地保留港人生活方式，支援「手足」生活所需，亦利用海外的自由空間為香港發聲。一些港人團體會在特別的日子舉辦示威活動，紀念反修例運動、籌辦六四悼念活動、抗議香港政府迫害民主派人士，亦會到美國、加拿

---

23 見本書第二章。
24 參見本書第七章黃舒楣等人的討論。

大等西方國家的議會或聯合國相關委員會作證，指控中國和香港政府違反人權並要求制裁相關官員，這等工作被稱為香港民主運動的「國際戰線」。[25]

　　無可否認，因為「國際線」的努力和國際媒體的關注，令不少民主國家關注港府打壓人權，並重新審視中國崛起如何影響了文明世界。美國決定調整對華政策，制裁涉及鎮壓的中國及香港官員。台灣民進黨喊出「今日香港、明日台灣」的口號，徹底扭轉了 2020 總統大選的形勢，令親中的國民黨候選人大敗。英國決定讓持有 BNO 護照的港人移居英國，澳洲及加拿大亦放寬香港學生申請移民。但正如上文討論，這些針對中國的措施究竟會引發中共黨內鬥爭，抑或激發更強的民族情緒繼而鞏固習近平的統治，一時間很難下定論。

　　廣義的「國際線」不單在政治層面往外伸展，不少香港的網紅都在台灣及英國以 Patreon、YouTube 或其他網上平台的自媒體方式繼續評論時政，此中較多人認識的包括蕭若元、沈旭暉、陶傑、馮睎乾、吳志森、曾志豪、徐少驊、趙善軒等。一些流散的新聞工作者亦建立網上新聞媒體，以港人為目標對象，包括《綠豆》、《追新聞》、《棱角》、《光傳媒》等。這些媒體不單吸引流散海外的港人觀眾，亦有不少留港的市民會透過這些媒體去理解身處的香港，宣洩對現狀的不滿。

　　由於海外的新聞工作者仍能發揮對港影響力，一些資深的前

---

25 參見何明修於本書第八章的討論。

港媒工作者在倫敦成立了「海外香港傳媒專業人員協會」，繼續
關注香港新聞自由，並和國際傳媒組織合作，為在海外的香港記
者提供培訓及協助他們在海外重投傳媒工作。該會發表的《流散
海外香港記者調查報告》估計已有數百名香港新聞工作者移居海
外。就調查所訪問的90人當中，有53%到英國、21%到加拿大、
14%來台灣，整體只剩三成多的人還在從事傳媒工作；不過，調
查結果也發現，由香港人創立的媒體正在海外形成一個新媒體社
群（程寬仁 2023）。透過這些新聞報導和時事評論，支持民主的港
人無論流散或留守，對於現實仍然可以有相近的認知和詮釋。擁
有共同的歷史經驗是維繫一個命運共同體的重要黏合劑，亦可能
是Anderson（1998）所謂「遠距民族主義」的開端。有鑑於此，
流散海外的香港學者亦在各國學術機構成立香港研究基地。除了
台灣中研院社會所建立香港研究小組及香港研究資料庫之外，還
有英國布里斯托爾大學的香港歷史研究中心、美國加州大學的全
球香港研究、加拿大英屬哥倫比亞大學的共研香江計畫、加拿大
多倫多大學的Richard Charles Lee加拿大—香港圖書館等，都是
為了保存歷史的真相，讓世界如實了解當前香港的情況，是「記
憶與遺忘的鬥爭」。

　　談完「海外洋流」，我們轉而談吳叡人的「本土伏流」，亦即
是留守的港人的隱蔽抵抗，或者是香港特首李家超說的「軟對
抗」。由於遊行集會的示威方式受到禁止，[26]港人只能以更隱蔽、
更低風險的方式表達對政府不滿、訴求民主自由。本書多處引用
James Scott（1990）的作品說明「被壓迫者儘管沒有空間能公開表

達異議，他們仍是善用各種統治者看不見的死角，爭取其被剝奪的權益。」27 呂青湖在本書第五章討論家庭的「私人領域」，便是這種「死角」的例子。由於香港政府規定學校必須進行「國安教育」，校內恆常舉行「升（中國）旗禮」，家長既無法公開抵抗，便需更有技巧地在家教導孩子要反思老師所說的話，但將真實感受留在心中，回家才和父母討論。而更正面的做法是令孩子有國際視野，以具正當性的「國際化」抗衡狹隘的民族主義。

即使是在「準公共領域」，支持民主自由的港人仍可進行「日常抵抗」，即將抵抗融入生活之中。「幫襯黃店」28 便是這種日常抵抗的典型例子。所謂黃店，便是那些表明支持民主自由、反對修改《逃犯條例》、譴責警暴、支持手足的商店（較多是食肆和零售）。《國安法》實施前，這些黃店會貼滿文宣、在收據上印上口號、有些會僱用手足、有些會以部分收入支持運動或協助募款。亦有 APP 協助市民確認哪些是黃店或者協助在網上向黃店訂購，漸漸形成一個黃色經濟圈。「幫襯黃店」目的不一定是為運動帶來重要資源，更重要的是一種低風險的「政治表態」（特別是在黃店外排隊）。疫情期間，其他親政府的「藍店」（大如「美心」、小如「空姐牛肉飯」）面對經營困難，此時支撐黃店就仿如

---

26 據中央通訊社 2023 年 4 月 15 日報導，中國國務院港澳辦主任夏寶龍表示，香港需要時刻警惕「街頭暴力」捲土重來，切不可掉以輕心。由於他指示「遊行不是表達利益訴求的唯一方式」，香港警方更加嚴格對待一切遊行的申請，連親北京的工聯會亦放棄舉辦五一遊行。

27 見本書第一章何明修討論。

28 意即到黃店消費。

投票支持民主對抗專制，只是以鈔票代替選票罷了。黃色消費的過程對個人亦有治療作用，與其他支持民主的市民擠在店內，感到同路人仍在身邊，無形中建立起一種共同體的聯繫。

　　這種共同體沒有具體的組織，但因為有共同經歷和信念，通過暗示、人際互動、鬆散的網絡，可以讓人們獲得情感交流，進而鞏固其道德價值。這有近於涂爾幹的「道德共同體」概念，即人們對道德和行為有共同的標準，但卻不一定有涂所描述在傳統農村那種緊密的人際交往。我形容香港在面對殘暴的打壓後，這種人際和道德的聯繫正在形成一個「受苦的共同體」（community of suffering）——人們對於因爭取民主自由而遭受壓迫[29]的人士（或稱手足、義士）所承受的痛苦感同身受、並以不同方式給予支持，最終通過共同受苦的經歷而建立一個道德共同體。梁天琦在支持因雨傘運動被檢控的學生領袖時，直指所有抗爭者均是香港命運共同體的一員，「只要有一個人受苦便是我受苦，只要有一個人被逼害便是我被逼害」（獨立媒體 2017），正好說明「受苦的共同體」的意思。

　　受苦的共同體的具體表現是出現一群「旁聽師」、「追車師」、「寫信師」和「探監師」。香港專業人士往往稱作「師」，譬如律師、會計師等，但上述幾個「師」卻是一群自發的志工，長期用自己的資源與時間支援政治犯。許多中老年人士每天大清早會到法院輪候旁聽票，讓自己或被告的親屬可坐在法庭中聽審，他們有時

---

29 包括失業、入獄、身心受傷、流亡等。

會在法官未上庭前叫口號或高聲問候被告，令被告感到社會的支持，這是旁聽師的工作。當法官判決被告有罪，從法院押送政治犯到監獄的過程中，「追車師」會在法院汽車出口等候，然後追著押送政治犯的囚車，一面拍打車身、一面叫口送別他們，聲淚俱下。

未被定罪的被告每天在羈留中心享有十五分鐘探監時間、已定罪的囚犯則每星期有半小時。囚犯每月可接收六本書籍及小量日用品，如果未被定罪，則可向外面指定的餐廳訂購「私飯」。[30] 由於監獄均位於偏遠地區、到達監獄後亦需長時間等候才能探訪囚犯、監獄指定的物資非一般商店可以購得、私飯的價錢亦相當高昂，因此有些政治犯家屬或者沒有時間、或者沒有財力經常探訪或提供物資，「探監師」便填補了家屬的位置。

「寫信師」的工作，便是寫信到獄中支持政治犯，讓他們感到自己並不孤單。因為在獄中不能上網，囚犯只能看到親政府的電視和報章，而寫信師會將外面的實況寄給政治犯（例如打印網上訊息）。但因信件都要接受審查，太直接的政治訊息亦要避免。筆者身為最早一批政治犯，每天收到數以十計的市民來信，他們多會表達歉疚之情，認為我們承擔了數以十萬計市民應該共同面對的刑責。來信者亦表示他們信念未變，希望獄中的我們不要感到孤單，並有信心歷史會還我們公道。可見苦難將人們連結起來。

政府亦知道「受苦的共同體」的力量，所以運用各種威嚇手

---

30 如此即不用進食監獄提供的食物。

段干預這種道德聯繫。立法會前議員邵家臻於「佔中案」服刑後創立「石牆花」，協助市民寄信及捐贈物資給政治犯，卻在重大壓力下解散。政府亦控告兩名旁聽師在庭上和網上發表煽動言論，結果罪成入獄。保安局局長鄧炳強亦指責探監師「繼續荼毒」在懲教院所的年輕人，意圖危害國家安全。國安處亦於2023年7月初先後拘捕飲食及購物黃店的積分獎賞平台「懲罰mee」五名成員，指控他們支援被香港警方通緝的海外港人。這些舉措的確令黃店陸續結業，各種「支援師」亦要更低調行事，但仍然堅持的店舖和個人可能在壓迫中生成更堅定的信念，亦成為旁觀者的道德楷模。

正如James Scott的研究，這種道德信念可以成為弱者的武器。在《國王的新衣》的故事裡，最弱小的孩子「說誠實話」便是「殺傷力最大的武器」，因為他刺穿了歌舞昇平的假象，讓人直面自己的恐懼和虛偽。因此，哈維爾認為「磊落真誠地生活」便是無權勢者的力量。在《國安法》的陰影下，一些個人及團體仍然堅持在「公共領域」表達他們的不滿，他們或在「紅線」附近打「擦邊球」，或者如燈蛾撲火、通過自我犧牲去照亮黑暗，都是在實踐「磊落真誠」的力量。

有些文藝工作者（如漫畫家尊子及二次音樂創作人睛天林）用黑色幽默來諷刺荒謬的政治生態，直至被迫噤聲。[31] 2022年7月11日，一群電影工作者（包括《少年》導演任俠、《時代革命》

31《明報》於2023年5月3日結束尊子四十年歷史的漫畫專欄。

導演周冠威、《憂鬱之島》導演陳梓桓）發表《香港自由電影宣言》（豐美股肥 2022），表示：「自由。電影到底是自由的藝術。沒有自由的電影終究會枯死……不屈。不在創作上妥協，我們只拍自己能夠相信的畫面。」當他們被迫接受香港只是一個「更崇高、更權威的國家體制的附庸」，而不應有自己的獨立個性時，他們宣告：「我們異議、我們反抗、我們創作。」

　　黃克先（本書第六章）提出教會透過例行的講道、團契分享、社交活動、動用宗教性的詞彙與敘事，一步步打造自我或彼此的認同，以凝聚出對於政治與社會的想像，成為未來關鍵時刻的行動構框。反修例運動已孕育一群「革新派基督徒」，他們不單認為信徒的使命是行公義、與弱小被欺壓的人同行，甚至反思教會的定義，認為每一個人用自己的身份去表達信仰便可構成教會。[32] 在 2023 年六四卅四周年當天，有 360 名基督徒於基督教刊物《時代論壇》以全版廣告形式刊登一篇禱文。這是自香港基督徒愛國民主運動於 2021 年 1 月解散後，首次有信徒聯署六四禱文。禱文形容「在憂傷惶惑的六月天，我們放聲向祢禱告……三十四年的歷史創傷，時間上會沖淡，高壓下會被忘懷，我們仍然堅持守望和悼念……在徬徨輿論和顛覆世情下，人心難免疑惑恐懼……我們必須承認時政的扭曲，社會的失衡，流散的現象……求主賜下更大的信心和勇氣，毋畏毋懼……不屈不撓地伸張公義。」聯署者中有教會領袖、神學院教授和一般平信徒，其中像袁天佑

---

32 如反修例運動中出現的「好鄰舍教會」。

牧師、陳恩明牧師、盧龍光牧師等一直留守在香港。

香港新聞工作者在《蘋果》、《立場》、《眾新聞》等被迫關閉後，仍有人努力從事獨立新聞報導。《獨立媒體》和《Hong Kong Free Press》在刀鋒上堅持報導真相，只是在報導的內容和手法要小心避免被控「煽動」，評論更是可免則免。新媒體如《法庭線》、《庭刊》一直詳細報導政治案件的審訊過程；《追蹤黨媒》則每天總結親北京媒體的重要報導或評論，並提醒被點名攻擊的民主派人士；曾經因調查報導「七二一元朗事件」而遭警方票控的前港台《鏗鏘集》編導蔡玉玲及前《蘋果日報》採訪主任雷子樂則創辦《集誌社》時事報導網上平台。

法庭上的抗辯是另外一個無權勢者的舞台，透過旁聽師、《法庭線》和一些國際媒體的報導，讓市民見證良知的力量。「羊村案」是香港語言治療師總工會因出版一系列的繪本而被控發佈煽動刊物。該繪本以羊暗喻港人，以狼暗喻中國。這種暗喻是否煽動對中國的仇恨？被告之一楊逸意在抗辯時如是說：

> 今次審訊，與其說是審理席前五人有否「散播謠言」煽動行徑，毋寧說是一種對於「正確」歷史觀的審判。回顧歷史，雅典能夠審判蘇格拉底，但無法審判哲學；羅馬能夠審判伽利略，但無法審判日心說。歷史沒有所謂的「絕對」，而只有多元的；沒有所謂的「正確」，而只有經得起反覆驗證的。哪怕權傾朝野，亦無法確保一己史觀永恆正確，文化大革命即是一例。三本繪本有否真誠反映香港的社會情緒、貼切

記錄民間角度的歷史觀點，還是散播謠言，只有人心才能夠審判……如果國家安全只等如執政集團的安全，而不尊重個體自由，即使看似歌舞昇平，亦只是建基於恐懼的假象。無數香港人前仆後繼的，就是為了改變不平等的政治權力分配……馬丁路德金曾說：A riot is the language of the unheard. 歷史上無數反抗者同樣曾因法律之名被收監、刑求，甚至處死……與其說繪本是煽惑所謂直接或間接的暴力或仇恨，不如說是要制止暴力——制度的暴力。

2022年9月10日，法官裁定五人全部罪成，被判監禁十九個月，被告卻表示絕不後悔。

另一位鼓舞人心的是前支聯會副主席鄒幸彤。鄒在中學時成績極其優秀，繼而在英國劍橋大學物理學系以一級榮譽畢業，留校攻讀博士。後因受中國汶川大地震影響，決心從事法律維權工作，放棄劍橋的學習，回港進修法律，後成為執業大律師並參與支聯會工作。2021年6月3日，香港警方以疫情為由，二度反對支聯會於維園舉行六四悼念晚會，但鄒表示會以個人名義到場。翌日，她被警方以「涉嫌宣傳未經批准集結」為由在家中被捕，申請保釋時在庭上大喊「悼念六四無罪」。期後因拒絕在限期內向香港國安處提交支聯會運作資料，鄒再次被警方上門拘捕，並與何俊仁及李卓人同被控告「煽動顛覆國家政權」。

在拒絕按警方國安處要求交出資料一案中，鄒幸彤被判有罪後在法庭上親自陳情，指法庭的判決是懲罰捍衛真相的人；政府

明明是對公民社會宣戰，卻偽裝成維護國家安全。她指出支聯會捍衛天安門屠殺的真相超過30年，一早準備好付上代價。政府要求支聯會交出資料，是要支聯會「卑躬屈膝、出賣朋友、出賣原則」。她表示支聯會只會「以真相抵抗謊言、尊嚴抵抗屈辱」，不論是在街上、法院或囚室。她說：「當國家利益由一個政黨，甚至一個人來定義，所謂『國家安全』無可避免會危害人民的權利和安全。」最後她說，「當運用權力是基於謊言，生而為人只能不服從。」

鄒幸彤的個人抗爭一石激起千尺浪。2021年10月12日，聯合國人權理事會發聲明表示關注，認為《港區國安法》不符合國際法和中國人權義務，使外界憂慮審判會否公平。南韓「光州5.18紀念基金會」於2023年5月18日向鄒幸彤頒發年度人權獎。鄒通過代領獎人指出，極權迅速摧毀了幾代港人建立的法治社會及自由空間，使港人連說出真相、追求民主、捍衛人權都會被視為危害國家安全，須冒坐牢的風險，而港人的反抗已向世界發出極權擴張的警號，她縱使變成良心犯，仍不會放棄爭取自由民主。

可能受到鄒幸彤的激勵，她的好朋友劉家儀（天安門母親運動）及前支聯會義工關振邦於2023年6月4日在維園禁食哀悼六四死難者，結果被捕；亦有市民攜帶白色鮮花，於維園附近的銅鑼灣被捕或帶走。在獄中的鄒幸彤則絕食34小時悼念六四，結果被獄方單獨囚禁以作懲戒。鄒幸彤抗爭未絕，政府於2023年6月禁止公眾播放或彈奏歌曲〈願榮光歸香港〉，其後政府收到一名市民通知擬就法律程序提出抗辯。據報導，該市民便是獄中的

鄒幸彤（法庭線 2023）。香港在《國安法》下，公民社會受到強力擠壓，沒法出現像當年波蘭團結工會般的大型抗爭組織，但卻不乏像捷克七七憲章和哈維爾般的知識份子，以「活得磊落真誠」並犧牲個人自由去對抗暴政，亦令無數感同身受的旁觀者保持信念與希望。

　　香港民主運動的出路，有賴於中國形勢的變化，亦關乎全球各國的對華政策。為此，香港民運的「國際線」致力於保持全球對香港狀況的關注，遊說一些西方國家向中國施壓。香港民主運動亦必須維持留港市民的抗爭意志與希望，但卻只能如水無形分散在不同領域由市民自發推動。在私人領域，家庭教育是平衡學校狹隘愛國教育的關鍵。在準公共領域，黃色消費和支援政治犯的網絡，以微小但有意義的行動維繫彼此的信念。在公共領域，文藝工作者、基督宗教的信徒、新聞工作者仍在夾縫中掙扎，為真相發聲。在法庭，一些勇敢的抗爭者不畏觸怒當權者，直指政權以謊言為基礎。她們往往會被法庭定罪，由原來的社會棟樑變成階下囚，但她們無怨無悔地承受這些苦難，甚至將受苦變成反抗的手段，與其他默默支持的市民形成「受苦的共同體」，不失希望地等待巨變來臨。

參考書目

尹寶珊、鄭宏泰，2016，〈身份認同：對中國的「重新想像」〉。頁129-144，收入趙永佳、葉仲茵、李鏗主編，《躁動青春》。香港：中華書局。

呂大樂，2007，《四代香港人》。香港：進一步出版社。

沈旭暉，2010，〈一個學術時代的終結：第四代學者眼中的呂大樂昔日情懷〉。《明報專訊》，https://reurl.cc/65Yy2Z，取用日期：2023年7月20日。

法庭線，2023，〈《願榮光》禁令案｜據悉還押中鄒幸彤提反對 高院7.21處理律政司申請〉。《法庭線》，https://reurl.cc/x7km8z，取用日期：2023年7月16日。

星島日報，2016，〈「新思維」民調倡尋解決方法近九成受訪市民反對旺角暴力行為〉。《星島日報》，https://reurl.cc/4oGzlY，取用日期：2017年1月5日。

徐承恩，2023，《未竟的快樂時代：香港民主回歸世代精神史》。新北：左岸。

馬嶽，2020，《反抗的共同體：2019年香港反送中運動》。新北：左岸。

梁繼平，2015，〈綜援撤退爭議與本土政治共同體〉。頁23-32，收入學苑主編，《香港民族論》。香港：香港大學學生會。

陳健民，2009，〈利益團體與公民社會〉。頁143-162，收入鄭宇碩、羅金義編，《新探：中華經驗與西方學理》。香港：中文大學出版社。

──，2014，〈何苦與一代人為敵？〉。《明報》，11月4日。

陳健民、吳木欣，2017，〈本土、勇武與犬儒：傘後香港的社會趨勢〉。《中國大陸研究》60(1): 19-36。

陳景輝，2014，〈香港民間團體、政黨的繼承性問題〉。《思想香港》2014(5)，https://reurl.cc/4oGzLX，取用日期：2023年07月18日。

陳雲，2011，《香港城邦論》。香港：天窗出版社。

彭定康著，陳榮彬等譯，2023，《香港日記》。新北：黑體文化。

程寬仁，2023，〈香港新聞人遠走海外 光傳媒台灣啟航追蹤者破萬〉。《RTI中央廣播電台》，https://reurl.cc/qL3RbE，取用日期：2023年7月10日。

獨立媒體，2017，〈【聲援政治犯】本土派放下門戶同上街 籲關注暴動案無名抗爭者〉。《獨立媒體》，https://reurl.cc/LAZOxe，取用日期：2023年7月2日。

豐美股肥，2022，〈香港自由電影宣言〉。https://reurl.cc/x74005，取用日期：2023年7月15日。

Anderson, Benedict.1991. *Imagined Communities*. London: Verso.

──. 1998. *The Spectre of Comparisons: Nationalism, Southeast Asia, and the World*. London: Vero.

Bennett, W. Lance and Alexandra Segerberg. 2013. *The Logic of Connective Action*. Cambridge: Cambridge University Press.

Castells, Manuel. 2015. *Networks of Outrage and Hope.* Cambridge: Polity Press.

Chan, Kin-man. 2005. "Civil Society and the Democracy Movement in Hong Kong: Mass Mobilization with Limited Organizational Capacity." *Korea Observer* 36(1): 167–182.

Diamond, Larry and Juan José Linz. 1989. *Democracy in Developing Countries.* Boulder: Lynne Rienner.

Diamond, Larry. 1992. "Economic Development and Democracy Reconsidered." *American Behavioral Scientist* 35(4–5): 450–499.

Hirschman, Albert. 1970. *Exit, Voice and Loyalty.* Cambridge: Harvard University Press.

Huntington, Samuel. 1991. *The Third Wave.* Norman: University of Oklahoma Press.

Linz, Juan J. and Alfred Stepan. 1978. *The Breakdown of Democratic Regimes.* Baltimore: The Johns Hopkins University Press.

——. 1996. *Problems of Democratic Transition and Consolidation.* Baltimore: The John Hopkins University Press.

Lipset, Seymour Martin. 1959. "Some Social Requisites of Democracy: Economic Development and Political Legitimacy." *American Political Science Review* 53(1): 69–105.

O'Donnell, Guillermo. 1973. *Modernization and Bureaucratic-Authoritarianism: Studies in South American Politics.* Berkeley: University of California Press.

O'Donnell, Guillermo, Philippe C. Schmitter and Laurence Whitehead, ed. 1986. *Transition from Authoritarian Rule.* Baltimore: The Johns Hopkins University Press.

Scott, James. 1990. *Domination and the Arts of Resistance: Hidden Transcripts.* New Haven: Yale University Press.

Snow, David and Robert D. Benford. 1988. "Ideology, Frame Resonance, and Participant Mobilization." *International Social Movement Research* 1:197–217.

Touraine, Alain. 1983. *Solidarity.* Cambridge: Cambridge University Press.

左岸政治　376／左岸中國因素系列　30

未竟的革命　香港人的民主運動與日常抵抗

主　　　編　何明修
作　　　者　何明修、吳叡人、林鶴玲、孫春在、黎恩灝、許菁芳、呂青湖、
　　　　　　黃克先、黃舒楣、陳盈棻、張詠然、洪與成、陳薇安、陳健民
總 編 輯　黃秀如
特約編輯　王湘瑋
行銷企劃　蔡竣宇
美術設計　黃暐鵬

出　　　版　左岸文化／左岸文化事業有限公司
發　　　行　遠足文化事業股份有限公司（讀書共和國出版集團）
　　　　　　231 新北市新店區民權路108-3號8樓
　　　　　　電話：(02) 2218-1417　傳真：(02) 2218-8057　客服專線：0800-221-029
E - M a i l　rivegauche2002@gmail.com
左岸臉書　facebook.com/RiveGauchePublishingHouse
團購專線　讀書共和國業務部 (02) 2218-1417 分機 1124
法律顧問　華洋法律事務所　蘇文生律師
印　　　刷　呈靖彩藝有限公司
初版一刷　2024 年 3 月

定　　　價　500 元
I S B N　978-626-7209-95-0
　　　　　　978-626-7209-97-4（EPUB）
　　　　　　978-626-7209-96-7（PDF）

未竟的革命：香港人的民主運動與日常抵抗
吳叡人，何明修，林鶴玲，孫春在，黎恩灝，許菁芳，呂青湖，
黃克先，黃舒楣，陳盈棻，張詠然，洪與成，陳薇安，陳健民作；
何明修主編
―初版.―新北市：左岸文化，左岸文化事業有限公司出版
遠足文化事業股份有限公司發行，2024.03
　面；　公分.―（左岸政治；376）（左岸中國因素系列；30）
ISBN 978-626-7209-95-0（平裝）
1.CST: 社會運動　2.CST: 政治運動　3.CST: 香港特別行政區
541.45　　　　　　　　　　　　　　　113002781